음주문화와
알코올중독의
이해

건강한
음주문화를 위한
필수도서

음주문화와
알코올중독의
이해

강길현 지음

4차 산업혁명은 시대정신에 맞게 정치, 경제, 사회, 문화 등의 모든 분야에 영향을 미쳐 많은 변화를 예고하고 있다. 그러나 음주문화의 고정관념은 이에 걸맞지 않게 고착화되어 있으며, 전혀 변화하려고 노력하지 않고 되레 역행하면서 우리 사회를 위협하고 있다.

건강과 질서, 사회적 의식이 결여되면서 국민 1인당 알코올 연간 소비량은 소주 115병, 성인 10명 중 1명은 알코올중독, 그리고 한해 술로 인한 전체 사회경제적 비용이 20조 990억 원(직·간접, 기타)을 넘었으며, 매일 13명이 음주로 사망하고 있다. 알코올중독은 질병예방 및 건강 증진에 있어서 매우 중요한 부분이다.

사회문제가 대두되고 있는 알코올중독의 표현을 의학적으로는 응급상태이라고 한다. 이는 목숨은 붙어 있으나 사회적으로는 이미 사망한 상태이며, 자신은 물론이거니와 가족구성원을 해체시키면서 망가뜨리고 결국, 신체적으로도 조기에 사망하는 질환이라고 한다.

통계적으로 볼 때에 중독의 예후(豫後)는 나쁘다. '목숨 걸고 치료해야 목숨을 건질 수 있음을 명심해야 한다'고 하였다. 이뿐만 아니라, 사회를 위협하는 음주운전, 각종 질병과 범죄, 자살 등 다양한 형태의 위험을 유발시켜 사회불안과 경제적 부담이 가중되고 있다. 그래서 알코올중독을 고질적인 질병이라고 하는데 대부분 사람들은 질병으로 이해하지 않으려고 한다. 그저 우리나라 특성상 '술에 호의적이며 관대한 문화'라고 보는 시각으로만 생각하기에 그에 대한 대가 역시 심각하다.

이제 현대사회에서 고민해야 할 과제는 '술의 본질적인 오류를 통제할 수 있도록 자제력을 몸속에 심어두는 일'이다. 이를 위해서는 국민 모두가 성숙한 음주문화 소양의식을 가지도록 무엇보다 교육이 중요하다고 보고 있다.

본 저자는 알코올중독 등으로 어려움을 겪고 있는 분들이 입소한 사회복지시설에서 약 20여 년간 현장 운영경험을 했으며, 대학에서 13년간 사회복지 전공교육을 실시하였다. 이러한 경험을 통해 심각한 음주문화와 알코올중독에 대한 관련 저서의 필요성을 강하게 느꼈다.

그동안 축적된 실무 경험적 연구를 토대로 단행본, 학술논문, 학위논문, 인터넷 관련 자료, 보건복지부 및 알코올과 관련된 전문기관의 자료 등에서 인용하여 정리하였다.

이러한 점을 고려하여 날로 심각해지는 음주문화를 널리 알리고, 알코올중독에 대한 이해가 고취될 수 있도록 본서를 예방적·사회복지 학문적 차원에서 접근하여 구성하였다.

따라서 본서가 건강한 음주문화에 조금이나마 기여하고, 기존의 술에 대한 잠재의식을 전환시키며, 음주로 위기에 취약한 개인과 가정, 직장, 사회구성원들의 기능을 회복할 수 있도록 다음과 같이 구성되었다.

이 책은 전체 4부로 구성되어 있다.

제1부에서는 음주문화의 실제에 관한 내용으로 음주문화의 개관, 음주문화 등장과 전개, 음주로 인한 사회적 실태, 음주문화와 진단, 주류광고와 주류관련법, 외국의 음주문화 실태를 살펴보고, 음주문화가 만든 사회적 병리현상의 문제점, 그 본질적 의미를 신문사례 등을 통해 구체적으로 다루었다.

제2부에서는 알코올중독의 이해를 중심으로 알코올중독의 일반적 이해, 알코올이 삶에 미치는 영향, 알코올중독 가족의 진단, 우리 사회를 위협하는 음주 등으로 구성하였으며, 알코올중독의 특성에 관한 이해와 알코올중독에서 유발되는 범죄와 질병 등을 파악하여 설명하였다. 특히, 최근에 사회적으로 이슈가 되고 있는 음주운전 교통사고와 처벌수위를 외국의 음주운전 처벌 정책 사례를 통해 구성하였고, 음주폐해의 병폐를 찾아 관련된 범죄 유형과 관련법 들을 이해하기 위해 각주를 통해 조명하였다.

제3부에서는 알코올사용 장애와 진단으로 알코올사용 장애의 의의 내용 중 알코올사용 장애의 진단 기준과 알코올사용 주요 특징, 알코올중독의 공통적 증상을 관련 문헌을 통해 소양교육이 될 수 있도록 구성하였다.

제4부에서는 알코올중독의 치료적 접근 구성요소를 토대로 알코올중독 치료적 접근과 건강관리를 위한 음주상식으로 설명하였으며, 본 내용의 학습을 통해 알코올중독치료 접근 및 재활, 예방관리, 금주와 올바른 음주방법 등을 돕는데 조망하였다.

본서는 올바른 음주문화와 알코올중독에 대한 이해를 돕기 위한 도서로써 환자의 증상과 질병에 대한 정확한 판단을 위해서는 반드시 의사의 진단을 받아야 함을 밝힌다.

본서에서 음주폐해와 알코올중독의 심각성을 도출시켜 표기한 부분은 이해를 돕기 위해 최근 인터넷, 신문기사 등의 사례가 직시(直視)되었기에 지견(知見)을 전달해주고자 노력하였다. 그러나 알코올중독 증상의 임상적인 내용을 추론하여 밝히기에는 사회복지전공자로서 한계가 있음을 지적하며, 추후 의학 분야의 전문의와 공동 집필도 고려하고 있다.

그렇지만 우리 사회의 올바르지 못한 음주문화를 지적하고, 우리 사회를 위협하고 있는 사회적 병폐의 심각성을 찾아내고 진단하여 이해할 수 있도록 다각적인 시각에서 구성하였다.

또한 본서에 전문적인 용어나 해석에 대해 담을 수 없던 내용들은 동영상 강의나 특강을 통해서 전달하고자 하며, 집필하는 과정에서 부족한 내용들은 계속 보완해 나갈 것을 약속한다.

따라서 본서가 교육용으로 대학생과 직장인 등에게 활용되길 바라며, 이를 통해 우리 사회가 건강한 음주문화가 형성되어 알코올중독을 예방할 수 있는 견인적 역할을 하리라 기대해 본다.

끝으로 좋은 책을 만들어 세상에 알릴 수 있도록 도움을 주신 학술정보출판사 관계자분들에게 깊은 감사를 드린다.

2019년 4월 5일
달님도 쉬어가는 완주군 구이면 경각산 자락에서…
저자: 강길현

목 차

제2부 알코올중독의 이해

제3부 알코올 사용 장애와 진단

제4부 알코올중독의 치료적 접근 구성요소

제1부

음주문화의 실제

제1장

음주문화의 개관

1. 술의 본질적 의미

인간은 태생적으로 쾌락을 얻고자 하는 욕구가 있다. 이에 술은 인간의 본능을 자극하므로 효과적인 수단으로 활용된다. 술은 인간에게 추악하고 엽기적인 면모를 유감없이 드러내고, 스스로의 교양을 깎아내어 탐미적이고 환상적인 지경으로 이끄는 것 역시 술의 본질이라고 한다.

술은 인간의 도덕적인 면을 앗아가기도 하며, 평소에 기본적인 인성을 들춰내기도 한다. 또한 자신의 단정한 행위를 미혹하게 하며, 솔직한 마음을 행동으로 표출하면서 유혹을 만들어내기도 한다. 평소 술을 마시지 않았을 때에는 인간의 본능은 사례를 분별하고 억제하며 자제할 줄 알지만 술만 체내에 들어가면 상황은 달라진다. 즉, 모든 것을 행동으로 옮기려 하는 데 문제가 있다. 이는 술이 대뇌를 마취시켜 이성을 지배하는 중추신경계 기능을 억제시키게 되는데 이때 감성과 본능을 관할하는 기능이 커진다는 것이다. 그래서 평소 극히 이성적인 사람이 사소한 일로 언성을 높이거나 폭력을 가하는 것도 이 때문이라고 한다.

그렇지만 술은 과음하지 않을 경우 성적 본능과 공격적 본능을 해소시켜주는 심리적 기능을 하며 동시에 사회불안의 정도에 따라서 술에 대한 태도와 반응이 달라지기도 한다. 그러나 과음하면 대뇌피질의 작용을 저하시켜서 긴장상태를 해이시키기 때문에 비정상적인 행동을 하게 될 뿐만 아니라, 숙취(宿醉) 때문에도 고통을 받는다.

또한 과음을 계속하면 소장점막에서의 지방의 합성을 촉진하고, 고지혈증(高脂血症)을 일으키기도 하며 간에도 치명적인 영향을 준다(http://encykorea.aks.ac.kr/Contents/Item/E0032021).

술의 본질을 경험해 본 사람들은 술이 해롭다는 것을 알면서도 술을 좋아하게 되는 이유는 자신을 지배하고 있는 정신이 술의 본질로 깊이 잠들어 있기 때문이다. 결과적으로 술의 본질은 인간의 몸과 정신을 황폐하게 만들 수 있다.

이제 현대사회에서 고민해야 할 과제는 '술의 본질을 이해하여 절제하고, 조절할 수 있도록 의식이 전환'되어야 한다.

2. 음주문화의 개념

술은 인류의 역사와 함께 이어져왔다. 최근에는 산업화를 바탕으로 한 현대화를 이루면서 술은 생활수준의 향상과 문화적 환경 변화에 음주량을 증가시켰고, 이로 인해 정신적인 질병과 향락산업, 범죄 등의 사회문제가 급속하게 늘어났다.

한국인의 피 속에는 음주가무를 즐기는 DNA(deoxyribonucleic acid)가 발달되어 있는 것이 아닐까 싶을 정도로 노래와 술을 좋아한다고 한다. 이미, 술 문화에는 역사, 사회, 경제가 녹아 있으며, 국가 권력이 음주를 향한 욕망을 꺾어버릴 수는 없는 음주문화가 만연되었다. 이는 우리의 음주문화가 술과 분리할 수 없는 밀접한 환경이 조성되어 있기 때문이다.

한국인들은 가장 독한 술을 세계에서 제일 많이 마시는 편으로 제 1위를 차지하고 있다. 특히 술좌석에서 상대에게 술을 권하는 술 문화가 만연되어 있어 술 문화를 처음 접하는 외국인들은 황망스런 경험을 한다(livenjoy.tistory.com/225). 주로 술을 마실 때 자신의 컨디션에 따라 충분히 취할 정도까지 마시는 것이 일반화되어 있기 때문이다. 그러나 많은 사람들은 스스로가 견딜 수 있는 최대한의 음주량을 '자신의 주량'이라고 표현하며, 그 정도까지 술을 마시는 것을 당연시하고 있다.

독일의 경우 술 문화는 동구 유럽처럼 취하기 위해서가 아니라 주로 분위기를 즐기기 위해서 술을 마신다. 그런데 술을 마실 때 술잔을 돌리는 법이 없다. 이들은 술 한 잔을 안주 없이 30분 넘게 마신다. 특히 독일은 더치페이[1])가 관례여서 남에게 술을 강요하고 싶으면 자기가 술을 사야만 한다. 독일은 맥주를 마신 역사가 오래된 만큼 술 문화가 상당히 성숙되어 있다(http://livenjoy.tistory.com/225).

많은 문헌에서 '술은 합법적인 마약' 또는 '정신과적 질병'이라는 표현을 사용하고 있다. 그런데도 과도한 술 소비와 폭음이 증가되는 것은 분명 문제가 있을 듯하다. 아무래도 국가는 세원(稅源)에 따른 경제적 가치를 고려한 것인지, 아니면 제도적 규제가 뒤따르지 못한 것인지 명확한 정의를 내리기 어렵다.

이는 옛 풍습에서 시작된 전통방식의 하나인 제사상 술잔 올리기를 비롯된 문화와 직장과 사회 조직의 단합과 친목을 구성하기 위한 문화 등에서 술을 경험하게 된다.

우리나라 음주문화의 특징은 권위주의적이고 의례 지향적이며 집단적이다. 직장 내에서 조직은 지위서열, 그리고 권력, 권위적 상하관계로 술을 강요하는 관습은 올바르지 않는 음주문화를 형성하게 만들었다. 이렇게 술 문화가 일상화되면서 직장뿐만 아니라 친구, 동우회 또는 가까운 지인 등에게 술이 보편화되어 있다. 술은 적정량(소량)[2])일지라도 지속적으로 마시는 사람은 절제할 수 면역력을 잃게 된다. 그러므로 술은 중독성이 강한 화학성 물질이기 때문에 초기의 음주 습관이 가장 중요하다.

3. 음주문화 문제의 관점

술은 사교의 수단이며 인간의 이해관계를 원활하게 해주는 도구로써 이용되기도 한

---

1) 더치페이(Dutch pay): 어떠한 비용을 각자 나누어서 낸다는 뜻

2) 적정량(소량)의 술이란 남자의 경우 30g 정도이고, 여성은 이보다 적은 15g 정도. 물론 도수가 높은 술은 더 적게 마셔야 한다. 예를 들어 알코올 15g을 한 번의 음주량이라고 가정하면 남자는 맥주 2캔, 소주 2~3잔, 와인 2잔 정도이다. 여성은 맥주 1캔, 소주 1~2잔 혹은 와인 1잔 정도가 적당하다. 여성은 남성보다 일반적으로 몸집이 작아 같은 양을 마시더라도 간에 더 부담을 줄 수 있고, 유방암 위험이 높아질 수 있다(시사저널 2003. 9. 2). 즉, 성인들이 술을 마셨을 때 피해를 줄일 수 있는 전문의들의 통계상 '권장 음주량'이다.

다. 그러나 음주는 단순히 알코올이 포함된 술을 마시는 행위가 아니라 이러한 행위를 유발하는 사회적 맥락과 상황, 문화, 경제, 건강 등을 포함한 사회 환경 구조의 영향 아래 이루어지는 복잡한 행위이다.

우리나라 음주문화는 술에 대한 지식은 극히 상식적이고, 술에 구체적인 주의력을 기울이지 않아 음주문제가 심각하다. 질병과 사회를 위협하는 음주 폐해는 사회적으로나 개인적으로 술이 가져다주는 이로움도 있지만 폐해의 손실도 크다. 습관성 음주로 건강을 해치고 가정과 사회에 악영향을 끼친다는 점에서 사회적 파장의 범위가 상상을 초월한다. 이는 '범죄나 사건 사고의 원인이 되고, 가정폭력이나 성폭력 등이 발생된다는 점'에서 그 심각성이 매우 크다.

우리나라 음주 소비는 주식 재료인 백미보다 많은 양을 소비하고 있으며, 밑반찬인 배추김치 2배가 넘는 양의 술을 마시고 있다. 이를 통해 심각한 음주문제를 그 누구도 간과하지 않으면 그 폐해의 손실은 국민 전체의 몫이 될 것이다.

1) 심각한 음주문제

우리나라는 성인 10명 중 1명 이상이 평생 알코올로 인한 의존과 남용 증상이 있는 알코올 사용장애(평생 유병률 12.2%)가 있으며, 139만 명의 환자가 있는 것으로 추정하고 있다(보건복지부, 2016). 특히 청소년의 처음 음주 연령은 13.3세이며 전체 청소년의 16.9%가 현재 음주자이고, 이 중에 위험 음주자는 52.5%로 나타났다. 여기에 국민 1인당 알코올 연간 소비량은 소주 115병에 달한다.

2017년 알코올성 간 질환 등 알코올 관련 사망자 수는 총 4천809명에 달했다. 하루 평균 13명이 술로 사망하고 있으며, 연령별 인구 10만 명당 알코올로 인한 사망자는 주로 한창 일할 나이인 30대(2.7명)부터 급증해 50대(22.8명)까지가 가장 많았다. 이로 인한 사회적 질병 비용은 10조 원에 육박할 정도로 심각한 것으로 나타났다(시대일보, 2018. 11. 14). 이에 대한 비공식적인 잠재적 손실을 고려해 보면 그 액수는 보다 더 많이 늘어날 것으로 보고 있다.

그런데도 술이 마치 스트레스를 풀어주고 기분을 전환시켜주는 음료인 것으로 생각하는 사람들이 있기에 주류업계는 주류광고 비용으로 '연간 2천 854억 원(2017년)을 지출하는 등 공격적인 광고·마케팅으로 술 마시는 사회를 조장'하고 있다.

전 세계 1인당 연간 알코올 소비량이 6.2L인 것에 비해 우리나라는 이 수치의 2배에 해당하는 12.3L를 소비하고 있다. 여기에 '윤창호법'이 무색할 정도로 음주운전은 하루에 36명이 적발되고(한국일보, 2019. 1. 27), 청소년의 탈선, 대학생의 음주 사고, 범죄 등이 끊임없이 발생하고 있다. 대검찰청 통계(2017년)를 보면 살인과 강도, 강간 등 강력 흉악범죄의 30% 이상(1만 121명)이 음주 상태에서 발생하지만, 성범죄를 제외하고 주취 상태는 감경사유로 작용하는 등 처벌은 미약한 실정이다.

소방청(2017년) 등 관련 자료에는 구급대원 폭행자의 92%가 주취 상태에서 폭력을 행사하는 주취 폭력으로 경찰관, 구급대원, 택시기사 등이 큰 피해를 보고 있다. 질병관리본부의 응급실 손상 환자 심층 조사결과(2016년)를 살펴보면 자살·자해 손상 환자의 42.0%는 음주와 연관되어 있다(서울경제, 2018. 11. 13).

습관성 음주자는 대체적으로 '중독상태가 되어야 끝이 나고 만성, 진행성으로 재발하는 경향'을 가지고 있다. 술은 우리 몸 전신에 작용하고 있는 200여 종의 질병과 관련이 있다. 간암은 물론 구강암, 식도암, 유방암, 대장암 등의 발생을 증가시킨다(보건복지부·한국건강증진개발원, 2017).

최근에는 여성들의 사회진출로 음주문화가 급격하게 확산되면서 여성 알코올중독에 심각성이 제기되고 있다. 특히 가임 여성들의 음주문제로 인한 출산율 감소 또는 유산, 사산, 조산, 영아돌연사증후군, 태아알코올증후군을 유발할 수 있다. 태아 알코올 증후군은 미국의 경우 약 1,000명당 1명꼴로 나타나는데, 우리나라는 알코올 증후군으로 의심되는 아동은 0.18~0.51%로 추정된다(대한보건협회, 2015).

알코올중독 증상이 있는 여성들은 임신 중에서 91%의 태아가 임신기간이 부족하고, 머리둘레가 정상적인 아이에 비해 적었다고 한다. 또한 44%는 태아알코올 증후군과 일치하는 기형적인 얼굴을 가졌으며 44%는 선천적인 심장기형과 생식기 및 신장의 기형을 가지고 태어난다고 한다(Halliday, 1982; 신영주, 2008).

많은 연구에서는 '임신 중 음주는 임산부와 태아가 같이 마시는 것'으로 즉, '술의 양도 같다'고 한다. 태아는 알코올 해독능력이 없으므로 뇌 조직에 다량의 알코올이 유입되면 정신발달 장애를 일으키고, 출산 후 정신지체, 소뇌증, 저체중, 안면기형, 등의 특징을 보인다고 한다(대한보건협회, 2015). 특히 뇌기능 저하로 IQ가 70 정도이며, 암기 및 사고력의 저하 등으로 '일생 동안 학습장애 또는 주위가 산만하고 성격도 원만하지 못하는 것'으로 나타났다(임혁 외, 2015).

더 나아가 여성 알코올중독자는 이중장애[3]와 자살문제, 이혼으로 인한 가정해체 등 중독에 관련된 사회문제가 끊임없이 증가되고 있다. 또한 알코올중독으로 인해 성폭력의 희생자가 되는 경우가 5배 높은 것으로 나타났고, 취한 상태에서 남성으로부터 성적 공격을 당하는 경우가 전체의 60% 수준에 이르는 것으로 조사되었다(경남일보. 2005. 11. 11).

술이 가져다준 결과로 알코올의존자 중 15%가 자살로 사망(남자 80%)하고, 중년시절은 독신으로 살고 있으며 대부분 사회적으로 고립되어 있다. 여기에 자살을 시도한 알코올 의존자 중 2/3 정도가 우울증을 동반하고 있는 것으로 나타났다(대한보건협회, 2012).

이외에도 음주운전, 폭력, 성범죄, 방화 등이 사회불안을 유발시켜 우리 사회와 삶을 위협하고, 국가에 막대한 사회경제적 손실을 초래하고 있다.

2) 음주의 허구적 특성

인간은 언제나 정신적 안정상태를 유지하기를 희망하지만, 삶을 살아가면서 오는 충동과 분노, 원한, 불안, 좌절감이 스트레스로 이어진다. 이러한 긴장을 완화시켜줄 수 있는 도구로 술을 사용하게 된다. 그러나 술은 약물로써 알코올 성분이 들어있어 뇌의 전두엽을 마비시켜 흥분과 공격적인 행동을 유발시키기도 하며, 통합기능을 담당하는 중추가 마비되어 기억력, 판단력에 문제가 생기기도 한다(최삼욱, 2010).

---

3) 이중 장애란, 알코올중독과 다른 정신과적 질환을 동시에 가지고 있음을 의미함. 특히 여성 알코올중독자들은 불안장애나 우울증 등의 기분장애와의 공존장애로 진단과 치유에 어려우며 재발을 경험하게 된다(Sacks, 2004; 김혜자 외, 2016).

또 다른 도구로써 술을 음료처럼 습관적으로 마시는 사람이 있다. 힘을 내는 음식차원으로 술을 마시는 경우도 있고, 입맛을 돋우기 위해 마시는가 하면, 분위기를 부드럽게 해주는 사교주로 마시는 일도 있다. 또한 기분을 달래 주거나 진정시켜 주는 약으로 마시기도 하고 수면보조제로 마시기도 한다. 여기에 용기를 얻기 위한 약으로도 마시기도 하고, 습관이 되어 마시기도 하며, 금단증상을 피하기 위해 마시기도 한다. 이는 단지 술의 알코올 성분이 중추신경의 기능을 억제하기 때문이며, 술을 마신다고 해서 해결되는 것이 아니라 잠시 마비가 될 뿐이다.

여러 문헌에서는 술을 마시면 혈액순환이 잘되어 심장과 혈관에 좋은 영향을 미친다는 연구결과를 살펴볼 수 있지만, 세계보건기구(WHO: World Health Organization)에서는 술의 알코올 성분에는 1급 발암물질이 들어 있다고 한다. 2014년 보건복지부도 과음에만 암 발생을 높이는 것이 아니라 하루 한두 잔의 소량 음주도 간암은 물론 구강암, 식도암, 유방암, 대장암 등의 암 발생을 증가시킨다고 하면서 기존에 있던 내용을 수정 발표하였다(국가암정보센터, 2014).

이런데도 대부분 사람들은 술을 목적에 따라 기호식품도 되고, 약물도 될 수 있다고 한다. 대개 경우에는 약물로써 음주를 하고 있으며, 이들은 스스로 술을 기호식품으로 착각하고 있다(김경빈, 2002). 이는 주관적인 단지, 허구적인 생각일 것이다.

술을 물질(substance)로 보기보다는 음식(food)이라는 개념을 가지고 있기 때문에 음주 자체보다는 음주 후 발생하는 문제들에 따라 술에 대한 인식을 달리하고 있기 때문이다(이만홍 외, 1997). 이러한 음주는 적당히 취했을 때 말수가 적은 사람의 말문을 열어주지만, 고주망태가 되도록 취했을 때 발생하는 사고와 망가지는 몸은 독약에 가깝다고 설명할 수 있다. 만취로 인한 소소한 사건이 때로는 그 누군가에게 재미있는 추억이 되기도 하지만, 반대로 크나큰 악몽이 될 수 있다(https://brunch.co.kr/@eastbound/4).

그런데도 남에게 술을 권하고, 개인이 음주량을 조절하기 어렵게 술잔을 돌리며, 연거푸 마시는 집단적 음주문화도 개선되지 않고 있다. 최근에는 '혼자 술을 마시는 현상'까지 나타나 고위험 음주를 부추기고 자주 마시게 하는 요인으로 작용하고 있다. 그런가 하면 술 마시면 기분이 좋다거나 친목 도모와 스트레스 극복에 도움이 된다고 여기는 비율이 국민의 70%를 넘기는 수치로 나타났다(시대일보 2018. 11. 14).

심지어 수십 년간 직장에서 음주를 지속해온 자들은 그들 스스로를 '술의 달인'이라고 자처하고 있다. 과연 그럴까? 그들의 정상적인 업무와 건강은 어떠한지 의문이 든다.

외국에서는 술이 알코올중독성이 강하기 때문에 약물로 인식하고 있다. 그러나 우리나라는 알코올의 순기능, 혹은 사회적 기능으로 인해 약물로 분류하지 않고 있어 중독산업으로 인식하지 않는 경향이 있다(http://blog.daum.net/2002chris1025/856). 이러한 일화(逸話)가 있다. 기원전 로마의 작가 시루스는 '술잔은 비록 작으나 술에 빠져 죽는 사람이 물에 빠져 죽는 사람보다 많다'고 하였으며, 그리스 로마신화 디오니소스는 '인류를 위해 술을 만든 것이 아니라 악마를 위해 술을 만들었다'고 전해지고 있다.

3) 방송의 음주장면 묘사

최근 주류광고법이 강화되고 있는 추세이지만 TV프로그램 방영 중에 술병을 들고 술을 따르는 모습과 술을 마시는 음주장면은 술 광고의 이상으로 간접적인 효과가 있을 것으로 보고 있다. 이는 유명 탤런트나 가수들의 음주장면을 보면서 누구나 음주충동을 느껴 자연스럽게 모방[4]하기도 한다. 행동주의(behaviorism) 이론에서 반두라(Bandura)는 "일생동안 갖게 되는 습관의 대부분이 다른 사람을 관찰하고 모방함으로써 배우는 것"이라고 생각하고, 사회학습의 경험이 성격을 형성한다고 하였다(Bandura, 1997; 표갑수 외, 2016).

지난 TV방송 코미디 프로그램에서 정형돈은 우스갯소리로 "사회생활을 하면서 이걸 어떻게 안 마셔"라고 표현하였으며, 이경규는 "적당히 마실 거면 술을 뭐하러 마시니, 조금 마시려면 아예 안 먹고 마실 거면 확 가버려야 한다"라든지, 미국 벤저민 프랭클린은 "술은 사람을 해치는 몹쓸 것이므로 몽땅 마셔서 없애 버려야 한다"라는 모순적인 방송프로그램은 시청자들에게 음주를 유발시킬 수 있는 행위가 될 수 있다.

또한 TV프로그램에서 출연진들이 스튜디오에 모여 이야기를 나누던 중, 사회자가

---

4) 모방(modelimg)은 다른 사람이 행동하는 것을 보고 들으면서 그 행동을 따라서 하는 것이다(Bandura, 1969; 표갑수 외, 2016).

한 패널에게 질문을 한다. 주량이 어떻게 되세요? 질문을 받은 사람은 수줍게 웃으며 "보통 소주 4~5병까지도 마시는 데 요즈음에는 바빠서 잘 못 마셔요"라고 답한다. 이에 다른 패널들이 동참하여 '애주가시구나', '나는 동료 연예인과 밤새 20병도 마셔봤다'와 같은 후일담 이야기, 또는 소맥을 만드는 개인기, 술은 마시고 만취하는 장면 등은 여과 없이 방영된다. 여기에 연예인들이 TV에 나와 과음해서 기억을 못하고 사고를 친 이야기를 무용담처럼 늘어놓은 것이 폭력적인 장면을 보여주는 것보다 더 파급력이 클 것으로 보고 있다.

유독 술에 대한 우리나라 TV 방송의 허용기준이 다른 것 즉, 선정성(煽情性), 폭력성, 담배, 유해약물 등에 비해 관대하기 때문이다(https://brunch.co.kr/@eastbound/4).

4) 사회적 음주문화 인식

한국 사회에서 음주행위는 술 자체의 즐김보다는 공동체 규합의 수단으로 널리 행해진다고 한다(한태선, 1998). 즉, '우리'라는 개념이 강하게 작용하면서 술자리에선 모두 함께 취해야 하며, 그러기 위해서는 빨리, 그리고 많이 마셔야 한다. 주량에 관계없이 똑같이 마시고 똑같이 취해야 한다는 것이다. 이러한 사고로 우리민족은 술을 빨리 그리고 많이 마시는 민족이 되어 버렸다. 1차에서 확인된 '우리'라는 개념은 2차, 3차로 이어가면서 더욱 우리를 확인한다고 한다(박용주, 1999). 이렇게 술좌석에서 술잔을 돌리고 쓰러질 정도로 술을 마시도록 강요하는 관례는 지금도 여전하다. 술을 못 마시는 사람은 남자답지 못한 것으로 간주되고, 따돌림을 받는 경향 때문에 이들은 사회생활을 하는데 제한의 영향을 미치기도 한다. 박용주(1999) 연구 논문에서는 우리는 술 취한 사람에게 관대하며, 가급적 시비를 삼가 해야 하고, 취중에 한 실수는 후에 문제 삼는 것은 야박한 일로 취급된다고 하였다. 이렇게 우리나라의 음주문화에 대한 사회적 인식은 비교적 관대하며, 음주는 사회생활을 하는데 필수적이라는 의미를 가지고 있다. 사회적으로 음주에 대해 수용적인 나라는 엄격한 규범을 지닌 나라에 비해 알코올중독자의 비율이 높게 나타났다(이동현, 2002).

5) 알코올 가용성으로 인한 음주문화 확대

외국에 비해 우리나라는 음주문제가 더욱 가중될 수 있는 환경과 문화를 가지고 있다(주정, 2009). 음주가 사회적 관계망을 중심으로 이루어지고, 음주량의 과시풍조와 술을 권하는 등의 허용적인 음주문화는 여전히 만연되어 있다. 이러한 인식으로 술을 강요하고 독주를 마시며 2~3차로 술집을 옮겨 다니면서 사발주, 폭탄주, 원샷 등의 신조어가 등장할 만큼 '무절제한 음주행위'를 자행하고 있다.

'식품위생법'에 의해 영업허가 및 신고를 하거나 등록한 술 판매점과 일반음식점에서는 주류를 무제한적으로 판매하거나 마실 수 있어 알코올 가용성5)을 높이고 있다. 언론에서는 이들의 주류소매 면허 제도를 강화해 알코올 소비량을 줄여야 한다고 강조하고 있다(한국일보, 2014. 7. 11).

관련 자료를 살펴보면 물리적으로 접근할 수 있는 환경이 주로 식당, 술집, 집, 노래방 등으로 나타났다(이지현, 2010).

대학의 경우 학교 캠퍼스 인근에 주류 판매 허가를 받은 상점들은 알코올 소비 수준과 함께 지역사회의 음주문제에 관련이 있는 것으로 나타났다. 즉, 주변에 술집이 많을수록 고위험 음주관련 문제를 경험한 대학생이 비례적으로 많은 것으로 나타났다 (Weitzman, 2003; Williams, 2004).

선진국에서는 주류 판매 사회문제를 해결하기 위해 주(州)정부에서 직영체제 면허제도로 운영되고 있다. 우리나라는 주세법6)에 따른 주류 판매업을 하고자 하는 자는 국가가 아닌 민간인이 주류 종류별로 판매장의 시설기준 요건을 갖추고 관할세무서장에게 면허를 받고자 신청하는 면허제도7)이다.

---

5) 알코올 가용성이란, 술을 구입하고 마실 수 있는 환경과 접근성을 말한다. 국내 문헌에는 물리적 가용성(음식점, 유흥주점 유해업소), 주관적 가용성(술을 쉽게 구입할 수 있는 소매점), 제도적 가용성(주류이용가능성 여부, 청소년 술 규제 접근성) 등으로 다양하게 용어를 사용하고 있다(권리아 등, 2017).

6) 주세법 제8조(주류 판매업면허): ① 주류 판매업(판매중개업 또는 접객업을 포함한다. 이하 같다)을 하려는 자는 주류 판매업의 종류별로 판매장마다 대통령령으로 정하는 시설기준과 그 밖의 요건을 갖추어 관할 세무서장의 면허를 받아야 한다.

7) 주류는 판매단계별로 면허 제도를 채택하여 원칙적으로 「제조 → 도매 → 소매 → 소비자」의 유통단계를 거친다. 주류 제조자는 종합주류 도매업자, 주류 중개업자(슈퍼, 연쇄점본부 및 농·수·신협중앙회 등), 유흥음식점업자 등에게 주류를 판매한다. 또한 주류는 용도별(가정용, 할인매장용, 유흥음식점용, 주세면세용)로 판매하도록 하고

그러나 외국은 판매장 시설기준 요건 규제가 엄격하고 장소적, 시간적, 제한이 명확하게 지켜지고 있는데 반해, 우리나라는 연령제한 이외에는 금주정책이 이뤄지지 않다 보니 시간과 장소를 불문하고 주류구입과 술을 마실 수 있는 장소가 자유롭게 일상화되어 있다.

이렇게 알코올 가용성이 대두되고 있는 원인에는 음주 후 발생하는 사회문제가 드러나지 않는 한, 음주 자체에 대해서는 매우 허용적이고 친숙하게 여기며 접근 가능성이 용이하기 때문으로 보고 있다.

알코올 가용성과 음주형태에 관련된 문헌을 살펴보면 성인대상 연구에서 물리적 가용성인 지역사회 내 유흥주점의 수가 많을수록, 또는 청소년대상 연구에서는 주관적 가용성으로 청소년이 술을 구매하기 쉽다고 생각할수록 음주의 양과 빈도가 높아지는 것으로 나타났다. 이는 '성인과 청소년 모두에게서 알코올 가용성이 부정적인 음주행위 영향을 미치고 있는 것'으로 나타났다(권리아 외, 2017).

또한 지역수준의 변인들을 분석한 결과 1km^{2}당 주점 수, 소매점 수, 전체 알코올 가용성 수가 높은 지역에 거주하는 사람에게서 현재 음주를 할 가능성이 높은 것으로 나타났다. 반면, 고위험 음주 여부에 있어서는 60세 이상 층이 소매점과 전체 알코올 가용성 수가 많은 지역에 거주할수록 고위험 음주의 가능성이 높아지는 것으로 나타났다(권리아 외, 2018). 특히 지방의 문화기반 시설이 부족한 지역에서는 음주가 원인이 돼 발생하는 주취폭력범죄도 다른 지역보다 많이 발생했다(한국일보, 2014. 7. 11).

따라서 음주폐해를 줄이기 위한 방법의 일환으로 알코올 가용성에 관한 관련법을 보완하여 규제, 통제할 수 있는 정책에 초점을 두어야 한다.

용도에 따라 유통단계를 구분하고 있다. 가정용 및 할인매장용은 종합주류 도매업자와 주류 중개업자 모두 소매업자에게 공급 가능하나 유흥음식점용 주류는 종합주류 도매업자만 공급이 가능하다(한국주류산업협회, 2018).

제2장

음주문화 등장과 전개

1. 술의 근원

우리나라는 예부터 전통적으로 술 문화가 대단히 고상하여 근대에 이르기까지 세계에서 가장 아름다운 음주풍속을 유지해 왔다. 술을 마시는 예절을 어렸을 때부터 가르침으로서 누구나 술을 마시는 범절이 깍듯하였으며, 술을 마시는 모임은 모름지기 노래와 춤, 시를 곁들인 운치를 돋우어 우아하고 고결한 풍류로 승화시켰다(이상희, 2009).

술의 역사는 인류의 역사만큼 오래 되었다. 기원전 3000년경에 이집트에서 이미 맥주를 만들어 마셨으며, 그 제조법이 기원전 1500년경에 기록된 그림 문자로 전해진다. 우리나라에는 고구려의 시조 주몽(동명성왕)의 건국 설화 중에 술에 대한 이야기가 처음 기록되어 있다(술-Daum 백과).

중국에서는 처음 술을 빚기 시작한 시기는 지금으로부터 8,000년 전인 황하문명 때부터인 것으로 추정된다. 특히 이 시기의 유적지에서 발굴된 주기(술을 발효시킬 때 사용하거나 술을 담아두던 용기)가 당시 필요한 용기의 26%나 되었을 정도로 술은 이 시기에 일상생활에서 큰 비중을 차지하고 있었다(한국주류산업협회).

이후 고대 중국은 황제의 딸 의적이 곡물을 발효시켜 처음 술을 만들었다고 한다. 술을 마셔 본 임금은 그 후 군주가 술을 많이 마시면 나라를 다스리는 데 소홀하게 되고, 아버지가 과음을 하게 되면 가정이 어려움에 처하게 된다고 하였다(LA중앙일보, 2014. 9. 29).

과거 선비들의 예절과 격식은 없지만 엄한 규칙이 있었다. '상대의 주량의 한계가 있음을 먼저 명심해야 한다'라는 것이었다. 술자리에서 세 잔 이상 돌리면 배려할 줄 모르고 천박한 사람이라고 하였다. 그러나 거의 지켜지지 않았던 것 같다. 조선시대에도 술 때문에 죽었다는 사람이 많았으며, 왕과 명망 높은 신하들도 동시에 취해서 주정 부리고 엉켜서 잠자는 경우도 있었던 걸 보면 그 예법이 무색하게 느껴진다. 이는 주량 이상으로 술을 권하고 난리 피우는 것을 보면 옛날과 지금의 큰 변화는 없는 것으로 보인다. 그런가 하면 과거 술에 취해 왕의 팔을 꺾어버린 전직 영의정과 왕과 야자를 깐 영의정의 건전하지 못한 기록도 살펴볼 수 있다. 또한 청백리의 대표 격이자 술꾼으로 소문난 박수량에게 성종은 은으로 만든 작은 술잔을 내리며 이걸로 하루에 1잔만 마시라고 권하였다. 그러나 박수량은 그 술잔을 망치로 얇게 두드려 펴 더 많은 양의 술이 들어갈 수 있는 그릇에 술을 부어 들이켰다는 설화로 유명하다. 게다가 태종의 둘째 아들 효령대군은 왕세자에 어울리지 않는 한 가지 이유가 있다고 한다. 그는 보(효령)에게 "술을 못 마시는데 그래서야 어디 외교나 정치하겠어"라고 말하였다고 한다.

즉, 접대를 하기 위해서는 기본적으로 술을 마실 줄 알아야 했던 그 시대는 왕실에서도 마찬가지였던 것을 살펴볼 수 있다. 그렇기 때문에 가난한 선비들도 백탕(맹물)을 마시면서도 취한 척 낭만을 즐겼을 정도로 술이 일상생활에 기본이었음을 짐작할 수 있다. 또한 성웅으로 칭송받는 충무공 이순신장군도 실제로는 부하들과 술내기도 하고, 술에 취해서 함께 잠을 자는 등 술을 매우 즐겼다고 한다.

그렇지만 조선후기의 실학자였던 박지원은 술을 마시면서 시국을 논하고 풍류를 즐긴다는데 이는 핑계에 불과할 뿐이며 술에 취하면 상하귀천 구분 없이 그저 "짐승의 개가 될 뿐이다"라고 말했다(namu.wiki/w/술).

또 다른 문헌에서 과거 우리나라 술이 무척 귀한 존재였다고 한다. 술을 빚는 집안은 비교적 생활이 넉넉하고 여유가 있다는 것을 알 수가 있다. 즉, 집안에서 술을 빚는 가문은 곡식이 풍성하다는 것이며, 술을 관리하는 인력과 보관하는 장소가 있다는 것은 그만큼 부유하다는 것을 의미한다.

특히 그 집안의 술 맛 자체는 가문의 위상을 나타내는 것으로 여겼으며, 이는 사람의 기분을 즐기는 최고의 사치품목 중 하나였다(https://blog.naver.com/PostView.nhn?). 그러나 조선시대에 흉년이 들어 먹을 곡식이 적어지면 왕의 특권으로 바로 금주령을 내리게 되었지만, '사람들이 내일 굶어 죽을 건 생각하지도 않고 술만 빚어댄다'는 식의 기록이 있다.

조선 21대 왕 영조는 술을 빚은 자는 섬으로 유배를 보내고, 술을 사서 마신 자는 영원히 노비로 소속시킬 것이며, 선비 중 이름을 알린 자는 멀리 귀양 보내고, 일반인들은 햇수를 한정하지 말고 수군(水軍)에 복무하게 하라고 하였다(『영조실록』, 영조 32년 10월 20일).

조선 영조는 그 누구보다 엄격한 금주령을 시행한 왕으로 유명하다. 앞서 몇 차례 좌절을 맛본 영조는 수개월 간 논의를 거쳐 32년(1756년)부터 강력한 금주령을 내놓고 음주의 뿌리를 뽑고자 했다. 그러나 1년이 지난 뒤 영조는 이렇게 말했다. '오늘은 금주(禁酒)를 한 지 일주년이 되는 날이다. 금주를 어겨 섬으로 유배된 자를 모두 풀어주도록 하라'고 한다(『영조실록』 33년 10월 24일).

금주령을 실시한 지 1년간 술을 빚다가 잡혀 섬으로 귀양을 간 사람이 700명에 달했다고 한다(중앙일보, 2019. 3.10).

금주령은 조선왕실록 문헌에만 무려 129번이나 언급된다. 술을 마신 자는 임금이 직접 목을 베었고 왕들은 예외 없이 금주령을 시행하였다. 태종 때는 금주령을 어긴 의순고의 별좌 황상을 귀양을 보내고, 영조 때에서는 병마절도사 윤구연을 숭례문 앞에 나아가 영조가 직접 사형을 집행했다는 기록이 나온다(조선일보, 2017. 12. 7).

영조가 이렇게 성급했던 것은 사실 확인 차 보낸 선전관이 윤구연이 있던 곳에서 술 냄새가 나는 항아리를 가져와 대령했기 때문이다. 그러나 '술항아리 속의 술은 금주령 이전에 담근 것'이었다(http://blog.daum.net/zhy5532/15972836). 이처럼 조선시대의 술은 고가의 사치품이었다.

그렇지만 조선 전기엔 금주령이 그다지 엄격하진 않았다. 금주령이 내려지고 해제되기를 반복했지만 내려지더라도 '구멍'을 만들어 둬 빠져나갈 틈도 많았다. 예를 들어 조선 시대 첫 금주령은 태조 2년(1393년)에 확인되는데 왕실 행사나 일월성신에 올리는 제사 등 예외조항을 많이 뒀음에도 고작 일주일 만에 해제되었다. '중국 사신이 와서 접대해야 한다'는 외교 문제와 '날씨가 춥다'는 이유였다. 당시엔 술이 주요 방한(防寒) 도구였던 것이다(중앙일보, 2019. 3. 10).

술과 관련된 외국의 역사 사례를 살펴보면 13세기 술의 성분을 밝혀낸 프랑스 몽펠리 대학의 교수 빌뇌브는 "만병통치의 생명수"라고 이름을 붙였고, 그 후 의사들은 환자에게 술을 마시도록 권장하며 백약의 으뜸으로 칭송하였다. 이는 알코올의 뛰어난 살균 능력 등을 빌어다 상처의 치료와 마취 등을 이용할 줄 알게 되었기 때문으로 코냑이나, 위스키 같은 독한 술을 만들게 되었다고 한다. 하지만 미국에서는 술의 부정적인 면이 드러나면서 금주령을 내린 적이 있었다. 술의 야누스적인 양면성이 문인들에게 매력적인 음료로 사랑받아왔던 것 같다. 일상과 일탈, 이성과 광란, 질서와 혼동이 함께 하는 '일상과 일탈의 경계에 선 술'이 문학적 영감과 아이디어를 얻는 매개물 이였을 것이다(http://blog.daum.net/2002chris1025/405).

1) 술의 어원

술의 한자적 기원을 보면, 주(酒)자의 옛 글자는 '닭, 서쪽, 익을'을 뜻하는 유(酉)이다. 유자는 밑이 뾰족한 항아리 상형문자에서 변천된 것으로 술의 침전물을 모으기 위해서 끝이 뾰족한 항아리에서 발효시켰던 것에서 유래했다. 그 후 유자가 다른 뜻으로 쓰이게 되어 삼수변이 붙게 된 것인데, 옛 글자에는 삼수변이 오른쪽에 붙어있다. 보통 삼수변의 글자는 옥편에서 찾을 때 수(水) 부수를 보게 되지만, 주(酒)자는 유(酉) 부수에 들어있다. 유(酉)는 '지지 유', '익을 유'로 읽히는데, 원래 술항아리를 상형한 것으로 술을 뜻한다.

오늘날에는 술과 관계가 없는 것처럼 보이지만 유자가 들어 있는 글자들 중에는 애초에 술과 관련되었던 글자가 많다. 술을 뜻하는 유(酉)가 변으로 들어간 모든 한자는 발효에 관한 광범위한 식품명이다. 취(醉), 작(酌), 순(醇), 작(醋), 장(醬) 등이 그 예이다(한국주류산업협회).

우리나라는 술을 약주(藥酒) 또는 반주(飯酒)라고 한다. 반주는 밥을 먹을 때 함께 마시는 술을 뜻하고, 주는 여러 유형의 설로 전해지고 있다. 그 하나는 조선조 중엽 선조 때 약봉(藥峯)의 아호(雅號)를 가진 서성(徐渻)이란 선비가 약현(藥峴, 지금의 서울역 뒤편 중림동)에 살았는데 그의 어머니가 빚은 약산춘(藥山春)이란 이름의 청주가 명주가 되었다. 이에 사람들은 약현에 사는 약봉의 어머니가 빚은 '약산춘'이라는 이름의 술이라는 뜻의 유래를 줄여서 '약주'라고 부르게 되었다고 한다. 또 다른 설은 조선시대 천재지변으로 흉년이 들어 식량이 부족하게 되어 금주령(禁酒令)을 내리게 되었다.

그러나 그 당시 병자가 치료를 목적으로 술을 사용할 때에 한하여 한 가지 예외 조항을 두었다. 이에 특권 계층의 양반들이 술을 마시기 위한 핑계로 병을 치료하기 위해서 마신다고 했으므로 서민들이 비꼬는 말로 점잖은(양반/권력층) 사람들이 마시는 술은 약주다고 해서 '약주'로 널리 쓰이게 되었다고 한다.

본래 약주라고 하면 약주(藥酒)가 인정되는 술, 또는 여러 가지 약재(藥材)를 첨가하여 침출하거나 발효시켜 약이성 효능을 간직한 술을 말한다.

술은 또 다른 이름으로 불려 지기도 했다. 답답하고 우울한 마음, 슬펐던 기억이나 긴장감을 해소시켜주는 효과로서 망우물(忘憂物)이라고 했다. 알코올이 체내에 들어가면 중추신경의 기능을 억제하는데 이때 마음이 느슨해지고 긴장감이 해소되어 기분이 좋아지고, 말이 많아지며 명랑한 상태의 도원경(桃源境)을 헤매는 무아(無我)가 되는 것이다. 이렇게 적당량의 술을 마시는 것은 정신건강을 돕는 약주의 개념이라 할 수 있다. 또한 술을 과음함으로써 갖가지 문제를 일으키는 뜻으로 "망주(亡酒, 또는 忘酒)"라고 한다. 이는 '건강을 해치고 재산을 탕진하여 가정을 파탄으로 이끄는 독약'이 되기 때문이다(http://www.claimcare.co.kr).

2) 술의 역사(한국주류산업협회)

한국의 술 문화는 역사가 매우 깊다. 문헌에 의하면, 우리나라는 삼국시대 이전인 마한시대부터 한 해의 풍성한 수확과 복을 기원하며 맑은 곡주를 빚어 조상께 먼저 바치고 춤과 노래와 술 마시기를 즐겼다고 한다. 이러한 사실로 추측해 보아 한국에서는 농사를 시작했을 때부터 술을 빚어 마셨고 모든 행사에는 술이 사용되었음을 알 수 있다.

고구려를 세운 주몽의 건국 전설에도 술에 대한 이야기가 나온다. 천제의 아들인 해모수가 능신 연못가에서 하백의 세 딸을 취하려 할 때, 미리 술을 마련해 놓고 먹여 취하게 한 다음 수궁으로 들어가지 못하게 하여 세 처녀 중에 큰 딸인 유화와 인연을 맺어 주몽을 낳았다는 것이다. 또한 위지(魏志)[1] 고구려전에 '선장양'이라는 구절이 있다. 이는 고구려에서 술을 비롯한 발효제품이 많이 만들어졌음을 의미한다. 당나라 풍류객들 사이에는 신라주가 알려졌다고 하는데, 그 발효의 바탕은 누룩이었다. 누룩으로 술을 빚는 방법은 일본에도 전해져 일본 술의 발달에 크게 기여하기도 했다. 삼국시대의 술은 발효원인 주국과 맥아로 빚어지는 주(酒)와 맥아로만 빚어지는 례(醴, 감주)의 두 가지였다. 이 가운데 내외에 널리 알려진 술은 '고려주'와 '신라주'이다. 이 술들은 중국 송나라에 알려져 문인들의 찬사 대상이 되기도 했다.

삼국시대에 나라 이름을 앞세운 술이 있었던 데 비해서 고려시대에는 황금주, 백자주, 송주 등 술의 재료와 특성을 나타내는 술이 나타나기 시작했다. 이러한 술의 이름은 조선시대 말까지 그대로 이어졌다고 한다. 더구나 고려시대에는 증류주가 유입됨으로써 오늘날과 같은 한국의 술문화 형성에 크게 기여했다.

고려시대에는 송나라와 원나라의 양조법이 도입되었고, 전래의 주류양조법이 발전되어 누룩의 종류나 주류 제품이 다양해졌다. '고려사'에 의하면, 고려 문종 때 왕이 마시는 술은 양온서를 두어 빚었는데 청주와 법주의 두 종류로 구분하여 질항아리에 넣고 명주로 봉하여 저장했다고 한다.

조선시대에는 현재까지 유명주로 꼽히는 술이 정착한 시대이다. 이 시기에 술은 고급화 추세를 보여 제조 원료도 멥쌀에서 찹쌀로 바뀌고 발효기술도 단담금에서 중양법으로 바뀌었다. 이때 명주로 꼽힌 것이 삼해주, 이화주, 부의주, 하향주, 춘주, 국화주 등이다. 조선시대 후기에는 지방주가 전성기를 맞았다. 지방마다 비전되는 술들이 맛과 멋을 내면서 출현하기 시작한 것이다. 이때에는 서울의 약산춘, 여산의 호산춘, 충청의

---

1) 위지(魏志): 중국 서진의 진수가 편찬한 삼국시대의 사서 ≪삼국지≫ 65권 중에서 위나라의 역사를 기록한 30권 (Daum어학사전)

노산춘, 평안의 벽향주, 김천의 청명주 등이 명주로 손꼽혔다.

조선시대에는 적지 않은 외래주도 공존했다. 천축주, 미인주, 황주, 섬라주, 녹두주, 동양주, 금화주, 무술주, 계명주, 정향주 등이 이 시기에 유입된 외래주이다.

3) 전통 주사위 목재 주령구

신라인들은 술자리의 흥을 돋우고 즐거움을 더하기 위해 '목재주령구[2]'라는 일종의 주사위를 사용하였다. 이 주사위는 높이가 4.8cm로 손에 잡히는 작은 크기였는데, 희귀하게도 14개의 면을 가지고 있다. 보통 주사위는 6개의 정사각형 면을 가진 정육면체 모양인데 이 주사위는 6개의 정사각형과 8개의 육각형 면으로 된 14면체라는 점이 특이하다.

참나무를 다듬어 만든 이 14면체 주사위는 '목재주령구'라고 부른다.

나무로 만들어진 술(주, 酒)을 마시면서 명령을 내릴(령, 令) 수 있는 기구라는 뜻의 이름이다.

여기에는 다양한 벌칙들이 새겨져 있는데(아래 내용 참조) 돌아가면서 목재주령구를 던지고 벌칙이 나오면 벌칙을 수행하면서 술자리를 즐겼다고 한다.

[사각면에 쓰인 벌칙]
▶ 삼잔일거(三盞一去) : 한 번에 술 석잔 마시기
▶ 중인타비(衆人打鼻) : 여러 사람 코 두드리기
▶ 자창자음(自唱自飮) : 스스로 노래 부르고 마시기
▶ 음진대소(飮盡大笑) : 술을 다 마시고 크게 웃기
▶ 금성작무(禁聲作舞) : 소리 없이 춤추기
▶ 유범공과(有犯空過) : 덤벼드는 사람이 있어도 가만히 있기

---

2) 주령구(酒令具): 통일신리시대 유물로 1975년 경주 동궁과 월지(안압지)에서 출토된 정사각형 면 6개와 육각형 면 8개로 이루어진 14면체 주사위이다. 정사각형 면의 면적은 6.25평방센티미터, 육각형 면의 면적은 6.265평방센티미터로 확률이 거의 1/14로 균등하게 되어 있다. 재질은 참나무이다. 각 면에는 다양한 벌칙이 적혀 있어 신라인들의 음주 습관의 풍류를 보여주고 있다. 출토된 진품은 유물 보존 처리도중 불타버렸고, 복제품만 남아있다(Daum 백과).

[육각면에 쓰인 벌칙]

- ▶ 농면공과(弄面孔過) : 얼굴 간지려도 꼼짝 않기
- ▶ 곡비즉진(曲臂則盡) : 팔을 구부려 다 마시기
- ▶ 추물막방(醜物莫放) : 더러운 물건을 버리지 않기
- ▶ 월경일곡(月鏡一曲) : 월경 한 곡조 부르기
- ▶ 공영시과(空詠詩過) : 시 한 수 읊기
- ▶ 임의청가(任意請歌) : 누구에게나 마음대로 노래시키기
- ▶ 자창괴래만(自唱怪來晚) : 스스로 괴래만(노래 제목)을 부르기
- ▶ 양잔즉방(兩盞則放) : 술 두 잔이면 쏟아버리기

벌칙의 해석이 여러 문헌에서 조금씩 다르게 제시되고 있다. 대략적으로 14가지 벌칙은 위의 내용과 같으며, 귀족들이 술자리에서 놀이를 할 때 사용되었다고 한다.

4) 주세법과 술의 변천사

(1) 일제 강점기

우리의 전통주 문화는 일제강점기를 거치면서 단절의 위기에 서게 되었다. 1907년 일제에 의해 공포된 주세령(酒稅令)은 주세징수와 자가양조(自家釀造) 금지, 밀주(密酒) 방지가 목적으로 술 제조에 대한 전면적인 면허제도가 실시되었다.

가정에서의 술 제조는 일체 금지되었고, 우리의 술은 일제가 지정한 제조 방식으로 약주, 탁주, 소주로 획일화되었다(http://cafe.daum.net/citywine/9TYU/18).

시행중인 주세법에 따라 세수 확보를 위해 술 제조의 전면적 면허제를 실시하고, 신고하지 않은 술에 대해선 밀주로 단속하였다. 면허는 개인과 기업 모두 존재했지만 개인 면허 소지자는 1920년대에 더 이상 발급되지 않게 되어 사실상 정식 양조장(술도가)이 아닌 일반 민가에서 술을 빚는 것은 어려운 일이 되었다. 그러나 집약적 성격의 주조업 정책은 규모의 성장을 이루어 주세는 식민지 조선의 두 번째로 큰 세수가 되기도 하였다.

일제가 지정한 소주, 청주(약주), 탁주 제조방식만 인정하였고, 가양주, 지방명주는 소멸되었다.

또한 생산량 증가와 과도한 주세로 1916~1922년간 소비량 3.3배가 증가 하였으며, 1933년 식민지 조선 전체세액의 33%가 주세이었다(http://www.ksdb.co.kr/main.asp).

쌀 수탈을 위해 일제가 주세법을 시행하자 여기저기서 술을 숨겨서 몰래 마시기 시작했는데 충남 당진과 아산지역의 농민들 가운데 일부는 두툼한 짚가리 속에 술을 숨겼다고 한다. 그런데 짚가리 속에서 익은 술 맛이 의외로 좋아 계속 담가 마셨다고 하는데, 그것이 바로 '짚가리술'이다. 지금도 일부에선 짚동가리술(전통주)이란 이름으로 판매된다. 물론 이마저도 일제와 남한의 오랜 주세법 전통으로 인해 많이 실전(失傳)되어 전통방식 그대로 만드는 집은 찾기 힘들다(namu.wiki-금주법).

(2) 해방 이후

해방 이후 대한민국의 주세법은 여전히 일제 강점기 시대의 영향을 받아 지금까지 이어지고 있다. 20세기 전반기를 거치면서 조선시대 제사 문화의 한 틀을 담당했던 집집마다의 제사주는 자본주의적 소비 양식이 활성화됨에 따라 더 이상 술을 빚지 않아 대가 끊기게 된다. 하지만 술을 사는 것보다 빚는 것이 더 이로운 시장, 친화적이지 못한 공간에선 여전히 밀주라는 이름으로 생존해 갔다. 그러나 밀주는 단속 강화와 전쟁 등의 식량난 악화로 주춤했으며, 일시적 가양주(家釀酒)는 개량식 막걸리로 만들어 마셨지만 외국 술인 와인, 맥주 등에 밀려 설 자리를 잃어가고 있었다. 특히 미군의 영향으로 양주소비가 부유층 중심으로 소비가 되었지만 삶에 고단함에 치여 사는 서민계층은 막걸리, 소주가 주류를 이루면서 단지, '술의 품질보다는 취기가 목적'이었다.

(3) 한국전쟁 이후

박정희 대통령 정권 초기에는 1961년, 주세법이 개정되어 순수한 쌀을 술의 원료로 하는 것이 금지되었으며, 1965년부터 모든 알곡으로 술을 빚는 것이 금지되는 막걸리 금지법이 시행되었다. 그렇지만 술을 빚던 집들은 몰래 만들어서라도 빚어 마셨다. 당시의 TV 영상을 보면, 개밥을 먹이는 것과 술을 집에서 빚는 것을 사치로 여기는 장면이 있다. 물론 이 경우는 모든 술을 금지하지는 않았다. 하지만 이 시기엔 국민들이 지금처럼 와인이나 맥주 같은 '서양주'를 즐기던 시대가 아니었으니, 막걸리 금지 조치만 해도 제법 센 조치로 볼 수 있다. 이렇게 증류식 소주 대신, 희석식 소주가 대세를 이루게 되었다. 식객에서도 이를 다루며 안타까운 일이지만 먹을 것이 부족해 어쩔 수 없기도 했다. 특히 한국전쟁 이후의 삶은 시궁창 그 자체였다(namu.wiki-금주법).

(4) 1960~1970년대

도시 산업화가 시작되면서 술 문화 중심이 농촌에서 도시로 이동되고 미국문화의 빠른 유입과 경제개발에 따른 여유가 생겼다. 주류문화의 획일화로 '양곡관리법'에 따른 희석식 소주가 대량생산되었으며, 쌀 생산 부족으로 속칭 밀가루 막걸리가 양산되면서 대대적인 가양주 단속이 강화되었다(http://www.ksdb.co.kr/main.asp). 심지어 식량 문제는 1970년 초에도 이어져 쌀밥만 싸온 학생들을 단속하기 위해 초등학교 아이들 도시락까지 일일이 검사하고 조치를 내렸다. 쌀이 너무 많이 부족하였기에 정부차원에서 수확량이 많은 통일벼를 보급하여 권장하였다. 그 과정에서 농민들은 통일벼를 재배해야만 했다. 1970년대는 술을 마시기 위해 무임금의 대가로 노동을 하기도 했다.

(5) 1980년대

산업화 발달과 경제 호황으로 술자리가 급격하게 증가되었으며, 여종사원 술집의 확산과 고급화(성상품화)가 자리를 잡고 있었으며, 주류소비의 변화가 일어나고 있었다. 막걸리, 맥주의 연소비량 역전(1980년 기점), 양주 소비의 본격화(폭탄주), 일부 전통주의 복원 및 제조허가 승인 '쌀'의 제조원료 사용허가가 시행되었다(http://www.ksdb.co.kr/main.asp). 여성 음주 인구가 꾸준히 늘어나며 여성들이 술을 마시는 것에 대하여 사회적 인식이 매우 관대해졌다.

(6) 1990~2000년대

술이 제조와 판매는 무한 경쟁으로 진입하였다. 주류수입개방(1991)과 외부문화의 빠른 유입, 건강에 대한 관심이 증대되면서 웰빙 열풍으로 맥주, 청주를 입욕제로 물에 넣어 사용하고 있으며, 와인·청주 화장품, 맥주 샴푸나 샤워젤, 비누 등과 같은 화장품이 개발되어 다양한 용도로 사용되고 있다. 최근에는 각양각색 종류의 술과 저도수 술을 개발되어 음주량을 가속화시키고 있다.

5) 약으로 사용되던 술

조선시대의 술은 지금과 달리 약품으로도 그 가치가 널리 인정받았다고 한다. 조선왕조실록 문헌에는 '문종이 사망한 이후 어린 단종이 상재노릇을 하느라 허약해지자 소주를 먹여서 원기를 회복시켰다'라는 기록이 있다. 한국의 술은 그만큼 귀하다는 의미로 '약(薬)'이란 단어를 붙여 약주(藥酒)라고 불리기도 했으며, 가까운 일본도 술을 존중한다는 의미로 이끌 어(御), 일본어로 '오(お)'를 붙여 오사케(お酒)라 부르고 있다. 또한 술 유(酉)가 들어간 말은 술 관련 유래가 다양하다. 대표적으로 의술 의(醫)도 그 중 하나이다. 아플 예(殹)를 받치고 있는 것이 술 유(酉)이고, 이를 통해 치유한다는 뜻으로 약이 부족했던 그 시대에 술이 얼마나 귀한 약으로 쓰였는가를 알 수 있다(조선닷컴: 2017. 12. 7).

6) 금주령의 힘겨루기

술로 인한 폐해는 일찍이 성경에도 잘 기록되어 있을 정도이며, 술로 인한 폐해를 알게 되는 국가에서는 국법으로 음주를 통제한 경우가 꽤 있었으나 대체로 실패하였다(김경민, 2000).

개혁과 개방의 기치를 들고 냉전시대를 종식시킨 '고르바초프'도 러시아인들의 음주문화 개혁에 실패하였다. 영하 40도가 아니면 추위가 아니고 '알코올 도수 40도'가 넘지 않으면 술이 아니라는 러시아인들에게 금주령이나 다름없는 술 판매시간 제한조치를 내렸다. 이 조치가 발표되자 옛 소련에서는 '고르바초프' 물러가라고 퇴진 압력이 거세졌다. 그러나 법은 집행되지 못했다. 이는 '고르바초프'가 국민들의 퇴진 압력 때문만은 아니었다. 가뜩이나 어려운 재정형편에 술 판매시간 제한조치로 판매량이 줄어들었고, 그 것이 곧 주세의 감소로 이어져 국가재정이 파탄지경에 이르게 되었다. 결국 술과 연계된 경제문제로 '고르바초프'의 술 판매시간 제한조치가 실패하게 되었다.

1920년 제1차 세계대전 때 제정된 미국의 금주법도 마찬가지다. 젊은이들이 전쟁터에서 죽어 가는데 술을 마실 수 있느냐는 게 여성단체의 주장이었다. 이 주장이 여론을 압도하여 금주법을 만드는 계기가 되었다. 그러나 금주법이 제정되고 2년도 채 안돼서 밀주가 판을 쳤다. 밤의 대통령이라 불리는 '알카포네'가 암흑가를 주름잡으면서 술은 지하로 숨어들었고, 밀주로 인한 암투가 끊이지 않았다. 뉴욕의 1만 5천 개소였던 술집은 3만 2천개소로 불어났고 취중운전도 7년 사이에 다섯 배나 증가했다.

음주로 인한 피해보다 금주법제정 후에 일어난 폐해가 더 컸다. 결국 이 법은 폐기되고 말았다. 7년간 존속했던 이 법을 만드는 대는 한 달도 걸리지 않았지만, 법의 폐해를 알고 폐기하는 시기는 6년이나 걸렸다. '고르바초프'의 술 판매 제한조치와 미국의 금주 법은 법과 술의 힘겨루기에서 법이 집행되지 못한 실패한 사례이다.

조선시대에도 금주령을 발동하여 술을 다스린 적이 여러 번 있었다. 영조시대에는 금주령이 내려진 후 백성들의 원성이 높아지자 '어제계주윤음'이라는 책자를 발간하여 금주의 당위성을 홍보하기도 했다. 순조 때는 금주령을 실행하기 어려우니 화주(火酒)에만 국한하자는 상소를 올렸다가 형조판서가 파면되기도 했다. 이렇듯 법과 술의 힘겨루기는 번번이 술이 판정승으로 귀결되었다(제주매일신문, 2004. 12. 30). 그렇지만 종교의 율법으로 금지했었던 이슬람권에서는 음주 통제가 어느 정도 성공하였다. 중동에서는 자가 양조가 매우 심각한 범죄행위로 처벌 받고 있다.

7) 술을 통한 교훈

유태인의 경전이자 교육서인 '탈무드'이야기를 살펴보면, 최초의 아담이 포도나무를 심고 있었다고 한다. 그때 악마가 찾아와 물었다. '뭘 하고 있는 거야?' '응 굉장한 식물을 심고 있는 중이야.' '이건 처음 보는 건데……?' 하고 악마가 신기해하니까 아담이 설명해 주었다. '이 식물에는 아주 달고 맛있는 열매가 맺힌다네, 익은 뒤에 그 즙을 내어 마시면 아주 행복해지지,' 그 후 음료를 마셔보고 맛에 감동한 악마는 '이 맛있는 음료를 만드는데 동참하고 싶다'라고 말했다. 아담은 역시 흔쾌히 허락하였다. 그 뒤 악마는 양과 사자, 원숭이와 돼지를 끌고 와서, 그 짐승들을 죽여 피를 포도나무의 거름으로 부었다고 한다. 포도주는 이렇게 해서 세상에 처음 나왔다. 그래서 '인간들은 술은 처음 마시기 시작할 때는 양처럼 온순하고 조금 더 마시면 사자처럼 사나워지고, 조금 더 마시면 원숭이처럼 춤추고 노래를 부르며, 더 많이 마시면 토하고 뒹굴고 하면서 돼지처럼 추해진다'는 것이다. 이것은 악마가 인간에게 준 선물이라고 한다(namu.wiki-술).

이와 같은 술의 교훈처럼 술을 마시는 자리에도 예절이 요구된다. 마시는 공손함과 배려 또한 흐트러지지 않는 자세가 무엇보다 중요하다. 바로 그것이 현대인이 옛 선조에게서 가르침을 받아야 할 전통 음주예절(향음주례)[3]이 아닌가 하는 생각이 든다.

2. 술에 관한 속담

① 금주(禁酒)에 누룩 흥정

술을 마시지 않는 사람에게 누룩[4]을 팔려고 함이니, 필요 없는 수고를 한다는 것.

② 돈은 마음을 검게 하고, 술은 얼굴을 붉게 한다.

돈을 보면 욕심이 생겨 비양심적이 수단을 써서라도 취하려 하게 되고, 술은 먹으면 먹은 양 만큼 얼굴에 나타나서 속이지 못하게 된다는 것.

③ 뜨물 먹고 주정한다.

공연히 취한 채 하고 건성으로 부리는 주정, 이치에 닿지 않는 생억지를 장난으

---

3) 향음주례(鄕飮酒禮): 유교 육례 중 하나인 향음주례는 매년 음력 10월에 조선시대 향촌의 선비와 유생(儒生)들이 향교나 서원에 모여 예(禮)로써 주연(酒宴)을 함께 즐기는 향촌의례(鄕村儀禮)이다.
향음주례는 그 고을 관아의 수령이 주인이 되고, 학덕과 연륜이 높은 이를 큰 손님으로 모시고 그 밖의 유생들도 손님으로 모셔서 이루어졌다.
향음주례의 목적은 주인과 손님 사이의 예절바른 주연을 통하여 연장자를 존중하고 유덕자를 높이며, 예법(禮法)과 같은 풍속을 일으키는 데 있었다(http://blog.daum.net/2002chris1025/856).

4) 누룩: 술을 만드는 효소를 갖는 곰팡이를 곡류에 번식시킨 것이다. 누룩곰팡이는 빛깔에 따라 황국균(黃麴菌)·흑국균(黑麴菌)·홍국균(紅麴菌) 등이 있는데 막걸리나 약주에 쓰이는 것은 주로 황국균이다(네이버 지식백과).

로 이르는 말이다.

④ 말은 할 탓이요, 술은 마실 탓이다.

말은 하기에 따라 다르게 될 수 있고, 술은 마시는 양에 따라 행동이 다르게 되므로 본성을 잃지 않는 범위에서 마시라는 것.

⑤ 술을 마시면 사촌 기와집도 사준다.

술을 마시면 배포가 커져 돈을 아까운 줄 모르고 함부로 쓴다는 것.

⑥ 술을 배우려면 술버릇부터 배워야 한다.

술에 취하면 좋은 버릇보다 나쁜 버릇이 더 많기 때문에 술을 배울 때는 나쁜 버릇에 물들지 않도록 삼가라는 뜻.

⑦ 술에 물 타나 물에 술 타나 마찬가지다.

주견이나 주책이 없이 말이나 행동이 분명하지 않음을 비유적으로 뜻으로, 술 마시고 횡설 수설 두서없이 말하는 것.

일하는 순서만 바뀌었을 뿐 결과는 같다는 것.

⑧ 술에 물 탄 것 같다.

사람의 성격이 미지근하거나 싱거운 성격을 가진 사람을 비유하는 말.

⑨ 술에 물 탄 맛이다.

술에 물을 타면 맛이 싱거워지듯, 매사에 신빙성이 없는 사람을 조롱하는 것.

⑩ 술에 술 탄 것 같다.

술에 같은 술을 타면 아무런 변화가 없듯이, 일은 했어도 흔적이 없다는 것.

일은 하나마나 매일반이라는 것.

⑪ 술에는 장사가 없다.

아무리 음주량이 많고 힘이 강한 사람도 술을 많이 마시게 되면 자기 몸을 가누지 못하고 실수를 하기 마련이라는 것.

⑫ 술친구는 친구가 아니다.

술을 마시기 위한 목적으로 사귄 친구는 술 마실 기회가 없어지면 만나지 못하므로, 친구가 될 수 없다는 것.

⑬ 술이 없으면 잔치도 안 된다.

모든 잔치에는 술이 없으면 안 될 정도로 술이 중요하다는 것.

⑭ 빈 잔술에 눈물 나고 한잔 술에 웃음난다.

남에게 무엇을 주려면 푸짐하게 주어야지, 그렇지 못하면 도리어 인심을 잃게 된다는 것.

⑮ 사람은 술자리를 함께 해 보아야 속을 알 수 있다.

사람의 본심은 평상시에는 감추고 있기 때문에 알 수 없지만, 술을 마시게 되면 그 본성이 노출되므로 알 수 있다는 것.

⑯ 사후(死後) 술 석 잔이 생전 한 잔 술만 못하다.

죽은 뒤에 잘 모시는 것보다 살아생전에 간소한 대접이라도 하는 것이 낫다는 것.

⑰ 성급한 사람이 술값 먼저 낸다.

여러 친구들이 술집에 가서 술 마신 뒤 성급한 사람이 먼저 술값을 내듯, 성미가 급하면 손해를 보게 된다는 것.

⑱ 생색은 나그네가 내고 술은 주인이 낸다.

주인이 술대접을 하는데 곁에 있던 나그네가 생색을 내듯이 일이 반대로 되었다는 것.

⑲ 외모는 거울로 보고 마음은 술로 본다.

외모는 거울로 볼 수 있고 마음은 술에 취해야 다 털어 놓을 듯, 술을 마시게 되면 평소에 생각하고 있던 말을 다하게 된다는 것.

⑳ 오뉴월 감주(감주)맛 변하듯 한다.

여름에 감주 맛은 쉽게 변하듯, 마음이 잘 변하는 사람을 비유하는 말.

㉑ 잘 먹으면 약주요. 잘못 먹으면 망주다.

술은 자기 주량 범위 내에서 적절하게 마시면 몸에 이롭지만, 과하게 마셔 취하면 망신을 당한다는 것.

3. 술의 격언

① 술은 평화의 적이요, 아내의 사랑을 실망케 하고, 자녀에게 웃음을 빼앗고, 가정에서 악을 없애버리고, 가정을 슬프게 만들고, 어머니의 머리털을 희게 하는 것, 이것이 술이다(토마스 그레이: 영국시인)

② 처음에는 사람이 술을 마시고, 다음에는 술이 술을 마시고, 마침내는 술이 사람을 삼킨다(불교의 경전 법화경).

③ 술이 당신의 손안에 있을 동안에는 당신은 사람이다. 그러나 그것이 당신의 머릿속에 있을 때에는 당신은 짐승이다(토마스 아담스).

④ 바다에 빠져죽은 사람보다 포도주에 빠져 죽은 사람이 더 많다(T. 풀러).

⑤ 전쟁, 흉년, 전염병, 이 세 가지를 합쳐도 술의 손해와는 비교할 수 없다(W. E. 글래드스턴).

⑥ 몸을 망치는 향락은 있어도 몸을 보호해 주는 향락은 없다(법구경).

⑦ 술은 변절자다, 처음에는 친구, 나중에는 적이 된다(영국속담).

⑧ 술의 향기는 죽음의 천사의 입김이다. 조심하라! 질병과 슬픔과 근심은 모두 술 속에 있다(롱펠로).

⑨ 술잔과 입술사이에는 악마의 손이 넘나든다(칸트).

⑩ 청동은 모양을 비추는 거울이지만, 술은 마음을 비추는 거울이다(아이스 킬로스).

⑪ 여성이 술을 한 잔 마시는 것은 좋은 일이다. 두 잔 마시면 품위를 떨어뜨리고, 석 잔을 마시면 부도덕하게 되며, 넉 잔째부터는 자멸(自滅) 하게 된다(탈무드).

⑫ 술고래가 술을 마신다. 술은 그때서야 비로써 술고래에게 복수한다(레오나르드 다빈치).

⑬ 모든 악덕 중에 음주만큼 성공을 방해하는 것은 없다(월터 스코트).

⑭ 악마가 사람을 찾아가기 바쁘면 술을 대신하여 보낸다(탈무드).

⑮ 술의 힘이 우리들 몸에 배어들면 사지는 무거워지고 다리는 쇠사슬에 매인 듯 흔들거리며, 혀는 굳어지고 지성은 함몰된다. 시각은 흐릿해지고, 그러다가 고함, 난투가 나온다(루크레티우스).

⑯ 모든 악 중에서 가장 악한 술 취함은 사람을 바보로 또는 짐승으로 또는 악마로

만든다(미정치가 프링크린).

⑰ 인간의 두뇌에 알코올을 넣는 것은 엔진의 굴대받이 속에 모래를 넣는 것 같다(발명가 에디슨).

⑱ 술 주인은 술꾼을 좋아한다. 그러나 술꾼을 사위로 삼으려고 하지 않는다(희랍어 독본).

⑲ 술잔은 비록 작으나 술잔에 빠져 죽는 자가 깊은 물에 빠져 죽는 자보다 더 많다 (로마의 작가 시루스).

⑳ 적당히 마셔라 술에 취하면 비밀을 유지하기도 약속을 지키기도 어려워진다(세르반테스).

㉑ 잘못은 음주가 아니라 과음이다(존 셀든).

㉒ 죽음에 이르는 가장 짧은 길은 술집에서 승용차로 직행하는 길이다(월터 윈첼).

㉓ 인류를 괴롭히는 가장 지독한 해독들 중 몇몇은 술에서 나온다. 술은 질병, 싸움, 치안 방해, 나태 그리고 노동과 가정의 화목을 방해하는 원인이다(페네롱).

㉔ 술 취하지 말라 이는 방탕한 것이니-(에베소서 5장 18절).

㉕ 술을 마시는 사람에게는 여섯 가지의 손실이 있다. 첫째는 재산을 잃고, 둘째는 병이 생기고, 셋째는 다투게 되고, 넷째는 악한 이름이 널리 퍼지고, 다섯째는 화를 내게 되고, 여섯째는 지혜가 날로 줄어든다(잡아함경).

4. 음주형의 형태(대한보건협회, 2012에서 재정리)

1) 종일 음주형

밤낮을 가리지 않고 기회만 닿으면 술을 마신다. 항상 술병을 끼고 살면서 주야로 마시기에 아주 많은 양을 마시지는 못하며, 주위 사람 눈에는 술에 찌들어서 사는 것으로 보인다. 항상 얼큰하게 취해 있기에 직업을 유지할 수가 없다. 막차를 탄 인생이라고 볼 수가 있다. 흔히 영화나 TV 등에서 묘사되는 중독자는 '종일 음주형'이다. 안타깝게도 정신병원에 강제 입원된 경우는 이런 음주형태를 보이는 경우가 많다.

2) 저녁 폭음형

아침에는 술을 마시지 않으나 저녁마다 술을 마신다. 저녁이 되면 술을 마시고 집에 귀가하여 별 것도 아닌 일에 화를 내며 가족들을 들들 볶다가 잠이 들고, 아침이 되면 술 냄새가 풍기기는 해도 직장에 그럭저럭 다닌다. 또한 음주형태로 가족과 매일 싸우지만 전혀 반성하지 못하고, 그러한 모습을 거의 매일 보여주며 산다. 이들은 업무 능력이 있을 경우, 그 능력을 인정받아 직장에서 해고되지는 않으나 위태롭게 직장생활을 유지하며, 동료들에 비하여 승진이 늦다. 이러한 음주형태를 보이는 중독자가 우리 주위에 몹시 많으나, 가족이나 직장에서 이들을 중독자로 인식하지 못하여 결국 이들은 '종일 음주형'으로 진행되게 된다. 직장인으로서 위와 같은 음주 형태를 보일 경우 만약 전문 의료기관 등에 접근하여 상담과 진료를 받으면 치료 효과가 높다.

3) 휴일 폭음형

주중에는 술을 마시지 않으나 공휴일, 일요일 또는 날마다 교대 근무를 하는 경우 비번인 날에 술을 마신다. 위의 '저녁 폭음형'과 비슷한 특징을 보인다.

4) 단주-폭음 반복형

1주단위로 혹은 수개월을 폭음하다가 다시 수주일 내지 수개월을 단주하는 사이클을 보이게 된다.

5. 알코올중독자의 경과(http://cafe.daum.net/karftc)

1) 심신몰락형(사망형)

음주로 인하여 점차적으로 정신적으로는 판단력도 흐려지고 기억력도 떨어지며 성격도 아주 고집스럽게 바뀌고 어린아이처럼 떼를 쓰게 된다. 또한 신체적으로는 몹시 허약해지게 되고, 간과 뇌가 손상되어 간경화, 암으로 사망하거나, 알코올성 치매가 된다.

2) 현상유지형

심신몰락형(사망형)처럼 쉽게 붕괴되지는 않으나, 음주로 인한 가정, 직장, 사회 생활 및 건강에 계속적인 문제를 일으키며, 본인과 주위사람을 항상 피곤하게 하면서 '지지고 볶는 인생'을 산다.

3) 단주폭음기복형

수개월간 음주를 하다가 수주일 내지 수년을 단주하여 가족에게 기쁨을 주더니만, 어느 날부터인가 다시 수주 내지, 수년을 음주하여 가족에게 고통을 안겨주다가 또 다시 단주를 하는 단주-음주의 사이클을 그리며 사는 형이다. 가족들은 환자의 재발을 수차례 경험했기에 환자가 설사 단주하고 있다 할지라도 언제 또다시 음주할 지도 모른다는 생각에 불안감을 은근히 느끼게 마련이다.

4) 단주형

술을 한 잔도 입에 대지 않으며 산다. 술을 먹지 않아 신체적으로는 완전히 정상을 되찾는다. 그러나 술은 먹지 않고 있음에도 불구하고 아직 정상적인 대인관계, 가정생활, 직장생활을 하지는 못한다.

5) 회복형

술을 안 마시는 것은 물론이거니와 중독에 빠지기 전의 정상적인 가정, 직장, 사회생활로 복귀된 삶을 산다.

제3장

음주로 인한 사회적 실태

음주의 기본을 벗어나면 사회적 폐해로 이어질 가능성이 높다. 우리나라 전체 청소년 16.9%는 음주를 하고 있다(보건복지부 2018). 이들 중 평균 음주시작 연령은 '초등학교 6학년인 13세로 아동기 때부터 음주를 시작'하고 있었으며 남자 청소년은 18.2%, 여자 청소년은 13.7%가 음주를 하고 있다. 현재 음주하는 청소년 중 51.3%(남자 청소년 48.5%. 여자 청소년 55.4%)는 '단 시간에 많은 양의 술을 마시는 위험음주'를 하며, 여자 청소년이 남자 청소년에 비해 높게 나타났다(보건복지부·한국건강증진개발원, 2017). 특히 청소년 음주자의 비율은 2016년에 15%에서 2017년 16%대로 증가하고 있다(교육부·보건복지부·질병관리본부, 2017). 반면, 성인 남성의 75.3%, 성인 여성의 48.9%가 술을 매월 이용하고 있으며, 성인 41% 이상은 주 1~2회 이상 음주를 하고, 1회 음주 시 7잔 이상을 마시는 것으로 나타났다(질병관리본부, 2017). 우리나라는 폭음의 비율은 30%로 경제협력개발기구(OECD)회원국 중에서 가장 고위험 음주율 1위를 기록하고 있다.

1. 술 소비량

오늘날 술은 음식과 함께 먹는 음식, 갈증해소를 위한 음료, 사회화와 향락의 수단, 의료적 도구로 사용되고 있다(Babor et al., 2010).

(출처: 통계청 블로그, 2016)

<그림 3-1> 성인 음주

우리나라 알코올 소비량은 세계 최고 수준이다. 전세계 15세 이상 인구 1인당 연간 알코올 소비량이 6.2L인 것에 비교해 우리나라는 이 수치의 2배에 해당하는 12.3L를 소비하며(일요서울, 2017. 1. 4), 직장인 30~40대의 1일 맥주 섭취량은 116.18g, 소주는 62.29g인 것으로 나타났다. 이를 합치면 178.47g으로 한국인의 주식 재료인 '백미(156.03g)보다 많은 양이다. 이는 한국인의 필수 밑반찬인 배추김치(77.61g)의 2배가 넘는 수치라고 한다(통계청, 2016).

우리나라 주류시장 규모는 2014년 생산액 5조 7,898억 원으로, 2013년 5조 270억 원에 비해 15.2% 증가세를 보이고 있다(한국건강증진개발원, 2017).

2. 음주폐해 현황

세부적으로 살펴보면 남자 2명 중 1명(52.7%), 여자 4명 중 1명(25.0%)은 월 1회 이상 폭음하였으며, 남자는 20~50대 모두 50% 이상이었고 여자는 20대가 45.9%로 다른 연령에 비해 높게 나타났다(보건복지부·보도자료 2018. 11. 12).

음주로 인한 알코올 의존(내성과 금단증상)과 남용(내성과 금단증상은 없으나 일상생활에 부적응 발생)이 포함된 알코올 사용장애 평생유병률은 12.2%(男 18.1% 女 6.4%)로 남성이 여성보다 3배 이상 높았다. 일년 유병률은 3.5%(男 5.0%, 女 2.1%)로 지난 1년 동안 '알코올 사용장애 추정환자는 139만' 명이다(보건복지부, 2016).

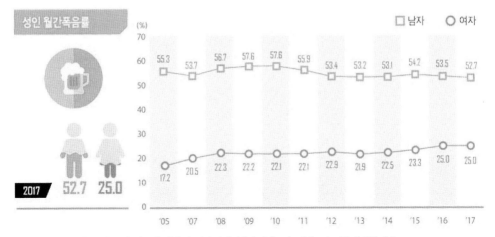

주) 월간폭음률 : 최근 1년 동안 월 1회 이상 한 번의 술자리에서 남자 7잔, 여자 5잔 이상 음주한 분율
(출처: 보건복지부·보도자료, 2018. 11. 12)

<그림 3-2> 성인 월간폭음률

이뿐만 아니라 2016년 기준 1일 평균 13명이 음주로 인해 사망하고 있으며, 연간 2만여 건 이상의 음주운전 교통사고로 480여 명의 사망자와 3만 4천여 명의 부상자가 발생하고 있다(도로교통공단, 2017). 또한 강도, 폭력, 강간 등 강력범죄의 30% 이상이 음주상황에서 발생(대검찰청, 2017)하는 등 매년 심각한 음주폐해가 지속되고 있다(보건복지부·한국건강증진개발원, 2017).

3. 문제성 음주자

일반적으로 허용되는 술의 양 이상의 음주로 개인의 건강이나 사회적, 직업적 기능에 장애가 있음에도 불구하고 음주를 계속하는 경우를 문제성 음주라고 한다. 문제성 음주는 다른 질병과 마찬가지로 치료가 필요한 하나의 질병이다(http://www.whanin.com/jsp/kor/index.jsp).

문제성 음주는 잦은 음주 빈도와 폭음으로 대인관계나 일상생활 등 삶의 다양한 영역에 부정적인 영향을 주는 음주습관을 의미한다(홍선영, 2019). 또 다른 문헌에서는 건강이나 사회적인 면에서 폐해를 일으키는 음주행동으로 알코올 섭취 수준이 증가해 신체적·정신적인 문제를 일으키고, 삶의 질을 저해하며 생산성 손실과 안전사고 등 사회경제적으로 부정적인 결과를 초래하는 음주 행동이라고 하였다(강경화, 2016). 이러한 문제성 음주는 알코올 남용과 의존으로 분류한다.

이를 설명하면 알코올 남용은 알코올로 사회적 또는 직업상 폐해가 있으나 절제하지 못하는 상태를 말한다. 알코올 의존5)은 알코올에 대한 자기 조절능력을 상실하여 금단 증상을 피하기 위하여 알코올을 계속 사용하는 신체적·심리적 의존을 보이는 상태를 말한다(보건복지부. 2018)

이렇듯 알코올 의존은 술이 약물의 일종이기 때문에 그 술로 인해 이차적으로 생기는 정신적인 병 즉, 알코올에 대한 내성이 증가하거나 알코올로부터 금단 시 신체적 증상이 동반되고 알코올을 마시고자 하는 강력한 강박증을 갖게 되는 상태를 말한다.

이러한 문제성 음주는 누구에게나 걸릴 수 있으며, 어떤 종류에 술로 얼마나 오래 마셔왔는지는 중요하지 않는 고질적인 질병이다(http://www.whanin.com/jsp/kor/index.jsp).

4. 치료가 필요한 알코올중독자

성인 10명 중 1명 이상이 평생 알코올로 인한 의존과 남용 증상이 있는 알코올 사용 장애(평생 유병률 12.2%)가 있으며, 139만 명의 환자로 추정(2016년 정신조사 실태조사)하고 있다.

---

5) 우리나라 알코올 의존자의 15%가 자살로 사망하고 이 중 80%가 남자이다. 이들은 중년의 독신이고 사회적으로 고립되어 있는 경우 위험이 높다. 자살 시도한 알코올 의존자 중 2/3정도가 우울증 증상을 동반하고 있다(파랑새 포럼·http://www.naam.or.kr/)

<표 3-1> 알코올 사용장애 유병률 및 추정 환자수

(단위: 명, %)

구분	전체		남자		여자	
	추정환자의수**	평생유병률	추정환자수	평생유병률	추정환자수	평생유병률
계	1,391,816	12.2	982,402	18.1	409,414	6.4
알코올 남용	785,884	7.7	556,110	11.8	229,774	3.6
알코올 의존	605,931	4.5	426,292	6.4	179,639	2.7

주) 알코올 남용: 알코올로 사회적 또는 직업상 폐해가 있으나 절제하지 못한 상태
  알코올 의존: 알코올에 대한 자기 조절능력을 상실하여 금단 증상을 피하기 위하여 알코올 계속 사용하는 신체적·심리적 의존을 보이는 상태
  **일년 유병률에 따라 환자수 추정
(출처: 보건복지부, 2018)

알코올 사용장애는 타 정신질환에 비해 유병률이 높으나 정신 건강서비스 이용 비율은 12.1%에 불과한 것으로 나타났다.

제4장

음주문화의 진단

 건강하지 못한 음주문화는 과거 전통사회의 인습과 현대사회의 폐습이 혼합되어 나타나는 사회병리 현상이다. 인본주의를 연구한 매슬로우(Maslow)[1]는 모든 사람이 태어날 때 잠재적으로 창조성을 지니고 있으나 문명화되면서 창조성을 잃었다고 한다(최옥채 외, 2017).

<그림 4-1> 우리나라 음주문화

---

1) 매슬로우(Maslow 1908~1970)는 미국 심리학계의 인본주의 운동의 가장 주목받는 인물이다. 그는 "인간의 본성은 본질적으로 선하며, 인간의 악하고 파괴적인 요소는 나쁜 환경으로부터 비롯된 것"이라고 하였다(사회복지교육연구, 2016).

지금 문명화된 우리 사회는 어떠한가? 음주습관과 가치, 술에 대한 태도가 역행하면서 음주운전, 주취범죄 등이 사회 불안을 조장하고 있다. 이로 인한 심리적 부담과 신체적 손상 등의 사회경제적 비용은 개인상의 이유에만 국한된 것이 아닌, 국가적인 차원으로 피해가 확산될 수 있다는 점을 간과해서 안 될 것이다.

술이 만연된 현대사회에서 알코올중독이라는 질병은 악습 또는 피할 수 없는 전쟁, 심지어는 죽음을 부르는 습관이라고 표현한다. 이제는 음주문제를 질병으로 간주하는 임상적인 접근을 통해 음주자의 음주습관, 음주형태, 음주환경, 음주관련 정책 등이 변화되어야 한다.

다음은 음주가 어떠한 환경에서 경험하며, 사회문제가 되고 있는지 청소년기부터 성인기까지 살펴본다.

1. 청소년 음주

가정과 사회환경에서 빚어지는 음주문화는 아동들에게 학습되어진다. 이는 어릴 때부터 '술은 어른한테 배워야 한다'며 술을 권하는 조기 음주교육은 아동기 13세 때부터 술을 접하는 것으로 나타났다. 청소년기에 이르면 부모를 포함한 가족과 주변인들의 음주행동을 관찰하거나[2] 모방함으로써 알코올 효과에 대한 정적 혹은 부적의 학습을 하게 되며, 그러한 사회화 과정에서 습득되는 인지적·동기요인이 알코올 사용에 영향을 미치게 된다(Brook, Book, Gordon, Whiteman & Cohen, 1990; Cumsille et al., 2000). 이는 술을 즐겨 마시는 사회적 모델로서 주변인의 음주행동에 노출되었을 때 음주동기가 촉발되고 그 결과로서 알코올 사용이 증가할 가능성이 크다 하겠다(김인석, 2001). 또한 청소년들이 처음 술을 배울 때의 친구가 44.5%에 이루고 있으며, 이후의 정기적 음주 시 대상도 동년배 집단이 70%를 넘는 것으로 보아, 청소년들의 음주는 또래집단에 의해

---

2) 관찰이란, 반두라(Bandura 1925~)는 타인의 행동을 관찰하는 것만으로 학습이 가능하다는 전제에서 출발한다. 인간은 관찰을 통해서 새로운 행동패턴을 습득할 수 있다. 인간은 타인의 행동을 보고 자신도 동일한 행동을 취하게 된다(현정환, 2007; 오창순 외, 2015).

이루어지고 있으며, 음주 시 음주에 대한 정확한 지식과 예절을 습득할 기회도 없다고 볼 수 있다(제갈정, 2001). 특히 청소년들의 음주는 성인에 비해 알코올의 영향을 더 많이 더 빨리 받기 때문에 신체적 건강 뿐 아니라 우울, 스트레스 등 정신적 건강에도 좋지 않는 영향을 끼칠 가능성이 높기 때문에 많은 우려가 된다(정슬기, 2011; 김승수, 2015). 청소년의 성장기 조기음주는 호기심에 마신 술이 습관이 되어 자연스럽게 또래들과 술을 접하게 되는데 청소년기는 아직 뇌성장이 끝나지 않고 발달 진행 중이다. 음주가 계속되면 뇌세포를 파괴[3]할 뿐만 아니라 뇌 속의 중독회로를 강화시켜 각종 중독질환(의존증)에 취약하게 만들 수 있다(쿠키뉴스 2019. 1. 9).

1) 청소년 음주율

전국 대학생 1,257명의 설문조사에 의하면 아동기에 술을 접한 경험이 있는 것으로 나타났다. 중학생 시기에 16%가 처음 술을 마셔보았다고 응답하였고, 그 다음 고등학생 시기에 43%, 대학생 40% 순으로 나타났다. 이에 대해 대학생 60%는 대학을 입학하기 전부터 술을 마시는 음주문화는 잘못되었다고 지적하였다(YTN, 2016. 3. 2). 현재 보건복지부(2018) 조사 결과에 의하면 국내 청소년의 처음 음주 연령은 13.3세이며 전체 청소년의 16.9%가 현재 음주자로 나타났다(보건복지부, 2018).

우리나라 청소년 음주율 통계를 살펴보면 다음과 같다.

<표 4-1> 청소년 음주율

(단위 : %, 세)

구분	2014	2015	2016	2017	2018
평생 음주 경험률	43.0	40.8	38.8	40.2	42.3
현재 음주율	16.7	16.7	15.0	16.1	16.9

---

3) 술은 신경세포 파괴와 장기 손상에 밀접한 관련이 있다. 술에 들어있는 독소가 신경세포를 구성하는 해마의 활동을 방해하여 기억력을 떨어뜨리고, 장기에 손상을 주는 등 신체 건강뿐만 아니라 정신 건강에 악영향을 미친다. 특히 몸에 해로운 술은 성인보다는 나이가 어린 청소년일수록 더욱 문제되는데, 신체적으로나 정신적으로 발달이 완성되지 못한 만큼 술로 인한 폐해에 노출될 위험이 크기 때문이다. 이처럼 청소년기는 바람직한 성인으로 성장하기 위한 기억력, 사고력, 이해력, 판단력 등의 다양한 사고가 형성되는 중요한 시기인 만큼 술은 절대 삼가 해야 한다(http://blog.daum.net/2002chris1025/425).

현재 음주자의 위험 음주율	47.5	50.2	50.4	51.3	52.5
처음 음주 경험 연령	12.9	13.1	13.2	13.2	13.3
현재 음주자 주류 구매 용이성	45.2	41.9	40.8	41.9	33.3

주) ① 현재음주율 : 최근 30일 동안 1잔 이상 술을 마신 적이 있는 사람의 분율
② 위험음주율 : 현재 음주자 중 최근 30일 동안 1회 평균 음주량이 남자 소주 5잔 이상, 여자 소주 3잔 이상인 사람의 분율
③ 주류 구매용이성 : 현재 음주자 중에서 최근 30일 동안 편의점이나 가게 등에서 술을 사려고 했을 때 '많이 노력', '조금만 노력' 또는 '노력 없이도 쉽게' 살 수 있었던 사람의 분율

(출처: 보건복지부 음주폐해예방 실행계획, 2018. 11)

그러나 음주를 하는 청소년 중 한 자리에서 많은 양의 술을 마시는 위험음주를 하고 있는 비율을 조사한 결과 위험음주[4] 비율이 최근 3년간 지속적으로 증가하고 있으며, 특히 여자 청소년이 남자 청소년보다 더 높은 비율로 위험음주를 하고 있는 것으로 나타났다.

<표 4-2> 청소년 현재 음주자의 위험 음주율

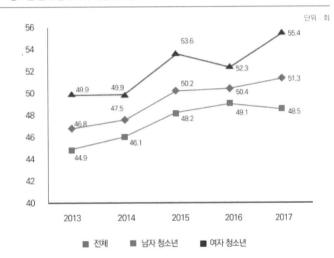

주) 현재음주자의 위험음주율: 현재 음주자 중에서 최근 30일 동안 1회 평균 음주량이
중등도 이상(남자: 소주 5잔 이상, 여자: 소주 3잔 이상)인 사람의 분율
(자료: 교육부·보건복지부·질병관리본부(2017) 제 13차 청소년건강형태온라인조사)

---

4) 위험 음주는 적정 음주의 기준을 벗어나는 음주를 총칭한다. 일반적으로 자주 사용하는 과음, 만취 등도 비슷한 맥락의 용어들이지만, 국내외 보건의료분야에서는 폭음(binge drinking), 고위험 음주를 위험 음주의 구체적인 예로 강조하고 있다. 미국 국립알코올중독연구소에서는 폭음이란 '남자의 경우 연거푸 5잔 이상, 여자는 4잔 이상을 짧은 시간 내 마시는 경우'로 정의하고 있다(국가건강정보포털, 2016).

2017년도 기준 위험음주율은 음주자 중에서 최근 30일 동안 1회 평균 음주량이 중등도 이상(남자: 소주 5잔 이상, 여자: 소주 3잔 이상)인 사람들의 분율을 말하는데, 지난해 여학생 55.4%, 남학생 48.5%로 나타났다.

이밖에 청소년 음주율은 감소 추세지만, 술을 마시는 청소년 2명 중 1명은 '위험한 음주', 5명 중 2명은 '문제적 음주'를 하고 있어 청소년 음주 문제가 심각한 것으로 나타났다. 문제음주율은 여학생 38.9%, 남학생 37.2%로 5명 중 2명꼴이었고 역시 여학생이 높았다. 한편, 고등학생(여 41.8%, 남 41.4%)의 문제음주율이 중학생(여 28.8%, 남 21.5%)보다 높았다.

문제 음주율은 현재 음주자 중에서 최근 12개월 동안 음주 후 스트레스를 풀기 위해 또는 어울리기 위해 술을 마신 경험, 혼자서 술을 마신 경험, 가족이나 친구로부터 술을 줄이라는 충고를 들은 경험 등 문제행동 가운데 2가지 이상 경험한 사람의 분율을 말한다(연합뉴스, 2018. 12. 12).

2) 청소년 알코올문제 심각

알코올은 성인에 비해 아직 신체적으로 완전히 성숙하지 않은 청소년에게 훨씬 치명적일 수 있다. 청소년의 경우 성인보다 알코올에 의한 신체적·정신적 조직 파괴가 더욱 심각하고 성장 발육 부진과 뇌 발달 장애, 정신과적 장애 등이 유발할 수 있다.

특히 청소년기처럼 학업에 열중해야 할 때 알코올을 접하면 학습 능력까지 떨어지는 것은 물론이고, 알코올이 해마를 위축시켜 기억력 저하까지 올 수 있다. 또한 알코올에 의해 이성적 판단과 충동조절 능력, 도덕성을 담당하는 전두엽의 기능이 손상되면 각종 범죄나 문제행동에 더 노출되기 쉽다(http://blog.naver.com/PostView.nhn?blogId=rnswkcls rn&logNo=221135481854). 관련 연구에 의하면 청소년의 음주행동은 성위험 행동과 밀접한 관련이 있는 것으로 나타났다. 이들은 음주를 시작한 후 성경험으로 발전하며, 비음주자에 비해 성경험을 가질 확률이 9.61배나 높았다(손애리, 2002). 또한 매일 술을 마시는 남학생의 76.9%가 성경험이 있는 것으로 나타났다(김현숙, 1999; 손애리 외, 2002).

프랑스는 청소년들의 음주를 예방하기 위해서 초·중·고등학생이 음주를 하다가 적발되었을 경우 정학처분을 하며 다시 적발되는 경우 퇴학조치를 하는 등 법적 음주규제를 엄격히 지키고 있다. 그러나 우리나라 청소년 음주문제는 매우 심각한 수준이다. 알코올중독으로 치료받는 환자가 증가하고 있기 때문이다. 이와 같이 술을 어떻게 배우기 시작하는가 하는 청소년기의 음주행위는 그들이 성인이 되었을 때의 음주행위를 예측하는 중요한 변수로 작용하게 되는 것이다(조성기 외, 2003).

이와 관련된 신문기사를 살펴본다.

<사례 4-1> 청소년 알코올중독 문제

"눈앞에 술병이 아른거려"

<SBS 뉴스, 2019. 1. 12>

이미 10대 음주 문제의 심각성은 도를 넘어섰습니다. 청소년 6명 중 1명은 음주 경험이 있고, 술을 마시는 청소년 중 절반은 한 번에 소주를 5잔 넘게 마시는 이른바 '위험 음주'를 하는 것으로 나타났다. 심지어 술을 끊지 못해 중독 증세를 보이는 10대도 해마다 늘고 있다.

국회입법조사처의 '청소년 음주 규제의 문제점 및 개선방향' 보고서에 따르면, 청소년 알코올중독 환자는 2010년 922명에서 꾸준히 증가해 지난해 1천 968명으로, 2천 명에 육박했습니다. 최근 7년 사이 2배 이상 증가하였다.

취재진이 만난 25살 A 씨는 10대 때부터 계속된 음주 습관 때문에 만성 알코올중독인 '알코올 의존증' 치료를 받고 있다. 15살 때 호기심에 마신 술이 습관화됐고 양이 계속 늘면서 끊을 수 없는 지경이 된 것이다. A 씨는 "학생 때 아파트 옥상에서 주로 술을 마셨다"며 "기억을 잃어버리는 블랙아웃 현상도 자주 온다"고 털어놓았다.

성장기의 지속적인 음주문제는 향후 알코올중독으로 이어질 수 있다. 이러한 알코올 성분은 뇌의 보상회로를 지나치게 자극하여 비정상적인 쾌감을 경험하는데, 알코올에 의해 도파민이 과잉 분비되면 보상회로의 작동이 제대로 이뤄지지 않아 결국 음주에 대한 조절력이 상실하게 되면서 중독에 이르게 된다.

청소년기는 뇌의 가변성이 높아 자극에 쉽게 반응하게 되고 그만큼 더 쉽게 알코올 중독에 빠질 수밖에 없다. 관련 통계를 살펴보면 첫 음주를 시작하는 나이가 13세로 음주 시작 연령이 어릴수록 더 많은 음주에 노출되고 알코올 의존증으로 가는 비율 역시 더 높아진다고 전해지고 있다(http://blog.naver.com/PostView.nhn?blogId=rnswkclsrn & log No=221135481854). 더욱이 청소년 음주는 다른 약물이나 비행으로 가는 통로 약물(gateway-drug)로써의 기능뿐 아니라 신체적, 정신적, 사회적 측면 등 모든 측면에서 청소년들의 건강한 성장과 발달을 저해하여 개인적 손실을 초래할 수 있는 또 다른 요인이 된다. 특히 청소년들이 지속적으로 술을 마시거나 과음을 하게 되면 기억력의 저하로 학업능력에 부정적 영향을 받게 되거나 부모, 친구, 교사와 갈등을 일으키며, 우울증이나 두려움, 혹은 공격적인 성향을 가지게 됨으로써 자살 또는 청소년 비행이나 범죄로 이어질 가능성이 높다(Hils, Chung, Hawkins & Catalano, 2000). 이러한 결과로 청소년기의 음주는 음주로 발생하는 폐해 및 치료에 투입되는 막대한 사회적 비용의 손실[5]을 초래하고 있다(김승수, 2015).

3) 청소년 음주 예방교육의 접근법

청소년을 대상으로 술에 대한 이해와 올바른 음주법 및 다양한 정보 제공, 건전한 음주문화 유도를 위한 자기주량 확인법 등 음주 정보 제공, 무분별한 음주에 따른 피해 예방지도 교육이 의무화되어야 한다. 그러나 현실적으로 교육이 올바른 음주문화를 정착시키기에는 '사후적인 차원이 아닌, 사전적·예방적인 차원에서 접근한 교육'[6]이 중

---

5) 김재윤·정우진·이선미·박종연(2010)이 연구한 우리나라 청소년음주의 사회경제적 비용추계에서는 2006년 기준 청소년의 음주로 인한 총 사회경제적 비용은 3875억 원으로 추계되었으며, 이는 GDP 대비 0.055%수준이다(김승수, 2015).

6) 학교보건법 제9조(학생의 보건관리) 학교의 장은 학생의 신체발달 및 체력증진, 질병의 치료와 예방, 음주·흡연과

요하다고 보고 있다.

이로 인한 청소년기 음주의 폐해를 감소시키고 성인기 음주문제의 진행을 예방하기 위해서는 다음과 같은 청소년 음주예방은 6가지 종류의 전략적 접근법이 있다. 정보전달, 예방교육, 대안전략, 문제 확인, 지역사회활동, 환경정화이다(김사라, 2002).

(1) 정보전달

정보전달이란 음주에 대한 신체적, 정신적, 기능적 부작용, 법적 문제와 남용실태, 음주가 정신과 육체, 행동에 미치는 영향들을 가르치고 개인, 가정, 사회국가에 미치는 영향을 인식시키는 것을 의미한다. 나아가 음주에 관한 예방정책과 프로그램, 사회봉사활동, 음주에 대한 지역사회의 사회규범 등에 관한 정보도 포함된다. 이러한 지식은 여러 가지 외적 요소에 쉽게 영향을 받는다. 또한 모든 지식이 효과적인 것은 아니지만 음주 교육에 있어서 지식을 높이는 것은 반드시 필수적이다(Goodstadt, 1986).

(2) 예방교육

협의의 예방교육은 음주의 남용을 예방하기 위한 각종 사회적응 기술(social skill), 즉 결정기술(decision making), 거절기술(refusal skill), 대중매체에 대한 비판능력(critical analysis)과 체계적인 판단기술, 문제해결능력(problem solving technique) 등에 대해서 가르치고 있다. 이러한 거절이나 판단 기술, 문제해결 능력과 같은 행동의 문제를 습득하기 위해서는 예방교육을 받는 대상자들의 인식과 태도의 변화가 먼저 선행되어야 한다.

(3) 대안전략

대안전략은 대상자에게 음주보다 즐겁고 보상적이고 수용할만한 대안을 제공하여 음주의 남용을 막는 것이다. 즉, 청소년들로 하여금 술을 마시지 않게 하기 위해서 술을 마시는 대신 대안적으로 각종 활동에 참여하도록 하게 하는 것이다. 예를 들면, 술

약물 오용(誤用)·남용(濫用)의 예방, 성교육, 정신건강 증진 등을 위하여 보건교육을 실시하고 필요한 조치를 하여야 한다.

을 마시는 청소년들로 하여금 술은 마시는 대신 여가활동, 지역사회봉사, 예술 활동 등에 참여하도록 한다(McMeece et al., 1994). 이를 통해 청소년들로 하여금 삶에 대한 무료함, 의미 없음 등으로 술에 대한 접근을 차단하도록 한다(김진숙·최은영, 1997).

(4) 문제 확인

음주 초기 단계에서 음주문제를 가지고 있는 사람들을 파악하여 이들을 대상으로 상담과 치료를 제공함으로써 음주행위를 중단하는 것을 의미한다(김진숙·최은영, 1997). 예를 들어 음주사용 학생들을 대상으로 초기에 지속적인 개별상담, 집단상담, 캠프 프로그램 등과 같은 상담과 치료활동에 개입하여 문제가 확대되는 것을 막고, 문제가 심각해지기 전에 위기 개입을 통하여 지역사회기관이나 프로그램에 의뢰하여 음주를 사용하고 있는 청소년의 음주행위를 중단할 수 있도록 도움을 주는 활동 등이 여기에 해당된다. 이러한 활동에는 음주를 사용하고 있는 학생들에게 치료와 재활서비스를 제공하는 것 뿐 아니라 교사와 학부모를 대상으로 음주교육과 부모교육을 직접 실시하거나 필요한 경우에 학생, 교사 학부모를 지역사회 자원과 연결하고 관리하는 활동 등이 포함된다(한인영 외, 1999).

(5) 지역사회활동

지역사회활동은 전문 혹은 비전문인력이 지역사회 수준에 개입하여 지역사회에 존재하는 음주문제에 영향을 주고, 음주문제를 예방하고 해결하고자 하는 일체의 사회적 노력을 의미한다(최일섭·류진석, 1996). 이 전략은 지역사회가 음주예방활동과 치료활동에 적극적으로 참여하도록 만드는 것으로 환경적 변화를 꾀하는 것이다. 예방프로그램을 계획하고 실행하려는 지역사회의 실무자들은 지역사회에서 일어나는 모든 요인들이 효과적인 예방 프로그램의 결정요인임을 인식해야 하고, 예방프로그램을 위해 가족, 학교, 지역사회 간에 연계체계를 만드는 데 결정적인 역할을 해야 한다.

(6) 환경정화

환경정화운동은 지역사회주민들이 당면한 문제를 해결하고 복지를 증진시키고자 하는 운동이다. 이는 지역사회의 규범을 계몽하여 일반 지역사회인으로 하여금 그러한 규범을 따르도록 만드는 것이다(김진숙·최은영, 1997). 예를 들어 법적으로 상점에서 청소년들에게 술을 팔지 않도록 규제함으로써 청소년들로 하여금 음주의 기회를 줄일 수 있도록 하는 것이다. 이러한 환경정화운동은 청소년단체, 소비자운동단체, 시민사회단체 들의 계속적인 모니터 및 고발, 그리고 불매운동 등이 필요하다.

2. 대학생 음주

4차 산업혁명 시대의 문턱에서 대학의 기본역량을 제고하는 이때, 대학은 사회전체의 음주폐해를 가늠하는 중요한 구심적 역할을 할 수 있다. 그러나 대학생활은 음주에 많이 노출되어 있으며, 폭음과 과음이 조장되어 있는 음주문화는 현대사회에 걸맞지 않는 착시 현상이 이어지고 있다. 신입생 환영회, 동아리 모임, MT, 체육대회 등 모든 행사 후에 접하게 되는 것이 '술'이다. 이러한 대학생의 음주문화는 심각한 수준이다. 폭탄주, 내림술, 잔돌리기 등 건전하지 못한 음주행위가 보편화되어있다. 특히 강제적인 음주행위는 선배, 후배, 동료 등 접할 수 있는 모든 사람들에 의해 이뤄지고 있다.

대학생들이 술을 마시는 이유는 술이 집단 결속력을 강화시켜주고 문제 해결을 도와주는 효율적인 수단으로 인식하고 있다는 것, 다른 측면에서는 서열화된 선배로 부터 강압적인 규율 때문에 술 강요를 쉽게 거절하기 어려울 것으로 해석된다. 대학생들의 음주는 교우관계에서 빼놓을 수 없는 것처럼 여겨지지만, 음주로 인해 학습능력이 저하될 뿐 아니라 자칫하면 사고나 범죄에 개입되어 학문취지와 걸맞지 않는 초심을 잃을 수 있다. 특히 대학생의 음주 습관은 한 번 형성되면 바꾸기가 매우 어렵고 재발 위험이 높다. 보통 알코올중독 환자들의 진행과정을 살펴보면 20세 초반에 폭음을 경험하며, 30세가 되면 알코올중독의 첫 증상이 나타나기 시작한다. 또한 40대부터는 본격적인 알코올중독 환자의 길에 접어들게 된다(문화일보, 2002. 9. 30).

대학의 음주문화가 쇠퇴하고 있는 원인에는 환경적 요인 등에서 살펴볼 수 있다. 어릴 때 알코올중독자의 자녀(COAs)[7]로서 부모의 알코올중독으로 인한 심각한 정서 학대와 폭력, 가정불화, 방임, 가족 간의 갈등, 또는 이성관계, 성폭행 경험 등이 학습되어 일어날 가능성을 배제할 수 없다. 그렇지만 대학생활의 잘못된 음주문화가 교육을 통해 정상화 된다면 앞으로 사회전체의 음주폐해가 가장 많이 감소될 것으로 보고 있다(국민건강지식센터, 2015).

1) 대학생 음주율

최근 우리나라 대학생 음주행태에 관한 연구결과에 의하면 대학생의 연간, 월간, 고위험 음주율이 성인보다 높으며, 1회 음주량은 성인에 비해 월등히 높은 것으로 나타

<그림 4-2> 대학생 음주

---

7) COAs(Children of Alcoholics): 부모가 문제 음주자인 가정에서 성장한 18세 미만의 미성년자를 의미한다. 이는 부모의 음주상태나 가족환경이 더 나쁠수록, 자녀의 욕구가 채워지기는 어려울 것이다.

나고 있어서 대학 내 음주문화 개선을 위한 자정적인 노력이 시급한 상황이다.

대학생 고위험 음주율은 20.2%로 성인보다 높고, 1회 음주량이 10잔 이상인 경우도 38.4%로 성인(15.0%)의 2.5배로 나타났다(보건복지부 보도자료, 2018). 신입생을 3,918명을 대상으로 한 연구실태를 살펴보았다. 이들의 월간 음주율은 65.6%(2,570명)이었고 알코올중독수준은 문제 음주군이 31.9%, 알코올 의존군이 3.4%, 음주운동(동승) 경험이 있는 학생이 3.2%로 나타났다(김영복, 2016). 다음은 월간 음주율을 살펴본다.

주) 월간음주율: 지난 1달 이내에 술을 마신 분율
　　※ 대다수의 대학생이 한달에 1회 이상 술을 마심
(출처: 한국음주문화연구센터, 2010 ; 보건복지부·한국건강증진개발원, 2017).

<그림 4-3> 대학생 월간 음주율

2) 오리엔테이션 행사

학생들이 가장 많이 경계하는 것은 술이다. 새터와 신입생환영회 등은 과도한 음주 강요로 악명이 높았다. '술터'(술+새터) 와 '술티(술+엠티)' 같은 별칭이 있을 정도다. 대한보건협회에 따르면 2006년부터 10년 동안 대학 오리엔테이션이나 엠티(MT·Membership Training) 등에서 발생한 음주로 인한 대학생 사망사고는 22건에 달했다(이데일리, 2019. 1. 10).

신입생들은 입학하는 순간부터 술을 마실 수밖에 없는 환경에 노출되어 있다. 일반인들이 생각하는 건전한 문화와 다르게 고질적인 폐습이 자행되고 있는 것을 살펴 볼 수 있다.

관련 기사를 살펴본다.

<사례 4-2> 신입생 OT에 소주 8천병 '술 권하는' 00공대 논란

"신입생 OT에 소주 8천 병 '술 권하는' 00공대 논란"

<경북일보 2017.3.5.>

-1인 4~5병꼴 구입 드러나 2박3일 주류비 1천200만 원

신입생 오리엔테이션(OT)에서 교통사고로 운전자가 사망하고 학생 20여 명이 부상을 당한 00공과대학교가 소주 8천여 병을 구입한 사실이 알려져 논란이다.

교육부의 현장감사에서 00공대 총학생회는 OT 기간(2박 3일) 동안 마시기 위해 음료수와 주류 구매에 1천 2000만 원을 사용한 것으로 드러났다. 이 중 소주가 7천 800병(20병 들이 390상자), 맥주가 960개(페트병 6개 들이 160상자)였던 것으로 알려졌다. 행사에 참여한 신입생과 재학생이 각 1천 200명, 448명인 점을 고려하면 학생 1인당 소주 4~5병씩을 마실 것으로 예상한 셈이다. 00공대는 당초 이 술을 모두 환불했다고 밝혔지만 교육부 현장조사 과정에서 학생회관에 쌓인 술 상자 일부가 발견됐다.

〈중략〉

00공대 총학생회는 지난해 OT에서도 음주로 인한 사고를 일으켜 물의를 일으킨 바 있다.
00공대는 지난해 2월 24일부터 26일까지 총학생회 주최로 울진군에서 개최한 신입생 OT에서 한 총학생회 간부가 침을 뱉은 술을 후배에게 마시도록 강요하고, 폭행하는 사건을 일으켜 큰 비난을 받았었다.
여기에 올해 신입생 OT에서도 많은 주류를 구매한 사실이 알려지면서 신입생 OT 폐지론에 힘이 실리고 있다. 한 학생은 "선·후배간의 소통을 위해 마련된 행사들이 그 취지를 살리지 못하고 그냥 술만 퍼마시고 노는 이상한 술잔치를 벗어나지 못하고 있다는 것을 증명한 셈"이라며 "이런 구태연한 행사로 인해 폭음을 즐기고 선배가 후배에게 술을 강요하는 문화가 근절되지 못하는 만큼 OT와 같은 불필요한 행사는 이제 없어져야 한다"고 말했다.

주) 학생 1,700여 명이 참가하는 오리엔테이션 행사에 소주가 7천800병(20병 들이 390상자), 맥주가 960개(페트병 6개들이 160상자)를 구입함.

'상아탑이 술에 찌들어간다'는 말은 어제 오늘에 있는 일은 아니다. 대학가마다 신입생 환영회 행사 외에도 축제 등의 행사장에는 대학생들의 음주습관 개선은 역행하고 있는 듯하다. 또한 대학의 축제가 필히 '음주가무를 즐기기 위한 것인지에 대해서도 의문'이며, 술에 대한 관대한 문화 때문이라고 보기에도 믿기지 않는다.

그러나 '우리나라 사람의 15%는 간에서 알코올을 분해하는 효소가 없다'고 한다. 특히 급성 알코올중독은 짧은 시간에 본인의 주량보다 많은 술을 마시기 때문에 보행장애, 구토, 돌출행동 등을 하다가 의식을 잃어버린다고 한다.

급성알코올중독 증세를 보이는 사람은 옆에서 때리거나 깨워도 반응이 없다. 사람에 따라 다르지만, 혈중 알코올 농도가 0.5% 이상이 되면 호흡이 곤란해지고, 심장박동에 이상이 생겨 사망에 이를 수도 있다고 한다(http://news1.kr/articles/?3555057).

프랑스는 대학 신입생 오리엔테이션 행사시 알코올 관련 사고가 빈번해짐에 따라 1997년부터 오리엔테이션을 법으로 금지시키고 있다. 미국은 만 21세가 돼야 법적으로 음주가 가능하다. 대학에 들어가도 나이가 적은 1~2학년 때는 합법적으로 술을 마실 수 없는 경우가 있다.

3) 고위험 수준의 음주문화

대학로에서 이뤄지는 대학생들의 폭음문화는 여전히 존재하고 있다. 그릇된 폭음으로 인한 피해는 음주로 인한 사망사고까지 발생한다. 우리나라 술을 마시는 대학생 10명 중 7명이 폭음자에 해당되는 것으로 나타났다(보건복지부·한국건강증진개발원, 2017). 다음은 폭음률을 살펴본다.

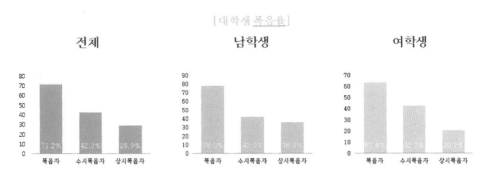

주) ▶ 폭음자: 지난 2주일 동안 한자리에서 남자 5잔 여자 4잔 이상의 술을 마신 경험이 1회 이상인 비율
　　 ▶ 수시폭음자: 지난 2주일 동안 한자리에서 남자 5잔 여자 4잔 이상의 술을 마신 경험이 1~2회인 비율
　　 ▶ 상습폭음자: 지난 2주일 동안 한자리에서 남자 5잔 여자 4잔 이상의 술을 마신 경험이 3회인 비율
(출처: 한국음주문화연구센터, 2010; 보건복지부·한국건강증진개발원, 2017).

<그림 4-4> 대학생 폭음률

다음은 대학생의 위험한 음주에 관한 기사를 살펴본다.

<사례 4-3> 대학생의 위험한 음주

"폭음 잦은 OO 대학생들 심각… 음주 인한 사망사고 지속 발생"

<경북신문 2018. 11. 25>

최근 대학생들의 음주문화가 위험한 수준을 넘나들어 우려된다는 지적이다.
지난 23일 새벽 12시께 OO북구에 위치한 G대학교 앞 거리. 20대 초반으로 보이는 여성이 10여 명의 남녀 무리 속에 섞여 술에 취해 울면서 걷고 있었다. 우는 여성이 재밌다는 듯 사람들은 쑥덕거리며 웃고 있었다.

늦은 새벽시간임에도 거리엔 삼삼오오 모여 술에 취해 술집을 찾는 대학생들로 가득차 구토를 하거나 이리저리 비틀대는 대학생들을 쉽게 볼 수 있었다.

심지어는 학교 캠퍼스 내에서도 술판을 벌이는 학생들로 나뒹구는 술병들과 수십개의 담배꽁초가 널린 모습도 볼 수 있었다.

OOO(23·남·대학생) 씨는 "일주일에 세네 번은 술자리가 있어 선·후배와 함께 모임을 갖는다"며 "매번 취하도록 먹게 된다"고 말했다.
대학로에서 이뤄지는 대학생들의 폭음문화는 여전히 존재하고 있었다.

지난 2016년 대학로에서 술을 마신 여대생이 만취한 상태에서 친구들과 학교 건물로 들어갔다가 옥상에서 떨어져 숨진 사고가 있었다.

대한보건협회에 따르면 최근 10년간 음주로 인한 대학생 사망사고가 꾸준히 발생하고 있어 근절되지 않고 있다. OO지역의 경우도 신입생 환영회·동아리·학생회모임 등으로 음주로 인한 사고가 매년 발생했다.

보건복지부의 '대학생 음주행태 현황'에 따르면 대부분의 대학생들이 자주, 많이 과음하는 것으로 조사됐다. 남학생(44.1%)의 경우 1회 음주 시 소주 10잔 이상 마시며 보통 성인남성(21.9%)에 비해 두 배나 많이 마신다고 집계됐다. 여학생(32.8%)의 경우도 1회 음주 시 10잔 이상 과음을 하며 성인여성(6.2%)에 비해 무려 5배 이상 높은 수준을 보였다.

OOO 사회복지학과 교수는 "한국 사회는 대학생의 음주 문제를 지나치게 관대한 시선으로 바라본다"며 "대학생들에게 과음과 폭음에 대한 전문적인 교육이 필요하다"고 말했다.

사회를 배우고 성숙된 음주문화를 접할 수 있는 '지성의 전당'대학에서 사고능력과 역량을 키워야 되는데도 불구하고, 지켜야 할 가장 기본적인 규범이 초심을 잃어 가고 있다. 이를 예방하기 위해서는 반드시 신입생 교육과 정규과정에 음주폐해에 대한 위험성 제고는 물론, 음주문화와 알코올에 대한 올바른 지식과 전달, 음주사고 예방을 위한 술자리 대처법 등의 교육프로그램이 학점제 위주 등으로 공교육화 되어야 한다.

4) 대학생 음주방법과 교육 사례

대학생 10명 가운데 6명은 입학 전 청소년 시기에 술을 마신 경험이 있지만, 50% 이상은 음주에 대한 교육을 따로 받지 못한 것으로 나타났다. 2016년 주류기업 디아지오코리아는 대학생 1천 257명을 대상으로 설문조사한 결과 59%가 '대학 입학 전 청소년 시기에 음주를 시작한 것'으로 나타났다. 구체적인 음주시기는 고등학교 43%, 초등, 중학교가 16%로 집계 되었다. 한편, 첫 음주에 앞서 올바른 음주법 '주도'를 배운 학생은 46%에 불과 하는 것으로 나타났다(https://cafe.naver.com/manmanmandaegu/349273).

2017년도 쿨드링커, 8기[8]자료 전국 대학생 음주문화 실태에서 2,400명을 대상으로 실시한 결과에 의하면 70,5%(1,692명)가 음주문화에 많은 문제점을 느끼고 있다고 응답하였다.

이러한 결과는 10명 중 7명에 해당되는 수치이며, 현실적으로 대학생들의 음주문화가 건전하지 못하다는 것으로 볼 수밖에 없다. 이어서 대학생들의 건전한 음주[9]에 대한 교육이 실시되고 있는지 살펴보았다. 그러나 건전한 음주에 대한 교육을 받지 않았다가 68,9%(1,653명)로 나타나 심각함을 보여주고 있다.

이제는 건강한 음주문화 교육을 통해 그 누구보다도 건강한 대학생활을 위해 자신들의 성숙된 음주문화를 연구하고 실천하는 모습이 무엇보다 중요할 것이다.

따라서 대학의 음주문화가 '술을 즐겁게 마시는 법'과 같은 고민보다는 '술을 많이 마셨을 때 일어날 수 있는 사회적 문제'에 관심을 가질 때 앞으로 건강한 음주문화가 정착될 것이다.

---

8) 쿨 드링커(Cool Drinker)란, 술을 사회생활의 활력소로 생각하고, 책임 있는 음주문화를 만들어 가는 신 주류 문화 세대를 뜻함. 즉, 과음하지 않고, 음주운전을 하지 않으며, 자기 행동에 책임을 질 줄 아는, 현명한 음주가가 바로 '쿨 드링커'라는 것, 2004년 주류업계 최초 건전 음주 문화 캠페인인 쿨 드라이버 캠페인을 시작되었음 (https://blog.naver.com/gounep/220218552008). 2018년 쿨 드링커 캠퍼스 홍보대사들이 직접 기획하고 진행하는 축제 캠페인은 지난 9년간 총 180회에 걸쳐 전국의 주요 대학에서 진행되었으며 참여 인원만 28만 명에 이를 만큼 대표적인 프로그램으로 자리 잡았다, 쿨 드링커는 주류기업 디아지오코리아에서 운영함(스포츠조선, 2018. 11.5).

9) 건전한 음주문화란, 술을 강요하지 않고, 거절할 수 있으며, 상대의 건강을 생각해주고, 술자리에 부담을 느끼지 않게 해주는 행위를 말함.

5) 대학생 절주실천 수칙

음주폐해예방 캠페인을 확산시키고 있는 '생활 속 절주실천수칙'을 대학생들이 쉽게 공감하고, 생활 속에서 실천할 수 있도록 '대학생 절주실천수칙'으로 제시하였다(보건복지부 보도자료, 2018).

<표 4-3> 대학생 절주실천 수칙

절주실천 수칙
1. 꼭 필요한 술자리가 아니면 피하기 2. 선·후배나 친구에게 술 강요하지 않기 3. 원샷, 하지도 말고 외치지도 않기 4. 폭탄주·사발주로 섞어 마시지 않기 5. 음주 후 3일은 금주하기 6. 이런 사람들은 금주해야 해요! ▶ *19세 이하 청소년, 임신 준비 중이거나 임신 중인 여성, 술 한잔에도 얼굴이 빨개지는 사람, 약 복용 중인 사람*
※ **지나치게 술 취한 선·후배나 친구가 있을 때** ▶ 위험증상(구토, 이상고열, 저체온, 의식불명, 호흡곤란 등)이 나타나는지 확인해 주세요. ▶ 이런 증상이 있을 때 즉시 가까운 의료기관이나 119에 도움을 청하세요.

(출처: 보건복지부 보도자료, 2018).

6) 대학의 음주관행 개선

대학사회의 고질적인 음주문화는 지금도 남아있다. 이와 관련하여 많은 대학들은 새로운 면학 분위기를 조정하기 위해 잘못된 음주관행을 개선하고자 노력하고 있다. 그래서 대학들은 이제는 달라져야 한다고 변화를 요구하며 실천하고 있다. 다음은 대학축제에서 주점을 지우는 작은 인식의 변화에 관련된 기사를 살펴본다.

<사례 4-4> 대학 축제에서 주점을 지우는 작은 인식 변화

**"1년에 한 번 하는 축제인데 전통적으로 해 온 주점을
아예 금지하는 건 너무한 것 아니냐"**

(http://goham20.tistory.com/2972, 2013. 5. 14)

한국외국어대 학생들은 5월 축제를 앞두고 설레기보다 불만이 앞선다. 지난해에 이어 올해도 축제의 상징이랄 수 있는 주점이 금지됐기 때문이다. 한국외대는 이 문제로 지난해에도 홍역을 치렀다. 학교 측이 지난해 9월 면학분위기 조성, 잘못된 음주관행 개선 등을 이유로 주점을 열지 못하도록 했지만 한 동아리에서 이를 무시하고 주점을 열었다가 회장이 징계위원회에 회부됐던 것. 그래서 올해는 학교와 학생들이 협의를 거쳐 주점을 열지 않기로 했다.

이미 성인인 대학생들의 자기 결정권을 무시한다는 의견과 건전한 음주문화 정착을 위해 반드시 필요하다는 의견이 공존하고 있지만 분명한 건 이제 대학생 스스로 자신들의 음주문화를 돌아볼 때가 됐다는 사실이다. 이화여대 건전음주동아리 회장 최혜린(21) 씨는 "대학에서 익힌 잘못된 술 습관이 모여 사회의 왜곡된 음주문화를 만들어 낸다"며 "대학생 음주 사고 소식을 어렵지 않게 접할 수 있는 현실을 바꾸려면, 그 첫걸음은 축제에서 주점을 지우는 작은 인식의 변화에서부터 시작돼야 한다"고 말했다.

이러한 작은 변화는 전국에 많은 대학에서 극히 본받아야 할 부분이다. 이밖에도 절주홍보프로그램은 음주에 대한 지식과 사회적 가치를 변화시키는데 기여하고 있는 것으로 나타났다. 이는 절주홍보와 교육프로그램에 참여한 학생들은 그렇지 않은 학생에 비해 월간음주율, 강제적으로 이루어진 음주경험률, 음주로 인한 불쾌한 경험 수 AUDIT[10]점수가 낮았고, 알코올에 대한 지식점수와 건강행위 자기 효능감이 더 높게 나타났으며, 음주의 사회적 가치에 대해 낮게 평가하고 있었다(이기일, 2010).

최근에는 자신의 의지와 상관없이 술을 억지로 마셔야 하고 불필요한 군기 잡기가 만연했던 대학가 오리엔테이션(OT) 현장이 변하고 있다. 대학마다 학생들이 나서 술 강권 문화나 성적 수치심을 불러일으키는 장기자랑, 게임 등을 자제하고 다 함께 즐길 수 있는 문화행사를 이끌어가는 추세다.

---

10) Alcohol Use Disorders Identification Test(이기일, 2010).

<사례 4-5> 최근 달라진 대학가 오리엔테이션

> ## "노란팔찌 차면 술 안마셔요." 달라진 대학가 오리엔테이션"
>
> (매일경제. 2019. 2.13)

"노란색 팔찌를 찬 학생은 '오늘 술을 마시고 싶지 않다'는 걸 의미해요. 이 팔찌를 착용한 학생에겐 술을 권하지도, 강요하지도 않습니다."

지난달 말 숭실대 총학생회가 주최한 동계 전체 간부수련회에선 이색적인 장면이 연출됐다. 이날 행사에 모인 학생 100여 명이 노란색, 분홍색, 검은색 등 서로 다른 색깔 팔찌를 차고 있었기 때문이다. 여기엔 자신의 몸 상태나 기호에 따라 술을 마실지, 말지를 표시하는 의미가 담겨 있었다. 학생들은 이 팔찌를 일명 '술 강권 금지 팔찌'라고 불렀다. 숭실대 총학생회는 '오늘은 얼굴이 팔찌 색이 될 때까지 마시겠어'를 뜻하는 분홍색 팔찌와 '오늘은 끝까지 간다'를 의미하는 검은색 팔찌 등 총 세 종류의 실리콘 팔찌를 마련했다. 우제원 숭실대 총학생회장은 "수련회에서 이 제도를 활용해 높은 호응을 얻었다"며 "향후 단과대별로 열리는 수시생 환영회나 신입생 환영회, 새터, 개강총회, 학과 MT 등 행사에서도 이를 적극 활용할 계획"이라고 전했다.

13일 교육계에 따르면 숭실대 총학생회는 오는 25일부터 시작되는 주요 단과대 신입생 OT에서 학생들의 자유로운 활동을 보장하고 안전사고를 예방하는 차원에서 술 강권 금지 팔찌 제도를 소개했다. 이는 단과대마다 자율적으로 시행하는 제도인데, 이미 많은 학생이 술 강권 문화를 근절해야 한다는 측면에서 적극 동조하는 분위기다.

숭실대 총학생회 측은 "아직 준비 단계지만 많은 학생이 참여할 것으로 기대한다"며 "참여자가 술을 그만 마시고 싶을 땐 팔찌를 도중에 바꿀 수 있게 하는 등 제도를 적극 안내할 계획"이라고 전했다.

타 대학들도 비슷한 분위기가 형성되고 있다. 서울대는 교내 학생단체인 학생·소수자인권위원회를 주축으로 작년부터 '장기자랑 강요 프리(Free) 선언' 운동을 벌이고 있다. 각 단과대학이나 과·반 학생회가 주관하는 신입생 맞이 행사에서 장기자랑을 강요하지 않겠다고 선언하는 활동이다. 대표적인 신입생 맞이 행사인 '새터(새내기 새로 배움터)'를 준비하고 있는 1~2월 동안 인문대·공과대 등 18개 단과대 학생회와 학부 학생회가 릴레이 선언을 했다. 특히 연세대에선 올해 신입생 OT 프로그램 중 하나로 성희롱·성폭력 예방교육을 비롯해 장애 인식 개선 교육 등을 실시하는 등 학생들의 사전 예방 교육에 힘을 실었다. 지방권 대학가에서도 가급적 당일치기 교내 행사 형태로 신입생 OT를 이어가고 있는 추세다.

교육부는 14일부터 대학 신입생 OT 현장 안전점검을 진행한다고 밝혔다. 주요 점검 항목은 음주 강요·성폭력·가혹행위 등에 대한 학생 사전교육 실시 여부, 숙박시설과 교통수단의 안전성, 단체활동 보험 가입 여부 등을 포함하고 있다.

대학축제에서 관대하고 올바르지 못한 음주문화는 반드시 도태 되어야 한다. 그러나 많은 대학에서 축제나 행사를 개최하는 장소에는 지금도 여전히 술병이 널브러져 있으며, 건강하게 변화하고자 노력하는 대학의 음주문화에 눈살을 찌푸리게 한다.

따라서 음주폐해를 예방하고자 한국건강증진개발원에서는 절주서포터즈를 진행하고 있다. 절주서포터즈는 기존의 동아리 형태에서 벗어나 다양한 음주폐해예방 교육, 홍보, 캠페인 등을 보다 주도적으로 기획 및 수행하고 있다

올해에도 전국 44개 대학 50개 팀 총 400여 명의 '2018 대학생 절주서포터즈'를 선발하였으며, 음주폐해 예방 및 절주문화 확산에 적극 기여하고 있다. 절주서포터즈의 주요 활동은 캠퍼스 및 지역사회에서 음주폐해에 대한 인식 개선, 음주폐해 예방 및 건전한 절주문화 확산을 위한 환경 조성 등이 있다(보건복지부·한국건강증진개발원, 2018).

그러나 주류회사들이 건강한 음주문화 캠페인을 개최하고 있지만, 술에 대한 진한 이미지 광고 등으로 유혹을 떨치기에는 한계가 있을 것으로 보고 있다.

(출처: 보건복지부·한국건강증진개발원, 2018)

<그림 4-5> 대학생 절주 서포터즈

관련 연구 자료를 살펴보면 대학교의 축제 등 각종 행사에 주류회사의 지원이 있을수록 음주폐해 발생건수, 폭력소란 발생건수, 사고발생건수는 증가되었다(김광기 외, 2006). 또한 주류회사의 지원이 증가할수록 대학 내 음주로 인한 사고가 발생하는 빈도가 증가하는 양상을 보였다(이기일, 2010).

7) 외국 대학 내의 음주폐해 예방책

미국은 대학의 음주폐해를 줄이기 위한 예방으로 조직과 환경적인 차원에서 접근하여 실시하고 있다. 학교 행사시 주막, 맥주 통 제공, 알코올 제공 바텐더(bartender)를 줄이도록 하고, 동시에 비알코올 음료를 파는 부스가 많아지게 하는 정책을 통해 학교 전체의 음주 폐해를 감소시킬 수 있었다고 한다(Johannessen et al., 2001). 로드아일랜드 대학에서는 알코올 정책 강화를 통해 알코올 문제를 60%나 감소시켰다고 한다(Cohen and Rogers, 1997). 메사추세츠 주에서도 알코올에 대한 장소제한, 사용허가 위반 시 처벌을 강화를 포함하는 교칙 시행을 통해 학생들의 폭음을 크게 줄였다고 한다(Knight et al., 2003). 이는 대학 자체만이 아닌 지역사회와 연계한 폭음예방 프로그램을 통해 대학생들의 음주문제를 감소시킬 수 있었다(Gebhardt et al., 2000). 이와 같이 대학생의 음주 행동과 음주문제는 개인적 요인뿐 아니라 대학교의 조직·환경적 특성에 의한 영향을 받기 때문에 대학생의 음주행동을 개선하고 음주문제를 줄이려면 대학생 개인차원의 정책뿐만 아니라 대학의 조직과 환경적인 정책도 동시에 시행되어야 한다(이기일, 2010).

8) 건강한 음주문화를 위한 절주홍보 및 교육 프로그램

음주 경험이 부족한 대학생들에게 음주폐해 예방과 성숙한 음주문화 유도 및 건강한 대학 생활을 도모하기 위한 교육이 의무화되어야 한다.

대학생에게 음주관련 교육을 통한 연구를 살펴보면 음주행동과 음주폐해 예방 교육을 실시한 결과 감소효과가 있는 것으로 밝혀졌다. 또한 절주교육 프로그램에서는 음주율을 낮추는데 영향을 미치는 것으로 나타났다(천성수 외, 2002).

음주예방 교육은 알코올에 대한 인식과 태도를 개선하고 학교 내외에서 알코올에 대한 접근성을 제한, 알코올을 제공하지 않는 'Alcohol-Free Zone을 만든다'든지 또는 학교 내외에서 알코올에 대한 마케팅을 제한하고, 학교나 지역사회 차원에서 알코올에 대한 교칙이나 관련법규를 만드는 것이 대학생 문제예방에 효과적이라고 한다(Dejong et al., 2002). 그러나 대학사회의 음주의 문제는 다른 건강위해행동(예, 흡연이나 약물)과는 달리 개인적 차원의 교육만으로는 효과를 거두기는 어렵다. 그러므로 개인적·사회적·문화적 차원의 종합적인 전략과 대책이 필요하다(천성수 외, 2002).

(1) 절주홍보 프로그램

대학의 절주홍보프로그램을 진행하기 위한 내용으로 절주실천서명운동 캠페인, 절주소식지 발행, 교내절주방송프로그램, 대학신문에 절주기사 게재, 리플렛 홍보 캠페인, 절주포스터 캠페인, 절주현수막 게시, E-Mail 절주 홍보프로그램, 홈페이지 게시판홍보, 절주표어 공모대회 등이 진행될 수 있다.

<표 4-4> 절주홍보프로그램 및 진행개요

절주홍보프로그램	진행개요
절주실천서명운동 캠페인	▸행사 1주일 전, 절주실천서명운동에 대한 홍보포스터를 제작하여 학교 곳곳에 부착함 ▸도서관 앞에 '절주실천서명운동' 현수막을 제작하여 달고, 테이블과 책상을 설치하여 절주 실천서명운동을 실시함 ▸자원봉사자를 활용하여 교대로 서명을 받음 ▸서명을 하는 사람에게 금주에 관련된 문구가 새겨진 엽서를 3장씩 나누어 줌
절주소식지 발행	▸매월 첫째 주에 발행하여 채플시간에 배포함
교내절주방송 프로그램	▸1주일씩 동일한 내용을 하루 3차례 캠페인 방송을 함 ▸방송 일정에 따라 반복되기도 함
대학신문에 절주기사 게재	▸1회는 소논문의 형식으로 지적하여 호기심을 유도함 ▸1회는 사설의 형태로 정서에 호소함 - 대학신문에 원고를 게재하여 배포함
리플렛 홍보 캠페인	리플렛 3천부를 제작하여 전교생에게 배포함
절주포스터 캠페인	학기시작과 함께 모든 게시판에 부착을 하고, 중간 중간에 게시가 잘되도록 수정하여 부착함
절주현수막 게시	학기 내내 교내 곳곳에 전시함
E-Mail절주 홍보프로그램	4회에 걸쳐서 간단한 내용의 메일을 보냄
홈페이지 게시판홍보	주기적으로 홈페이지 게시판에 절주관련 기사를 올려놓음
절주표어 공모대회	▸ 학기 초에 소식지, 게시판 등을 통하여 공고하여 관심을 환기시키고, 다수의 출품작 중 엄선하게 채플시간을 통하여 시상함 ▸ 표어를 인쇄하여 절주 소식지에 게재하고, 모든 학생들이 공유할 수 있도록 함

(출처: 천성수 외, 2002).

(2) 절주 교육프로그램

대학의 절주교육프로그램을 진행하기 위한 내용으로 교양강좌, 소그룹을 위한 교육, 소그룹리더자에 의한 1학년 교육·상담, 전학년 공동채플 절주강연, 1학년 채플 시리즈 교육, 학회 학술대회 등이다

<표 4-5> 절주교육프로그램 및 진행개요

절주교육프로그램	진행개요
교양강좌 (음주와 흡연)	▶전교생을 대상으로 하는 교양과목(대학생활과 건강에 대해)으로 개설하여 진행함 ▶1학년 교양필수과목으로 선택하게 하여 각 학과별로 팀티칭을 하도록 한다(1Chapter가 절주에 대한 내용임).
소그룹 리더 양성을 위한 교육 (강좌명:절주지도방법의 이론과 실제)	▶방학 중 2학점 교양과목 강좌 개설 ▶5일동안 강의 ▶실습: 2학기 동안 4회에 걸쳐 1학년 소그룹(5~8명)과의 만남을 주선하여 그들로 하여금 또래 절주 교육을 하도록 함 ▶대상: 계절학기 이수학점으로 신청한 학생(40명)
소그룹리더자에 의한 1학년 교육·상담	▶1학년 채플을 대신하여 2~3회를 소그룹 리더와 함께할 수 있는 기회를 제공해 줌 ▶5~8명을 1개조로 하여 자유로운 대화를 나눌 수 있도록 시간을 배정함 ▶음주와 관련된 문제가 있는 학생 및 가족들에 대해서 상담기관(교내 클리닉)에 소개하여 줌
전학년 공동채플 절주강연	▶초청강사(알코올중독에서 회복된 000 씨) ▶000 씨가 TV에서 출현하였던 내용을 잠시 방영한 후, 특강의 형식으로 진행함
1학년 채플 시리즈 교육	▶주 2회의 채플시간을 활용하여 2주일동안 집중적인 교육을 실시함 ▶채플 전반부에 간단한 교육 후, 나머지 시간은 짧게 소그룹리더와의 시간을 갖도록 함
000학회학술대회	▶학술세미나 형식으로 진행함

(출처: 천성수 외, 2002).

(3) 교육목표에 따른 절주교육내용

각 프로그램의 내용을 요약하면 크게 알코올 및 음주행위에 대한 지식과 관련된 내용, 음주행위에 대한 인식 및 태도 변화를 유도하는 내용, 그리고 절주 실천능력을 함양시킬 수 있는 내용으로 나눌 수 있다.

절주실천 능력 함양은 개인적인 측면의 능력함양프로그램과 환경·문화의 변화를

유도하는 프로그램으로 나누어진다. 이러한 각각의 구분은 각 교육 프로그램의 목표에 해당되는 것이기도 한다. 그렇기 때문에 각각의 교육프로그램 목표에 따라 교육의 내용이 세부적으로 포함되어야 한다. 교육목표에 따른 절주교육의 내용을 설명하면 다음과 같다(천성수, 2002).

<표 4-6> 교육목표에 따른 절주교육내용

교육목표		절주교육내용

알코올 및 음주행위에 대한 지식 함양		▶ 알코올에 대한 기본지식
		▶ 음주실태
		▶ 문제음주 및 음주관련 문제
		  -음주로 인한 개인의 문제
		  -음주로 인한 사회의 문제

음주행위에 대한 인식 및 태도 변화		▶ 건강행위이론
		  -건강행위
		  -건강보호행위
		  -건강위해행위
		▶ 개인태도 변화이론
		  -기질적 관점
		  -상황적 관점
		  -인지부조화 관점

절주 실천 능력 함양	개인의 능력 함양	▶ 자기효능 향상과 관련된 내용
		  -효능기대 증진 프로그램
		  -개인 효율성 훈련
		  -자기표현 훈련

	환경·문화 능력 함양	▶ 소집단 역동이론 ▶ 문화혁신 이론

(출처: 천성수 외, 2002).

3. 성인의 음주

인간관계는 사회에서 서로의 행동이나 사고(思考)에 의해 학습되고 발전된다. 이러한 사회적 관계 교류에는 더욱 긴밀하게 연결시켜 주고 친목을 도모하기 위한 목적으로 술은 중요한 의사소통의 매개체로 작용하고 있다. 우리나라의 경우 직장인들은 회식 빈도가 높을수록 부서원들 간의 응집력, 부서 내의 분위기, 조직 구조의 능률성이 높을 것으로 인식하고 있다(이희종·제갈정, 2002; 김대수, 2013). 그러나 음주행위의 오류를 범하면 교류나 친목 도모 수준을 넘어 순수성을 잃게 된다.

남성들이 술을 마시는 원인 중에는 과도한 경쟁, 경제적 불안과, 빈부격차, 실업, 가정파탄 등의 스트레스 요인에 의해 발생되고 있다. 이중에서 사회 불안을 호소하는 사람은 불안에 대한 대처로 음주를 하게 되고, 이러한 음주는 반복적이고 상습적으로 하게 되면서 문제 음주로 이어진다고 한다(Kushner & Beitman, 1990, 이진미, 2019).

특히 가부장적인 사회구조가 남아있는 우리 사회는 남성에게 경제적인 요구는 여전히 강하고, 중년 남성들은 이러한 환경에 적응하는 방법의 하나로 음주를 선택하는 것으로 나타났다(김광기, 2002: 홍선영, 2019).

여성들은 사회적 기대의 변화와 이에 따른 사회진출 확대에 따른 조직문화에서 음주가 이루어지기도 하지만, 어린 시절 양육자와 관계에서 처벌과 학대 등으로 형성된 불안애착[11])이 내재된 심리적 갈등이 성인이 되어서도 발견할 수 있다. 특히 '여성들의 어릴 때 초기 경험으로 부모의 이혼, 별거, 죽음 등이 내재된 상실경험에서 음주를 하는 것'으로 나타났다(Beckman, 1978; Wilsnack, 1982).

또한 여성의 음주에 영향을 미치는 것은 남성이 여성의 음주를 시작하도록 하는 '촉진자 역할'을 할 가능성이 높다고 한다(Homila & Raitasalo, 2005; 홍선영, 2019).

1) 성인의 음주율

우리나라 성인의 월간 음주율은 62.1%, 고위험 음주율은 14.2% 나타났다(국민건강통계, 2017).

---

11) 영국의 정신분석가이자 의사인 본 보울비(John Bowlby, 1907~1990)는 애착 이론에서 어릴 때 초기의 애착형성이 인간 본성의 가장 중요한 기본이 되고, 애착형성이 잘 되지 않으면, 아동기뿐만 아니라 성인이 되어서도 여러 가지 정신 질환의 원인이 될 수 있다고 하였다. 그의 논문(1950년대 세계보건기구 WHO 위탁, 대형 탁아시설과 고아원에서 자란 아동이 심리적 영향을 받는지에 대한 연구) 『어머니의 보살핌과 정신건강 Maternal Care and Mental Health』에서 아이가 제대로 보살핌을 받지 못한 경우 성인이 된 후에도 지적·사회적·정서적 지체를 경험하게 된다고 보고하였다(http://blog.daum.net/rush4ushine/147).

연도	월간음주율			고위험음주율		
	전체	남자	여자	전체	남자	여자
'14	60.0	74.4	46.4	13.5	20.7	6.6
'15	60.6	75.2	46.5	13.3	20.8	5.8
'16	61.9	75.3	48.9	13.8	21.2	6.3
'17	62.1	74.9	50.5	14.2	21.0	7.2

주): ① 월간 음주율: 최근 1년 동안 한 달에 1회 이상 음주한 분율
    ② 고위험음주율: 평균 음주량이 7잔(여자 5잔)이상이며 주 2회 이상 음주하는 분율
(자료: 국민건강통계, 2017)

성인의 고위험 음주율과 월간 폭음률(최근 1년 동안 월 1회 이상 한 번의 술자리에서 남자는 7잔(맥주 5캔)은 여자는 5잔(맥주 3캔) 이상 음주한 분율)은 40대 남성(고위험 27.2%, 폭음 59.1%)과 20대 여성(고위험 11.1%, 폭음 45.9%)이 가장 높게 나타났다.

성인의 경우 폭음률이 높은 원인에는 친목을 도모하기 위한 잦은 회식과 접대문화 등으로 폭탄주, 과음 등에 노출되어 있는 것으로 보았다.

이처럼 술은 결코 즐겁고 좋은 것만 선사하는 것은 아니다. 사회적 의미로서의 순기능에 비해 역기능으로 인한 부작용은 매우 심각하다는 것이 이해되어야 한다.

2) 성인 음주의 도덕성

올바르지 못한 성인기의 음주문화는 폐습을 불러일으킬 수 있다. 자신의 연령에 비해 음주에도 도덕성의 연륜이 따라야 한다. 도덕성이 실추된 음주문화는 전반적으로 사회를 어지럽히고 고질적인 음주문화를 양성시킨다.

다음은 성인들의 음주로 인한 사회문제를 살펴본다.

<사례 4-6> 두 잔부터 술은 모든 악(惡)의 근원

"두 잔부터 술은 모든 악(惡)의 근원"

<대한가정법률복지상담원, 2016. 12. 28>

"성매매의 추태"

금년 4월 한국과 미국 경찰이 미국 뉴욕과 뉴저지 한인 성매매업소에 대한 첫 합동 단속을 벌여 업주와 광고사이트 운영자 등 수십 명을 검거했다고 한다. 그 지역 외에도 로스앤젤레스·애틀랜타·해리스카운티 등 미국 내 한인 밀집지역에서는 어김없이 한인 성매매업소가 판을 쳐 당국이 골머리를 앓고 있고, 호주·일본 등 다른 국가에서도 마찬가지라고 합니다. 1인당 소득이 3만달러가 넘어선 한국이 여전히 해외에서 '성매매 여성 수출국'의 오명(汚名)을 벗지 못하며 망신을 당하고 있는 것이다.

한국 여성들이 해외로 나가 성(性)을 파는 것은 무엇보다 '수요'가 있기 때문입니다. 교민들뿐 아니라 일부 한국기업 주재원, 출장자, 관광객 등이 원정 성매매 여성들의 '고객'입니다. 서울대 국제대학원 OOO 박사는 "*해외 성매매는 한국 사회의 잘못된 술 문화에 익숙한 남성들*이 해외에 가서도 여성 접대부가 나오는 곳을 찾고, 이러한 수요로 여성들이 원정 성매매까지 나서고 있기 때문"이라고 했다.

여성가족부의 "2008 성문화 의식 및 실태보고 조사서"에 따르면 *성매매를 한 사람의 54.4%는 술자리서 어울리다가 성매매를 하는 것*으로 나타났다. 우리의 술 문화는 나라 밖에서도 지탄의 대상이 되고 있다.

"음주가 장애 아닌 자랑거리가 되는 사회"

우리나라는 아직도 사회적인 통념이 특히 남자의 경우 웬만한 음주 정도는 별로 문제 삼지 않거나 아니면 '사회생활 하려면 남자가 술은 좀 먹어야지' 하는 관대한 음주정서가 지배적이어서 남성의 음주를 문제 삼지 않는 문화이다. 남성 중심의 응원이나 강압적인 술 문화는 여전히 남아있고, 분위기를 이끄는 사람도 남성인 경우가 많습니다. 특히 남자들만의 세계에서는 주량이 그 사람의 덕망과 능력, 사회적 성공까지 평가하는 하나의 기준이 되기도 하니 문제이다.
최근에는 여성의 사회 참여도가 높아지고 기존의 사회적 가치관이 개방적으로 변화함에 따라 여성의 음주가 당연하게 받아들여지고 있다. 그리고 술을 마시는 여자가 더 인기 있고, 사교성이 있고, 술을 남자들과 함께 마시는 것이 능력으로 평가되기도 해서, 한 여성공무원은 여성이기 때문에 진급에서 누락된 것이 너무 화가 나서 상사에게 찾아가 내가 진급 못할 이유가 무엇이냐며 "내가 술을 마시지 못하니까, 왜 내가 진급에서 누락되어야 합니까?" 따졌다는 이야기를 TV프로그램에서 할 정도로 남녀를 불문하고 사회생활을 하는데 술을 잘 마시는 것이 장애요건이 아니고 오히려 자랑거리가 될 정도로 되어 있는 나라는 문명국 중 우리나라뿐일 것이다.

"국회의원, 판·검사, 기자 등 이른바 '사회 고위층', 유명연예인들의 음주 사건·사고"

최근에 국회의원, 판·검사, 공무원, 기자 등 이른바 '사회 고위층', 유명 연예인들의 '음주 사건·사고'가 잇따라 일어났다. 술을 마시지 않았으면 절대 그런 행위를 하지 않았을 것이라고 주위에서 주장하는 일부 국회의원이 성추행을 하고, 성희롱과 폭력을 행사하고, 법을 집행하는 현직검사와 판사가 성추행, 음주운전 등을 하다 사고를 낸 후 도주하고, 입법−사법−행정부−기자들이 술과 향응을 받고, 유명연예인들이 성추행 성매매로 수사대상이 되고, 사회적으로 물의를 일으킨 후 그 모든 것을 술 탓이라며 자기변호를 하면 그것을 일부 수용하는 사회분위기는 취중 행동에 관대한 가부장제문화의 유산인 우리나라의 고질적인 음주문화 때문이다.

이처럼 음주로 인한 사회 불신이 심각한데 술에 관대한 음주문화의 인식이 아직도 지배적인 것 같다. 술에 대한 기본적인 교육 등이 결여된 것으로 볼 수 있다. 따라서 고위층들의 고질적인 음주사고 등의 재발을 방지하기 위해서는 먼저 관련 사건을 철저히 규명해야 한다. 그리고 일반인보다 더 엄중한 가중처벌을 집행해야 하며, 사회봉사 활동 시간과 관련 교육도 강화해야 한다.

3) 과도한 음주관행

사회적 교류나 친목 도모 수준을 벗어나는 과도한 음주 관행은 여전히 자리매김하고 있다. "중국인이 보는 우리나라 사람들은 친구·동료들과 모이면 마시고 취하면 싸우고, 밤늦게 헤어진 후 다음날은 다시 만나 웃으며, 금방 화해하고 함께 일한다"라고 말하며 고개를 갸우뚱한다.

미국인들 55%는 술 마시고 다음날 출근하지 않는 회사원에 대해 '알코올중독자'라고 단호한 입장을 보이는 반면, 한국인은 모두가 '그럴 수도 있다'라고 말한다 (http://cafe.daum.net/moise506/).

외국인들은 우리의 독특한 음주문화를 지적했다. 처음에는 신기해 하지만 나중에는 이해할 수 없는 문화라고 한다. 잔 돌리기, 그것도 부족하면 2·3차 가기, 술 강권 등을 문제로 삼았다(삼성경제 연구소, 2004). 이뿐만 아니라 '과음은 가장 당혹스러운 한국 문화'라면서 대부분 사업 파트너나 직장 동료와 무조건 술을 마셔야만 하는 문화를 혐오하고 싫어한다고 한다(서울신문. 2002. 1. 1). 그런가 하면 술에 종류를 불문하고 이것저것 마시는 경우, 폭탄주를 제조하여 마시는 등 기준도 없고, 윤리도 없는 말을 서슴지 않고 되풀이 하며 끝도 없이 주정(酒酊)한다. 그러다가 취기가 오르면 고성방가와 음식물을 토하고 공공장소를 어지럽히는 꼴불견스런 행동까지 한다.

특히 우리 사회 술자리에서 '부어라 마셔라', '술이 땡긴다', '술이 술술 넘어 간다'라는 속된말을 자행 하면서 '권주(勸酒)와 순배(巡杯), 연주(連酒), 폭음(暴飮)[12]'하는 집단적 음주문화 여전히 존재한다. 그러나 술에 대해서 관대한 문화를 가진 우리 사회에서 심각한 음주문제를 가진 사람도 자신에게 알코올중독의 문제가 있다고 생각하지 않는 경우가 많다(김수진, 2003).

이러한 원인 중에는 술자리에서 일어난 실수에 대해서도 덮어주고 허용하는 분위기 때문에 이들은 올바르지 못한 음주습관이 알코올중독으로 이어진다는 사실을 간과 하게 생각하기 때문이다. 술에 대해 너무 관대한 나라는 한국이다.

---

12) ① 권주(勸酒): 남에게 술을 권하는 문화(주량이 다른 사람들이 술을 함께 마실 때 다 같이 마셔야 하는 압박으로 작용) ② 순배(巡杯): 개인이 음주량을 조절하기 어렵게 술잔을 돌리는 것 ③ 연주(連酒): 1차에서 2, 3차까지 술자리가 이어지는 것 ④ 폭음(暴飮): 연거푸 마시는 문화(고위험 음주를 유도하는 요인으로 작용)

4) 새롭게 등장한 음주문화의 혼술

취업준비에 따른 경제적 어려움으로 결혼을 하지 않고 혼자 사는 1인 가구 수가 늘어나고 있다. 통계청자료에 의하면 1인가구가 총 506만 551가구로 조사 이래 처음으로 500만 가구로 나타났으며, 혼자서 술을 마시는 '혼술족'이라는 신조어까지 등장하게 되었다(통계청, 2016).

이에 따른 현상으로 혼밥과 혼술, 홈술이 대중화되고 일반화되었다. 혼술은 '외롭게 혼자 마시는 술'과 같이 부정적인 인식에서 '혼자 즐기는 술'로 인식되는 현상으로 음주를 즐기는 문화가 확산되고 있다. 보건복지부 자료에는 혼술을 하는 이유로 '함께 마실 사람이 없어서'(7.7%) 등 부정적인 이유보다는 '편하게 마실 수 있어서'(62.6%) 등 긍정적인 이유가 대부분이다(식품의약품안전처, 2016; 보건복지부. 2018).

혼술은 술의 자제력을 잃게 된다. 가족, 지인들과 함께 술자리를 갖으며 대화를 나누면 스트레스 해소와 관계 개선에도 큰 도움이 될 수 있다.[13]

그러나 연령에 관계없이 혼술을 즐기는 이들 중에는 이미 술을 마시고 반복적으로 실수를 범해 타인과 술자리를 하지 못하는 이들이 적지 않다고 한다. 혼술은 남들과 마시는 술보다 취기가 빨리 올라 알코올이 주는 효과가 극대화될 수 있어 위험하다. 이들은 회식 후 자기만 남아 술을 마시거나 회식 때 마신 술이 부족해 귀가 때 술을 사들고 간다면, 알코올중독에서 자유로울 수 없다고 한다(한국일보, 2019. 1. 26).

식품의약품안전처 조사자료에는 66.1%가 혼술 경험이 있으며 주류의 저도수화 등 주류업계의 마케팅 전략으로 혼술 문화는 더욱 확산될 것으로 예상하고 있다.

혼술 및 1인 가구 관련보고서에는 1인 가구의 73.4%에서 혼술 경험이 있으며, 고위험 음주자의 혼술 경험은 80.5%로 저위험음주자 54.3%보다 높게 나타났다. 또한 혼술 경험자 중에서 고위험 음주자는 혼술할 때 더 자주, 더 많은 양의 술을 마시는 것으로

---

13) 많은 사람들이 음주행위의 동기와 필요성을 말할 때, 인간관계를 좋게 한다는 것을 예로 든다. 아주 틀린 말은 아니지만 반드시 맞는 얘기도 아닌 듯하다. 음주행위가 사람들과 정을 나누고 친밀감을 형성한다는 단편적인 사고방식은 그래서 위험하다. 부르디외 식으로 표현하면 음주행위의 행태가 일상을 반영하는 생활양식인 셈이다. 이것은 자신의 경제적 위치와 사회적 지위 뿐 아니라 의식화된 정신영역도 적나라하게 표현하는 것일 수 있다. 그러니 술 한 잔을 나눌 때 우리의 말과 행동과 그것이 반영된 여러 습관은 곧 자신의 배경을 정직하게, 그리고 오롯이 보여주는 결과를 낳는다(http://blog.daum.net/2002chris1025/856).

분석되었다. 혼술 문화는 고위험 음주를 더욱 부추기거나 자주 마시게 하는 요인이 되고 있고, 사회적 교류나 친목 도모가 아닌 음주 자체가 목적으로 알코올에 대한 의존성을 높일 우려가 있다(보건복지부, 2018).

5) 직장의 건전한 음주문화 확산

포스코 광양제철소는 2005년부터 사내 건전음주문화 사업을 진행하였다. 222운동(잔은 1/2로 채우기, 2잔 이상 권하지 않기, 2시간 이내 회식 마무리하기)에서 Before 9 운동(회식종료는 9시) 등의 캠페인을 성공적으로 진행하였다. 최근 삼성에서도 창사 이래 최대 절주 캠페인을 진행하였다(http://me2.do/FYnZBaT). 삼성과 포스코 같은 우리나라의 대표적 기업이 음주문화에 관심을 가져 준다면 사회적으로 확산 속도도 빨라져 올바른 음주[14]문화 조성에 많은 도움이 될 것으로 기대한다. 2006년과 2007년 광양제철소에서 시행되었던 절주(節酒), 금주(禁酒)카드를 소개한다.

(출처: http://blog.daum.net/2002chris1025/856)

<그림 4-6> 절주(節酒)와 금주(禁酒)카드

---

14) 정신분석가 프로이트(Freud 1856～1939)는 술에 대해 이렇게 밝혔다. 술은 분명 인간에게 즐거움을 선사하는 소중한 선물이다. 하지만 '술이 당신에게 좋은 선물로 남기 위해서는 반드시 올바른 음주를 해야만 한다. 올바른 음주는 단순히 건강에 해를 끼치지 않는 소극적 개념이 아니라 육체적으로 정신적으로 건강을 증진시키는 적극적 개념이다. 바른 음주는 술을 통해서 기분전환을 하면서도 건강도 함께 증진시키는 음주를 일컫는 것이다(http://blog.daum.net/2002chris1025/856).

회식자리에서 술을 조금만 먹고 싶을 때는 노란색 절주카드를 놓고, 술을 먹고 싶지 않을 때는 빨간색 금주 카드를 식탁 위에 올려놓는다고 한다.

6) 직장 내 문제음주 예방프로그램

직장인 문제 음주 예방프로그램의 내용을 두 가지 주제로 선정하여, 먼저 알코올 남용에 관한 예방프로그램과 직장인 스트레스 대처 프로그램이다(이목희, 2004; 김상구, 2008).

<표 4-8> 직장 내 문제음주 예방프로그램

알코올 남용 예방프로그램	스트레스 관리	기타
- 우리나라의 직장인 음주문화 - 술이 인체에 미치는 영향 - 알코올 남용과 중독의 의미 - 술을 거절하는 방법 - 음주가 가정에 미치는 영향	- 효과적인 인간관리 - 의사소통의 기술 - 이완/명상, 심상요법	- 다른 약물남용 - 법과 재정

직장인들의 음주문제에 대해서 EPA(Employee Assistance Program) 즉, 직장인 원조프로그램을 통해 음주문제를 단순히 도덕적으로 비난하거나 처벌하기보다는 치료 되어져야할 질병으로 개입하여 해결을 위해 도와주어야 하는 전제가 있어야 한다.

7) 직장인 알코올중독 예방지원 프로그램

직장인들도 정기적인 건강한 음주문화를 위한 교육이 필수적으로 진행되어야 한다. 산업안전보건법[15])에서는 근로자의 안전과 보건을 유지·증진함을 목적으로 정기적으

---

15) ▶ 산업안전보건법 제1조(목적): 이 법은 산업안전·보건에 관한 기준을 확립하고 그 책임의 소재를 명확하게 하여 산업재해를 예방하고 쾌적한 작업환경을 조성함으로써 근로자의 안전과 보건을 유지·증진함을 목적으로 한다.[전문개정 2009.2.6] [[시행일 2009.8.7.]]
　▶ 동법 제31조(안전·보건교육) ①사업주는 해당 사업장의 근로자에 대하여 고용노동부령으로 정하는 바에 따라 정기적으로 안전·보건에 관한 교육을 하여야 한다. [개정 2010.6.4 제10339호(정 부조직법)] [[시행일 2010.7.5.]]
　▶ 산업안전보건법 시행규칙 제33조(교육시간 및 교육내용) ① 법 제31조제1항부터 제3항까지의 규정에 따라 사업주가 근로자에 대하여 실시하여야 하는 교육시간은 별표 8과 같고, 교육내용은 별표 8의2와 같다.

로 안전·보건에 관한 교육을 하여야 한다고 규정하고 있다.

그러나 안전에 대한 교육은 정기적으로 실시되고 있지만, 질병예방 부분에서 세부적으로 알코올중독 교육을 실천하는 기업체는 매우 미미한 편으로 보고 있다. 이러한 알코올중독 문제는 대부분 각 개인의 일로 여기고 중독문제가 발생하면 인사조치하는 경우가 태반이다. 외국의 경우 중소기업 정도 이상은 대부분 중독전문가를 상시 배치하여 상담을 하는 경우가 많다. 그리고 중독문제가 발생한 경우 처벌보다는 지속적으로 치료하고 재활시켜 근무하도록 하고 있다.

직장에서는 중독교육을 주기적으로 실시하여야 하며, 그 교육을 통해 고위험자를 발굴하고, 집중적인 상담 및 관리를 받도록 해야 한다. 이때 중독 및 정신건강 전문요원을 채용하여 교육을 하면 좋겠으나, 회사가 그러지 못할 경우 중독 전문기관에 의뢰하여 시행 하는 것이 바람직할 것이다.

직장인들을 대상으로 중독과 관련된 상담을 정기적으로 하기 위해서는 개인상담(응급, 전화, 내방), 집단상담(가족, 부부)을 실시한다. 이는 중독에 대한 전반적인 내용을 이해하게 하고 각각이 가지고 있는 문제를 찾고 해결하도록 돕는다. 이를 위해 필요한 경우, 심리검사를 실시하기도 한다.

그리고 직장 내에 각 개인으로 하여금 책임감 있는 행동을 증진시키도록 하고, 중독으로 인해 발생한 문제나 잠재적인 문제에 대하여 도움을 줄 수 있는 시스템을 구축하며 프로그램을 실행한다. 보통 개인이 중독에서 변화하려는 데는 5단계가 있다.

우선 행동변화에 대하여 전혀 생각하지 않는 '전 숙고단계', 행동을 변화시키려고 생각하는 '심사숙고 단계', 행동변화를 준비하는 '준비단계', 행동을 변화시키기 시작한 '실행단계' 그리고 마지막으로 새로운 행동을 지속하여 유지하려는 '유지단계'이다. 중독 예방 및 치료를 위한 프로그램은 각 변화단계에 맞춰 전략을 설정하여 제공할 때 더욱 효과적이다(http://www.wikitree.co.kr/main/news_view.php?id=148926).

※ 별표 8의 2 <개정 2018. 12. 31>
  1. 근로자 안전·보건교육(제33조제1항 관련)
  가. 근로자 정기안전·보건교육 / **교육내용: 건강증진 및 질병 예방에 관한 사항**

<표 4-9> 알코올중독에서 변화하는 5단계

변화단계	시간적 정의	프로그램 전략	변화과정
전숙고단계	6개월 이내 실천할 생각 없음	- 자신의 문제 확인 - 음주문제에 대한 정보제공	- 선별검사 실시, 조언 - 캠페인, 가상음주체험 - 교육실시
심사숙고단계	6개월 이내 실천할 생각 있음	- 자신의 문제 확인 - 적극적인 음주행동 변화 - 유도	캠페인강화, 음주일지 작성, 상담과 교육
준비단계	1개월 이내 실천할 생각 있음	- 자신의 문제 확인 및 의뢰 - 환경적 접근	- 절주서약/교육 - 상담과 교육
실행단계	6개월 이내 행동변화 실천	환경적 접근, 포상	대안활동, 절주의 날, 절주클리닉
유지단계	6개월 이상 행동변 화 지속	환경적 접근, 포상	대안활동, 절주클리닉

(한국음주문화센터·위키트리 인터넷신문, 2013. 11. 28)

우리나라 직장인들의 경우 대부분이 '전 숙고 단계'에 있다고 한다. 따라서 직장에서 가장 우선적으로 해야 할 일은 중독과 관련한 캠페인이나 교육을 실시하는 것이다.

그런 다음 각 개인의 중독여부를 파악하는 선별검사를 실시하고, 만약 중간 이상의 중독문제를 가지고 있다면 적극적인 행동변화를 유도하면서 상담(개별 및 집단), 교육 등 다양한 프로그램을 지속적으로 제공하여야 한다. 만약 매우 심각한 상태인 경우에는 입원치료를 받게 할 수도 있다(http://www.wikitree.co.kr/main/news_view.php?id=148926).

<표 4-10> 알코올중독 예방 프로그램

프로그램명	세부내용
캠페인	- 알코올 상식, 건전음주가이드, 리플렛 제공, 미 포스터 전시 - 절주 인식 및 건강증진을 돕는 기념품 제공
건강정보 게시판	음주 및 건강(금연, 운동, 영향, 질환 등)
절주선포식	절주 실천을 위한 전 직원선언
지침	지침공모 및 게시로 정주인식 고취 및 관심유도
대안활동	사내 체력단련실 설치 및 배드민턴장 설치를 통한 운동장려

절주크리닉 운영 및 포상	- 절주 및 실천에 대한 집중상담 및 여가(운동)개선 유도 - 단문서비스 제공으로 절주인식 고취 - 프로그램 우수 참여자 및 실천자에게 포상
교육(집단강의)	알코올 이해 등 웃음 커뮤니케이션
가상음주체험	음주로 인한 뇌의 변화를 직접체험
음주선별검사 및 상담	문제성음주선별검사 이용즉석 평가 및 결과해석 상담
절주서명	방명록 및 절주서약서에 서명
음주관리 수첩	음주일지 제공으로 인식제고 및 실천유도
스트레칭 및 절주상담	알코올과 근 골격계 질환관리 상담
설문평가	음주형태 및 문제성 음주수준 평가, 효과 및 만족도 평가 등

(출처: 위키트리 인터넷신문, 2013. 11. 28)

이와 같은 알코올중독 예방 프로그램을 정기적으로 진행할 경우, 근로자의 알코올중독 질환 발생률이 감소될 수 있으며, 이로 인한 근로자의 건강개선과 대안활동 증가, 의료비 감소 등이 이어진다. 반면 회사 경영차원에서는 산업재해 및 근로손실일수, 질병, 부상 등이 줄어들고, 직장 환경 분위기 향상과 작업에 대한 만족도가 이어져 산업의 생산성이 높아지는 결과를 얻을 수 있다. 일찍이 프로이트[16]는 건강이란 사랑할 수 있고, 생산적인 일을 할 수 있는 능력이라고 보았다.

---

16) 프로이트(Freud 1856~1939): 20세기 들어 사회, 경제, 정치, 심리, 정신의학 등 사회전반에 지대한 영향을 주었던 프로이트는 건강한 사람이란, 원초아, 자아, 초자아가 잘 통합되어 어느 한 편에 치우치지 않으며, 본능과 현실을 교섭하고 조화와 적응을 이룰 수 있을 만큼 강해져서 욕구 간의 갈등을 적절히 해결할 수 있는 사람이라고 보았다(나동석 외, 2008; 임혁·채인숙, 2015).

제5장

주류광고와 주류 관련법

1. 주류광고

일반적으로 한국 사람들은 술을 물질(substance)로 보기보다는 음식(food)이라는 개념을 가지고 있으며, 유해약물로 인정하기에는 매우 인색하다.[1]

그렇기 때문에 주류업계는 주류광고 비용으로 2017년 2천 854억 원을 지출하는 등 공격적인 광고·마케팅으로 술 마시는 사회를 조장하고 있다(보건복지부 복지뉴스·연합뉴스, 2018. 11. 13).

한 연구에 의하면 우리나라 소주광고의 86.2%, 맥주광고의 81.5%가 유명연예인을 기용하는 것으로 나타났다(김희주, 2016). 이들 광고들은 음주행위를 지나치게 미화하고, 음주를 사회생활을 위한 수단, 혹은 대인관계를 촉진시키는 수단으로 표현하고 있는 것을 알 수 있다(정슬기 외, 2016).

또한 공공장소에는 주류광고가 빠짐없이 벽면을 채우고 인터넷, 언론매체, 지상파 방송 등에 주류광고가 잠식하고 있으며, 마치 술이 즐거움과 스트레스를 완화시켜 주는 기호식품처럼 자극하고 음주 소비를 부추기고 있다. 이들 주류회사는 술에 대한 이미지 개선으로 독특한 브랜드를 만드는가 하면, 국내·외 유명 스타들을 광고에 출현시켜 충동구매(impulse buying)의식을 불러일으킨다. 특히 도심의 대학가 주변에서 무료 시음행

---

[1] 외국에서는 술이 알코올중독성이 강하기 때문에 약물로 인식하는 데 반해, 한국사회는 알코올의 순기능, 혹은 사회적 기능으로 인해 약물로 분류하지 않고 있어 중독산업으로 인식하지 않는 경향이 있다 (http://blog.daum.net/2002chris1025/856).

사를 실시하는 마케팅(marketing)전략으로 순수하고 취약한 상태에 있는 대학생과 직장인들은 속수무책 빨려 들어갈 수밖에 없다.

1) 주류광고 실태

대중매체와 TV 등의 주류광고·마케팅은 음주 형태에 영향을 미치는 것으로 나타났다. 실제 청소년의 65%가 주류광고 음주장면에 노출되었고, 12.6%가 노출 후 음주충동을 느꼈다고 응답하였다(한국건강증진개발원, 2017).

청소년 들이 많이 보는 TV프로그램에서 음주장면 비율을 조사한 결과, 평균 편당 2016년에는 0.9회, 2017년에는 0.8회로 약 한편의 프로그램 당 한 번씩은 음주장면이 방송된 것으로 나타났다. 2016년도에 비해 2017년도에 드라마는 편당 1.1에서 1.3회, 예능은 0.2에서 0.3회로 음주장면이 증가하는 추세를 보였다(보건복지부·한국건강증진개

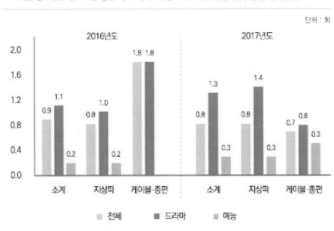

주): 1) 2016년 방영된 청소년 시청률 기준 상위권 지상파, 종합 편성 채널, 케이블 TV드라마 92편과 예능프로그램 22편 모니터링
2) 2017년 1-6월 방영된 청소년 시청률 기준 20위권 지상파, 종합 편성 채널, 케이블 TV 드라마 19편과 예능 프로그램 15편 모니터링
(출처: 보건복지부·대한보건협회(2016) TV드라마·연예오락 음주장면 모니터링 보고서; 한국건강증 진개발원(2017) 미디어 음주장면 모니터링 결과)

<그림 5-1> TV 음주장면 방영횟수

발원, 2017).

주류광고에 등장하는 음주장면이 음주행동에 미치는 부정적인 영향을 최소화하기 위하여 현행 국민건강증진법에서는 TV, 라디오 등 전통매체에 대해 주류광고를 제한하고 음주를 미화하는 등의 주류광고 표현을 금지하는 규정을 시행하고 있다.

그러나 미디어 기술의 지속적인 발달로 규제 사각지대로 인한 새로운 매체를 활용한 주류광고가 확산되고 있다. 시간 제약 없이 원하는 시간에 능동적으로 시청이 가능한 IP-TV(Internet Protocol TV)나 Youtube 등을 통해 제공되는 VOD(온라인 동영상 사이트)와 연계된 광고시장2)이 확대되고 있다(보건복지부, 음주폐해예방 실행계획 2018. 11). VOD 광고에 대한 기존의 설문 연구 자료를 살펴보면, VOD 광고가 TV광고보다 더 주목이 잘된다고 의견을 표한 경우가 66.3%, VOD 광고가 TV광고보다 몰입이 더 잘 된다는 경우가 60.8%, VOD 광고가 TV광고보다 더 잘 기억된다는 경우가 56.7%인 것으로 나타났다. 이를 통해 VOD 광고의 주목 및 몰입효과가 기존의 TV광고에 비해 긍정적인 반응을 얻고 있는 것으로 나타났다(장지영·표시영, 2016).

2) 주류광고 문제점

우리나라 방송광고 심의 규정에는 주류광고에 등장하는 인물은 19세 이상 이어야 한다고 명시되어 있다.3) 하지만 연령 이외에는 별다른 규제가 없어서 스포츠 스타나 아

---

2) IP-TV(Internet Protocol:TV) : IP-TV는 기존의 공중파나 유선방송망 대신 초고속 인터넷망을 이용해 실시간 방송, VOD(온라인 동영상 사이트), 생활정보·날씨·T커머스(TV를 통한 상거래)·게임, 음악 등 다양한 멀티미디어 콘텐츠를 TV로 즐길 수 있다.
　IP-TV는 보는 것뿐만 아니라 오디오 콘텐츠에서 실시간 음악, 뮤직비디오를 검색하여 골라 볼 수 있으며, 가수에 대한 정보 및 정보 영상과 더불어 음반 구입과 콘서트 표 구입까지 가능하며, 교육용 콘텐츠를 통해서 초·중·고등학생들의 교과목 강의는 물론이고, 각종 자격증 시험에 대한 강의 및 시험 정보까지 제공받을 수 있게 된다 (http://pavvblog.tistory.com/).
　※ IP-TV와 VOD(온라인 동영상 사이트)의 서비스는 방송법상 방송범주에 포함되지 않고 있다. 이는 IP-TV는 인터넷을 통해 소비자에게 콘텐츠가 복합적으로 제공되는 것으로 성격상 방송과 유사하지만 "방송법"이 아닌 별도 입법된 "인터넷 멀티미디어 방송사업법"의 적용을 받고 있다(정지영·표시영, 2016). 따라서 방송법에서 규정하는 방송사업자가 아닌 이상 인터넷과 모바일 플랫폼 광고에 대해서는 방송법 관련 규정이 적용될 여지가 없고 방통심의위의 사후 심의대상도 아닌데다가 관련 법률이 정비되지 않아 다른 영역의 법률 등을 참고하여 심의가 이루어지고 있는 상황이다(문철수, 2011).
　※ 과학기술정보통신부가 "2018년도 상반기 유료방송 가입자 현황"에 따르면 IP-TV 가입자 수는 1,472만 명 (46.05%)로 나타났다(아시아경제신문, 2019. 1. 6).

이돌, 유명연예인 중 선망의 대상이 주류광고 모델로 자주 등장했다. 예컨대 2012년도 김연아 선수의 맥주광고 출현이 사회적으로 큰 논란을 일으킨 적이 있다(김희주, 2016). 또한 임산부의 맥주광고 출현이 범법행위임에도 불구하고, 2015년 롯데주류의 클라우드 맥주광고에 임신 중인 여배우 전지현 씨가 출현해서 여성계와 의료계의 비난을 받았다(대한보건협회, 2015; 김희주, 2016). 시원한 맥주를 권하는 임산부 모델, 그 모델을 TV를 통해 마주해야만 하는 임산부에 대한 도의적인 책임은 피할 수 없을 것 같다. 이는 누구나 아는 스타가 임신을 한 상황에서도 맥주 광고를 하는 것은 알게 모르게 임신부는 술을 마셔도 되는구나 하는 분위기를 조성할 수 있을 것으로 착각할 수 있다. 그러나 임산부는 술을 마시면 태아에게 치명적인 영향을 미친다.[4] 임신 초기 단계에서는 태아의 건강을 위해 술이나 담배를 복용하지 않는 게 상식인데 임신한 톱스타가 술을 홍보하는 목적으로 광고에 출연하는 것은 도저히 이해할 수 없다. 우리나라 가임기 여성의 음주비율은 위험수준으로 평가된다. 보건복지부자료(2012년 기준)에 따르면 19~29세, 30~39세 여성의 월간 음주율은 각각 57.7%, 48.8%로 나타났다. 가임기 여성들뿐만 아니라 어린이와 청소년들도 어디서나 광고를 접할 수 있어 '무의식적으로 임신 중에도 술을 마실 수 있다'는 잘못된 메시지를 보낼 가능성도 배제할 수 없다는 점도 큰 문제다(매일경제, 2015. 7. 24).

외국의 경우 미국과 영국은 주류업계 자체규정으로 국민의 건강과 청소년을 보호하기 위해 25세 미만의 유명인의 주류 광고 출현에 제한을 두고 있으며, 독일과 프랑스는 주류광고를 아예 금지시키고 있다(이승준 외, 2013).

최근 보건복지부는 음주폐해 예방을 위해 과음 경고문구 개정 등 법령 개정을 추진하고 있으나 반면, 국세청은 주류 판매 규제를 완화[5]하고 있다. 또한 국민건강증진법은 절주사

---

3) 방송광고심의에 관한 규정 제33조제1항과 제5조의 2항:
　① 주류에 관한 방송광고는 건전한 사회질서와 국민건강, 청소년의 건실한 생활을 해치는 다음 각 호의 표현을 하여서는 아니 된다.
　　5. 높은 경각심을 필요로 하는 상황에서 음주하는 행위를 묘사함으로써 안전을 저해하는 표현
　② 주류에 관한 방송광고에 등장하는 인물은 19세 이상이어야 한다. 다만, 이 경우에도 청소년의 인물 또는 목소리를 묘사하여서는 아니 된다(방송통신위원회).
4) 임신 중 음주는 유간, 사산, 조산, 영아돌연사증후군, 태아알코올증후군(fetal alcohol syndrome)을 유발할 수 있다. 아기는 안면, 내장, 팔 다리에 결함이 생기고, 지능이 낮거나 성격이 불완전하고 지나치게 민감해질 수 있다(전석균, 2017).

업, 주류광고 규제, 과음 경고문구 등을 의무화 하고, 2016년 과음 경고 문구를 개정하였으며, 여기에 지방자치단체 조례로 금주구역을 지정하도록 하고 광고금지에 대한 벌칙을 강화하는 등 음주폐해 예방을 위한 규제강화를 추진하고 있다[6](한국건강증진개발원, 2017). 그러나 정부 부처와 지방자치 단체 간의 관련법에 이견의 차이가 크게 발생하고 있다. 앞으로 2020년부터 TV 등에서 술 마시는 장면이 나오는 주류광고는 아예 사라진다. '꿀꺽꿀꺽', '캬' 소리나 '언제까지 어깨춤을 추게 할 거야' 등 음주장려 노래도 쓸 수 없다(머니투데이, 2019. 1. 1).

다음은 술 광고 규제 관련 기사를 살펴본다.

<사례 5-1> 술 광고 규제 개정 예고

"술 광고, 마시는 장면 못넣는다

<출처: 한겨레신문, 2018. 11. 13>

정부가 주류 광고에서 '술 마시는 장면' 퇴출을 추진한다. 담배 광고에 견줘 주류 광고 규제 수준이 낮다는 판단에 따른 것이다. 주류 광고비용은 2000년 767억 원에서 2017년 2854억 원으로 3.7배 늘었다.

보건복지부는 13일 이러한 내용이 담긴 음주 폐해 예방 실행 계획을 발표했다. 우선, 광고모델이 술을 직접 마시거나 소리를 통해 음주를 유도하는 표현을 금지하기로 했다. 청소년들이 볼 수 있는 등급의 방송 프로그램·영화·게임 등에 주류 광고를 붙이는 것도 금지할 계획이다. 주류 용기에 표시하는 과음 경고 문구를 광고에도 노출하는 방안을 추진한다. 복지부는 '**국민건강증진법 개정과 유예기간을 거쳐 2020년부터 이러한 광고 규제를 시행할 예정**'이라고 밝혔다.

또 공공기관이나 의료기관, 아동·청소년 시설 등을 금주 지역으로 지정한다. 다만, 도시공원 같은 공공장소는 지역사회 합의를 거쳐 지방자치단체 조례를 통해 금주 지역으로 지정하도록 할 방침이다. 현재 지자체 61곳에서 금주 지역을 지정하는 조례를 제정·운영 중이나 상위법인 국민건강증진법에 근거 조항이 없어 실효성이 부족한 상황이어서 법 개정을 추진한다고 복지부는 설명했다.

최근 복지부와 질병관리본부가 발표한 '2017년도 국민건강영양조사' 결과를 보면, 19살 이상 성인 10명 가운데 4명(39%)은 지난해 한 달에 한번 이상 폭음을 한 것으로 나타났다. 마시는 술 종류와 상관없이 남성은 7잔(맥주 5캔), 여성은 5잔(맥주 3캔) 이상 마시면 폭음으로 규정한다. 지난해 알코올성 간 질환 등 음주 관련 사망자는 4,809명으로 50대가 가장 큰 비중을 차지했다

다음은 주류광고 기준 범위 국민건강증진법 시행령 별표 1. 관련법[7]을 표에 실었다.

---

5) 국세청 판매규제 완화: 야구장 맥주보이 허용, 슈퍼마켓 등 소매점 주류배달 허용, 음식업소 주류 배달 허용, 전통주 통신판매 확대, 경기장 등 한정된 공간 전역에서 주류 판매 허용하고 있다.

6) 국민건강증진법 일부개정법률안(2016. 12. 16)

7) 국민건강증진법 시행령 [별표 1] 광고의 기준(제10조제2항 관련)

<표 5-1> 주류광고 기준의 범위(국민건강증진법시행령 별표 1)

일부 매체 금지		全매체 금지								

* 규제개선 내용은 파란색(박스) 표기

금지 규정		방송매체		통신매체			인쇄매체	영화상영관	교통수단/시설	
		TV	라디오	IPTV/VOD	인터넷 동영상 서비스(OTT)	SNS 등			도시철도	철도외
(1~5호) 광고표현 (미화/질병치료 등)		* 술마시는 행위 표현 제한 신설								
(6호) 금지 시간대	0-8시		~08시							
	8-16시	7시~22시		*확대						
	16-24시		17시~							
(6호 및 10호) 미성년자 등급			08시~17시까지 프로그램 전후	* 전 매체로 확대				상영 전후		
(6호) 알코올 도수	17도 이상									
	17도 이하									
(7호) 광고노래 방송				* 전 매체로 확대						
(7호) 경품, 금품 제공 표현										
(9호) 경고문구 (주류용기)		* 주류광고에도 표기하도록 추가								
(11호) 교통수단 / 시설								동영상/스크린도어	* 전 교통수단/시설로 확대	

* 철도 외 교통수단/시설로서 자동차/선박/항공기/지하도/항만/고속국도가 있음.
(출처: 보건복지부 음주폐해예방 실행계획, 2018)

주세법에 의한 주류의 광고를 하는 경우에는 다음 각 호의 1에 해당하는 광고를 하여서는 아니 된다.
1. 음주행위를 지나치게 미화하는 표현
2. 음주가 체력 또는 운동능력을 향상시킨다거나 질병의 치료에 도움이 된다는 표현
3. 음주가 정신건강에 도움이 된다는 표현
4. 운전이나 작업 중에 음주하는 행위를 묘사하는 표현
5. 임산부나 미성년자의 인물 또는 목소리를 묘사하는 표현
6. 다음 각 목에 해당하는 광고방송을 하는 행위
   가. 텔레비전(종합유선방송을 포함한다): 7시부터 22시까지의 광고방송
   나. 라디오: 17시부터 다음날 8시까지의 광고방송과 8시부터 17시까지 미성년자를 대상으로 하는 프로그램 전후의 광고방송
7. 주류의 판매촉진을 위하여 광고노래를 방송하거나 경품 및 금품을 제공한다는 내용의 표현
8. 알코올분 17도 이상의 주류를 광고 방송하는 행위
9. 법 제8조제4항의 규정에 의한 경고 문구를 주류의 용기에 표기하지 아니하고 광고를 하는 행위. 다만, 경고 문구가 표기되어 있지 아니한 부분을 이용하여 광고를 하고자 할 때에는 경고문구를 주류의 용기하단에 별도로 표기하여야 한다.
10. 「영화 및 비디오물의 진흥에 관한 법률」에 따른 영화상영관에서 같은 법 제29조제2항제1호부터 제3호까지에 따른 상영등급으로 분류된 영화의 상영 전후에 상영되는 광고
11. 「도시철도법」에 따른 도시철도의 역사(驛舍)나 차량에서 이루어지는 동영상 광고 또는 스크린도어에 설치된 광고

국민건강증진법시행령 별표 I의 세부적인 내용은 각주 각주 7번(90~91쪽)에서 설명하고 있다.

최근 국정감사 보도자료(남인순, 2018)를 살펴보면 'IPTV VOD 재생 시 송출되는 주류광고 모니터링 결과' 지난해 총 5,760개의 VOD 재생 시·도시 송출된 1만 3,681건의 광고 중 주류광고가 1,602건으로 전체 광고의 11.7%를 차지하는 것으로 나타났다. 이중 22시 이후 재생 시도한 광고 중 23.1%인 1,578건이 주류 광고였으며, 방송을 통한 주류광고 위법 시간대인 22시 이전에 송출된 광고도 25건 있었다. 주종별로는 맥주 53.2%, 소주 29.9%, 청주 5.6%, 위스키 1.3% 비율로 광고가 나오고 있었으며 이 중 방송광고가 불가한 17도 이상의 주류광고(소주 17도 이상 제품 및 위스키 제품)가 25.6%로 나타났다.

또한 '주류용기 과음경고 문구 표시 모니터링 결과'에 따르면, 지난해 조사대상 주류용기 200개 용기에 모두 과음 경고문구가 표시되어 있었으나, 상표하단 표기, 경고문구 색상과 상표도안 색상이 보색관계로 선명, 상표면적의 10분의 1 이상에 해당하는 면적의 표기로 표기 등 과음경고문구 표시방법을 위반한 사례가 적지 않은 것으로 나타났다.

정부는 늦게나마 2020년부터 TV에만 적용되던 주류광고 금지 시간대(오전 7시~오후 10시)를 DMB, 데이터 방송, 인터넷 TV(IPTV)에도 적용하고, 술병에 표기되고 있는 과음경고 문구를 주류광고에도 나오도록 기준을 강화한다. 주류회사가 후원하는 행사에서는 제품 광고를 할 수 없고 후원자 명칭만 사용해야 한다. 지하도와 공항, 항만, 자동차, 선박 등의 교통시설이나 교통수단에도 주류광고를 부착할 수 없다.

또한 금주구역 지정도 추진한다. 현행 '국민건강증진법'은 금연구역 지정 내용을 담고 있지만 금주구역 관련 조항은 없다.

법 개정을 통해 정부청사와 의료기관, 보건소, 도서관 등 공공기관, 어린이집과 유치원, 초·중·고등학교, 청소년 활동시설 등 청소년 보호시설은 금주구역으로 지정된다.

학교 운동장에서 치러지는 마을행사 등 공공장소 관리자가 예외를 인정하는 경우에는 음주가 허용된다. 도시공원 등의 공공장소는 지방자치단체가 조례를 통해 금주구역으로 지정할 수 있다(연합뉴스, 2018. 11. 13).

3) 절주문화 확산을 위한 미디어 음주장면 가이드라인

<표 5-2> 절주문화 확산을 위한 미디어 음주장면 가이드라인 10가지 항목

1	음주 장면을 최소화해야 하며, 반드시 필요한 장면이 아니라면 넣지 말아야 한다.
2	음주를 긍정적으로 묘사하는 것은 피해야 한다.
3	음주와 연관된 불법 행동이나 공공질서를 해치는 행위를 자연스러운 것으로 묘사해서는 안 된다.
4	음주와 연계된 폭력·자살 등의 위험 행동을 묘사하는 것은 삼가야 한다.
5	청소년이 음주하는 장면은 묘사해서는 안 되며, 어른들의 음주장면에 청소년이 함께 있는 장면을 묘사하는 것도 매우 신중히 해야 한다.
6	연예인 등 유명인의 음주장면은 그 영향력을 고려하여 신중하게 묘사해야 한다.
7	폭음·만취 등 해로운 음주 행동을 묘사하는 것은 삼가야 한다.
8	음주장면이 주류 제품을 광고하는 수단이 되어서는 안 된다.
9	음주에 대한 자기 결정권을 무시하는 장면은 피해야 한다.
10	잘못된 음주문화를 일반적인 상황으로 묘사해서는 안 된다.

(출처: 한국건강증진개발원, 2017)

2. 주류 관련법과 제도

1) 청소년의 주류구입과 규제

우리나라는 음주소비량이 세계 상위수준에 있음에도 불구하고, 음주규제를 위한 현행법이 단편적이며, 이를 체계적으로 운영할 법체계와 관할 행정조직체계 역할 미비 등이 문제로 지적되고 있다. 실제 청소년 대상의 음주대책은 많은 제한점이 따른다고 한다(김기경 외, 2010).

보건복지부 자료를 살펴보면 청소년이 미성년자임에도 불구하고 음주할 수 있는 비정상적인 환경이 조성되어 있다는 점과 청소년 대상 주류 판매 규제가 허술하다는 점, 또한 술에 허용적인 사회적 분위기 등이 주요 원인으로 지적받고 있다(보건복지부 보건칼럼,

2008). 실제 청소년에 대한 음주 판매 규제는 엄격히 이루어지지 않고 있음을 확인할 수 있다.

이와 관련된 기사를 살펴본다.

<사례 5-2> 10대들의 주류 구입사례

> **"눈앞에 술병이 아른거려".. 술독에 빠진 10대가 위험하다**
>
> <출처: SBS뉴스, 2019. 1. 12>
>
> 10대가 술을 쉽게 구매할 수 있는 환경까지 조성돼 있다. 실제로 취재진이 서울시의 고등학생 조사원과 함께 편의점 5곳을 무작위로 둘러봤는데 4곳에서 신분증 요구 없이 술을 살 수 있었다.
>
> 제도적인 부분도 문제이다. 현행법상 청소년이 술을 마시더라도 처벌은 술을 판 업자만 받게 된다. 심지어 일부 청소년들은 이 점을 악용하기까지 한다.
>
> 지난해 8월 부산에서는 10대 4명이 157만 원어치의 술을 먹고 112에 자진 신고하는 사건이 있었다. 신분을 속이고 유흥주점에서 술을 마신 이들에게 업주가 술값 157만 원을 요구하자, "미성년자에게 술을 판매한 사실을 경찰에 신고해 영업정지 당하게 하겠다"고 협박하며 벌인 일이 있었다.

청소년보호법상 술은 유해약물로 규정[8])하고 판매, 대여, 배포 등을 규제하고 있다. 만 19세 이하 미성년자에게 주류를 판매한 매장은 영업정지부터 영업폐쇄까지 처벌을 받는다. 이는 '청소년보호법' 제59조[9])에 따라 2년 이하의 징역 또는 2,000만 원 이하

---

8) 청소년보호법 제28조(청소년유해약물 등의 판매·대여 등의 금지)
 ① 누구든지 청소년을 대상으로 청소년유해약물 등을 판매·대여·배포(자동기계장치·무인판매장치·통신장치를 통하여 판매·대여·배포하는 경우를 포함한다)하거나 무상으로 제공하여서는 아니 된다. 다만, 교육·실험 또는 치료를 위한 경우로서 대통령령으로 정하는 경우는 예외로 한다.
 ② 누구든지 청소년의 의뢰를 받아 청소년유해약물 등을 구입하여 청소년에게 제공하여서는 아니 된다.
 ③ 누구든지 청소년에게 권유·유인·강요하여 청소년유해약물 등을 구매하게 하여서는 아니 된다.
 ④ 청소년유해약물 등을 판매·대여·배포하고자 하는 자는 그 상대방의 나이 및 본인 여부를 확인하여야 한다.
9) 청소년보호법 제59조(벌칙)
 다음 각 호의 어느 하나에 해당하는 자는 2년 이하의 징역 또는 2천만 원 이하의 벌금에 처한다(옥외광고물 등의 관리와 옥외광고 산업진흥에 관한 법률).
 3. 제18조를 위반하여 청소년유해매체물을 방송한 자
 4. 제19조제1항을 위반하여 청소년유해매체물로서 제2조제2호 차목에 해당하는 매체물 중 「옥외광고물 등의 관리와 옥외광고산업 진흥에 관한 법률」에 따른 옥외광고물을 청소년 출입·고용금지업소 외의 업소나 일반인들이 통행하는 장소에 공공연하게 설치·부착 또는 배포한 자 또는 상업적 광고선전물을 청소년의 접근을 제한하는 기능이 없는 컴퓨터 통신을 통하여 설치·부착 또는 배포한 자
 5. 제26조를 위반하여 심야시간대에 16세 미만의 청소년에게 인터넷게임을 제공한 자
 6. 제28조제1항을 위반하여 청소년에게 제2조제4호 가목1)·2)의 청소년유해약물 또는 같은 호 나목3)의 청소년

의 벌금형에 처해진 있다. 또한 '식품위생법' 제75조[10])에 따라 영업허가·등록 취소, 최장 6개월의 영업정지 및 영업소 폐쇄조치까지 행정처분 기준을 정해 처벌하고 있다.

반면 청소년 보호법 제28조제2항에도 관련 조항은 있으나 판매자만 처벌조항이 있고 구매자는 없다. 중학교, 고등학교에서는 교내에서 술을 마신 학생은 교칙에 따라 벌점을 부과하고 이것이 쌓이면 교내봉사, 사회봉사 등 징계를 받는다. 심한 경우는 이 벌점이 누적되어 퇴학(중학교) 이하는 전학이나 정학 처분을 당할 수도 있다고 되어있다(나무위키). 그러나 청소년이 음주로 적발되면 일반적인 제재조치는 없으며, 겨우 학교에 통보를 해도 학교에서는 처벌이 제대로 이루어지지 않고 있다.

청소년들의 일탈은 계속되고 있으며, 2010~2012년까지 적발이 된 사건 3,339개 중 2,619(78%)사건이 청소년의 자발적인 자신을 신고한 경우라고 발표하고 있으니 의도적인 범행으로 볼 수 있다(https://neweducation2.tistory.com/1979). 이처럼 현행법을 악용하는 청소년들에 관한 양벌규정[11])이 없어 판매자에게만 과중한 형벌이 내려지기 때문에 청소년들이 이를 악용하고 있는 사례가 빈번히 발생되고 있다. 프랑스는 초·중·고등학교 학생들이 음주를 하다 적발되면 '정학', 그리고 다시 적발되면 '퇴학'조치를 하는 등 음주규제를 엄격하게 시행하고 있다(김상구, 2008). 우리나라도 선진국처럼 음주 규제를 위반한 청소년도 함께 제재하는 규정을 두어야 할 것으로 보고 있다.

유해물건을 판매·대여·배포(자동기계장치·무인판매장치·통신장치를 통하여 판매·대여·배포한 경우를 포함한다)하거나 영리를 목적으로 무상 제공한 자

7. 제28조제2항을 위반하여 청소년의 의뢰를 받아 제2조제4호 가목1)·2)의 청소년유해약물을 구입하여 청소년에게 제공한 자

7의2. 영리를 목적으로 제28조제3항을 위반하여 청소년에게 청소년유해약물 등을 구매하게 한 자

10) 식품위생법 제75조(허가 취소 등)

① 식품의약품안전처장 또는 특별자치시장·특별자치도지사·시장·군수·구청장은 영업자가 다음 각 호의 어느 하나에 해당하는 경우에는 대통령령으로 정하는 바에 따라 영업허가 또는 등록을 취소하거나 6개월 이내의 기간을 정하여 그 영업의 전부 또는 일부를 정지하거나 영업소 폐쇄(제37조제4항에 따라 신고한 영업만 해당한다. 이하 이 조에서 같다)를 명할 수 있다.

13. 제44조제1항·제2항 및 제4항을 위반한 경우

11) 양벌규정: 앞으로는 청소년에게 주류를 판매한 업소뿐 아니라 원인제공자인 청소년에게도 교내·외 봉사활동, 특별교육 이수 등의 제재를 가하는 방안으로 청소년 보호법 개정이 2018년 5월 12일 추진되었다. 그동안 원인 제공자는 처벌하지 않아 청소년들이 이를 악용하는 바람에 판매자들은 어쩔 수 없이 처벌이 두려워 무마시키려는 경향이 높았다(CNB뉴스, 2018. 5. 18).

2) 성인의 주류구입 제재

최근 국정감사에서는 우리나라는 "음주후진국"이라고 하면서 음주폐해 예방 및 절주 정책을 강화해야 한다고 지적하였다(남인순, 2018).

현재 술 구입에는 연령제한 이외에 조건이나 규제가 없으므로 무제한 구입이 가능하며, 장소와 무관하게 무한정 마실 수 있는 환경이 일상화되어있다.

그렇기 때문에 성인은 '누구든지, 언제 어디서나 자신이 구입하고자 하는 양보다 더 많이 마실 수 있는 국가는 우리나라를 제외하고, 전 세계 어느 곳에서도 찾아볼 수 없다'고 한다(문옥륜, 2013).

<그림 5-2> 무제한 구입 가능한 대형마트의 진열된 주류

일부 편의점 등은 주류가 일반 음료수와 함께 진열되어 있거나 음료 판매대 옆에 붙여놓아 미성년자가 호기심을 자극하여 구매할 수 있도록 노출되어 있다.

이렇게 무제한으로 쉽게 구입한 술은 음주운전사고, 빈곤, 범죄, 방화, 가족해체, 실업증가, 우울증, 자살, 살인 등이 발생되며 이로 인한 사회적·경제적 손실로 국민에게 많은 조세부담을 한층 더 가중시키고 있다. 최근 기사를 살펴본다.

<사례 5-3> 주류 구입이 가능한 선상 판매와 음주 운전

"[바로간다] 내리면 운전해야 하는데.. 곳곳에 선상 술판"

<출처: MBC뉴스, 2019. 2. 7>

지금 저는 목포와 제주를 오가는 여객선을 타고 있습니다. 이 배에는 물건을 실어 나르는 화물차 수십 대가 실려 있는데요. 그런데 상당수 화물차 운전자들이 이 배에서 술을 마시고 있다면 믿어지십니까? 좀 있으면 이들은 뭍에 내려서 운전대를 잡을 텐데요. 술 마신 뒤 거리낌 없이 운전하고, 또 그런 운전자들에게 아무렇지 않게 술을 파는 그 현장을 바로 가보겠습니다.

밤 12시, 배가 목포항을 떠났습니다. 출항 이후 식당으로 가봤습니다. 곳곳에서 술판이 벌어졌습니다. 주고받는 대화를 들어보니, [화물차 기사] "화물차 1년에 10만 톤 채웠어도 돈도 안 되더라. ("화물차가 떼돈 버는 줄 알아요?") 술 마시는 이들 상당수는 화물차를 배에 싣고 제주로 가는 기사들이었습니다.

화물차 기사 다섯 명이 모인 테이블. 소주 다섯 병에 맥주 두 캔이 올려져 있습니다.

[화물차 기사] (선생님 화물 기사세요?) "응 화물 기사." (어디 가시는 거예요?) "육지에서 제주 왔다가…제주로 건축자재를 옮긴다는 이들은 새벽 2시 넘어서까지 계속 술을 마셨습니다.

배가 새벽 5시에 제주에 도착하니까, 얼추 두세 시간 눈 붙이고 바로 일어나 운전해야 한다는 얘깁니다.

[화물차 기사] (운전하시려면 술 이렇게 많이 드셔도 괜찮아요?) "아 그러니까 잠자야지 아침까지 자. 음주운전 아니에요. 36년 무사고인데 우리는." 원래 이 배에는 술을 가지고 탈 수 없습니다.

물론 식당에서도 술은 팔지 않습니다. 그렇다면 이분들이 마시는 술, 대체 어디서 나온 걸까요? 식당 옆 편의점에 가봤습니다. 소주와 맥주가 다양하게 냉장고에 들어있습니다.

편의점 안내문 한번 보실까요?

"소주는 한 사람 앞에 한 병씩만 판다." "화물차 기사한텐 소주를 안 판다"고 돼 있습니다.

제대로 지키고 있을까요? 편의점 앞에서 살펴보니, 한 화물차 기사는 소주를 다섯 병이나 사서 들고 나옵니다. 어찌 된 일인가 싶어, 취재진도 소주를 두 병씩 구매해봤습니다.

[여객선 편의점 직원] "여기 있습니다. 감사합니다." 이렇게 몇 병씩 사도 되느냐고 물었더니 아무 문제없다고 합니다.

[여객선 편의점 직원] (소주 두 병은 살 수 없다고 돼 있던데…) "아, 예. 저거 상관없으세요. 구매 가능하세요. 너무 음주하고 사고를 많이 치셔서… 근데 요즘 여객이 별로 없으셔서 이제는 상관없으세요." 화물차 기사들은 객실이 따로 배정되기 때문에 승선권 확인만 하면 음주를 막을 수 있지만, 그런 간단한 것조차 하지 않고 있었습니다.

[박 모 씨/화물차 기사] "술 마시는 건 전통처럼 무지하게 마시죠. 70% 정도는 술 드시는 것 같았어요. (여객선에서) 화물기사인지 그런 거 확인 절차도 없고, 한 병씩은 무조건 팔아요."항구에 도착하기 30분 전, 화물차 기사들은 하차 준비를 위해 주차장으로 내려갑니다.

두 시간 반 전까지 술잔을 기울인 화물차 기사 한 분. 이제 곧 운전대를 잡아야 하는데, 제대로 걷지도 못하고 비틀거립니다. 술 마시면서 제주도로 온 기사들은 육지로 돌아갈 때도 또 술을 마십니다. 제주에서 목포로 가는 여객선 식당. 큰 생맥주 잔에 소주를 타서 폭탄주를 마시고, 편의점에서 안 파는 페트병 소주까지 몰래 가져와 마시는 사람도 눈에 띕니다.

더구나 이 여객선 편의점에선 소주뿐 아니라, 도수가 더 높은 양주도 팔고 있습니다.

[여객선 편의점 직원] (저기 000리갈이랑 발렌00은 왜 있는 거예요?) "발렌00이요?" (네, 양주) "저희가 판매하고 발주하는 아이들이에요." 목포에 내릴 때가 다가오자, 주차장으로 향하는 화물차 기사. 가까이 가보니, 술 냄새가 풍깁니다.

[화물차 운전기사] (선생님 어디 가세요?) "대전" (약간 술 냄새나는 거 같은데) "기사를 지금 조금씩 술 냄새 다 나. 술을 한 잔씩 먹고 자니까." 배에서 내릴 때 부두 입구에서라도 단속을 자주 하면 이런 일이 금방 사라질 텐데요. 하지만 단속 같은 건 거의 하지 않는다고 합니다.

[박 모 씨/화물차 기사] "음주 단속을 해도 화물차는 높이가 높다 보니 그냥 지나가라고 하더라고요. 아예 측정도 안 하고…" 왜 단속 안하냐고 경찰에게 물어보니, 사람이 없어서라고 말합니다.

[제주 자치 경찰] "인력 자체가 한정돼있어요. 세 명으로 음주단속을 아침에 다할 수는 없거든요. 저희도 단속하고 하는 게 장소가 여러 곳이고… 주로 하는 쪽으로 많이 가거든요."

이와 같은 사례는 지금도 변화되려고 노력하는 것은 없어 보이며, 남의 나라 남의 일이 아닌 우리나라의 현실이다. 그런데도 국가는 건강한 음주문화를 위한 관련법에 대해 국민의 감정을 이해하지 못한 것 같다.

3) 주류 관련부처와 법령

주류 관련법은 각 부처별로 시행되고 있다. 그러나 지키지 않고 있는 음주자와 관련 부처의 안일한 대응책이 음주폐해를 키우고 있다. 현행법에는 국민건강증진법,[12] 청소

---

12) ▸ 국민건강증진법 제1조(목적): 이 법은 국민에게 건강에 대한 가치와 책임의식을 함양하도록 건강에 관한 바른 지식을 보급하고 스스로 건강생활을 실천할 수 있는 여건을 조성함으로써 국민의 건강을 증진함을 목적으로 한다.
　　▸ 동법 제7조제2항
　　① 보건복지부장관은 국민건강의식을 잘못 이끄는 광고를 한 자에 대하여 그 내용의 변경 등 시정을 요구하거나 금지를 명할 수 있다. [개정 1997.12.13, 2008.2.29 제8852호(정부조직법), 2010.1.18 제9932호(정부조직법), 2016.12.2] [시행일 2017.6.3.]]
　　② 제1항의 규정에 따라 보건복지부장관이 광고내용의 변경 또는 광고의 금지를 명할 수 있는 광고는 다음 각 호와 같다. [신설 2006.9.27, 2008.2.29 제8852호(정부조직법), 2010.1.18 제9932호(정부조직법)] [[시행일 2010.3.19]]
　　1. 「주세법」에 따른 주류의 광고
　　2. 의학 또는 과학적으로 검증되지 아니한 건강비법 또는 심령술의 광고
　　3. 그 밖에 건강에 관한 잘못된 정보를 전하는 광고로서 대통령령이 정하는 광고
　　③ 삭제 [2016.12.2] [[시행일 2017.6.3]]
　　④ 제1항의 규정에 의한 광고내용의 기준, 변경 또는 금지절차 기타 필요한 사항은 대통령령으로 정한다. [개정 2006.9.27]
　　[본조제목개정 2016.12.2] [[시행일 2017.6.3.]]

　　▸ 국민건강증진법 시행령(제10조제2항 관련)
　　※ 별표 1. 광고의 기준
　　　주세법에 의한 주류의 광고를 하는 경우에는 다음 각 호의 1에 해당하는 광고를 하여서는 아니 된다.
　　1. 음주행위를 지나치게 미화하는 표현
　　2. 음주가 체력 또는 운동능력을 향상시킨다거나 질병의 치료에 도움이 된다는 표현
　　3. 음주가 정신건강에 도움이 된다는 표현
　　4. 운전이나 작업 중에 음주하는 행위를 묘사하는 표현
　　5. 임산부나 미성년자의 인물 또는 목소리를 묘사하는 표현
　　6. 다음 각목의 1에 해당하는 광고방송을 하는 행위
　　　가. 텔레비전(종합유선방송을 포함한다): 7시부터22시까지의 광고방송

년보호법,13) 식품위생법, 도로교통법, 학교보건법 등이 있다. 주류 관련 주요 관계부처
와 관련법에 대해 살펴본다.

<표 5-3> 주류 관련 주요 소관부처

소관부처	법령	내용
기획재정부, 국세청	주세법	주세징수, 주류제조·판매 면허관리 등
농림축산식품부	전통주 등의 산업진흥에 관한 법률	전통주 제조 및 판매촉진
보건복지부	국민건강증진법	주류광고규제, 주류 경고문구 표기
경찰청	도로교통법	음주운전금지
여성가족부	청소년보호법	청소년 주류판매 및 이용금지
식품의약품안전처	식품위생법	주류 안전관리
교육부	학교보건법	학교환경위생 정화구역
방송통신심의위원회	방송프로그램의 등급분류 및 표시 등에 관한 규칙	청소년 보호를 위한 방송등급 표기

(출처: 보건복지부·한국건강증진개발원, 2017)

다음은 주류 제조·유통·사용 등에 관련 법률을 살펴본다.

나. 라디오: 17시부터 다음날 8시까지의 광고방송과 8시부터 17시까지 미성년자를 대상으로 하는 프로그램 전후의 광고방송
7. 주류의 판매촉진을 위하여 광고노래를 방송하거나 경품 및 금품을 제공한다는 내용의 표현
8. 알코올 17도 이상의 주류를 광고 방송하는 행위
9. 법 제8조제4항의 규정에 의한 경고 문구를 주류의 용기에 표기하지 아니하고 광고를 하는 행위. 다만, 경고 문구가 표기되어 있지 아니한 부분을 이용하여 광고를 하고자 할 때에는 경고 문구를 주류의 용기하단에 별도로 표기하여야 한다.
10. 「영화 및 비디오물의 진흥에 관한 법률」에 따른 영화상영관에서 같은 법 제29조제2항 제1호부터 제3호까지에 따른 상영등급으로 분류된 영화의 상영 전후에 상영되는 광고
11. 「도시철도법」에 따른 도시철도의 역사(驛舍)나 차량에서 이루어지는 동영상 광고 또는 스크린도 어에 설치된 광고
13) 청소년 보호법: 제28조에 의해, 술을 구입할 수 있는 건 만 19세가 되는 해의 1월 1일부터이지만, 음주 자체를 막는 법조항은 없다. 고로 직접 구입 외에 다른 방법으로 술을 입수했을 경우 집에서 학생들끼리 음주 파티를 벌여도 법적으로 처벌받지는 않는다. 단 청소년 보호법 제28조제2항에 "누구든지 청소년의 의뢰를 받아 청소년유해 약물 등을 구입하여 청소년에게 제공하여서는 아니 된다."라는 제한이 있다(나무위키).

<표 5-4> 주류 제조·유통·사용 등에 관련 법률

정책의 유형 및 종류		관련 법규	집행부처
가용성 제한 정책	주류소매 면허제도	- 주세법 제8조 - 주세법 시행령 제9조	국세청
	청소년 주류구매 연령제한	- 청소년보호법 제2, 28, 59조 - 청소년보호법 시행령 제17, 24, 25, 26조 - 식품위생법 제44조	여성가족부 식약처
세금이나 가격에 의한 제한 정책	주세 및 세금제도	- 주세법 제21, 22조	국세청
음주사고 억제정책	음주운전 통계	- 도로교통법 제44조, 148조의 2 - 수상레저안전법 제22조 - 철도안전법 제41조	경찰청 해양경찰청 국토교통부
주류광고의 제한 정책	광고제한 및 경고문구 표기	- 국민건강증진법 제7조 - 국민건강증진법 시행령 제10조	보건복지부
교육 및 홍보정책	학교교육	- 교육기본법 제27조 - 학교보건법 제9, 11조	교육부
	국민홍보교육	- 국민건강증진법 제8조 - 국민건강증진법 시행령 제17조 - 국민건강증진법 시행규칙 제4조	보건복지부
치료정책	학생 및 국민	- 학교보건법 제11조 - 정신보건법 제13조	교육부 보건복지부

(출처: 한국건강증진개발원, 2017)

3. 외국 음주폐해 예방과 주류 관련법

1) 세계보건기구(World Health Organization: WHO)의 동향

음주로 인해 매년 전세계 300만 명 이상이 사망, 질병과 손상이라는 세계적 부담 (Global Burden)의 5% 이상 차지(2018 알코올과 건강에 대한 세계현황 보고서)하는 심각한 문제이다. 세계보건기구(WHO)는 2018년 9월 28일 각 회원국들에게 음주폐해 예방과 감소를 위한 정책 시행을 권고하기 위해 5가지 세계전략(SAFER)을 발표한 바 있다. 각국 정부가 실천할 수 있는 새로운 다섯 가지 전략과 실행 방안을 다음과 같다 (보건복지부 음주폐해예방 실행계획, 2018).

Strengthen restrictions on alcohol availability
: 주류의 이용가능성 제한을 강화한다.

Advance and enforce drink driving counter measures
: 음주 운전 방지를 위한 수단을 만들고 강화한다.

Facilitate access to screening, brief interventions and treatment
: 음주 문제를 선별하고 치료받기 위한 접근성을 확대한다.

Enforce bans or comprehensive restrictions on alcohol advertising, sponsorship, and promotion
: 주류 광고, 후원에 대한 금지나 제한을 강화한다.

Raise prices on alcohol through excise taxes and pricing policies
: 세금 및 가격정책을 이용하여 주류의 가격을 인상한다.

2) 음주폐해 예방전략 사례(보건복지부 음주폐해예방 실행계획, 2018)

(1) 호주: 국가 알코올 전략(National Alcohol Strategy 2018-2026(2017)

가. 목적

개인과 가족, 지역사회에서의 음주폐해 예방 및 감소를 위한 국가 체계 제공함.

나. 영역

① 지역사회의 안전 및 생활 편의 시설 개선

② 접근성 가격 및 마케팅/후원 관리

③ 도움이 필요한 개인 및 대응 시스템 지원

④ 건강한 지역사회 홍보

다. 주요전략

① 대중의 안전과 편의를 보장하기 위한 무알코올 지역(Alcohol free areas) 제공 및 시행

② 주세 중 예방 차원의 건강 활동 및 주류 또는 기타 약물 치료 서비스에 대한 직접적 예산 책정

③ 프로그램과 상관없이 청소년에 대한 노출을 일관되게 보호하기 위한 모든 매체를 통틀어 편성, 내용 등을 다루는 국가 차원의 광고 코드 조정

④ 심각한 알코올 및 기타 약물 문제가 있는 사람들을 위한 구체적인 서비스 보장

⑤ 알코올 소비와 관련된 위해 및 폐해를 알리는 공중 보건 캠페인 개발

(2) 일본: 알코올 건강 장해 대책 추진 기본계획(2016)

가. 목적

알코올 건강 장해 대책을 종합적, 계획적으로 추진하여 알코올 장해 발생, 진행 및 재발 방지와 재활 지원을 통해 국민 건강 보호와 안전한 사회 실현

나. 영역

① 음주에 수반되는 위험에 관한 철저한 지식 보급하여 알코올 건강 장해 발생 예방
   : 고위험 음주자 감소, 청소년 및 임산부의 금주

② 예방 및 상담, 치료, 회복지원에 이르는 포괄적 지원 체계 구축 : 지역에서의 상담 거점 마련과 지역별 알코올 전문 의료기관 확보

다. 주요전략

① 알코올 교육 강화(초중고등 교육기관, 의학·간호·복지·개호·사법 등의 전문 교육, 가정, 직장)

② 홍보·계발 추진(음주의 위험성, 알코올 의존증에 관한 지식)

③ 부적절한 음주 유인 방지(주류광고, 주류용기 표시, 판매, 음주 청소년 훈육 강화)

④ 건강진단 및 보건지도(조기개입을 위한 건강진단, 고위험음주자 의뢰, 산업 보건 연계 직장 대응 강화)

⑤ 알코올 건강 장해 의료의 충실화(의료 서비스의 질적 향상, 일반 의료와 전문의료 연계 강화)

⑥ 알코올 관련 음주운전, 폭력행위, 학대, 자살 미수자에 대한 지원, 알코올중독자의
　　 사회복귀 지원
⑦ 정신보건복지센터, 보건소, 민간단체 활동 지원
⑧ 상기 각 전략 수행과 관련된 인재의 확보, 조사연구 추진

3) 알코올 폐해 축소를 위한 연령 주류 구입 판매제한

많은 국가에서는 알코올로 인한 폐해를 줄이고자 주류공급 및 판매 장소, 주류구입
규정을 만들어 엄격하게 관련법을 적용하고 있다. 일부 국가에서는 음주 규제를 위반
한 미성년자를 직접 제재하는 규정을 두고 있다.

(1) 미국

미국은 주(州)마다 다르지만 21살 미만의 청소년이 술을 구매하거나 마셔 적발되면
다양한 방식으로 처벌이 따른다. 대체로 벌금과 사회봉사명령, 음주예방 교육프로그램
수강, 운전면허 정지 및 구금 등을 통해 미성년자의 주류 구매를 규제하고 있다. 이는
여러 번 적발되면 제재가 가해지고 그 강도가 높아진다.

대표적으로 뉴욕주에서는 오픈컨테이너법(Open Container Law, 주류개봉금지법) 제
10~125조에 근거하여 개봉한 술병을 공원 등 공공장소에서 남의 눈에 띄게 들고 다니
면 불법으로 간주한다. 그리고 위반 시 처벌규정은 1,000달러(약 110만 원)의 벌금, 또
는 6개월 이하의 징역에 처한다(보건복지부 음주폐해예방 실행계획, 2018).

(2) 영국

영국의 주류 정책에는 주류판매허가법(Licensing Act)에서 주류의 공급 및 판매규제,
만취와 무질서 행위규제, 청소년 대상 주류 판매 및 소비규제를 강화하고 있으며, 2006
년 폭력 감소를 위한 법을 제정하여 음주로 인해 범죄 및 무질서를 일으킨 자에게 음
주금지명령, 음주무질서지역 설정 등을 규정하고 있다(김기경 외, 2010). 과거 과음으로

유명세를 떨쳤는데 지금은 알코올 폐해 축소 전략을 추진하면서 상당한 성과를 거두었다고 한다(정의회, 2010).

또한 영국, 에스토니아 등 유럽 국가는 주류 구입을 시도하거나 적발된 18세 미만 미성년자에게 한화 100만 원 이하 수준의 벌금을 부과하고 있다.

(3) 호주

호주의 경우 주마다 다르지만 뉴사우스웨일즈 주에선 미성년자가 주류를 구입, 소비, 운반하거나 주류 판매업소에 입장만 해도 2,200달러(한화 178만 원)의 벌금이 부과된다(세계일보. 2018. 2. 15).

장소에 관계없이 18세 미만자에게 주류를 판매하는 자는 최대 1만 파운드의 벌금형, 7세미만 어린이 동반 시 보호자의 취하는 행위는 불법으로 간주되며 어린이를 동반한 성인에게 주류 판매를 거부할 권리가 있다(보건복지부 음주폐해예방 실행계획, 2018).

(4) 스웨덴

스웨덴은 지난 1차 세계대전 당시 유럽에서 과음으로 가장 많은 사회문제가 되었던 국가였지만 지금은 세계에서 주류 소비량이 가장 적은 국가로 발전하였다.

연령 제한을 두어 20세 미만의 주류 구입과 소비가 금지되어 있고, 술은 정부가 직영하는 판매점인 국영 주류 판매소(systembolaget)에서 주중에만 구입이 가능하고, 그것도 아침 10시에서 오후 6시 사이에 ID를 보여주어야만 살 수 있다. 스웨덴이 유럽공동체의 시장체제에 동참하면서 스웨덴 정부의 알코올 독점이 자유시장 체제를 기본적으로 하는 유럽공동체의 체제와 정면으로 배치되어 많은 변화가 요구되었다.

스웨덴은 알코올 공급과 관련해서 국영 주류 판매소를 통한 정부독점을 유지하되 영업시간을 일부 오후 7시까지로 연장하고 2001년 6월부터는 토요일에도 영업을 하도록 하는 등 규제를 완화하고 있다(http://blog.daum.net/2002chris1025/856).

(5) 캐나다

술은 개인 주택과 주류 판매 면허를 받은 사업장에서만 마실 수 있다. 즉, 산, 호수, 바다, 공원, 축제 현장, 길거리, 차 안에서 술을 마실 수 없다. 심지어 술이 든 병의 마개가 오픈된 상태로 차량 안에 소지만 하고 있어도 법의 저촉을 받는다.

술을 마시려면 주류 판매점에서 술을 직접 사서 마시거나 술을 마실 수 있는 지정된 주점 등에 가야 한다. 음식점(restaurant) 및 술집(bar, pub 등)에서도 마음대로 술을 팔 수 없다. 음식점 및 술집에서 술을 판매하려면 주류 판매 면허(LLBO)를 주 정부로부터 얻어야 한다. 또한 술을 판매할 수 있는 시간도 정해져 있다.

온타리오 주 경우 오전 11시부터 오전 2시까지 15시간 동안 술을 판매할 수 있으며, 12월 마지막 날인 31일에만 오전 3시까지 연장된다. 참고로 주류를 구입할 수 있는 연령은 BC주(밴쿠버)와 ON주(토론토)는 19세 이상이고, AB주(캘거리)와 QC(몬트리올)는 18세 이상이다. 그리고 미성년자는 부모와 동행할 경우를 제외하고는 주류 판매점에 출입할 수 없다. 25세 이하로 보인자는 ID를 확인 요청을 받을 수 있다. 확인할 수 있는 ID로는 운전면허증, 여권, 시민권, 영주권, 군인 신분증 등 사진이 있는 신분증이어야 한다(https://blissinottawa.tistory.com/203).

(6) 포르투갈

포르투갈은 만 16세 이상 음주가 가능하다(나무위키). 미성년자가 술을 샀다는 사실을 보호자에게 알리는 것이 의무화돼 있다(SBS뉴스, 2019. 1. 12).

(7) 콜롬비아

콜롬비아에서는 만 18세 이상 음주가 가능하다(나무위키). 술에 취한 사람이 공공장소에 있을 수 없고, 경찰은 발견 즉시 영장 없이 체포할 수 있다. 앨버타에서는 이를 어길 경우 일반적으로 1만 달러 이하, 6개월 이하의 징역을 받을 수 있다(쿠키뉴스, 2018, 11. 14).

(8) 파키스탄

이슬람 국가인 파키스탄은 1977년 자국 내 무슬림들을 대상으로 한 금주법을 도입했다. 법 제정 42년이 지난 지금 파키스탄은 불법 증류 된 '가짜 술'을 먹고 목숨을 잃는 사람들이 많아졌다. 파키스탄의 금주법은 1977년 4월 도입되었으며 같은 해 7월 금주법을 강화했다. 기존의 6개월 징역 및 벌금형에 더해 80대의 채찍질을 형벌에 추가했다. 그러나 정부의 기대와는 다르게 '강화 금주법'이 도입된 1979년 이후 80년대에 파키스탄 내 알코올중독자 수는 2배가량 증가한 것으로 추정된다.

현재 파키스탄에서 합법적으로 술을 구할 수 있는 곳은 정부로부터 허가를 받아 비무슬림 자국민과 외국인에게 주류를 판매하는 상점과 호텔뿐이다. 일반 시민들은 허가받지 않은 가정집이나 불법 증류소에서 제조한 술을 암시장에서 거래한다. 암시장에서 거래되는 만큼 가격은 비싸졌다. 이에 제조단가를 낮추기 위해 인체에 치명적인 메탄올을 추가하거나, 양조 및 증류 과정에서 충분히 불순물을 거르지 않아 실명과 사망으로 이어질 수 있는 '가짜 술'이 시중에 유통되고 있다(한국일보, 2019. 2. 12).

(9) 일본

일본의 경우 20세 이상이면 술을 구매할 수 있다. 술 자동판매기에서는 카메라에 얼굴을 갖다 대면 홍채나 안면을 인식해 나이를 알려주는 식별기가 개발되었다. 이는 청소년 등 미성년자들의 음주와 흡연을 차단하기 위해서다. 이 자판기는 안면인식 카메라를 통해 자판기 이용자의 주름, 피부의 처진 상태, 골격 등을 분석해 연령을 3초 안에 판별한다. 성인임이 확인되면 이용자는 담배나 주류를 살 수 있다. 하지만 자판기가 제대로 판별하지 못하면 운전면허증 등 신분증을 자판기에 입력해 성인 인증을 받아야 한다. 이 회사는 연령이 10~60세인 사람 500명을 대상으로 정확도 실험을 실시한 결과 90% 이상 성인과 미성년을 정확하게 가려냈다(산업통상자원부 경제뉴스, 2018. 5. 17).

청소년이 술과 담배를 구입할 때 최종 구매가 이뤄진 시점부터 모든 법적 책임을 구매자가 진다. 청소년도 의도적으로 업주를 속이고 술과 담배를 구입했다면 책임을 피할 수 없다(대전일보, 2018. 12. 25).

(10) 구매에도 연령 제한이 없는 나라

▶ 나이지리아

▶ 모로코-무슬림 제외

▶ 시에라리온

▶ 캄보디아

▶ 키르기스스탄

4) 국가별 공공장소 음주행위 규제 현황

많은 국가들이 공공장소에서 음주행위를 규제하고 있다. 관련 자료를 살펴보면 다음
과 같다.

<표 5-6> 국가별 공공장소 음주행위 규제현황(WHO)

(○ : 완전규제, △ : 부분규제, X : 규제없음, □ : 자발적 규제)

구분	학교	정부 기관	의료 기관	레저 행사	공원 및 거리	대중 교통	종교 장소	스포츠 행사	직장
캐나다	□	□	□	△	○	○	□	△	□
태국	△	△	△	X	△	○	△	X	X
중국	○	○	X	X	X	X	X	X	X
일본	X	X	X	X	X	X	X	X	X
뉴질랜드	□	□	□	△	△	△	X	△	□
러시아	○	△	○	△	△	○	X	○	△
호주	□	□	□	△	△	△	□	△	□
프랑스	△	△	△	△	△	○	△	△	△
영국	□	X	□	△	△	△	X	△	□
한국	X	X	X	X	X	X	X	X	X

※ 자료출처 : Global Information System on Alcohol and Health. Alcohol Policy Report(2018),
http://apps.who.int/gho/data/node.main.A1190?lang=en&showonly=GISAH;
(보건복지부 음주폐해예방 실행계획 2018에서 정리)

5) 공공장소에서 금주구역 지정

음주폐해예방 및 공공질서 유지를 위한 정책으로 교육기관, 의료시설, 도로, 대중교통, 작업장, 공원 등의 공공장소에서 음주를 금지한다. 대표적으로 선진국 사례를 살펴본다 (한국건강증진개발원, 2017).

<표 5-7> 국가별 공공장소 금주구역

국가	금주구역
호주	- 대부분 주에서 조례법으로 지정, 공원에서 취한 모습으로 휘청거리면 경찰이 격리할 수 있다고 규정 - 취해서 난동을 피울 경우 초범은 최고 호주달러 590(약 68만 원), 상습범은 최고 호주달러 1,.100(약 120만 원)을 벌금에 처함.
프랑스	공공장소 등에서는 자발적 부분규제를 하되 대중교통에서 완전규제
싱가포르	- 공공장소에서의 특정시간(오후 10시 30분~오전 7시) 음주 금지 위반 시 그 정도에 따라 벌금 및 징역형, 공공장소에서의 주취는 유죄 - 주류소비와 관련한 무질서한 위험이 심각한 지역에 대해 주류관리구역(Liquor Control Zone)으로 지정
영국	- 공공장소에서 음주는 18세 이상의 성인은 가능하나 취할 경우 경찰은 음주자의 주류를 압수할 수 있음 - 음주로 인한 불쾌한 행동 시 최대 500파운드 벌금 및 체포(Criminal Justice and Police Act 2001 13조), - 음주구역지역(Alcohol-free aones)은 음주가 금지되며 주류매매시 연령제한
캐나다	공원 및 거리에서 금지되며 공공장소 주취자는 영장 없이 체포함

(출처: 보건복지부 음주폐해예방 실행계획 2018에서 정리).

6) 주류광고 및 마케팅 규제(보건복지부 음주폐해예방 실행계획, 2018)

세계 39~56%의 국가에서 방송 주류광고 금지 및 경품행사, 주류 관련 공모전 등 마케팅 활동을 규제하고 있다. 특히 청소년을 대상으로 하는 광고금지, 청소년 보호를 위하여 주류마케팅의 방법을 규제하고 있으며, 25세 이하 모델 기용금지, 캐릭터 사용 금지, 청소년 시청매체 광고금지 등을 실시하고 있다.

(1) 국가별 광고 법적 규제

프랑스, 독일, 영국, 노르웨이, 호주, 스웨덴, 러시아 등은 청소년 보호를 목적으로 주류광고에 대한 강력한 법적 규제를 추진하고 있다.

<표 5-8> 국가별 법적 주류광고 규제

국가	규제내용
프랑스	• 청소년들이 주로 이용하는 웹사이트에서 주류광고 금지, 모든 온라인 사이트에서 팝업 등 과 같은 형태의 주류광고 금지 • 청소년 대상 광고 전면 금지 • 텔레비전 또는 극장에서는 전면 금지 • 문화 또는 스포츠 행사의 후원 금지 • 광고는 성인용 신문잡지, (정확한 조건 하에) 옥외 광고, 라디오, 그리고 와인박람회(박물관) 와 같은 특별행사에서만 허용됨. • 광고가 허용되더라도 광고내용이 규제됨: 메시지와 이미지는 제품의 질에 대한 언급(알코올 도수, 내용물, 생산방법)에 국한함. '알코올 남용은 건강에 위험하다'는 내용을 광고에 포함 해야함. • 술을 마시는 사람이나 술을 마시는 분위기를 담은 내용의 광고도 막았음
독일	청소년 보호법 및 청소년 미디어법을 통해 청소년 대상의 주류광고 및 청소년 참가 행사에 대 한 주류회사 후원을 전면금지
영국	• 방송광고 규약, 비방송 광고 규약, 주류의 작명, 포장, 판촉활동에 관한 실행규약 통해 세부 적 광고내용을 규제 • 주류업계와 협의를 거쳐 수용하기 힘든 마케팅이 진행된 경우, 해당 주류를 시장에서 퇴출하 는 처벌 방안 논의
노르웨이	모든 주류광고 전면금지
호주	'호주 알코올 가이드라인' 내용을 벗어나는 음주행위 묘사, 휴식, 파티, 스포츠 활동, 성취, 축 하 등의 내용 규제
핀란드	TV 광고금지, 표현규제 등의 제약, 소셜네트워크 서비스를 통해 공유되는 주류광고도 금지
스웨덴	마케팅실정법(the Marketing Practices ACT) 및 알코올법(the Act on Alcohol)을 통해 TV·라디 오 주류광고 전면금지,
루마니아	모든 증류주(루마니아)의 방송광고를 금지하거나 시간대를 제한

※ (미국과 일본) 주류광고에 대해 자율규제를 위주로 하되, 미국은 주류 판매 장소 및 시간제한, 일본은 제품 진열, 판촉, 포장 등의 제한에서 법적 규제를 시행하고 있다.

프랑스는 대표적인 와인 수출국이다. 동시에 세계에서 가장 엄격하게 주류광고를 제한하는 국가이다. 특히 프랑스는 알코올 광고 규제법인 에뱅법(Loi Evin)을 제정해 담배와 술에 관한 광고 금지를 실시하고 있다. 청소년들이 주로 이용하는 웹사이트에서 광고를 금지하고 있고, 1.2% 이상의 음료는 모두 주류로 취급한다. TV 또는 극장에서도 전면 금지하고 있으며, 주류업체가 문화 또는 스포츠 행사를 후원하는 것을 막고 있다(쿠키뉴스, 2018. 11. 13).

주류광고를 제한하는 프랑스에 대하여 주변의 EU 국가들이 불공정 무역거래에 해당된다고 불만을 제소했지만, 국민의 건강을 우선하는 정책이기 때문에 주류광고를 제한하는 것은 문제가 되지 않는다는 EU 사법재판소[14]의 판례이다(김광기, 2008).

(2) 주류제품 도수별 광고 규제

따라서 유럽 국가들은 주류 광고법에 알코올 함유량(%)에 따라 세부적인 기준을 두고 광고금지 제한을 두고 있다.

<표 5-9> 국가별 법적 주류광고 알코올 도수(%)규제

국가	규제내용
스웨덴	알코올 도수 15% 이상 주류제품은 인쇄매체 주류광고도 금지
노르웨이	알코올 함량 2.5% 이상의 주류의 광고 전면금지
핀란드	▸ 알코올 함량 22% 이상 주류의 주류광고 전면금지 ▸ 22% 이하의 주류제품은 7:00~21:00
스페인	알코올 함량을 기준으로 광고를 규제하는데 20도 이상 주류의 광고를 전면금지
러시아,	연방 광고법(the Federal Law on advertisement, No. 38-FZ)을 통해 알코올 도수 5% 이상 주류 광고 인쇄 매체 외 전면금지
프랑스	1.2% 이상의 음료는 모두 주류로 취급

---

14) 유럽연합(European Union:EU)의 사법기관, 유럽 공동체 사법재판소(Court of Justice of the European Community) 라고도 한다. 판단을 내리게 되면 그 판단이 EU전체적으로 통일된 판단이 아닌 경우가 생길 수 있다. 이때 로마 조약에 의해서 유럽 사법 재판소는 EU법에 대하여 배타적으로 판단하는 권한이 주어져 통일적인 법의 해석을 실시하고 있다. 또한 가입국이 EU조약·법률로 정해져 있는 의무를 이행하지 않는 경우에는 유럽 위원회의 청구 를 받고 유럽 사법 재판소는 위법 상태의 인정을 실시하거나 위법으로 여겨진 해당국이 대응하지 않을 때에는 고 액의 벌금을 청구하는 등의 활동으로서 EU법, 특히나 기본 조약 존중의 확보에 임하고 있다(Daum 백과사전).

제6장

외국의 음주문화

1. 스웨덴의 음주문화 개념(http://blog.daum.net/2002chris1025/856)

　스웨덴은 1차 대전 당시까지만 해도 유럽에서 알코올로 인한 문제가 가장 심각했던 나라 중 하나였다. 역사적으로 그리고 기후적 특징 때문에 과거 스웨덴인들에게 술은 물보다도 더 일상적인 물품이었던 것 같다. 한여름에도 비가 오거나 하면 스웨터가 필요할 만큼 한랭하고, 눈과 얼음으로 뒤덮인 겨울이 1년의 반이 넘는 추운 곳이다. 술은 추위와 어둠을 이기는 데에도 중요한 물품이었음에 틀림없다. 당시에는 물이 아니라 술을 주된 음료수로 삼았던 것이다. 술이 물보다 잘 상하지 않아 오래 보관이 가능하며, 추운 바닷바람을 견디게 해주고, 칼로리도 높아 항해에 도움이 되었기 때문에 가장 중요한 보급품이며 음료수였다고 설명한다. 스웨덴의 혹독한 기후는 알코올 함량이 높은 고도주(spirit)를 선호하게 한다. 일반 가정의 아침 식탁에서는 아이들에게도 빵과 함께 그들 몫의 술(spirits:화주)이 주어졌다고 한다. 지역이 잘 보존되어 있는 구시가지에는 아직도 사용되고 있는 몇 백 년 전의 선술집들과 일반 가옥의 부엌에 자리한 술통들을 볼 수 있으며, 전통적으로 스웨덴 사람들은 술을 많이 마셨고, 술과 관련된 문제도 유럽에서 가장 심각한 국가 중 하나였음을 살펴볼 수 있다. 특이한 점은 술과 음주가 사회에 미치는 영향에 대한 관심도 컸고 이것이 현재 스웨덴의 유래를 찾기 어려운 진보적 알코올 정책의 발달을 가져왔다고 할 수 있다.

　이들은 역사적으로 늘 절주 또는 금주를 행동기준으로 살아왔던 것일까? 알코올이 문제라는 인식은 사회 전체가 집단적으로 공유하고 있는 잘 알려진 사실이다. 알코올이 스웨덴의 가장 큰 사회 문제이고 공중보건 문제로써 정부는 국민을 잠재적인 건강 위협으로부터 보호하기 위해 알코올 소비와 접근 가능성에 대해 엄격한 통제정책을 펼칠 필요가 있다고 보았다. 그 배경에는 알코올에 대한 스웨덴의 역사적 인식이 자리하고 있다.

스웨덴은 현재 세계에서 1인당 주류 소비량이 가장 적은 국가 중 하나이다. 술 판매점인 국영 주류 판매소(systembolaget)에는 알코올의 폐해를 알리는 각종 팸플릿과 안내책자가 눈에 잘 띄는 곳에 함께 진열되어 있다. 알코올 문제가 스웨덴 사회에서 가지고 있는 비중은 여행객들과 같은 외부인들에게도 명확하게 전달될 정도이다. 이는 거리를 배회하는 주정꾼이 많아서가 아니라 알코올 문제에 대한 인식과 이에 대한 조직적인 대책, 그리고 왜 이러한 규제가 필요한지에 대한 집단적인 접근 때문이다.

알코올과 관련된 정부정책에서 뿐만 아니라 민간 차원도 함께하고 있다. 민간의 금주운동과 금주단체들의 활동이 매우 활발하고 그 영향력 또한 지대하다. 금주단체들은 유치원생부터 노인까지, 홍보교육 프로그램으로 알코올을 대체할 수 있는 마실 것의 개발, 알코올 관련 정책과 그 집행에까지 매우 체계적인 접근을 하고 있다(한국중독연구재단 2012. 7. 17에서 재정리).

1) 스웨덴 알코올 정책의 발달과정

스웨덴 알코올 정책은 다섯 가지 정도의 단계를 거쳐 오늘날에 이른 것으로 보인다. 알코올에 대한 담론이 사회적으로 형성되었던 것은 1840년대부터였다. 20세기 들어 의사였던 Ivan Bratt이 알코올 문제를 중요한 사회 문제로 부각시키는 데 큰 역할을 하게 되고, 실제로 그의 이념들이 알코올 관련 사업의 정부 독점체제의 초석이 되었다.

이 시기를 첫 번째 시기로 볼 수 있는데 알코올 문제의 원인을 개인의 도덕심 결여와 잘못된 행동 때문으로 보고 위험한 개인들이 사회를 위협한다고 보았다. 이에 대한 치료는 의료인과 종교인들이 주가 되었고, 보통 사람들은 지역사회에서 이들을 발견하고 의뢰하는 역할을, 경찰은 위험한 개인을 감시하는 역할을 하였다. 이 시기부터 금주협회의 치료활동이 활성화되었으며 해결책으로는 알코올 판매량의 제한과 독점이 이루어졌다.

1916년, 개인의 알코올 소비량을 제한하고 모든 알코올 거래를 등록하고 감시할 수 있는 motbok system이 도입되었고, 1920년대가 되면서 정부의 알코올 관련 통제정책이 본격화되었다.

두 번째 시기는 1940년대로 알코올 문제를 알코올중독에 초점을 두었다. 생화학적, 환경적 요인들이 중독자들로 하여금 그들의 의지에 반하여 술을 마시게 한다고 이해하면서 알코올중독을 질병으로 보고, 그 진행 단계 증상과 알코올중독자의 유형을 이해하려 하였다. 의사들이 치료의 중심 역할을 하면서 심리치료사들이 등장하였고, 사회적 대책으로는 중독의 치료를 목적으로 의료적 개입, 심리치료와 장기보호가 주를 이루었다.

세 번째 시기는 사회통합을 어렵게 하는 사회구조적 문제가 개인들로 하여금 알코올에 탐닉하게 한다는 가정이 힘을 얻었던 시기로 1950년대였다. 사회경제적 문제를 알코올 문제의 원인으로 본 동시에 알코올이 다른 사회 문제를 야기시키기도 한다고 생각하였다. 사회복지사와 사회학자들이 중심이 되어 개입하였으며, 사회연계망의 제공과 사회복지사들의 심리치료와 보다 도수가 약한 음료로의 대체가 개입의 주 내용이되었다.

네 번째 시기는 개인의 알코올 소비가 개인의 문제에 그치지 않고 결국은 중요한 보건 문제가 된다는 시각에서 알코올을 사회 문제의 원인으로 보게 되는 시기(1960~1970년대 이후)이다. 구체적으로 음주습관, 음주량, 음주 폐해와 건강 문제에 초점을 맞추어 다양한 수준에서 위험을 예방하려는 노력이 경주된다.

마지막 시기는 스웨덴이 EES(European Economic Space)에 가입하게 되면서 국가의 지나친 개입과 같은 부적절한 시장 기제는 불공정한 경쟁을 가져온다는 시각이 도입되어 경제적, 법적인 관심이 알코올 문제에 대한 개입에서 다른 분야(사회, 의료)를 압도하게 되는 시기이다. 이것이 유럽공동체의 정책을 준수해야 하는 부담을 가지고 있는 현재의 스웨덴이 처해 있는 상황이지만 기본적인 알코올 정책은 네 번째 시기와 크게 다르지 않아서 다양한 수준에서 알코올 사용을 억제하고 알코올 남용의 위험을 예방하려는 노력을 지속하고 있다(한국중독연구재단 2012. 7. 17에서 재정리).

2) 스웨덴 알코올 정책의 특징

스웨덴의 알코올 정책의 특징은 기타 서방국가처럼 알코올중독자나 문제음주자와 같은 위험집단을 대상으로 한다기보다 초점을 전체적인 알코올 소비행동 자체에 두고 있다. 즉, 알코올중독자 치료를 중심으로 한 의료적 모델이 아니라 알코올 총소비량/공중보건(total consumption/public health)모델에 기초하여 전방위적인 알코올 정책을 채용하고 있다. 스웨덴의 알코올에 관한 사회적 개입은 정부 부문과 민간 부문이 공히 중요한 역할을 맡고 있으며, 소비와 공급에 대한 통제정책, 홍보 및 교육을 통한 예방정책, 연구개발을 통한 과학적 접근이라는 정부정책의 삼위일체적인 노력과 다양하고 강력한 민간 자원단체들의 노력으로 이루어져 있다.

알코올에 관한 통제정책은 공급과 소비 양면에서 모두 관찰할 수 있다. 공급 측면을 살펴보면 1995년 스웨덴이 EES(European Economic Space)에 가입하기 전까지는 주류의 생산, 수출입, 판매 모두가 국가 독점사업이었으며, 현재는 판매만 국영 주류 판매소(systembolaget)를 통한 국가 독점이지만 주류 관련 사업은 여전히 매우 강력한 통제를 받는다. 소비 측면에서는 첫째, 연령 제한을 두어 20세 미만의 주류 구입과 소비가 금지되어 있고, 둘째, 1978년 이후부터 모든 매체에서의 주류광고가 금지되었으며, 국영 주류 판매소의 영업시간이나 술집의 영업시간도 법에 의해 강력히 통제되었다. 알코올 소비를 억제하기 위한 알코올 교육이 매우 체계적이다. 공교육의 중요한 요소로 모든 학생들은 의무적으로 알코올과 약물에 관한 과목을 수강하도록 되어 있고, 국영 주류 판매소와 같은 상점에서도 알코올 소비 억제와 남용 방지를 위한 홍보책자를 비치하고 있다. 1991년부터는 알코올 소비에 관한 정보를 제공하는 공중보건연구소(PHI: Public Health Institute)가 설립되어 활동하고 있다.

3) 스웨덴 알코올 정책의 목표

스웨덴의 알코올 문제는 일부 남용자와 중독자의 문제가 아닌 전체 사회의 보건과 관련된 중요 이슈로써 정부의 소비와 공급에 대한 통제, 홍보와 교육을 통한 예방정책, 연구개발을 통한 접근, 그리고 강력한 시민단체들의 노력으로 대처하고 있다(김상구, 2008).

<표 6-1> 스웨덴 알코올 정책의 목표

구분	정책의 목표
술에 대한 태도와 문화	- 생활환경에서 알코올의 영향력에 대한 인식 제고 - 알코올에 대한 긍정적 기대효과 제거하기 - 음주가 식사와 더불어 이루어지는 문화의 정착
음주억제를 위한 환경	- 금주영역의 확장 - 아동기와 청소년기의 금주 - 알코올에 대한 접근 제한 - 청소년과 성인에게 가장 최근의 알코올 관련 정보와 지식제공 - 적정음주의 실천 - 알코올 함량이 적은 음료로 대처하기

결론적으로 스웨덴은 과거의 심각했던 알코올중독 문제를 전방위적이고 체계적인 알코올 정책을 통해 극복하고, sober society를 위해 정부와 민간이 함께 지속적인 노력을 경주하고 있는 나라이다. 여기에 정부의 전폭적인 지원과 알코올에 대한 국민의 인식 수준도 매우 높은 편이다. 한편, 알코올 공급의 정부 독점과 같은 과감하고 강력한 정책이 수용될 수 있었던 것은 복지국가로서 스웨덴의 정치사회적인 환경과 깊은 관련이 있는데, 유럽공동체의 경제시장에 동참함으로써 어떤 변화를 겪게 될지 두고 볼 일이다(http://blog.daum.net/2002chris1025/856).

4) 스웨덴 알코올에 관한 연구 및 금주운동

스웨덴은 알코올에 관련된 다양하고 종합적인 과학적 조사연구가 진행되고 있다. 알코올은 의학, 심리학, 정신의학, 사회학, 사회심리학, 경제학, 역사학, 문학의 다방면에서 연구되고 있으며 알코올 소비와 음주 문제에 관한 연간 통계와 연구를 담당하는 CAN(Swedish Council for Information on Alcohol and other Drugs)은 이 분야에서 유럽 최대의 연구기관이기도 하다. 이외 정부의 '전국 금주의 날(National Temperance day)'은 일반과 미디어의 관심이 집중되는 중요한 국가공휴일이다.

알코올 관련 스웨덴 사회의 또 하나의 특징은 강력한 영향력을 지닌 금주단체의 활발한 금주운동이다. 많은 국가에서 금주단체가 활동하지만 스웨덴만큼 활발하게 그리고 사회에 공감적으로 수용되는 국가는 별로 없다. 스웨덴에서는 1880년대부터 금주단체가 등장하여 사회적 인정을 받았는데 정당에도 금주단체의 영향력이 매우 커서 1951년에는 의회 의원의 51%가 금주주의자로 등록되어 있었다. 현재는 의원의 6%만이 공식적으로 금주주의자임을 선언했지만 자유당(Liberal Party)과 중앙당(Center Party)은 아직도 금주 정책에 호의적이다. 전통적으로 사회부(Ministry of Social Affairs) 장관과 국가보건복지위원회 의장은 금주운동에 호의적이고 알코올 통제정책을 지지하는 인사들이 금주단체를 맡아 왔다. 알코올 관련 서적을 출판하는 유명출판사 SOBER, 보험회사 ANSVAR도 사회에서 중요한 역할을 하는 금주 지지단체이다(한국중독연구재단 2012. 7. 17에서 재정리).

2. 영국의 음주문화(http://soollife.kr/detail.php?number=1240&thread=22r07r01)

영국인들의 술에 대한 태도는 우리나라와 유사하게 상당히 관대하다. 그렇기 때문에 술 문제에 대한 대책도 술 자체를 문제시 삼는 것이 아니라 소위 술로 인한 폐해를 막는 것을 원칙으로 삼고 있다. 영국인들은 공공장소에서 음주를 하거나 고성방가를 일삼는 경우는 찾기 어렵다. 늦은 밤이나 특히 주말의 대중주점인 펍(Pub)에 모여 시끌벅적하게 술을 마셔대는 모습을 보는 것은 어렵지 않다. 영국인들의 술사랑에는 사실 우리도 놀랄 수밖에 없을 것이다. 펍에 들어서면 젊은 여성 바텐더들이 다가와 '무엇을 마실래요?'하고 주문을 요구하는 것이 일반적이다.

영국의 펍에서 미국처럼 만취자를 호되게 다루는 종업원을 만나기란 하늘의 별따기일 것이다. 취객에게 술을 주지 않거나 술집정학을 주는 종업원 훈련(Server Program)은 아마도 영국에서는 실행되고 있지 않다는 생각이 들 정도다(삶과 술 신문, 2014. 5. 26).

1) 영국의 음주역사

음주역사가 오랜 영국은 과연 술에 대해 관대할까? 라고 묻는다면 그 답은 예(yes)다. 오랜 역사를 가진 이집트, 중국, 우리나라처럼 영국도 분명히 그렇다. 청소년 음주에 대한 통제도 약하고, 의학계와 정부가 제시하는 적정음주량 수준도 다른 나라에 비해 많은 편이다. 미국에 비하면 거의 두 배다. 더욱이 영국인들은 마신다(Drink)는 단어를 '술을 마신다'는 뜻으로 사용한다. 음주 역사도 길고, 음주 층도 광범위하다.

영국이 지배했던 식민지들의 음주실태를 관찰해 보면 모국인 영국의 음주문화를 그대로 알 수 있다. 호주, 뉴질랜드, 캐나다, 우간다 등을 가보면 늦은 밤 펍에 몰리는 사람들을 쉽게 볼 수 있다.

그런데 영국은 지역별로 상당히 다른 음주문화를 가진다. 잉글랜드, 웨일즈, 스코틀랜드, 북아일랜드에서 다른 모습들을 관찰할 수 있다.

영국에는 2012년 기준으로 약 6,300만의 인구가 살고 있다. 그런데 영국인들은 대부분 8할 정도가 잉글랜드에 산다. 지역별로 선호하는 주종도 다르고, 음주량도 차이가 나며, 음주문제도 차이가 난다. 지역별로 일상적인 생활습관이나 직업, 산업, 더 나아가서는 종교적 신념까지 차이가 있다. 영국에 음주가 일상화된 것은 중세부터다. 14세기에 성인 남성은 하루에 1~2갤런의 에일(Ale)을 마셨다고 한다. 1갤런이 약 3.8리터이니 4~8리터를 마셨다는 것을 알 수 있다. 엄청난 양의 에일을 마신 것이다. 최근 보건계에서 발표하는 1일 권장 수분섭취량이 2리터이니 이해가 가지 않을 정도의 양이다. 아마도 그 정도 에일을 마셨다면 거의 종일 취해 있지 않았나 하는 추측이 된다.

이시기에 생긴 '에일 하우스'가 나중에 대중 주점인 펍이 되었다고 한다. 여행자가 묶는 여관(Inn)에서도 술을 팔기 시작했으며, 술이 대중화하게 된 계기는 18세기의 산업혁명과 도시화의 진전이다. 사람들이 농촌에서 도시로 유입되자 술집과 음주량이 급증하기 시작했다.

음주가 일상화된 데에는 술의 효능이 갖는 매력이 그 이유가 있지만 그 당시에는 술이 물이나 우유보다 안전했기 때문이다. 정수나 저온살균 기술이 보편화되어 물이나 우유를 안심하고 마실 수 있게 된 것은 19세기 이후이다. 영국에서 '술을 마신다'는 말이 'Drink'가 된 데에는 다 이유가 있는 것이다. 영국에서 술이 대중화하게 된 계기는 18세기의 산업혁명과 도시화가 진전이라고 할 수 있다.

초기 산업혁명기의 술집에서는 판매량에 아무런 규제도 없었기 때문에 명예를 존중하는 영국인들에게도 불명예스러운 문제가 많이 유발되었다. 술을 많이 마시면 사회문제가 발생하고, 술 문제가 심각해지면 술에 대한 규제가 제정되기 마련이다.

영국인들은 브랜디를 좋아했으며, 그레이트 브리튼왕국을 설립한 유명한 앤여왕 시대에 증류주의 독점을 막는 법을 통과시켰다. 그러자 저질과 저가의 진(Gin) 생산이 급증했고, 진 소비량이 늘자 당연히 술 문제가 급증하였다.

이 시기에 술 판매에 대한 면허제가 도입되었으며, 술집 이외에서는 술을 팔지 못하도록 억제하기 시작했다. 술 문제를 억제하려고 판매장소를 제약하자 면허를 가진 공식적인 판매점이 늘어났다.

영국인들이 도시에 새로 모여들어 위안을 찾은 곳은 술집이었다. 그 당시 위락시설이 부족했기 때문에 더욱 그랬다. 게다가 독점이 풀리면서 가격이 싼 진과 기타 증류주가 양산되면서 도시 서민들이 술을 마시면서 휴식을 취하고 위안을 얻기가 쉬워졌다. 이에 술 문제가 빈번히 발생하자 영국 정부는 18세기 중반 이후에 술 생산량과 술집의 수를 규제하기 시작한다.

19세기 이후 영국에서도 금주운동이 시도된 바 있다. 트로터(T. Troter)는 '습관적만취는 병'이라고 했고, 생산의 중지를 촉구하는 여론이 들끓었다. 그러나 술집에서 일하는 창부가 나타나고, 술집에서 여흥으로 투견을 시도한 것이 그때부터다.

그 결과 19세기 후반에는 술 관련 면허를 담당하는 독립관청이 생겨나고, 영업시간을 통제하기 시작했다. 그러자 주점 면허를 신청하는 수가 감소하였고, 술 소비가 줄어들은 것으로 집계되었다. 그러나 음주행위와 술집은 도처에 일반적으로 존재했다. 그 누구도 도시서민들의 사회적 집합소였던 술집 자체를 통제할 수는 없었고, 술집에서 술을 마시는 행위가 보다 근본적인 문제였다는 것을 이해하자 금주운동도 자연스럽게 사라졌다.

영국정부가 술문제를 금주라는 대책으로 해결할 수 없다는 것을 이해한 것은 벌써 200년이 넘는 역사를 가지고 있다. 음주건강을 찾기 위해 정부와 민간에서 다양한 방법을 사용하고 노력해야 하겠지만 금주정책이 대안이 될 수는 없다는 교훈을 일찍이 얻게 된 것이다.

영국은 미국과 다른 음주정책의 역사를 갖고 있다. 술의 이용가능성을 규제하는 법의 제정, 영업시간의 제한, 미성년자의 음주금지 등 일반적인 통제가 시도되었지만 금주법과 같은 과격한 통제는 시도되지 않았던 것이다. 다만 1차 대전이 발발하자 전쟁을 수행하기 위해 술집의 영업시간을 더 줄이고, 알코올의 농도를 내리는 조처를 취한 경험이 있었을 뿐이다.

영국에서 음주문화나 규범의 지역 간 격차는 아주 뚜렷하다. 1982년, 웨일즈에서는 일요일에 술을 못 팔도록 하였다. 1976년까지 스코틀랜드의 술집들은 잉글랜드와 웨일즈보다 문을 일찍 닫게 하였다. 스코틀랜드 사람들이 술을 많이 마셨기 때문에 취해진 조치였다. 스코틀랜드 사람들이 가장 좋아하는 술은 독한 위스키이다. 북아일랜드 사람들은 상대적으로 술을 덜 마신다.

제도, 산업, 종교 등의 차이가 각 지역의 음주스타일에 차이를 준다. 즉, 각 지역별로 음주면허의 통제, 술집 영업시간, 판매요일, 음주량, 지역주민이 좋아하는 술 등에 차이가 있다. 술에 대한 규제는 일반대중의 건강에 대한 관심이 고조되자 일반화되었다. 약 반세기전의 일이다. 음주운전 사고가 늘자 1967년 도로교통법을 변화시켰고 임의 음주측정 제도를 도입하였다. 도로를 막고 음주측정기를 들이대는 우리의 모습을 영국에 가면 볼 수 있다. 또한 영국의 주류업계도 음주운전의 예방과 재발방지를 위한 노력에 동참하고 있다.

1980년대 초반, 축구장에서 취객들의 난동이 발생하여 다수의 사상자가 발생한 이후에 스코틀랜드 법원은 술을 운동장과 운송수단 내에 반입하지 못하도록 금지했다. 잉글랜드와 웨일즈도 이러한 조치에는 동조를 하였다. 일부지역에서는 거리에서의 음주도 금지하게 되었다. 30여 년 전의 일이었다(삶과 술 신문, 2014. 5. 26).

2) 영국의 음주량과 음주 패턴

영국의 1인당 음주량은 큰 변화가 있었는데 다른 나라의 추세와 달라 주목된다. 통상 선진국들은 음주소비가 1970년대에 들어설 때 줄어들기 시작하는데 영국은 그러한 대열에서 이탈해 예외였다. 1980년도에서 2008년에 이르기 까지 지난 30여 년간 선진국 알코올 소비량 통계는 약 9%씩 줄었는데 영국은 오히려 9%가 늘어난 것이다.

통상 술을 어느 나라에서 얼마나 마셨는가는 100% 순알코올량만으로 계산한다. 주로 보건관련 국제기구에서 사용하는 기준이지만 상당히 타당성이 있다. 사람들은 통상 잘 이해하려고 하지 않지만 사실 사람들을 취하게 하는 것은 순알코올이지 나머지는 기능성 성분이거나 불순물이고 대부분은 물이기 때문이다.

순 알코올을 기준으로 계산해 본 영국인들의 음주량은 1990년대 초반까지 지속적으로 늘고 있다. 2004년에 11.6리터, 그 이후에 조금씩 줄어 요즈음은 약 10리터 정도에서 머물고 있다. 이는 다른 나라에서는 찾아 볼 수 없는 음주량이고 증가세이다. 체코와 핀란드, 호주 등이 유사한 수준의 음주량을 보이지만 증가세를 보인 것은 상대적으로 독특한 현상이었다. 공황기나 전시와 같이 특별한 시기를 제외하고는 영국인들의 음주량은 꾸준히 증가한 것이다.

맥주시장은 1950년도에는 81%의 시장점유율을 차지했었는데 1955년에는 55%까지 줄어들었다. 와인 소비량이 늘어난 데에도 원인이 있지만 본고장 위스키에 대한 애착도 중요한 역할을 하고 있다고 볼 수 있다. 영국인들의 절대적인 음주량은 프랑스, 아일랜드, 호주, 오스트리아 등의 국가들에 비해 적지만 선진국 중에서는 많은 편이다.

1995년 순 알코올로 음주량이 7.5리터이어서 미국이나 뉴질랜드와 비슷한 수준이었지만 이제는 이들 보다 많은 양이다.

그렇지만 음주 문제는 다른 국가들보다 조금 더 많은 것으로 나타난다. 간경화 사망률이 2000년을 전후로 지난 20년간 현격한 증가를 보이는 등 건강문제에 심각한 영향을 미치고, 노인음주가 심각하며, 생산성에도 영향이 많은 것으로 보고되고 있다. 최근 술로 인한 폐해 액이 연간 201억 파운드에 달했다는 것은 적은 량이 아니다. 술에 대해 관대한 만큼 음주운전이나 미성년자 음주도 골칫거리로 등장하고 있다.

그 원인이 다른 국가와의 사회, 종교, 문화적 차이 때문이라는 분석이 있는데, 간단히 말하면 마시는 술의 양보다 취하도록 마시는 습관이 가장 큰 문제라고 한다. 특히 영국의 청년들은 취하도록 마시고 비행을 저지르는 음주습성이 남달라 문제가 더욱 크다고 한다. 이에 주정단속이 경찰의 일과가 되었고 1990년대에 들어 주정단속 건수는 크게 줄어들고 있고 폭음도 감소하고 있다고 한다. 하지만 2011년 폭력사범 중 47%가 술 때문이었다고 하고, 그 수가 92만 명에 달한다. 술로 인한 범죄 피해액은 2010~11년 기간 중에 110억 파운드였다.

남성이 여성보다 많이 마시는 것에 영국인도 예외는 아니다. 그렇지만 여성음주가 증대하는 것도 예외가 아니다. 남성은 3/4가 마시는데, 여성은 절반이 마신다. 여성음주는 영국에서 점차 일반적인 일이 되고 있다. 재미있는 것은 여성들은 저도의 맥주나 와인을 마시는 것이 일반적인데 스코틀랜드의 여성들은 위스키를 많이 마신다는 것이다. 독한 증류주나 위스키를 선호하는 것은 스코틀랜드나 북아일랜드의 남성도 마찬가지이다. 영국 남성이 평균적으로 1주일에 3~4일을 마시는데 여성도 2~3일은 마신다. 결국 남성의 27%, 여성의 18%가 과음을 하고 있다는 조사결과가 있다(삶과 술 신문, 2014. 5. 26).

이에 대해 영국 정부의 대책 중 하나는 알맞은 음주량의 제시와 권유다. 의학계에서도 음주에 대한 적정음주량을 제시하고, 알맞은 음주가 건강에 주는 좋은 점을 알리고 있다.

또 하나의 해결책으로 내놓은 것이 술에 대한 피해를 축소하는 전략(Ham Reduction

Strategy)이다. 이는 술을 마신 후 발생이 가능한 사고를 사전에 방지하자는 데 초점을 맞춘 것이다(http://blog.naver.com/PostView.nhn?blogId=vinglass&logNo=140155498668).

3) 영국의 알코올 교육과 청소년 음주

영국의 어린이들은 알코올에 대한 교육을 일찍부터 받는다. 술에 대해 관대한 만큼 대비책을 마련하자는 의도이다. 알코올음료는 법적으로 인정되며 광범위하게 이용되고, 광고도 법적으로 인정된다. 대부분의 성인들이 마시므로 어린이들은 쉽게 음주장소에 노출된다. 더욱이 오렌지와 보드카를 섞은 술이나 2~3%의 저도주가 생산되어 청소년 음주를 부추기고 있다. 북아일랜드나 스코틀랜드의 극소수 신교도 가정, 회교도들을 제외하고는 아이들이 쉽게 술과 친해지는 환경을 갖추고 있다.

5세에서 10세 사이의 어린이들을 조사해 보면 술에 대한 지식이나 신념이 확고할 수 있도록 알코올에 대한 관념이 명확하게 잡혀져 있는 것으로 나타난다. 6세 어린이의 40%, 10세는 60%가 술 냄새를 식별할 줄 안다. 취한 행동이 어떤 것이라는 것을 대부분의 어린이들이 알고 있다.

그런데도 10세 어린이의 62%가 음주를 경험했고, 14세가 되면 81%, 19세에는 90%로 늘어난다. 대부분의 어린이는 집에서 처음 음주를 경험하게 되었는데 소년들이 소녀들보다 경험하는 비율이 높다. 5세~10세 사이의 어린이들은 알코올에 대해 부정적인 태도를 많이 나타내는데 10세를 넘어서면 반대현상을 보이는 것으로 나타난다. 10세를 고비로 음주에 대해 긍정적인 태도가 급증한다는 조사결과이다.

따라서 영국에서는 10대의 음주와 알코올의 오용이 큰 문제로 부각되고 있다. 청소년 음주는 호기심, 사교목적, 또래에서 우월적 지위를 차지하기 위해 시작된다. 대부분의 정기적인 음주행위가 10대부터 이미 정착되고 있다. 더구나 10대의 음주는 공공질서를 어지럽히는 행동과 다른 비행으로 연결되고 있다. 매스컴에서도 청소년 음주의 비행을 정기적으로 다루고 있지만 그 수가 줄지 않고 있다.

더욱이 10대 후반이 되면 청소년들이 바에도 출입을 한다. 술집 출입은 당연히 불법이지만 단속이 심하지 않다. 그 덕분에 10대 음주가 성행하고 폭음, 만취, 취중 비행이 발생하는지도 모른다. 문제 음주학생의 비행, 건강문제, 흡연 및 마약과의 관계, 성행위가 심각한 수준에 이르고 있다(삶과 술 신문, 2014. 5. 26).

4) 영국의 알코올 문제에 대한 대책

술에 대한 정부의 대책 중 하나가 적정음주량의 제시와 권유이다. 의학계에서도 주간 음주 가이드라인을 제시하고 적정 음주가 건강에 주는 이점을 전파하고 있다. 영국 의학계가 권고하는 주간 적정 음주량은 남성이 21잔, 여성은 14잔이고, 위험 음주량은 남성이 50잔, 여성은 35잔이다. 이 양은 미국, 캐나다 등이 권유하는 적정량에 비하면 거의 두 배에 해당하는 수준이다. 영국인이 체질적으로 술에 강하기보다는 현실적인 음주수준을 제시하고 있다.

영국인들의 음주문제 해결전략으로 채택하고 있는 전략이 위험최소화 전략(Harm Reduction Strategy)이다. 그 전략의 핵심은 사회생활의 중심에 음주행위가 있다는 것을 이미 인정하고 있으므로 '술을 얼마나 마셔야 하는가?'에 대한 관심보다는 '술을 마신 후 발생 가능한 사고를 미연에 방지하자'는 데 초점을 두고 있다.

이러한 전략은 영국에서 전파되어 유럽, 미국, 캐나다에도 많은 정치적인 세력을 확보하고 있다. 그 실천방안 중에 하나가 어떤 이유로 술잔이 깨질 때 완전히 바스러지는 잔을 사용하는 것이다. 이는 스코틀랜드의 바에서 사용하고 있으며, 음주 후 폭행으로 인한 사고를 막자는 의도이다. 또한 취객이 넘어질 때 다치지 않도록 푹신한 의자나 탁자를 비치하는 방안도 사용하고 있다. 즉, 술을 마시는 것을 막는 것이 아니라 술 마신 후의 사고를 막자는 결정이다.

영국인들은 음주행위에 대해 관대하고, 그 문제 해결책에 대해서는 애매모호한 태도를 보이고 있다. 음주에 호의적인 영국인도 최근 10여 년간은 정력적으로 술 문제를 없애려고 노력을 하고 있다. 1인당 순알코올 소비량도 11.6리터까지 치솟았던 수치가 10리터까지 줄어들고 있다.

더욱이 최근에 영국의 펍문화가 소멸위기에 처했다고 한다. 대처행정부가 규제완화를 한 신자유주의[1]적 조치가 그 원인이라는 것이다. 펍의 운영을 누구나 할 수 있게 하자 소위 재력가들이 펍사업에 뛰어들었고, 그들이 펍을 부동산 중개업소나 옷가게 등 이윤이 높은 사업체로 변형시켰다는 것이다. 2008년 이후 펍 7,000개가 문을 닫았다.

이제 영국의 펍은 지역의 공동체 문화유지를 위한 특별한 공간으로 재생하고 있다. 2013년에 런던 지역에 공동체 자산으로 민과 관이 십시일반 모금한 재원의 펍이 시작되었다. 결국 펍은 영국인에게 꼭 필요한 것이어서 최근 그렇게 운영되는 펍이 300개 쯤 부활했다고 한다. 영국인들에게 펍이 동네 사랑방이었음을 입증하는 조치이자 변화다. 영국인들은 음주가 하나의 중요한 사회 매개체가 되고 있다(삶과 술 신문, 2014. 5. 26).

3. 미국의 음주문화

미국의 알코올에 대한 신념과 태도는 건국 초기처럼 청교도적인 상황이 아니다. 사실 그 때도 개척의 피로를 완화시키기 위해 많이 마셨다. 술에 대한 가치관은 이중적인 측면이 있다. 청소년 음주의 증가, 여성음주의 증가, 알코올중독자의 꾸준한 발생 등의 문제도 다른 나라와 다르지 않다.

북미 대륙으로 이주한 초기에 어린아이들까지 부모들과 함께 술을 마셨다고 한다. 그 전통이 지금도 어른 동의하에 가능한 청소년 음주법으로 남아 있는 주도 있다. 그 당시에는 '정기적으로 술을 마시는 것이 건강에 이롭다'는 생각도 일반적이었다고 한다.

과거 개척기에는 술집이 미국 사회의 중심지였다. 교회, 시청, 법원에서도 술을 팔았다. 요즈음의 미국 술집과 비교하면 차이가 크다. 술을 많이 마셨지만 만취가 허용되지 않는 사회적 통제가 있었다. 하지만 술을 신의 선물로 간주하는 유럽의 전통이 남아있

---

1) 신자유주의는 경제학에 기반을 둔 이론이다. 1970년대 세계적인 불황이 닥치고 스태그플레이션이 장기화되자, 시장의 경쟁력을 높일 수 있도록 국가 개입의 축소, 사회보장제도의 축소, 국영기업의 민영화 등을 내세웠다. 국가의 공공부채와 재정적자를 줄이는 방법은 증세가 아닌 공공 지출의 축소를 통해 수행돼야 한다는 것이다(사회복지교육연구센터, 2014).

어 금주자는 좀 이상하거나 모자란 사람으로 여겨졌다고 한다.

독립전쟁 시기에 주세가 연방세로 부과되었다. 19세기 말까지도 미국의 술집은 공격적이고 반사회적인 행동이 허용되는 분위기였다. 미국인의 알코올에 대한 인식과 태도는 시대의 흐름에 따라 크게 변했다. 영국 식민시기에 미국인들이 와인과 증류주를 무진장하게 많이 마셨다. 위스키·진·버번 등이 주로 소비한 증류주였다. 19세기부터 맥주 소비도 늘었다. 1933년 금주법이 풀렸을 때 이후 최고 소비 주류는 맥주가 되었다. 그렇지만 산업발전, 도시화 등의 사회가 변화하고 사회갈등도 심해지면서 알코올 남용이 비난의 대상이 되었다. 만취로 인한 사고가 늘자 만취는 점차 덜 허용적인 분위기가 발생하기 시작하였다. 알코올에 대한 허용적 입장과 불허 입장은 미국 이민사회가 복잡해지면서 그 갈등이 증폭되었다(삶과 술 신문, 2018. 7. 20).

미국의 법적 음주허가연령은 모든 주에서 21살이다. 최소음주연령 법규로 규제된다. 유럽에 비해서 높고, 우리나라보다도 많다. 우리나라처럼 제사 후 어른이 아이들에게 음복을 시킨다면, 미국에서는 법을 위배하는 일이 된다. 하지만 미국에서도 예외는 있다. 미성년자 음주도 어떤 경우에 안 되고 어떤 경우에 되는지를 상세히 정해 놓고 있다. 그리고 1984년 전에는 몇몇 주는 18~20세였다. 법적으로 청소년 음주가 허용되는 오하이오 주의 경우는 부모가 동의하는 경우에 가능하다.

하지만 식당에서 21세 이하 청소년에게 술을 팔지 않는 정책을 선택하면 부모가 동의해도 불가능하다. 그렇기 때문에 21세 이하가 법적 금주 연령으로 일반적으로 채택되고 있다고 보고 있다. 법적 음주연령 이상의 인구는 2억 3,500만 명 정도다. 그 중 음주인구는 2억 304만 명이다(http://blog.naver.com/PostView.nhn?blogId=tinews&logNo=221322735507).

미국의 음주문화는 함께 어울려 술을 마시더라도 서로 잔을 권하거나 2차를 가는 일은 거의 없으며, 단지 자기가 마시고 싶은 양의 술을 마실 수 있으며, 특정인이 사겠다고 말하지 않는 한 술값은 각자 계산한다. "해피아워(happy hour)"라는 것을 설정해 오후 5시 반부터 1~2시간 동안 운영하여 이 시간에는 술값을 저렴한 가격으로 또는 안주를 무료로 제공하기도 한다. 미국인들의 음주형태를 보면 우리와 너무도 다른 면이 많다는 것을 알게 된다. 우선 주량을 봐도 한국인들 보다 훨씬 적게 마신다. 남자들끼리 몰려다니는 경우는 드물고 술자리 사교 모임엔 부부동반이 함께한다. 우리나라는 아무 곳에서나 술을 살 수 있고 장소와 구별 없이 술을 맘껏 마셔 취할 수 있으며, 술 때문에 벌인 실수도 적당히 양해가 되는 음주문화와는 사뭇 다르다는 것을 살펴볼 수 있다(한국음주문화센터, 2002; 김상구, 2008).

1) 미국의 주류정책

미국은 술의 판매를 엄격히 제한하고 있다. 자유의 나라라고 알려져 있는 미국이지만 술에 관한 한 무한정 자유로울 것으로 생각했다가는 큰 오판을 하게 된다. 기본적으로 옥외에서는 술을 마실 수 없다. 운동경기장에 술을 갖고 들어갈 수 없는 것은 물론이다.

옥외에서 술 마시는데 대한 규제가 엄격하다 보니 심지어는 알코올중독자들도 거리에서 술을 마실 때는 술병을 종이봉투에 감춘 채 몰래 마실 정도다. 술 판매 제도도 매우 엄격해서 지정 업소 이외에는 술 판매가 금지되어 있다. 미국의 대표적인 체인점인 세븐일레븐에는 빵과 음료수 등의 생필품 이외 술은 팔지 않는다.

술을 판매하려면 우선 주정부나 시당국으로부터 판매 허가를 받아야 하는데, 대부분 주에서는 신규허가를 내주지 않고 있다. 다만, 술 판매권을 반납한 업소가 있을 경우에 한하여 한정적으로 주류 판매허가를 내주고 있어서 술 판매소는 늘지 않고 있다. 미국에서는 허가가 없으면 술을 팔 수 없기 때문에 단골식당이라 해도 술을 마시고 싶을 때는 손님이 직접 갖고 가서 마셔야 한다.

또한 술 판매가 있다고 해도 언제나 판매 하는 것은 아니다. 특히 일요일에는 술을 팔지 않는 것이 일반적인 관례다. 만약 일요일에 집에 손님을 초대해 파티를 할 경우라면 토요일에 미리 술을 사 두어야 한다(한국음주문화센터, 2002; 김상구, 2008).

미국은 알코올 관련 산업이 전체 경제활동에서 차지하는 비중은 상당히 크다. 미국이 제조 도매는 자유롭고 소비단계에서 규제를 선택한 것이 이유일 수 있다. 오래 전에 이미 직·간접적으로 약 700만 명가량의 인력이 알코올의 생산과 유통을 담당하고 있으며, 주세는 175억 달러, 20조원에 근접한다. 캔과 병의 제작, 운송, 포장 등 관련 산업까지 포함하면 3조 달러가 넘는 규모다.

　　미국의 '알코올의학연구재단'을 중심으로 한 의료연구 집단들은 '적당한 음주는 스트레스의 완화, 사회관계의 증진, 심장질환의 감소, 수명연장 등의 효과가 있다'는 연구를 지속적으로 발표하고 있다. 하지만 그 연구재단은 주류업계가 지원하는 연구기금으로 운영되고 있기 때문이다. 심지어 음주를 한 사람이 하지 않는 사람보다 머리가 좋다거나 경제적으로 우위에 있다는 연구결과도 발표하고 있으니 '과음을 조장한다는 비난'을 받게 된다(삶과 술 신문, 2018. 7. 20).

2) 미국의 음주량
(http://blog.naver.com/PostView.nhn?blogId=tinews&logNo=221322735507)

　　주류시장 규모를 리터 단위로 보면 미국은 2005년에 299억 9천2백만 리터에서 2014년 303만 3천 리터로 늘었다. 인구가 많은 중국에 이어 세계 2위다. 전 세계 음주량의 13%를 차지하는 술 강국이다. 1인당 알코올 소비량을 세계보건기구 자료에서 비교해 살펴보면 191개국 중 48위의 순이다. 순알코올 소비량이 9.2리터이다. 많이 마시는 국가들은 벨라루스, 몰도바, 리투아니아, 러시아, 루마니아, 우크라이나, 헝가리, 체코슬로바키아 등이었다. 대부분 과거 소련이거나 동구권 국가들이다. 기록 자료는 8.7리터이고 기록이 없는 자료 추정량이 0.5리터다. 제일 많이 마시는 술도 순 알코올을 기준으로 할 때 맥주가 절반(50%), 위스키 32.7%, 와인 17.3%의 순이다.

　　미국인들의 순알코올 음주량을 기간별로 나누어 살펴본다. 주세를 낸 기록소비량을 기준으로 할 때 2003~2005년 중에 8.5리터다. 그런데 2008~2010년 기간 평균은 8.7리터로 조금씩 늘었다. 그 이후도 증가세는 여전하며, 1990년대 후반 이후 2010년에 이르는 기간 중 대체로 증가한 것이다. 1980년대 중반까지는 10리터 내외였다.

　　미국의 총 순알코올 음주량을 15세 이상 인구에 대해서만 나누어 살펴보면 전체인구 기준으로 16.9리터이고, 음주자만 기준으로 할 때는 24.5리터로 음주량이 상당함을 알 수 있다. 남성만을 대상으로 보면 음주자 기준 소비량이 무려 30.9리터이고, 여성은

17.3리터로 그 절반이 조금 넘는다.

2016년 갤럽 조사 자료에 맥주 43%, 와인 32%, 증류주 20%의 구성이다.

3) 미국의 음주문제
(http://blog.naver.com/PostView.nhn?blogId=tinews&logNo=221322735507)

금주자 통계를 살펴보면, 평생 금주자는 12%로 나타났다. 평생 술을 마신 음주자가 88% 이며, 지난 2017년 12월간 금주자는 31.1%, 남성의 경우는 24.8%, 여성은 37.0%다. 단기간에는 금주자가 증가하였다. 이는 건강상태가 금주 기간에 영향을 미친 것으로 음주자의 20% 정도가 건강위험이 클 수 있다는 의미다.

2012년 통계에서 음주의 결과로 간질환 사망자는 10만 명 중 남성 14.9명, 여성 7.1명이며, 교통사고 사망자는 남성과 여성이 각각 10만 명당 18.6명과 7.0명이었다. 알코올 사용 장애자는 남성 10.7%, 여성 4.2%, 전체 7.4%다. 이는 미주 평균 6.0% 보다 많은 수이다. 음주량의 증가에 따라 사용 장애자도 증가한 것으로 나타났다.

알코올 의존자는 남성 6.9%, 여성 2.6%, 전체 4.7%다. 이 또한 미주 지역 전체평균치인 3.4%보다 많은 수치이다.

미국은 국민소득의 2.5% 정도를 건강, 사고, 질병상의 문제로 인한 피해를 입는다. 매년 8만 8천 명이 술로 인해 사망하며, 담배가 1위, 2위는 영양결핍과 활동부족, 세 번째 이유가 술이었다. 음주운전 교통사고 사망자는 2014년에 9,967명이었다. 2010년에 알코올 오용의 비용이 2,490억 달러, 한화로 250조원 규모다. 2015의 미국 질병관리본부는 1/3 정도는 폭음으로 질병이 발생하는 것으로 나타났다. 2012년 조사에서는 어린이의 10%가 알코올 문제를 가진 가정에서 살고 있다고 한다.

4) 미국의 알코올 예방대책
(http://blog.naver.com/PostView.nhn?blogId=tinews&logNo=221322735507)

미국에서 발간되는 상당수의 음주교육 팸플릿에는 주로 '알코올 남용이 교통사고, 질병, 무질서, 파괴적 행동, 폭력 등을 낳는다'는 홍보를 하고 있다. 미국은 다양성을 추구한다. 그런 만큼 국민 모두 음주가 문제라는 의견에 동조하는 것은 아니다. 음주를 반대하는 사람들 보다 음주 친화적 인구가 더 많다. 그 사실은 다른 나라와 다를 바 없다.

미국은 부유한 국가답게 예방과 치료의 천국이라고 볼 수 있다. 알코올 문제 예방과 치료에 관한 세계의 모든 자료가 미국에서 제작되고 있다고 해도 과언이 아닐 정도다. 모든 주에 치료기관이 수백 군데씩 있다. 병원 모델, 지역 재활상담센터, 중간집, 쉼터, 그룹 홈, 치료공동체 등 다양한 치료재활 전달체계가 구축되어 있다.

예방을 위한 활동도 전체 국민 대상 종합 홍보, 청소년, 노인, 여성, 음주운전, 직장인, 유색인종, 소수민족 등 고 위험군을 대상으로 한 특정 집단 예방사업, 학교, 지역사회, 가정 등에서의 프로그램 등 필요에 따라 다양하게 개발되어 있다. 금주주의자들과 음주주의자들의 대결도 볼 만한 곳이다. 건전한 음주관리법이 세밀하게 개발 되어 있으며, 폐해감축(Harm Reduction)개념도 적극적으로 적용되고 있다.

연방정부가 설립한 국립알코올중독 연구기관도 무조건 술을 마시지 않는 것이 비현실적이라는 것을 인정하기까지 한다. 금주론에 기초한 연구도 많지만 적정음주관 (Moderate Drinking)을 토대로 예방대책을 찾는 연구도 적지 않다. 균형 잡힌 다양한 연구 성과를 내고 있다. 미국은 알코올 문제 해결의 지름길이 교육이라는 확신을 가진 듯하다. 교육의 중요성에 대해 수많은 경험적 연구 결과가 있다.

미국의 알코올 교육 프로그램은 초등학교를 비롯하여 중·고등학교, 대학교에 이르기까지 광범위하고 체계적인 교육 전달체계를 갖추고 있다. 대학교수와 대학생들이 주축이 되어 결성된 미국대학생 알코올문제예방 기구는 생활관을 중심으로 한 예방프로그램, 신입생, 운동선수 등 고위험군 예방 프로그램을 집중적으로 실시한다.

미국 대학생 예방기구의 학내 동아리가 결성된 대학이 전국적으로 산재해 있다. 미국 정부와 교수들, 연구자들이 '소 잃고 외양간 고치기'는 하지 않겠다는 각오로 노력하고 있다. 그 결과 '한 사람을 예방하는 것이 열 사람을 치료하는 것보다 낫다'는 의견도 있다.

1달러를 예방에 투자하면 평균적으로 2.5달러 정도의 효과를 보게 된다는 경제 분석

결과도 있다. 우리는 어떠한지? 깊은 관심을 기울어야 한다.

4. 캐나다 음주문화

캐나다의 원주민들은 술을 마시지 않는 것으로 알려져 있다. 그런데 유럽인들이 이주하면서 물물교환으로 즉, 모피를 받고 원주민들에게는 술(brandy, rum)을 교환하게 된 것이 음주문화의 시작이라고 볼 수 있다. 그리고 처음부터 원주민들은 과음을 시작하게 되었고, 지금도 알코올 문제가 가장 많은 집단 중의 하나가 원주민이다.

18세기 중반부터 술은 정부재원의 중요한 부분을 차지하였으며, 원주민이 최초의 과음자였지만 당시에 육체노동을 많이 했던 광부, 철도노동자, 나무꾼 등이 과음을 하고 주세를 많이 낸 사람들이었다. 초기 캐나다인들이 술을 마신 장소는 술집, 길가의 여관 등이다. 교회도 음주에 대해서는 허용적인 태도를 보인 것으로 알려지고 있다.

19세기 초에 캐나다도 당시 세계적으로 진행된 금주운동에서 예외적이지 않았다. 정부는 금주를 주장하였는데, 그 이유는 알코올이 도덕적 타락과 모든 사회문제의 원인이라는 생각에 동의했기 때문이다. 주로 중간 계급의 사람들, 앵글로 색슨 인종들, 신교 근본주의자들, 농촌 사람들이 금주운동을 지지하였다. 캐나다인들도 처음에는 음주를 금지하면 모든 도덕적 타락이 사라질 것으로 믿었지만 금주운동이 가장 많이 호응을 얻은 곳은 가톨릭교회가 완전히 금주가 아닌 적정 음주를 주장한 '퀘벡'지역이었다.

음주자는 물론이고 술판매자와 유통업자들이 반대를 했지만 1907년 금주법이 공식적으로 통과되었다. 하지만 캐나다의 금주법은 아주 단명으로 끝났다. 다른 국가들과 마찬가지로 음주가 멈추지 않았고 밀주 유통시장이 나타났기 때문이었다. 사라질 줄 알았던 빈곤, 범죄, 질병과 다른 비참한 상황들이 여전했으므로 현명한 캐나다인들은 사회악의 원인이 다른 곳에 있음을 알게 되었다(알코올 백과, 2002; 김상구, 2008).

캐나다는 추운 나라이다. 추운 지방에서 술을 많이 마시는 어떤 역사적·문화적 이유를 대는 설명보다 설득력이 있다. 캐나다인의 음주실력은 선진국의 중간 정도인데

15세 이상 전인구를 대상으로 적어도 술을 한잔이상 마신 사람이 조사결과 72%였다. 1인당 평균 순알코올 소비량은 9.5리터, 주류 판매액은 104억 달러로 인구수가 상대적으로 월등한 미국의 84억 달러보다도 많은 수준이다.

캐나다를 방문하는 여행자들은 캐나다의 깨끗함에 반하게 된다. 그러나 토론토의 거리에서 하루 종일 앉아서 노닥거리는 젊은이들(Street Youth)을 빈번히 볼 수 있다. 그들은 알코올과 담배는 물론 마약까지 손을 댄다. 소위 길거리 청소년들의 알코올과 약물중독 문제가 예외 없이 심각하게 거론되는 곳이 또한 캐나다이다. 토론토의 최고의 알코올 및 약물 문제 연구기관인 중독연구재단(Addiction Research Foundation)의 룸 (Room. R.)박사는 "현대의 모든 사회에서 약물문제가 증가하고 있으며 캐나다도 예외는 아니다"라고 말했다(네이버 오픈백과).

1) 캐나다 음주 실태

금주법이 실패로 돌아가자 캐나다는 만취자, 중독자, 술로 인한 사망자들이 속속 나타나기 시작했다. 갤럽의 조사결과 1950년대 이후로 음주자 비율이 계속 늘어났다가 1980년대 들어서는 감소추세를 보였다. 캐나다는 '전해에 적어도 한잔 이상 마신 사람'을 측정하는 기준을 선택하여 15세 이상 음주인구는 1978년 82%에서 1994년 72%로 줄어드는 경향을 나타내고 있다. 한 달에 적어도 한번이상 마신 '빈번한 음주자'도 같은 기간 중에 줄고 있으며 한 달에 한번이하 마시는 음주자는 늘었다.

음주자 평균을 보면 1주일에 평균 3.6잔을 마시고 있다. 대체로 음주자의 절반쯤은 한번 마실 때 다섯잔에 가까운 술을 마시는 것으로 나타났다. 가장 좋아하는 술은 맥주, 증류주, 와인의 순이다. 음주자들은 술집에서 마시고, 파티, 결혼식 등 사회적인 모임에서도 마신다. 캐나다도 술집에서 취객은 대접을 받지 못한다. 만취한 손님에게 술을 주지 않을 권리가 바텐더에게 주어지는 곳이 캐나다이다. 청소년의 알코올 소비는 성인들의 알코올 소비추세와 유사한 패턴을 보여주고 있다. 청소년 알코올 소비는 1989년 66.2%, 1991년 56.7%, 1993년 56.5%, 1995년 58.8%로 나타나고 있다.

캐나다의 대학생의 음주자의 성 비율은 거의 차이를 보이지 않고 있으며 대학생의 음주는 주거상황과도 밀접한 관계를 보이고 있다.

기숙사생활을 하는 학생이 음주빈도와 음주량이 가장 높고 혼자 자취하거나 하숙하는 학생, 부모님과 같이 살고 있는 학생 순으로 음주빈도와 음주량이 적음을 나타내고 있다(네이버 오픈백과). 세계보건기구의 2016년 15세 이상 인구당 연간 순수 알코올 소비량 보고 조사에 따르면 캐나다는 10.0리터로 세계 40위, 미대륙에서는 1위를 기록하고 있다(https://brunch.co.kr/@cecillim1968/18).

캐나다인은 혼자서 술을 마시는 것을 좋아하지 않는다. 친구, 부부, 연인, 가족, 친척 등의 순으로 함께 마시는데, 60%쯤은 부인이나 연인, 30% 정도는 가족과 친척, 10% 정도가 직장 동료와 술을 마신다. 우리나라 사람들이 친구나 직장 동료와 주로 마시는 것과 비교하면 가정적이고 개인적인 음주를 많이 하고 있다(알코올 백과, 2002; 김상구, 2008). 캐나다인은 음주를 좋아하지만, 취객은 많이 없는 듯하다. 만약 만취한 손님이 술을 주문할 시, 그 손님에게 술을 주지 않을 권리가 바텐더(LLBO 주류 판매 면허 소지자)에게 있다(https://blissinottawa.tistory.com/203).

2) 캐나다 음주문제

캐나다인들도 술로 인한 개인적·사회적 문제들로 고통을 받는다. 음주로 인한 경제적 총비용을 '캐나다 물질남용센터(CCSA)'는 184억 달러로 추정하고 있으며, 이는 국내총생산의 2.7% 수준이다. 알코올중독자가 47만 6,800명으로 추산하고 있으나 그 수는 줄어드는 추세라고 한다. 캐나다도 음주운전문제로 골머리를 앓고 있는데 교통사고 중 가장 큰 원인이 음주운전이다. 그러나 캐나다에서의 음주문제는 줄어들고 있다. 알코올중독자의 수, 건강상의 문제, 음주운전 사고 등 각종 통계치는 하향 추세를 나타내고 있다.

캐나다의 청소년의 대부분은 알코올 남용 문제를 피해갈 수 있도록 하기 위해 알코올 및 약물남용의 문제를 경험하게 될 것으로 보이는 '위험집단'에 대한 예방활동에 중

점을 두고 있다. 그러나 위험집단에 속한 청소년 중 대다수가 이미 알코올 남용과 관계된 심리사회적 문제를 경험하고 있다.

알코올과 약물 남용 청소년은 폭력, 반사회적 행동, 조기 성행위 경험, 정서적 어려움과 학교관련 문제들을 경험하는 것으로 나타나 심리 및 행동의 상호 연관된 역학관계를 보여주고 있다. 또한 미국과 마찬가지로 캐나다 역시 음주운전으로 인한 사망 및 사고가 가장 커다란 문제로 나타났다(네이버 오픈백과).

특히 음주운전 문제로 어려움이 많다. 교통사고 중의 가장 큰 문제는 16세 이상의 인구 10만 명 중 677명이 음주운전 범칙자라고 한다. 그러나 캐나다에서는 음주문제는 줄어들고 있다. 알코올중독자 수, 건강상의 문제, 음주운전 사고 등 각종 통계치는 하향추세를 나타내고 있다. 직장인들의 음주태도를 살펴보면 직장에서나 작업 중 음주에는 부정적 인식을 가지고 있다(김상구, 2008).

3) 캐나다 주류 판매(https://if-blog.tistory.com/1091)

캐나다는 애주가들에게 가장 불편한 사회 중 한 곳으로 꼽힐 정도로 술에 대한 접근이 까다롭다. 캐나다의 식료품점과 마트에서는 술을 구경조차 할 수 없다. 대신 지정된 스토어(토론토가 속한 온타리오 주 등에서는 LCBO)에서만 술을 팔며, 스토어 상당수는 주정부에서 운영한다.

주정부 스토어는 평일에는 오후 7시까지만 영업하고, 일요일과 공휴일에는 문을 열지 않는다. 온타리오 주의 경우에는 일요일에도 영업을 개시한다. 금요일 오후 시간대에는 스토어가 항상 북적이는데 주말을 대비해 미리 술을 장만해 두려는 사람들 때문이다.

술 유통을 사실상 국가가 독점하다 보니 문제점도 적지 않다. 독점의 가장 큰 폐해는 가격이다. 캐나다의 술값은 미국에 비해 현저히 비싸다. 심지어 몬태나주나 아이다호주 등 캐나다와 국경을 접하고 있는 미국 일부 주에서는 캐나다 맥주를 캐나다에서보다 더 싸게 살 수 있다. 높은 술값의 원인 중의 하나는 세금이다. LCBO에서 술을 산 뒤

영수증을 받아보면, 5%의 GST가 자동으로 포함된다는 것을 확인할 수 있다. 이로 인해 온타리오 주는 매년 15% 이상의 막대한 주 예산을 LCBO를 통해 벌어들인다.

편의점과 슈퍼마켓 등에서 술을 살 수 있는 유일한 주(州)는 독특한 문화권이 형성돼 있는 퀘백주다. 그러나 그나마도 밤 11시까지로 술 판매 시간은 한정돼 있다.

대학 캠퍼스 내에서의 시원한 맥주 한 잔으로 법적 처벌 받는다. 캐나다 온타리오 주(州)에서 실제로 일어나는 일이다. 캐나다의 온타리오주에서는 정부가 판매하는 술만 '합법적'으로 구입하여 마실 수 있다. 온타리오 주 정부는 'LCBO(Liquor Control Board of Ontario)'라는 정부 직영 술 판매점을 운영하고 있다. 현재 주류제조사들이 운영하고 있는 맥주판매점 '비어 스토어'는 주 전역에 436개, 정부 소유 LCBO 판매점(주로 양주 전문)은 598개, 교외지역 판매 대행점은 196개, 포도주양조장 운영 숍은 395개로, 정부 소유의 판매점이 가장 많은 수를 차지한다. 레스토랑과 펍(호프집)의 경우 LLBO(Liquor Licensing Board of Ontario)라는 표시가 있는 곳에서만 술을 마실 수 있다. LLBO는 술을 판매할 수 있는 하나의 자격증으로 온타리오 정부가 심사를 거쳐 세금을 받고 레스토랑에 판매한다. LLBO는 오후 3시부터 새벽 2시까지만 술을 팔 수 있다. 또한 흡연은 실외에서만 음주는 실내에서만 허용된다. 야외 음주는 특별 허가가 없는 한 무조건 금지이며, 레스토랑이나 펍의 경우 일정 구역 내에서 야외 음주가 허용된다(https://if-blog.tistory.com/1091).

4) 캐나다의 알코올 문제에 대한 정책(네이버 오픈백과)

캐나다에서는 연방정부에서 술의 제조, 수입, 수출을 관장하고 있으며, 각각의 주에서 술의 유통을 규제하고 있는 등 다양한 주류 통제정책을 사용하고 있다. 국산맥주와 와인의 경우 정부와 민간이 모두 판매권을 가지고 있지만 증류주, 수입와인, 맥주의 판매권은 주정부에서 가지고 있다.

캐나다는 전통적으로 술값이 비싸 미국으로 술 쇼핑을 일상적으로 가는 사람들이 많다. 캐나다 달러의 약세와 관세법의 강화로 줄기는 했지만 그 수는 아직도 적지 않다.

앨버타 지역에서는 이른 시간에 술을 싸게 팔아 음주피해를 줄이는 제도가 생겨났고, 법정 음주연령을 미국에서 올린 것과 달리 낮췄다. 뉴브런즈윅과 매니토바에서는 부모 감독하의 음주를 허용하고 있고 앨버타, 브리티시, 컬럼비아, 온타리오 주 등에서는 미성년자의 주택 내 음주가 허용되고 있다. 이러한 제도의 영향으로 캐나다의 술집에서 미성년자를 보기란 어렵지 않은 일이 되었으며, 술에 대한 허용적 태도를 살펴볼 수 있다.

연방법에 맥주와 와인과 같은 저도수의 술에는 술 광고를 허용하고 있었는데 알코올 도수 7% 이상인 증류주도 광고를 하려고 시도하였다. 연방법원은 헌법에 규정된 표현의 자유를 침해하는 행위로 규정, 증류주에 대해서도 술 광고를 허용했다. 한편 주류업체와 사용자 단체들은 스포츠 행사나 문화 이벤트 사업 등에 광범위한 후원을 하고 있다.

정부가 하는 알코올의 통제정책에 대해 대부분의 캐나다인은 찬의를 표하고 있다. 식료품점에서의 술 판매에 대해 67%가 반대하고 있다. 술병의 건강에 대한 경고 표시에 찬성이 70%, 술 광고에 대한 반대도 상당수 되며, 주세의 증대에도 절반이 넘는 수가 반대하지 않는다. 법정 음주연령을 올리자는 의견에도 절반이 찬성하고 있으며, 주류 판매업소의 영업시간을 줄이자는 데에도 찬성이 많다.

5) 캐나다 음주 예방과 치료(네이버 오픈백과)

음주에 대단히 허용적 태도를 보이고 술 문제가 많은 만큼 캐나다는 예방프로그램을 상당히 포괄적으로 운영하고 있다. 예방프로그램은 학교를 중심으로 진행하고 있으며 대안적인 수단인 사회기술훈련, 문화, 예술, 체육 등 다양한 프로그램이 있다. 청소년 알코올 문제를 예방하기 위해서 초·중·고등학교 청소년과 대학생에 대 중독연구재단(ARF)을 통한 C.A.P.E(Campus Alcohol Policies and Education)가 최근의 정부의 유일한 예방사업이다. 대학생을 대상으로 한 알코올 예방 프로그램은 각 대학의 peer counselling 학생자조집단을 이용한 BACCHUS Canada의 활동이 활발히 이루어지고 있다.

대국민 인식제고를 위한 예방사업도 건강 캠페인, 반음주 역광고, 술집종사원 교육 등 다양한 프로그램을 정부차원에서 진행한다. 민간에서도 주류업계를 필두로 연구 조사, 교육홍보 프로그램 등을 지원하는 광범위한 예방활동이 벌어지고 있다.

치료는 입원프로그램 위주였는데 입원 및 통원 치료 프로그램으로 다원화하고 있으며, 해독시설, 장단기 거주시설, 외래 프로그램 등이 주로 도시를 거점으로 하여 상당히 많다. 자조집단의 활동도 활발하다.

캐나다인들은 주로 알코올 문제를 생활습관에 기인한 질병으로 인식하고 있다. 문제를 막는 가장 효과적인 접근방법으로는 기초예방, 초기 관여, 건강증진을 전략적으로 활용하고 있다.

5. 독일의 음주문화

독일의 맥주는 약 천년정도의 역사를 가지고 있는 것으로 기록되어 있다. 맥주가 생활의 일부분이 된 것은 워낙 수질이 나쁜 원인도 있지만, 중세 이후 질 좋은 맥주는 술 이라기보다는 독일 사람들에게 일종의 음료로 취급받고 있기 때문이다.

독일인들에게 맥주는 독일 국민들에게 대화의 촉매역할을 하고 있다(한국음주문화센터, 2002; 김상구, 2006).

맥주를 마시는 역사가 오랜된 만큼 독일인들의 음주문화는 매우 성숙되었다고 볼 수 있다. 맥주와 함께 와인을 소비하는 독일의 성숙된 음주문화는 크게 3가지로 요약된다. 독일인들의 음주는 대화를 즐기기 위한 하나의 수단이다. 라인강변에 자리 잡고 있는 쾰른과 뒤셀도르프의 술집 거리는 주말이면 늦은 시간까지 흥청거린다. 그러나 시간이 흘러 취한 기분이 넘치더라도 결코 고함소리가 들리지 않는 게 특징이다.

독일에는 각 주마다 특색 있는 하우스 맥주가 생산되므로 독일의 음식들 즉, 소시지나 레버케제 같은 음식에 맥주를 곁들여 먹는 것이 일반적이다. 곳곳에 비어가르텐으로 불리는 맥주집이 있고, 주택가에도 술집이 자리 잡고 있다. 이 맥주집들이 아무런 문제없이 영업을 하는 데에는 사생활 보호를 위하여 밤 10시 반 이후에는 옥외에서는 술을 팔지 못하도록 하는 엄격한 법이 있고 이를 업주들이 철저히 지킨다.

주택가의 비어가르텐이 인기를 끄는 데는 음주운전을 피하려는 독일인들의 지혜도 배어 있다. 독일들은 요즘 술자리가 있는 날이면 으레 순번을 정하여 그날의 운전자 1명을 정하고, 이 운전자는 술자리에서 대화만 즐기되 음주는 하지 않는다. 독일의 맥주는 유난히 구수하고 맛이 좋다. 16세기 제정된 독일 특유의 '맥주 순수법'에 따라 맥주 보리에다 호프와 효모, 물만으로 맥주를 만들기 때문이다. 독일의 술집에서는 술값을 계산할 때 각자가 해야 한다. 따라서 남에게 술을 강요하고 싶으면 자기가 술을 사야만 한다(blog.naver.com/vinglass/140155498668). 그러나 독일같이 비자금이나 촌지가 없는 맑은 사회에서 술값을 대신 낸다는 것은 쉬운 일이 아니다. 자연히 강권이나 폭음하는 술자리는 거의 없고 주량은 스스로의 주머니 사정에 따라 절제될 수밖에 없다.

뮌헨의 10월 축제를 보면 보름 동안 7백만 명이라는 대규모 인파가 전 세계에서 몰려와 독일인의 맥주만을 위해 축제를 벌인다. 마시고 싶은 만큼 마시고 얘기하고 싶은 만큼 얘기한다. 그러나 불상사는 전혀 보이지 않는다(남태우, 2005).

1) 독일의 음주문화 변화

독일은 오랫동안 음주문화가 좋지 않은 나라로 악명이 높았다. 그런데 독일인들이 대중 앞에서 문제 있는 음주행위에 대해 허용적인 태도를 보였다면 의아해 할 사람이 많을 것이다. 우리나라와도 같은 태도를 보였던 독일이 어떻게 대체로 점잖은 음주문화를 가지게 되었는지 밝히는 것은 쉬운 일이 아니다. 그러나 음주문화의 많은 변화에 대해서는 독일은 성공사례라고 할 수 있다.

과거 독일도 취한 상태에서 술집이나 군중이 모여 있는 길거리에서 고성방가를 하고, 싸우고 처음에는 단순히 재미로 시작한 싸움이 심한 사고나 죽음에까지 이르는 사례가 비일비재하였다고 한다. 음주와 만취에 대해 허용적인 태도는 독일사에 빠짐없이 이어 내려온 사실이고 최근까지 그러한 문화가 존속하였다.

1500년대에 종교개혁을 주도한 마틴 루터는 당시 와인 음주자들을 '포도주 푸대'라는 의미를 가진 말로 "술고래(weinschlauch)"라고 불렀다. 그리고 "음주는 우리나라에 일종의 페스트 인데 이는 신이 노해서 우리에게 보낸 것이다"라고 말하면서 독일의 음주문화는 외부로부터의 압력, 경고조치, 처벌, 그리고 개신교적인 근검정신을 통하지 않고서는 개선시킬 수 없다고 생각했으며, 음주문화를 별달리 변화시키지는 못하였다.

1850년대에는 증류주가 범람하여 문제가 되었고 1880년대에 카우츠키는 노동자들에게 맥주 음용을 통제할 것을 제안하였다. 이에 19세기 말 공산주의의 사상가 앵겔스는 술이 독일사회에 미친 영향을 다음과 같이 표현하기에 이르렀다. 예전의 잔치에서 볼 수 있던 기본 좋은 안락함 그리고 드물게 나타나던 무절제함이 이제는 칼부림이 빠지지 않고, 살인사건이 점점 더 자주 빈발하는 폭력적이고 황량한 잔치로 변하였다. 나중에 이러한 광포함이 독일의 도덕 재무장 운동을 유발시키지만 독일의 음주 폐해는 실로 가관이었다고 한다(조성기, 2003).

1870년 이후 독일의 전 사업장에서는 노동시간에 술 마시는 것이 금지되고 노동자들의 고달픈 일상과 무기력함을 잊기 위해서 일과 후 많은 술을 마시고 결근하면 경제적인 손실이 생기기 때문에 사회적·경제적 불이익을 준다든지 해고를 하였다. 이러한 조치들은 일자리가 부족한 상황에서 생존과 직결된 문제였기 때문에 자신들의 음주문화를 기계의 리듬에 맞추어 바꾸어 나가야만 했다. 독일의 금주단체들의 노력이 음주문화에 얼마나 기여했는지 정확히 평가하기는 어렵지만 어느 정도 소기의 성과를 거둔 것은 확실하다. 독일인의 음주문화가 바뀌게 된 또 다른 요인으로 학교교육의 확대와 산업화를 꼽을 수 있다. 교육에 많은 관심을 기울인 것은 개신교 교리에 기인하는데 교육의 내용도 앞서 언급한 종교적인 색채와 인문주의적 전통에 많은 영향을 받았다.

그러나 음주문화가 오랜 기간 형성되어 왔고 중요한 삶의 일부분으로 여겨지는 독일사회에서, 또한 삶의 질곡이 옥죄어 오는 상황에서 술을 금지하는 것은 현실적으로 불가능하였다. 이런 맥락에서 맥주는 다시 각광을 받게 되었는데 독일인의 문화를 잘 대변해주는 맥주는 노동자의 술 또는 국민의 술로 승격을 하게 되고, 값싸게 취할 수 있지만 많은 문화적 사회적 문제를 일으키는 증류주를 빠른 속도로 대처하게 된다(남태우, 2005).

2) 독일의 음주실태(조성기, 2003).

독일 남성들의 음주량과 음주 빈도는 사회경제적 요인들과 관계가 없지만 음주선호도는 사회경제적인 계층과 관련이 있다고 한다. 가격이 비싼 술이나 수입주는 소득이 높은 사람들의 몫이 된다. 독일의 연구자들은 그 이유를 비싼 술이나 수입주가 독일인에게 풍요의 상징으로 여겨지기 때문이라고 밝히고 있다. 소득과 음주와의 관계는 여성들에게서 분명히 나타난다. 고소득자이면서 고등교육을 받은 여성들은 정기적인 음주기회를 늘려가고 있는 것이 그것이다. 그들이 가장 즐겨 마시는 술은 와인이다.

독일 남성과 여성의 음주유형자 비교 결과를 살펴보면 그 차이가 분명하게 나타난다. 술을 안 마시는 여성이나 1년에 1~2잔 정도 입에 대는 여성은 32%, 남성은 그러한 사람이 13%에 불과하다. 한편 과음하는 남성은 44%이고 4명 중 1명이 매우 많이 마시는 사람들이다. 어느 나라나 상습 음주자들이나 문제 음주자들은 조사할 때 음주량을 낮게 적는 것을 감안한다면 실제는 이보다 더 많은 사람들을 주량으로 볼 때 문제 음주자라고 할 수 있다. 결론적으로 독일 남성들은 술을 많이 마신다는 것이다. 그리고 그들은 맥주를 즐겨 마신다.

관련 자료를 살펴보면 독일 여성들은 대체로 상대적으로 적정하게 마시고 있는 것으로 나타났다. 독일 여성들은 남성에 비해 맥주, 와인, 증류주 모두 적게 마신다. 그렇지만 여성 문제음주자가 13%나 되는 것은 여성들의 술 문제가 문제수위에 이르고 있는 것으로 볼 수 있지 않을까 싶다.

물론 남성들은 주종에 상관없이 과음을 하는 사람이 많다. 폭음자도 상당수 된다는 통계조사 결과가 있다. 술 마시는 남성들은 필름이 끊어지는 현상을 자주 경험한다고 한다. 필름이 끊어진 경험은 여성의 경우 6%, 남성의 경우는 1/3 정도나 된다. 대부분의 남성은 정기적으로 폭음과 과음을 일삼지만 여성은 그렇지 않다고 볼 수 있다. 독일의 남성과 여성은 음주나 만취에 대해 다른 생각을 가지고 있음을 알 수 있다.

독일 술집의 단골손님들은 일주일에 한두 번 들르는 것이 일반적이다. 일부 손님들은 거의 매일 와서 술을 마신다. 독일의 노동자들은 직장 일이 끝나자마자 단골집에 와서 맥주 한두 잔을 마시게 된다. 주로 바에 둘러서서 마시거나 바텐더나 다른 손님들하고 이야기를 나누기도 하고 아무 말 없이 혼자 마시는 사람들도 있다. 오후 5시에서 6시 정도까지는 술집 안이 조용한 편이다.

독일의 술집에서 여성손님들은 환대를 받지 못하는 편이다. 바는 대체로 남성들의 차지가 되고 용감하게 술집으로 들어선 여성 고객은 적대적인 상황에 놓이거나 일종의 성과 관련된 부당 행위를 당할 수도 있다고 한다. 사회학적 용어로 설명하면 그 경우 여성들이 남성의 영역을 침범했거나 허용되지 않은 일을 시도한 것이 된다. 독일의 펍에는 문제화되지 않았지만 지켜지는 법칙들이 여전히 전제한다고 한다. 그런데 그 중 금기들은 대체로 여성에 대한 것이라고 한다.

독일에서도 일부 펍에서는 싸움이 자주 벌어진다. 또한 어떤 펍에서는 그런 일이 매우 드물다. 그러한 차이는 주로 바텐더가 취객에 대해 어떠한 태도를 보이는가에 달려 있다. 독일의 음주문화를 가름하는 주인공이 바텐더라는 해석도 가능할 수 있다. 예를 들면 조금 잃더라도 취객에 대해 엄격하게 하는 비공식적 규칙을 가져 술집을 우애와 평화의 장소로 만드는 것을 목표로 하는 바텐더가 있다.

3) 독일은 청소년기에 술을 경험한다(조성기, 2003)

독일에는 '일생에 한 번도 취하지 않은 사람은 진정한 사나이가 아니다'는 금언이 있을 정도이다. 즉, 독일 청소년들의 과음은 성인이 되기 위한 통과의례가 된다.

청년이 군대에 가게 되면 대부분 정기적으로 음주를 하게 된다. 군대에서의 음주는 물론 '단지 즐기기 위한'수단이고 지루함을 달래기 위한 것이지만 이때 가지게 되는 음주습관이 평생을 가는 경우가 많다. 또한 누군가에게 술을 한잔 사는 것은 남자세계의 덕목으로 알려져 있다. 독일의 청년들은 음주기술을 자랑하려고 음주게임을 일삼아 과음에 시달린다. 그리고 군대 이외에도 학생클럽이나 기숙사에서 술을 많이 마신다. 많은 청소년이 알코올을 오용하게 되고 일부는 알코올에 중독된다.

한편 다행스럽게도 독일 소녀들은 소년들과는 상황이 다르다. 또래 압력도 많지 않고 마시더라도 대부분은 단기적으로 그렇게 할 분이다. 적정한 음주를 해야 한다고 가르침을 받는 것이 남학생들과는 다른 점이다. 특히 여학생이 만취하는 것은 금기시되고 있다.

독일의 주점에서도 마시고 떠들고 카드놀이를 하거나 친구들과 사교생활을 하게 된다. 이때 여성은 남성과 같이 오지만 취한 남편을 집으로 데리고 가거나 술이 깨도록 돕는 것이 그들의 임무가 된다. 물론 일부 여성들의 경우 그러한 전통을 지키지 않는 경우도 있지만 적어도 1990년대 중반 때까지 확인된 자료에서는 그러한 역할이 일반적인 것임을 알 수 있다.

4) 독일의 음주문화 변화 노력(조성기, 2003)

독일인들은 술과 일상생활이 밀접한 관계를 맺고 있는 나라에서 음주에 대한 강력한 제재는 기대할 수 없다. 오히려 독일 사람들은 문제 있는 음주자들 때문에 정상적인 음주자들에 대해 피해를 주는 어떠한 제도가 운영되는 것에 의아해 하고 있다. 즉, 정부가 정책적으로 규제를 가하는 방식보다는 민간에서 또는 개인 차원에서 음주문제를 다루는 방식을 선택하고 있다고 보는 것이 옳을 것이다.

다시 말하면 독일의 음주 변화는 오히려 사회의 발전에 따른 생활양식의 변화나 의식 있는 민간단체와 개인들의 노력, 주류업계나 술집 종사자들의 활동들로 인한 것이 아닌가 한다. 정부가 국가약물남용 통제계획(national program on drug abuse control)을 수립한 것은 1990년에 와서 가능했다. 그 전에는 오히려 순수맥주법(pure beer law)과 세입의 원천과 품질의 개선을 통해 문제를 예방하는 인식 정도가 있었다고 보는 것이 옳을 것이다. 그 법이 발효된 것은 1516년 이었다.

민간에서 19세기에 절주 운동이 일어난 것은 수세기 동안 계속된 독일의 악명 높은 음주문화를 고려할 때 당연한 일이다. 더욱이 19세기에는 미국을 비롯하여 서구사회의 절주 운동이 유행이 되다시피 한 시기였다. 그러나 미국과 같이 청교도적인 종교 규범을 가지고 시작한 국가와 전통적으로 술을 오래 많이 마셔온 나라에서의 예방 활동은 차이가 크다. 독일에서 민간이 체계적으로 예방활동을 시작한 것은 최근의 일이라고 보는 것이 옳을 것이다.

독일의 주류업계도 주종별 협회에서 알코올 문제 예방활동을 위해 일정한 범위 내에서 필요한 사업을 진행하고 있다. 증류주협회에서는 정기적으로 캠페인 활동을 벌이고 있다. 주로 증류주협회의 메시지는 '알코올 문제를 가진 음주자들이 어떻게 도움을 받을 것인가'에 대한 것이었다. 맥주협회는 주로 문제가 많이 발생하는 상황인 맥주 페스티벌 등에서 음주운전을 막고자 노력하는 행사에 주력하고 있다.

독일에서는 주류의 판매 시간이나 광고들에 대한 통제도 그다지 없고 자율적인 규범에 맡기는 것을 선택하고 있는 것이 옳을 것이다. 1996년에 알코올음료 판매시간을 자유화하는 법안이 통과 되었고, 1976년에 독일 보건성과 주류 업계는 자율적인 광고규약으로 광고가 청소년에 미치는 영향이 없도록 하자는 의견을 교환한 바 있다.

독일의 주류 판매 업소수가 우유를 판매하는 곳만큼 많다는 상황은 바로 우리나라를 보는 것과 같다. 허용적인 음주문화와 과음과 폭음의 전통을 가진 국가에서 '음주 문제에 대해 어떻게 대처해야 할 것인가'에 대한 해답을 찾는 것은 쉽지 않은 일이다.

음주운전에 대한 규제 이외에 강력한 규제를 찾아보기 어려운 독일에서 건전한 음주문화가 이루어지고 있다는 것은 과연 어떻게 설명되는가? 한 국가의 음주문화는 다양한 요인에 의해서 결정된다고 볼 수 있다. 독일의 경험을 볼 때 종교, 사회규범, 법, 제도, 소득수준, 가격, 교육, 스트레스 해소 기전 등 어느 하나 빠뜨릴 수 없는 요인으로 생각된다.

6. 프랑스의 음주문화(http://cafe.daum.net/CN9wine/BD8a/27?q · 고경희, 2003)

세계 어느 나라나 주류문화와 식문화는 밀접한 관계를 갖는다. 프랑스에서 생산되는 포도주는 그 품질이 세계에서 으뜸으로 인정되어 세계적으로 비싼 값으로 팔려나가고 있으며 보르도, 부르고뉴 지방에서 생산되는 붉은 포도주는 품질이 좋기로 유명하다.

더욱이 포도주는 취하기 위해 마시는 것이 아니고 식사할 때 한두 잔 입맛을 돋우기 위해서 마신다. 그리고 포도를 가지고 만드는 프랑스의 상파뉴(champagne)와 코냑(cognac)이 있다.

프랑스 국민은 예의범절을 따지는데 엄격하고, 식탁에서도 예의를 중요시하고 있다. 프랑스의 음주문화는 식문화와 함께 설명된다.

다양한 식문화와 함께 곁들인 프랑스의 음주문화는 삶의 커다란 즐거움 가운데 하나이며 그 즐거움을 위해선 돈과 시간을 아낌없이 쏟는 것도 프랑스 인이다.

이런 점에서 볼 때 프랑스인처럼 호화로운 식탁문화가 없으며 예술의 경지에까지 이르는 음주문화를 가지고 있다.

프랑스에서는 포도를 이용한 백포도주, 적포도주, 샹파뉴, 코냑 등은 식사와 함께 음주하며, 식기류의 세련됨, 금속의 발달, 크리스탈 잔의 영롱함, 데카르트의 후손에 어울리는 토론문화 등이 식탁에서 포도주와 함께 하는 풍성한 프랑스 문화의 정신세계에 불꽃의 역할을 하고 있다.

각 나라의 음주문화 형태는 그 민족의 정신세계와 밀접한 관계가 있다. 프랑스에서는 포도주를 여성으로 의인화하여 인격적으로 대하고 있다. 포도주도 사람처럼 태어나고 자라고 죽는다. 어린 시절에는 달콤한 맛을 좋아하여 단맛 나는 포도주를 좋아하고 젊은 시절에는 재치 있고 정력적이며 생기가 넘치는 여인을 원하여 이때에는 상쾌한 과일향이 풍기는 백포도주가 제격이다. 40세가 지나 한층 온화하고 사랑이 담긴 손길과 벗이 필요하게 되면 이때는 부드러운 적포도주를 더 좋아하는 것과 같이 인생의 여정에서 만나는 포도주를 동등한 인격체로 대할 때 건전한 음주문화가 이루어지리라 본다.

1) 프랑스 청소년의 알코올 소비추세

프랑스에선 알코올 소비가 줄어드는 반면 청소년들의 알코올 소비는 늘어나고 있다. 조사에 의하면 11~19세의 청소년 중 40%가 음주경험이 있으며, 12%가 주당 2회 이상 정기적으로 음주를 하고 있는 것으로 나타났다.

또한 대학생의 경우 71%가 음주자이며 48%가 정기적으로 알코올을 소비하는 것으로 나타났으며, 주로 선술집, 축제 기간에 술 소비가 증가하는 형태를 보이고 있으며 대학생들의 65%가 친구들과 선술집에서 음주를 하고 그 외에는 학교 기숙사나 집에서 음주를 하는 것으로 나타났다.

2) 프랑스 청소년 알코올문제

프랑스 청소년들의 알코올 남용 문제는 1980년대 초반부터 증가추세를 보이고 있으나 대학생들의 경우 1997년 신입생 오리엔테이션이 금지되어 알코올 소비가 줄어들고 있는 추세이다.

알코올을 정기적으로 소비하는 청소년의 경우 일반 청소년들에 비해 조기 성행위 경험, 폭력 등 반사회적 행동의 경험이 높은 것으로 나타났다.

또한 음주운전으로 인한 교통사고 중 15~24세의 음주 운전사고가 가장 높은 것으로 나타나 큰 사회문제로 대두되고 있다.

3) 프랑스의 알코올 예방과 정책

프랑스 청소년들의 음주를 예방하기 위해서 초·중·고등학생이 음주를 하다가 적발되었을 경우 '정학처분을 하며, 다시 적발되는 경우 퇴학조치를 하는 등 법적 음주규제를 엄격히 시행하고 있다.

정부의 알코올 예방 정책의 초점은 초·중·고등학교 청소년들이며 대학생들에 대한 예방정책은 없다.

단지 대학 신입생 오리엔테이션 행사시의 알코올 관련 사고가 빈번해짐에 따라 1997년부터 오리엔테이션을 법으로 금지시키고 있다.

제2부

알코올중독의 이해

제7장

알코올중독의 일반적 이해

1. 알코올중독의 개념

　세계보건기구(World Health Organization: WHO)에서 제시한 알코올중독이란 "전통적 음주습관의 영역을 넘거나 혹은 그 사회에서 인정하는 범위보다 지나치게 많이 음주하고 사회와 가정에 지장이 있고 그 이상을 초래하는 경우를 말한다"라고 하였다(WHO,1955; 최송식, 2007: 311). 미국의학협회(American Medical Association)에서는 알코올중독을 지속적이고 과다한 음주와 직접적으로 관련된 상당한 기능장애가 특징적으로 나타나는 질병으로 설명하고 있다. 그 기능장애란 생리적, 심리적 및 사회적 기능장애를 말하며 전형적으로 환자의 정신기능, 신체적 건강, 환경적 적응에 장애를 가져오는 약물의존의 한 형태라고 정의하여 알코올중독이 질병임을 강조하였다. 우리나라에서 알코올중독이란 '과다한 알코올 사용으로 일상생활에 어려움이 있으나, 지속적으로 알코올을 사용하고 있는 경우'를 말한다(보건복지부, 2016). 알코올중독은 일반사회에서 허용되는 영양적 또는 사회적 용도 이상의 주류를 과량으로 계속해서 마심으로써 신체적, 심리적 및 사회적 기능을 해치는 만성적 행동장애로 정의된다(민성길, 1993). 반면 알코올중독은 개인의 신체적 건강과 사회 심리적 기능에 영향을 미칠 뿐만 아니라 가족과 사회에도 역기능적 손상을 가져오는 대표적인 정신건강 문제이다. 비교적 관대한 음주문화를 가진 우리나라는 알코올중독이 한국인의 정신건강에 1위를 차지하는 것으로 나타났다(윤명숙, 1997).

이처럼 알코올중독을 정신장애진단 통계편람(DSM-IV-TR)에서는 '알코올중독이라는 용어를 사용하지 않는다.' 알코올 남용(alcohol abuse)과 알코올의존(alcohol dependence)이라는 용어로 표현하고 있다. 그러나 DSM-5에서는 알코올 의존[1]과 알코올 남용[2]의 상관관계가 매우 높게 나타나 '알코올 사용 장애(alcohol use disorder)'로 통합하였다(유수현 외 2015: 181). 알코올 사용 장애는 광범위한 물질관련중독장애(Substance Related and Addictive Disorders)중에서 지속적인 알코올 사용으로 인하여 '정신장애'로 분류되었다(Dawson et al., 2012: 384 ; 김혜자 외, 2016: 192). 따라서 본서에서는 DSM-5와 같이 알코올사용장애로 본문에 표기해야 하나 기존 문헌들의 알코올중독의 이해를 돕기 위해 '알코올사용장애와 알코올중독 등의 용어를 혼용'하여 사용하였다.

2. 알코올의 화학적 특성

술이란 탄수화물의 발효산물(Ethanol, C2H5OH)로써 과일이나 곡식으로부터 만들어지며, 누룩이나 박테리아에 붙어있는 효소에 의해 에탄올로 발효된다. 또한 인체 내부의 장(소장 및 대장)에서도 매일 15~30mL 정도의 알코올이 만들어지기도 한다. 알코올 마취제와 구조적으로 전혀 다르지만 적용기전이 비슷한 중추신경억제제인 정신활성물질(psychoactive substance)이다(김경민, 2000). 술에는 그 성질을 나타낼 수 있는 가장 중요한 것은 에틸알코올(ethyl alcohol)이라는 사람을 취하게 하는 성분이 들어 있다. 이러한 술에는 에틸알코올이 1% 이상 함유하고 있으며, 1mg당 7kcal의 높은 열량을 낸다. 술의 성분에는 물, 알코올 외에 맛과 향, 빛깔을 내는 소량의 아미노산과 미네랄 등이 가미되어 있다. 알코올은 다른 식품과 다르게 영양이 있는 것이 아니고 체내에서 연소할 뿐이어서 음주를 계속하면 오히려 영양부족이 된다.

---

1) 알코올 남용(alcohol abuse)이란, 사회적 음주와는 상관없이 알코올을 지속적으로 빈번히 마시는 것을 말한다.

2) 알코올 의존(Alcohol Dependence)은 알코올 사용에 있어서 자기 통제가 불가능하여 뜻하지 않는 결과를 가져옴에도 불구하고 알코올 섭취를 계속하여 인지적, 행동적, 심리적 증상을 일으키는 행위이다. 이는 내성과 금단증상이 포함된다.

특히 에틸알코올 주정(酒精)은 무색투명한 액체로서 가연성이 강하고 물에 잘 녹으며 에테르와 같은 유기용 용매와 같이 지방질을 녹이는 성분이 들어 있다. 그렇기 때문에 쉽게 세포막을 뚫고 들어가서 추출 작용을 하는 특성이 있다. 예를 들어 '인삼을 알코올에 넣으면 인삼성분이 추출되는 것이 바로 이와 같은 성질'이다.

알코올중독 증상이 있는 사람은 위염 증세가 많은데, 이는 알코올이 위 점막에 추출 작용을 하기 때문이다. 심지어 강한 술을 빈속에 마셨을 경우에는 위 점막은 더욱 커지게 된다. 알코올의 경우 인체가 흡수한 발암물질을 녹여 점막이나 인체 조직 등에 쉽게 침투하도록 돕는 역할을 한다(보건복지부, 2014). 알코올을 흡수할 때 직접 접촉하는 부위로 식도와 구강 인후두는 상대적으로 질병을 일으킬 위험요소가 아주 크다.

알코올이 중독성이 강한 이유는 다른 어떤 약물보다도 마시는 즉시 술의 효과를 빨리 느낄 수 있기 때문에 누구나 손쉽게 접근하게 된다. 이는 향정신성[3]물질을 가지고 있기 때문에 입에 대는 순간 감정의 무드를 아주 빨리 바꿀 수 있는 특성이 있다

술에 함유된 알코올은 기호음료의 형태를 취하고 있지만 그 자체는 성분이 강한 약물임에는 틀림이 없어 보인다.

알코올은 뇌의 가바수용체(gamma-Aminobutyric: GABA)[4]의 억제력이 커지게 되어 불안과 긴장감이 줄어들게 한다. 이는 중추신경과 말초신경을 자극하면서 쾌감을 느끼게 하고 스트레스를 해소시킨다(http://sciengposts.tistory.com/1).

많은 연구에서 알코올은 몸에서 소화되는 과정에서 신체장기에 나쁜 영향을 주는 자

---

3) 첫째, 향정신성이란, 습관성 또는 중독성이 있어서 인간의 정신 기능에 영향을 미치는 성질이다(Daum 국어사전). 술에는 중독성 에틸알코올(ethyl alcohol)성분이 함유되어 있다. 에틸알코올은 독성물질의 일종이기 때문에 술에 제조나 판매가 극히 제한되지만 사회에서 합법적으로 유통되고 있다. 그러나 향정신 약물로 분류되어 있는데도 규제를 받지 않는 유일한 물질이라고 할 수 있다.
둘째, 향정신성약물은 중추신경계에 작용하는 것으로 다음과 같이 분류한다.
① 중추신경흥분제: 뇌신경 세포의 기능을 흥분시키는 약물로서 담배, 카페인, 암페타민류, 코카인 등이 있다.
② 환각제: 뇌신경 세포의 기능을 흥분시키기도 하고 억제시키기도 하는 약물로서 대마초, 펜시리 딘(PCP) 등이 있다.
③ 중추신경억제재: 뇌신경 세포의 기능을 억제시키는 약물로서 알코올, 가스·본드류의 흡입제, 마약류, 수면제, 신경안정제, 진해제, 항히스타민제 등이 있다. 이밖에 진통제도 중추신경계에 작용 할 수 있다(네이버 지식백과).

4) 가바수용체(gamma-Aminobutyric: GABA): 가바는 비단백질 아미노산의 일종으로 흥분 억제성 신경전달물질이다. 즉, 감정을 진정시키고 마음을 안정시키는 효능이 있는 것으로 알려져 있다. 과학용어로는 감마아미노부틸산[-酸, γ-aminobutyric acid] 체내에서 중요한 생리적 기능을 수행하지만, 그 기능에 대해 많이 알려져 있지 않다(네이버 지식백과).

극성 물질로 규정하고 있다(이해국, 2010).

　약물로서의 알코올은 뇌의 전두엽을 마비시켜 흥분하고 공격적인 행동을 하게 하거나 통합기능을 담당하는 중추가 마비되어 기억력, 판단력에 문제가 생기기도 한다(최삼욱, 2010). 일반적으로 다른 화학 물질의 마취제 성분은 어느 정도 진행되어 포화상태가 되면 멈출 수 있지만 알코올의 경우 호흡중추신경을 마비시켜 사망에 이르기까지 멈추지 않는 성분이라고 한다. 이러한 약리적인 면에서 알코올은 중독성을 갖는 물질로 도취감을 주고 습관성의 원인이 될 수 있다.

3. 알코올중독을 일으키는 원인과 특성

　알코올중독의 정확한 원인은 아직도 미해결로 남아있다(최송식 외, 2018). 알코올중독은 어느 한 가지 원인이 아닌 복합적이고 다양성이 존재할 것으로 시사되어 추측한다. 즉, 어느 원인을 정확하게 단 한 가지로 단정 짓기에는 한계가 있을 것으로 보고 있다. 이러한 점을 고려할 때 알코올중독을 일으키는 가설을 유전적·심리적·환경적·사회·문화적 요인이 복합적으로 상호작용하여 일어나는 것으로 보고 있다.

1) 알코올중독의 원인

(1) 유전적 원인

　많은 유전성 연구결과에 의하면 알코올중독자의 자녀가 알코올중독자가 될 확률은 4배로 더 높게 나타났으며, 이는 부모로부터 알코올중독자가 될 생물학적 취약성을 물려받은 결과다(이해국, 2006). 이와는 대조적으로 딸일 경우 알코올중독자가 되는 비율이 일반인에 비해 별로 높지 않으나 쌍생아의 연구에서는 일란성 쌍생아가 이란성 쌍생아보다 두 명 모두 알코올중독을 나타내는 비율이 유의미하게 높게 나타났으며, 알코올중독의 증상이 심각할수록 이 비율의 차이가 더 커지는 것으로 밝혀졌다(나동석 외,

2015).

직계 가족에서 알코올중독자가 있는 경우 발병할 위험성이 7배가 높다고 밝힌 연구 결과가 있다(Merikangas, 1990).

한 연구에서는 알코올리즘의 유전적 요인과 환경적 요인이 미치는 상대적 기여도를 측정하기 위해 스웨덴 남성입양아 862명과 그들의 친부모 및 양부모 대상 결과에서 친부모의 알코올중독이 자녀의 알코올 남용에 영향을 미치는 것으로 나타났다(Cloninger et al.,1981). 즉, 친부모의 유전적 영향이 미치는 것이다.

알코올 의존환자들을 대상으로 실시한 연구에서도 부모 중 어느 한쪽이라도 알코올 중독의 부모를 가진 경우가 46.7%로 나타났으며, 이중 남성 80.8%, 여자 57.1%가 가족 중에서 지나친 음주력이 있는 것으로 보고되었다(배성일, 1993).

심지어 '가족이나 친척 중 알코올 사용 장애 환자가 있을 때 가족력이 없는 사람보다 사용 장애에 빠질 확률이 높다'고 하였다. 이는 알코올 사용장애 환자의 60%는 3대 이내 가족력이 있다는 조사결과가 나와 있다(시사저널, 2017. 11. 24).

이와 같이 많은 연구에서 대상에 따라 유전적 비율은 다르지만 알코올 사용에는 가족력이 있는 가능성은 배제할 수 없다.

이 외에도 신경과학과 생리의학에서는 임신이 될 때부터 그 유전적 요소들이 태아에 자리 잡고 있기 때문에 중독에 대한 유전적 성향들이 아주 강하게 나타난다고 한다. 그러므로 유전적 성향을 가지고 태어난 사람들은 그들이 자라면서 여러 가지 역경이나 심리적 타격 등이 상황에 처해 있을 때 알코올중독, 남용에 빠지게 된다고 한다(황영훈, 2004). 최근 발표되고 있는 연구에서는 유전이 알코올 의존 발병에 유전적 취약성과 환경적 위험 인자가 상호작용한다는 '유전자-환경 상호작용설'이 유력하다고 보았다(신영주, 2008).

(2) 심리적 요인

정신분석이론에서는 "알코올을 포함한 물질 남용과 의존을 심리적 고통과 그에 대한 자기 조절력 결여에 대한 적응적 반응"이라고 보고 있다(Leeds & Morgenstern, 1995). 즉, 내적 자기조절력 결여에 대처하려는 자아가 부적절하고 미성숙한 자아 방어기제를 동원하여 물질 사용 장애를 유발한다는 관점이다(임영란, 2000).

심리적으로 스트레스는 그 특성상 자연히 해소를 위한 행동을 유발시키며 술을 부르고 이완을 추구하려는 행동이 일어난다고 한다. 알코올중독자들은 스트레스에 취약하기 때문에 긴장과 불안이 증가하고 이에 대한 대처방안으로 음주를 하는 경향이 뚜렷하게 나타난다고 한다(Cooper, 1992). 이는 술을 마시게 되면 긴장이 이완되고, 일시적이지만 스트레스를 멀리할 수 있기 때문이다.

아들러(A. Adler)[5]는 약물의존에 대한 심리적인 측면을 개인의 열등감에 초점을 두었다. 이 이론의 열등감이란, 신경증적인 증후군이기에 중독자는 술을 마심으로써 개인의 자존심을 보호하고, 다른 요인에 의해 약화된 자아보상을 위하여 알코올이 심리적 장애물을 극복할 능력을 촉진시킨다고 하였다(우선옥, 2015).

이뿐만 아니라 부모에 대한 적대감과 동시에 부모 상실에 대한 공포감이 갈등상태를 일으켜 자기 파괴 욕구가 작동되면 이를 피하기 위해 습관적 음주를 선택하게 된다고 하였다(김기태 외(2005). 쾌락을 추구하는 부정적인 면이다. 정신역동이론에서 프로이드는 인간의 정신적 활동은 이전에 경험한 행동이나 사건에 따라 결정된다고 하였다. 이는 아이가 태어나 성장하면서 일련의 발달단계를 거치는데, 출생 직후부터 1년 반까지를 구강기[6]한다. 이 기간 동안 입, 입술, 혀의 자극에서 쾌락을 추구하고 만족을 구하

---

5) 아들러(Alfred Adler 1870~1937)는 보통 사람들은 열등감을 보상하기 위해 더 높은 수준의 발달을 향해 노력한다고 보았다. 그러나 아무리 열등감을 극복하기 위해 노력해도 어떤 이유로든 안 될 경우에는 열등감이 더 강화되어 소위 병적 열등감(inferiority complex)에 이를 수 있다고 하였다.
또한 병적 열등감에 이르는 환경을 기관의 결함, 응석받이로 키움, 방임으로 서술하였다. 즉, 신체적 기관의 결함으로 다른 사람과 성공적으로 경쟁하기 어려운 경우, 응석받이로 자라 스스로 문제해결 능력이 없다고 생각하는 경우, 방임으로 인해 자아존중감이 상당히 낮은 경우 병적 열등감을 갖게 되고 이것을 성인기 신경증의 주요 원인으로 보았다(최옥채 외, 2017).

6) 프로이드(Sigmund Freud, 1856~1939)의 이론에서 구강기 유아는 출생 직후 엄마의 젖을 빠는 즐거움을 느낄 수 있다고 했다. 빠는 즐거움(sucking)이 배고픔(food)보다 더 중요하다고 강조한다. 프로이드는 유아의 젖을 빠는 감각적 즐거움이 바로 마음의 모체가 된다는 것이다. 생후 첫 1년 동안에 느끼는 감각적 즐거움이 입, 입술, 혀에서

는 되는데, 만약 이 시기를 적절히 충족하지 못할 때 그 상태가 머무르는 고착을 경험하게 된다. 이 때 어머니와 아이의 상호작용에서 어머니가 아이의 구강기의 의존욕구를 좌절[7]시키거나, 지나치게 충족시키는 것이 구강기 고착을 일으키고 이런 성향을 가진 사람들이 알코올중독을 일으킨다고 한다(Wurmser, 1972).

정신분석의 초기이론들은 알코올 의존의 정신역동을 어린 시절에 경험한 부모의 거절, 과잉보호, 그리고 독립에 대한 강요 등으로 생겨난 의존욕구의 갈등으로 보았다(임영란, 2000).

남자 알코올중독자의 경우 어렸을 때 지나치게 감싸고도는 어머니가 있는데, 이렇게 과보호 되면서 성장한 사람은 계속해서 누군가에게 의존적인 욕구를 만족하지 못하고 좌절 되면, 분노에 대해 죄의식을 느끼며 이를 줄이기 위해 술을 마시게 된다고 하였다(나동석 외, 2015).

(3) 환경적인 요인

여성의 경우 부모의 알코올중독 경력보다 폭력적인 가족 환경의 성장경험이 약물과 알코올 문제에 직접적으로 영향을 미친다고 한다(Chermack, 2000). 여성 알코올중독자들은 어렸을 때 성학대 및 부모로부터의 폭력을 당했던 피해자가 많은데, 성학대 및 폭력이 주로 여성 알코올중독과 밀접하게 관련이 있는 것으로 나타났다(Miller et al., 1993).

특히 어린 시절 성장과정에서 성학대 및 부모로부터 폭력을 당한 경험이 있는 여성은 낮은 자존감을 가지고 있으며, 이들의 낮아진 자존감은 자신의 부정적 감정에 대처하기 위한 수단으로 알코올을 사용하는 것으로 나타났다(정희숙, 2008).

그러나 알코올중독으로 이어지는 과정에서 유전적요인과 환경적 요인에서 살펴볼 수 있지만 남녀 간에 알코올중독은 서로 다른 차이점이 있다.

점차적으로 온 몸으로 확대되어 신체적 즐거움이 되고 이것이 인간의 마음의 즐거움의 핵심이 된다고 한다.

7) 만약, 엄마가 아이가 채우려는 구강기 욕구를 좌절시키면('에이지지, 하지') 고착되어 중독을 경험한다는 것이다. 이를 다시 설명하면 구강기에 좌절을 경험한 아이들은 지나친 의존성을 갖게 되고, 누군가에게 의존하고 싶은 욕구(외로움)를 충족하기 위해서 술을 마신다는 것, 또 다른 의미로는 어머니에게 무시되는 아이가 아버지에 대한 동성애적 충동을 경험하고, 이를 억압한 결과 술집에서 다른 남자들과 술을 마시거나 구강기를 자극하는 것으로 정서적 만족을 한다는 것이다(http://blog.naver.com/PostView.nhn?).

남녀 구별 없이 어린 시절에 공격적인 행동을 보이면 알코올중독에 걸릴 위험이 높다는 데는 별다른 이견이 없다. 그러나 남자 경우에는 유전적 요인이 더 많이 작용하는 것으로 확인되었다. 반면, 여성의 경우에는 어릴 때 스트레스를 많이 받거나 신경질적이고 불안한 증세를 보이면 정서가 안정된 사람보다 알코올중독이 되기 쉽다는 설명이다. 즉, 어릴 때 엄한 체벌을 받은 여성에게서 알코올중독 가능성이 많았는데 남성에서는 그렇지 않았다.

무엇보다도 남녀의 알코올중독 요인은 서로 다르다는 것을 확인할 수 있다(병원신문 2006. 1. 26).

알코올에 중독된 부모로부터 정서적인 환경에 결여된 아동은 자신을 혼란스럽게 만들고 확신을 가지지 못하게 만드는 병적인 요인이 잠재되어 성장하게 된다. 이들은 일관성이 부족하기 때문에 가족 구성원들은 안전하다고 느끼지 못하고 자신도 확신하지 못한다. 이러한 불신은 그들 내면의 두려움을 일으킨다. 그래서 중독이 있는 가정은 바로 위기 중심의 가정으로 볼 수밖에 없다. 이는 중독자를 만드는 가정 중 하나는 학대로 보는데, 학대란 신체적인 것 뿐 아니라, 정서적, 언어적 학대 모두 포함한다.

가정에서 부모로부터 신체적, 언어적, 정서적 학대를 당하고 자란 아이는 자신이 중요하지 않은 사람이라고 무의식적으로 인식하게 된다.

가정에서 학대하는 부모의 욕구는 언제나 우선적이다. 그렇기 때문에 아이는 중독에서 나타나는 물질화 과정을 배운다(오혜경, 2008). 특히 자녀는 어렸을 때 부모로부터 술을 마시는 환경에서 알코올이 학습되어진 아동들은 그 모습이 잠재되어 있다가 성인기에 이르렀을 때에는 스트레스를 해소하기 위한 방법으로 술을 찾게 된다. 행동이론에서 반두라(A. Bandura)[8]는 "모방(modeling)은 어떤 사람의 행동하는 것을 보고 들으면서 그 행동을 따라 하는 것"이라고 하였다(Bandura, 1969 ; 표갑수 외, 2016). 즉, 관찰만 해도 학습되어 행동할 수 있다고 하였다. 이는 타인에게서 오는 환경적인 요인도 있지만 무엇보다 자신의 가정환경에서 비롯되는 의식이 더 중요할 것으로 보고 있다. 따라

---

8) 반두라(Albert Bandura)는 인간은 환경의 자극에 직접적으로 반응하여 행동을 형성할 뿐 아니라 타인의 행동을 직·간접적으로 관찰하고 모방함으로써 모방을 통해서도 학습한다(나눔의 집, 2016).

서 알코올중독은 대물림이 될 수 있으므로 아동의 성장기에 미치는 환경적 요소가 무엇보다 중요하다.

(4) 사회·문화적인 요인

인간은 사회와 제도 및 문화에 대한 사회적 결합을 통해 외부에 반응하면서 행위능력이 더해진다. 이러한 사회적 제도의 집단 안에서 행동을 습득하고 자기 및 집단에 대한 태도를 발전시킨다(김정미 외, 2016). 사회적 동료집단이나 청소년 집단에서 알코올이나 다른 약물 사용을 촉구하는 위험 인자임이 일관되게 보고되고 있다(Kandel & Margulies, 1978; Wills & McNamara, 1992).

청소년기에 경험할 수 있는 문화적 변화로 가족의 가치가 쇠퇴되면서 문화적 공백(cultural vacuum)이 생겨나고, 이에 자신의 존체성 문제, 좌절, 실망, 지루함 등으로 부터 도피할 수 있는 수단으로 재미와 폭력에 대한 미화, 문란한 성 문제가 알코올사용을 유도한다고 한다(임영란, 2000).

가족요인으로는 역기능적인 가족 내의 부모-자녀 간 상호작용과 음주에 대한 태도를 형성하게 되는 가족 내 사회화 과정이 알코올 남용에 기여하게 된다(신용주, 2008).

문화적인 요인으로 축제, 경조사에 술이 필요한 것으로 여기는 직장, 조직과 단체는 흔히 친목차원에서 술과 함께하는 문화가 자리매김하고 있다. 또는 회사의 영업 등의 업무차원에서 음주를 지속적으로 접하는 경우 내성이 유발하여 중독이 되는 경우가 있다. 이뿐만 아니라 국가, 종족, 종교, 직업의식 등에 따라 각종 물질에 대하여 다른 사회 문화적 관습과 태도를 가지고 있다. 예를 들어 천주교의 미사나 우리나라 유교, 불교 제사의 음복이 그러한 예가 된다.

한편, 공공장소의 주류광고에서도 비롯될 수 있다. 청소년들이 활동하는 근접 장소에 주류광고가 무차별적으로 제공되는 것은 결국 사회적으로 음주를 조장하는 것으로 볼 수 있다(김광기, 2008).

2) 알코올중독의 특성

중독이란 술을 끊어야 한다는 증거가 명백하지만 음주 습관을 계속 유지하고 집착하는 현상을 말한다(Twerski, 2009). 즉, 자신의 통제력을 상실하여 중독물질에 항복한 상태를 말한다.

이는 음주에 편향된 특성을 가진 질환으로서 음주가 시작되면 대개 중독 상태가 되어야 끝이 나고 만성, 진행성으로 재발하는 경향을 가지고 있다. 또한 지속적이고 과도한 음주 때문에 전형적인 신체장애, 정동장애(우울증, 조증), 직업장애, 사회부적응 등이 수반되는 특징을 갖고 있다(민성길, 1993). 알코올중독의 특성은 '내성이 증가하고, 금단증상[9])과 진전 섬망증[10])이 일어나면 이를 해소하기 위해서 지속적으로 음주를 하려는 습성이 있기 때문에 조절능력이 상실[11])'하게 된다. 그러나 단주를 하고 있다가도 아주 적은 양의 알코올이 흡수될 경우 뇌는 자동적으로 알코올에 반응하여 그동안 마시지 않고 있던 양의 알코올을 스펀지가 물을 빨아들이듯이 많은 양의 알코올을 순식간에 흡수하게 만든다(http://cafe.daum.net/sbcp/5x5g/440).

여기에 술을 중단하려고 해도 이미 뇌에서는 알코올을 목마르게 요구하고 있기 때문에 알코올중독자들은 2주 혹은 3주가 더 넘는 기간 동안 거의 식사를 거르는 채 술을 계속 마시게 된다(황영훈, 2004). 이로 인해 알코올중독은 자신이나 주변에 피해를 초래하며, 통제력을 잃고, 중독물질을 남용하기 때문에 치료하지 않으면 치명적인 결과를 낳을 수 있는 만성질환이라고 한다(김진주, 2018).

그러므로 많은 문헌에서 "알코올중독은 의학적으로는 응급한 상태"라고 말한다.

---

9) 금단증상이란, 술을 지속적 마시던 사람이 갑자기 중단하거나 적게 마시면 심리적·생리적으로 일어나는 힘든 증상. 예) 주로 손과 발, 눈꺼풀이 떨리면 과도한 심장의 떨림, 불안감, 구토·구역질, 빠른 심장 박동, 땀이 나거나 혈압의 상승 전신의 경련 등의 증상과 나타날 수 있다.

10) 알코올 진전 섬망증이란, 장기간 심한 폭주를 계속하던 사람이 갑자기 음주를 중단 했을 때 중단 후 3~7일 사이에 나타나며 초조, 식욕부진, 떨림, 수면장애 등이 먼저 나타나고 때로는 전신경련이 나타나기도 한다.
환각과 착각 그리고 시간과 장소에 관하여 장애를 보이며 열이 나거나 맥박이 빨라지거나 땀이 나고, 때로는 소변에 단백질 성분이 섞여 나오기도 한다(http://torang1000.tistory.com/14).

11) 내성과 금단증상이 있다면 중독질환의 진단기준이 된다. 이제 술을 끊거나 줄이려는 노력을 계속 하는데도 불구하고 실패하는 즉, 조절능력을 상실한 게 중독질환의 핵심증상이 된다(노성원, 2018).

(1) 생물학적 특성

인체의 뇌 안에는 자극 시에 도파민[12]이 분비되어 흥분과 쾌감이 유발되는 보상회로가 있다. 알코올을 섭취하게 되면 체내로 흡수된 알코올이 뇌로 가서 이 보상회로를 자극하게 되는데 이때 즐거움, 기쁨 등이 느껴지게 되고, 보상이 주어지게 되면 사람은 당연히 이에 대한 행동을 하게 된다. 그러나 알코올의 사용이 증가될 경우에는 일상적으로 작용하는 기쁨을 유발하는 자극들의 보상효과가 적어지기 때문에 더욱 알코올의 효과를 찾게 된다. 그러므로 내성에 의하여 알코올 사용량이 증가하게 된다(이해국, 2006). 이와 같이 인체의 뇌는 외부환경에 적응하는 특성이 있는데 음주를 하면 할수록 뇌가 술의 효과에 무뎌진다. 이전과 같은 음주효과를 얻기 위해 자신의 의지와 관계없이 더 자주 많이 술을 마셔야 한다(한국일보, 2019. 1. 26). 알코올중독의 특성은 생존을 위한 핵심 뇌 영역과 신체의 전반적인 분야를 공격하고 파괴하여 장애로 전환시키는 특성이 있다고 보고되고 있다. 이는 '알코올이 뇌의 전두엽[13]을 마비시켜 흥분과 공격적인 행동을 하게 하거나, 통합기능을 담당하는 중추가 마비되어 문제가 유발 된다'고 한다(최삼욱, 2010).

(2) 사고력 저하 특성

알코올중독자들은 삶의 문제를 회피하고 도취적 행복감을 느끼려고 '현실로부터 도피수단으로 사용한다고 한다(Lindesmith, 1997; 김기태 외, 2005). 특히 어릴 때 과잉보호 속에서 성장한 사람들은 항상 자신을 위해 다른 사람들이 모든 것을 해결해 줄 것이라고 생각한다는 것이다. 이들은 자신감이 부족하고 인생의 어려운 고비에 부딪혔을 때도 스스로 해결할 능력이 없다고 생각하여 열등감에 빠지게 된다고 한다(노안영·강영신, 2003).

---

12) 도파민(dopamine): 도파민은 혈압조절, 중뇌에서의 정교한 운동조절 등에 필요한 신경전달물질이자 호르몬이며 가장 널리 알려진 기능으로 쾌감·즐거움 등에 관련된 신호를 전달하여 인간에게 행복감을 느끼게 한다. 만약 도파민의 분비가 비정상적으로 낮으면 제대로 움직이지도 못하며 감정표현도 잘 못하는 파킨스병에 걸리게 되며, 분비가 과다하면 환각 등을 보는 정신분열증에 걸릴 수 있다(김정미 외, 2016).

13) 전두엽(Frontal lobe)은 감정과 의사 결정능력 및 판단력을 담당하는 기능을 한다(김정미 외, 2016).

개인심리 이론에서 아들러는 열등감을 느끼는 사람이 보상에 실패하면, 열등감에 지배되는 '열등 콤플렉스(inferiority complex)'[14]가 발생하여 신경증이나 비합리적인 행동이 나타날 수 있다고 했다(오창순 외, 2015). 같은 맥락에서 아무리 열등감을 극복하기 위해 노력해도 어떤 이유로든 안 될 경우에는 열등감이 더 강화되어 소위 병적 열등감(inferiority complex)[15]에 이를 수 있다고 보았다(채옥채 외, 2017).

실제 약물에 의존하는 사람들은 실제로 약물이 장애를 극복할 수 있는 능력을 촉진시킨다고 믿는다(원사덕·이현경, 2005; 김종선, 2019). 일반적으로 알코올이 스트레스를 감소시켜 줄 것이라는 자동적 사고를 가지고 있기 때문에 음주를 계속하게 되는 것으로 보고 있다.

성격 이론을 살펴보면 소위 알코올중독성격이란 의존적이고, 심리적으로 미성숙하여 적개심과 증오심, 분노 등을 수반하게 되며, 자신의 욕구가 관철되지 않을 시에는 이를 즉시 행동으로 옮기려는 성격을 띠고 있다. 반면 대인관계에서 지나치게 정서적으로 민감하게 미숙하여 참을성이 약하고, 화를 적절하게 표현할 줄 모른다고 한다. 또한 성 역할에서 혼란을 일으키고, 충동성, 새로움(novelty)추구, 신경증적 경향, 부정적 감정이 지배적이라고 지적한다(Mulder, 2002; 김종선, 2014).

성격 이론가들은 알코올중독자들의 특성은 자기중심적이고 자신감이 없으며, 자기 증오심 때문에 고집스런 자만심을 보인다고 하였다. 또한 방어적이고 민감해서 타인의 충고와 비판을 받아들이지 못하고 타인의 감정에 대해 배려하는 능력이 부족하다고 하였다. 이들은 심한 자기 연민에 쉽게 빠져 좌절을 견디지 못하고 무엇이든 즉각적으로 만족되기만을 원하며, 평소 마음이 원한과 분노로 가득 차 있다고 한다. 그러기 때문에 현실을 받아들이는 능력이 매우 약하고, 두려움 많으며 정직하지 못하고 주변의 가족과 친구 등에게 거짓말을 한다고 한다(김선진, 2009).

---

14) 개인심리 이론에서 아들러(Alfred Adler, 1870~1937)는 '열등 콤플렉스(inferiority complex)'를 '주어진 문제를 사회의 유용한 방식으로 해결하기에 충분할 만큼 강하지 않은 사람이 갖는 특성'으로 정의하였다(오창순 외, 2015).

15) 특히 아들러는 방임(neglect)된 아이들은 자신을 다른 사람들이 좋아하지 않고 필요로 하지 않다고 믿고 있기 때문에 타인을 신뢰하지 못하게 된다. 또한 자신감이 상실하게 되어 사회에서 고립되고, 타인을 적대시하며 공격적인 성격이 되기 쉽다. 결국에는 타인과 관계를 갖지 못해 함께 협력하여 살아가는 데 도움이 되는 일에는 완전 무력하게 되고, 병적 열등감에 빠질 수 있다(장수한·김현주·임혁, 2013).

반면 알코올중독 성격유형에 따라 결과가 다르다는 연구 결과가 있다. 방어적 성격유형을 가진 알코올중독자는 자신의 알코올 문제를 숨기거나 축소하려고 하며, 반사회적 성향을 가진 알코올중독자는 공격적이고 우울함이나 불안이 심하여 스스로 불행하다고 느끼고 알코올에 더 의존하게 된다고 한다. 또한 피해의식이나 사회적 소외감으로 낮은 자존감을 가진 알코올중독자는 다양한 정신 병리적 문제를 보이며 현실과 단절되어 지내거나 인지기능의 저하를 보인다고 한다(이혜진·최윤희, 2016; 김진주, 2018).

4. 알코올중독 증상 진행과정

알코올중독은 자신이 중독이라는 것을 인정하기까지 초기증상을 시작으로 중대한 위기를 거쳐 만성적 증상에 이르기까지 많은 시간이 걸린다. 보통 알코올중독 가능성이 높은 사람들은 '난, 아니다'라며 인정하기 싫어하고, 알코올 조절능력이 상실하여 정신이 황폐화 될 때 까지 본인 스스로를 알코올중독 문제에 대해 회피하려는 경향이 강하다. 알코올중독 치료는 빨리 시작할수록 회복 성공 가능성도 높아진다.

다음은 알코올중독으로 진행하는 과정을 4단계로 구분하여 설명한다.

<표 7-1> 알코올중독 증상 진행단계

단계	질병	증상
사회적 음주단계	전구적 증상	① 술을 처음으로 입에 대개 시작할 때, 그 술맛은 양면성(좋을 수도 있고, 그렇지 않을 수도 있음)을 가진다. ② 어지러움 증을 느낄 수 있다는 것을 인식하게 된다. ③ 이 시기 때는 알코올의 영향이 사라지면 정상으로 돌아오며, 술로 인한 어떠한 상처나 정서적 대가도 치르지 않는다. ④ 처음 술을 마신 경험이 긍정적인 방향으로 기분변동을 일으켜 점차 술을 찾게 된다(Dubois and Miler, 1996). ⑤ 술을 계속 마시게 됨에 따라 학습과정이 진행되는데 이러한 학습과정은 대부분 자신도 모르게 서서히 거의 무의식 적으로 진행되며 철저히 학습된다.

문제성 음주단계	진행성 증상	① 알코올로 인한 일시적 기억상실이 시작되는 시기로 기억력에 장애를 일으키지만 일상생활이 가능하다. ② 술은 저녁에 행해지는 모든 오락의 중요한 부분을 차지하며, 식사 전의 반주가 일반화되는 양상을 띠게 된다. ③ 첫 잔을 비우자마자 다음 잔을 기다리는 등 술 욕심이 많아지고 술을 점점 더 빠르고 급하게 마시며 사용하는 술잔의 크기도 커진다. ④ 술 마시는 행위에 대하여 자신 스스로 죄책감이 들기도 하지만 막상 부인이나 자녀, 부모님 또는 다른 사람들이 자신의 술 문제에 언급하면 왠지 피하고 싶거나 화가 나거나 기분이 상한다.
중독의 단계	중대한 위기증상	① 조절 능력이 상실된 시기이다. ② 술을 마신 이유에 대해 변명하거나 알리바이를 만들어 내거나 거짓말을 하며, 술을 마시기 위해서는 어떠한 핑계를 대서라도 정당화시키려고 한다. ③ 주어진 역할과 책임에서 벗어나려는 회피적 태도를 보인다. ④ 술에 취해 폭력적이고 충동적인 행동을 하며, 이로 인한 죄책감, 수치감이 강하게 일어나면서도 역으로 고통에서 벗어나기 위해 술을 찾게 된다. ⑤ 이시기 동안 어떤 이유로 잠시 술을 끊어 보기도 하는데 이것은 술을 마시기 위해 잠시 쉰다는 의미에 불과하다. ⑥ 술로 인한 문제가 일상화된 이후 친구, 직장동료, 가까운 친구로부터 멀어지기 시작하고 고립된다. ⑦ 술 문제로 인하여 해고 또는 스스로 퇴사하며 술이 없으면 반갑고 즐거운 것도 없다. 즉, 술 마시는 것이 취미 그 자체가 된다. ⑧ 술이 떨어지는 상황이 두려워 항상 자신이 원할 때 술을 마실 수 있도록 술을 숨겨 둔다. ⑨ 식사를 거르거나 영양섭취를 무시하게 되어 신체적 합병증이 나타난다. ⑩ 성적 능력이 떨어지고 의처증이 발생하며, 술기운이 빠지면 신체적으로 손과 발, 내장 기관까지 떨리게 된다.
중독의 말기단계	만성적인 증상	① 알코올중독 증세를 잘 모르는 사람이 보아도 단 번에 알코올중독자라는 것을 알 수 있으며 본인도 부정하지 않는다. ② 수일 동안 계속해서 술을 마시거나 하루 종일 술에 취해 있는 상태이다. ③ 술을 마시기 위해서는 체면도 잊어버리고 술 동냥도 하며 술을 훔쳐 마시기까지 한다. ④ 술을 마시지 않으면 간단한 일도 할 수 없을 정도로 손이 떨리기도 한다. ⑤ 내성이 오히려 감소되어 조금만 마셔도 취하고 알코올성 치매, 의처증 등 알코올성 정신병이 오기도 한다(Lindstorm, 1992). ⑥ 정신적으로 자기 가치를 상실하여 책임감이나 수치심이 없어지고 술을 마시고 싶은 때는 돈을 훔치는 등 비윤리적·비도덕적인 행동을 한다. ⑦ 술을 마실 수 없는 상황에 도달하면 집안에 있는 화학제품(스킨, 로션, 향수, 신나 등)을 마시기도 한다.

(자료: 이솔지, 2013)

다음은 알코올중독 증상의 단계를 다른 유형에서 살펴본다(http: //McNeece & DiNitto, 1998: 36~39; 임혁 외, 2015에서 재정리).

1) 전구적 증상(1단계)

① 해방감을 위해 때때로 술을 마신다.
② 해방감을 위해 지속적으로 술을 마신다.

③ 알코올 내성이 증가한다.

※ 다음 2단계로 진행된다.

2) 진행성 증상(2단계)

① 최초의 기억상실이 발생한다.

② 은밀한 음주가 이루어진다.

③ 알코올 생각에 사로잡힌다.

④ 단숨에 꿀꺽꿀꺽 마신다.

⑤ 자신의 음주에 관한 죄책감을 느낀다.

⑦ 술에 관한 대화를 회피한다.

⑧ 음주 후 기억상실의 증가와 빈도가 점차 높아진다.

※ 다음 3단계로 진행된다.

3) 중대한 위기단계(3단계)

① 음주조절능력의 상실되는 증상이 발생된다.

② 음주행동에 대해 합리화한다.

④ 사회적인 압력을 가한다.

⑤ 자손감이 상실되고, 과장된 행동을 한다.

⑥ 사회적으로 고립되고 공격적 행동을 한다.

⑦ 끊임없이 가책을 한다.

⑧ 한 때 술을 끊는다.

⑨ 음주의 종류와 술 마시는 시간을 바꾼다.

⑩ 가족과 친구를 피한다.

⑪ 직장을 그만 둔다.

⑫ 모든 행동을 알코올 중심으로 한다.

⑬ 외부세계에 대한 흥미가 상실된다.

⑭ 인간관계를 재해석한다.

⑮ 자기연민을 가진다.

⑯ 일시적 도피성이 나타난다.

⑰ 가족습관의 변화가 일어난다.

⑱ 비이성적인 분노를 일으킨다.

⑲ 알코올 보급에 대한 관심을 가진다.

⑳ 영양에 대해서는 무관심이다.

㉑ 알코올 문제로 인한 최초의 입원이 시작된다.

㉒ 성적욕구 감퇴한다.

㉓ 알코올성 질투(의처증/의부증)이 나타난다.

㉔ 해장술을 즐긴다.

※ 다음 4단계로 진행된다.

4) 만성단계(4단계)

① 장기간 술에 취한 모습이 발생한다.

② 윤리적으로 타락된다.

③ 사고능력이 손상된다.

④ 알코올에 의한 정신병이 나타난다.

⑤ 사회적으로 열등한 사람과 술을 마신다.

⑥ 술이 없으면 술성분과 비슷한 화학성분의 술을 마신다.

⑦ 알코올의 내성이 상실된다.

⑧ 막연한 공포심을 가진다.

⑨ 신체(눈꺼풀, 입, 손 등)의 떨림 현상이 나타난다.

⑩ 정신운동이 억제된다.

⑪ 강박적인 음주를 한다.

⑫ 막연한 종교적 간구가 일어난다.

5. 알코올 흡수와 분해의 농도에 따른 신체의 반응

술을 흡수하게 되면 혈중 알코올농도(Blood Alcohol Content: BAC)에 따라 신체와 정신 조절기능이 변화되는 현상이 나타난다. 예를 들어 술을 처음 마시게 되면 행복감을 느끼게 되며, 더 마시면 흥분과 혼란스러움이 교차되고, 과음하게 되면 무감각해짐과 동시에 혼수상태에 빠질 수 있다.

1) 알코올 흡수

음주를 하게 되면 처음 식도 및 구강 점막에서 알코올은 소량이 흡수된다. 체내에 흡수된 알코올은 90% 이상 98%까지 완전히 산화되는데, 1mg당 7kcal의 열량이 생성된다. 이 과정은 매우 빠르다. 산화되지 않은 2%, 대량 섭취한 경우라도 10%미만의 알코올만이 땀 및 소화선 분비, 소변 등을 통해 그대로 배설된다(http://blog.naver.com/stoneyard/40194653438).

이는 간(Liver)의 ADH(알코올 분해효소)나 ALDH(아세트알데히드 분해효소)[16]에 의한 분해가 80%, 세포 MEOS(마이크로좀 에탄올산화계) 효소계에 의한 분해 20%로 각각 이루어진다(한국중독정신의학회).

위(stomach)로 흡수된 알코올은 지방질이 많은 음식물과 함께 섭취할 경우 알코올의 흡수를 느리게 하지만 공복 시에 술을 마실 경우에는 위가 비워있기 때문에 음주 후 10분 이내에 알코올의 효과가 나타나기 시작하여 40~60분이면 최고 정점에 도달하게 된다.

공복 시의 음주는 알코올 수분이 닿는 곳 모든 부위에는 아주 쉽게 세포막을 통과한다. 이는 그만큼 체내의 세포막에 있는 단백질을 손상시키는 원인이 된다(https://blog.naver.com/kcool333/220903648395).

여기서 주의할 점은 술을 빨리 마실수록 흡수되는 속도가 증가하므로 반드시 음식물

---

16) ADH(Alcohol DeHydrogenase, 알코올 분해효소)나 ALDH(AcetaLdehyde DeHydrogenase, 아세트알데히드분해효소)는 주요 아연 성분으로 원래 우리 장 속 세균에 만들어지는 미량의 알코올을 분해하기 위해 존재하는 효소이다(네이버 블로그).

과 함께 천천히 음주하는 습관을 가져야 한다.

<그림 7-1> 음식물과 함께한 음주습관

　이는 음식물 섭취 후 또는 섭취 중에 마시는 술은 공복 시보다 3배 정도 천천히 흡수된다. 그러므로 빈속에 술을 마시면 알코올 분해효소가 채 작용하기 전에 술이 체내에 흡수되므로 간에 큰 부담을 줄 수 있다.

　술과 함께 먹은 음식물의 양과 종류, 또는 술 마시는 속도 등에 따라서 체내에도 흡수되는 시간은 다를 수 있다.

　그러나 술의 종류에 따라 15~30%의 술이 가장 빠르게 흡수되고 그 뒤 술 마시는 환경, 음주자의 체질 등에 따라 다르게 흡수된다.

　특히 흔히 마시는 폭탄주의 경우 알코올 함유량이 낮은 맥주(4~5%)와 높은 양주(30% 이상)를 섞어서 가장 흡수되기 좋은 상태로 마시게 되는데, 이는 각각의 술을 따로 마시는 경우에 비해 쉽게 취하게 되므로 주의하여야 한다(https://blog.naver.com/ccmwithj/ 30026201121).

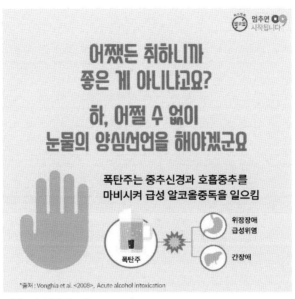

(자료: 한국건강증진개발원 홍보자료, 2017)

<그림 7-2> 중추신경과 호흡중추를 마비시켜 급성알코올을 일으키는 폭탄주

또한 술을 한꺼번에 많은 양을 마시면 신체의 여러 장기에 좋지 않은 영향을 미치며, 그 중에 눈 건강에 독이 될 수 있다. 눈의 안압이 높아지며 시신경이 손상되는 질환으로 이어질 수 있다. 눈을 보호하기 위해서는 술의 안주를 고를 때는 칼로리가 낮고, 눈에 좋은 영양소가 풍부한 녹황색 채소, 해산물이 좋다.

튀긴 음식이나 맵고 짠 음식은 피한다. 이는 고칼로리 고나트륨 음식은 망막 건강을 해쳐 황반변성이나 당뇨망막증 등을 발생시키는 원인이 될 수 있다(헬스조선 2018. 11. 25).

그러나 알코올중독 환자는 흔히 술 이외의 안주나 음식을 골고루 섭취하지 않으려 한다. 이는 '알코올이 위에서 비타민이 흡수되는 것을 방해하기 때문'이다. 이로 인해 영양 결핍이 흔히 발생하며, 비타민 결핍과 같은 영양 부족은 알코올성 치매 발생에 악영향을 미친다(질병관리본부·국가정보포럼, 2016).

2) 술의 알코올 함유량과 도수

알코올 함유량이란 전체 용량에 포함된 에틸알코올의 양으로 섭씨 15도에서 0.7947 비중을 의미하며, 알코올 도수는 섭씨 15도에서 전체 용량 100분(分) 중에 포함된 알코올 함유량을 말한다(보건복지부·한국건강증진개발원, 2017).

다음은 술에 포함된 알코올 함유량과 도수(%)를 살펴본다.

<표 7-2> 주류에 따른 알코올 함유량과 도수표 40

종류	용량(병)	알코올 도수	알코올함량
소주	360mL	20%	57.2g
맥주	355mL	4.5%	12.7g
와인	700mL	12%	66.8g
막걸리	1,000mL	6%	47.7g
양주	360mL	40%	144.4g

(자료: 보건복지부·한국건강증진개발원, 2017).
주): 술은 종류와 제품에 따라 알코올 함유량이 다르지만 현재 시판 중인 술을 기준으로 표기함.

3) 성인의 간장에서 분해할 수 있는 알코올 양과 측정단위

① 소주 한 잔을 마신다면 혈중알코올 농도는 0.03%, 완전히 분해되는 데 1시간이나 걸린다. 성인남성 체중 70kg이라면 2홉(소주 1병)을 마셨을 경우 10시간이나 쉬어야 알코올이 완전히 분해된다(NBN뉴스, 2019. 2, 12).

이는 알코올을 분해하는 능력은 개인차에 따라 달라지기 때문에 모든 사람에게 적정음주 기준은 차이가 있을 수 있다.

② 다음은 알코올 측정 단위 계산이다.

알코올은 액체이다. 측정 기준(양)을 관행상 mL용적으로 다루었으나 앞으로는 용적을 무게(g)로 환산하여 기술하도록 되어 있다.

※ 알코올 중량 환산법

▶ 마신 술의 양(mL)×알코올 도수(%)×알코올 비중(0.7947)÷100 = 마신 알코올 중량(g)

예) 소주 20도 1병의 경우 알코올 함유량은 약 57g(알코올함유량 = 360mL×20%×0.7947÷100)

※ 일반적으로는 표준 잔의 양은 술의 종류 또는 잔의 크기에 구애받지 않고 음주량을 측정하기 위한 기준 단위로, 술에 함유된 순수 알코올량(g)으로 표기(소주/맥주 기준 1잔 8g)

※ 표준잔과 절주권고(안) 홍보 및 국민 인지도 확대와 연계하여 주류용기에 순 알코올 함량(g) 표기제 도입을 검토하고 있다.

4) 서로 다른 술을 섞었을 때 순수 알코올 양(g)은?

알코올 함유량이 높은 소주(20%) 1잔(8g)과 낮은 맥주(4.5%) 1잔(8g)을 섞어서 가장 흡수되기 좋은 상태로 마시게 되는데 이때 발생되는 알코올 양은 한잔에 13g이 나온다. 이는 서로 다른 술을 섞었을 때에는 그렇지 않았을 때보다 알코올의 양이 많아진다 (한국건강증진개발원, 2017).

<표 7-3> 서로 다른 술을 섞었을 때 알코올 양

(출처: 한국건강증진개발원 홍보자료, 2017)

5) 적정음주량

세계보건기구(WHO: World Health Organization)의 세계보건기구(WHO)에서는 저위험 음주를 순수 알코올 섭취량 기준으로 남자는 하루 40g(약 소주 5잔) 이하, 여자는 하루 20g(약 소주 2.5잔) 이하로 정의하였다(질병관리본부, 2018). 그러나 각 나라마다 한잔의 중량을 8g에서 14g까지 범위를 사용하고 있다. 우리나라 적정음주량은 표준음주잔으로 남자 2~3잔, 여자 1~2잔 정도이다(보건복지부·파랑새포럼).

(출처: 한국건강증진개발원 홍보자료, 2017)

<그림 7-3> **적정음주량**

6) 고위험 음주량

우리나라 사람들의 경우 일주일을 기준으로 남성에서는 13표준잔 이상, 여성에서는 6표준잔 이상 음주하는 경우 이미 위험 음주 수준에 이른 상태이며, 이러한 수준의 음주를 지속하는 경우 향후 알코올로 인한 문제가 악화될 가능성이 높다.

예를 들어 한국인의 경우 남성의 경우 일주일에 소주 2병, 여성의 경우 1병 이상의 음주를 하는 사람들의 음주량은 이미 음주로 인한 폐해가 발생할 수 있는 정도 이상의 음주이다(질병관리본부·국가건강정보포털, 2016).

따라서 술 한 잔에 담긴 순 알코올 함량(표준잔)을 정하고, 표준잔으로 고위험 음주량 수준을 제시한다(보건복지부 2018. 11).

7) 체내의 알코올 분해과정

술은 위와 소장에서 흡수되어 혈액을 타고 체내를 흐르는 과정을 겪는다. 이 과정에서 체내 세포들은 유독 물질인 알코올의 침입정보를 뇌에 전달한다. 간(肝, liver) 내에서는 알코올을 분해할 수 있는 알코올 분해효소(Alcohol DeHydrogenase: ADH)를 준비하고 있다가 알코올이 간에 들어오면 무독작용을 위해 분해를 시작한다. 이때 약 80%의 알코올이 세 가지 화학물질 물과 탄산가스 및 아세트알데히드(acetaldehyde)[17]로 분해된다. 이 독성물질을 분해하기 위해서 뇌에서는 다시 한 번 해독을 위하여 뇌 속에 있는 수용체가 아세트알데히드분해효소(AcetaLdehyde DeHydrogenase: ALDH)를 투입시켜 분해하게 된다. 이 결과 아세트알데히드는 초산(acetic acid)으로 바뀌어 간장 밖으로 배출 된다(한국중독정신의학회, 2005).

그러나 섭취한 알코올의 90%를 처리하는 것은 알코올 탈수소 효소(ADH)[18] 경로에서 이용되는 효소의 합성능력이다. 이것은 성별, 인종, 연령에 따라 효소의 합성능력이 달라진다. 아시아계의 사람들은 첫 단계효소인 알코올 탈수소 효소(ADH)의 활성이 높아서 알코올을 빨리 전환시키나 알코올의 완전분해를 유도하는 아세트알데히드가 축적되어 얼굴이 붉어지고 어지러움을 느끼며 발한(sweat), 빈맥(rapid pulse), 피부 발열(skin flushing), 오심(nausea) 그리고 구토(vomiting), 과호흡 등의 증상이 일어난다.

---

17) 아세트알데히드(acetaldehyde)는 ADH(알코올 분해효소)가 알코올을 분해하면 생성되는 물질이다.
　　이는 독성이 매우 강한 물질이기 때문에 간(肝, liver)은 ALDH(아세트알데히드분해효소)를 만들어 이 독성물질을 파괴한다(네이버 지식iN).
18) 탈수소효소(脫水素酵素): 산화 환원효소 중 생체 내에서 일어나는 여러 가지의 탈수소 반응의 촉매가 되는 효소를 통틀어 이르는 말(Daum 국어사전). 즉, 알코올을 분해시키는 효소이다.

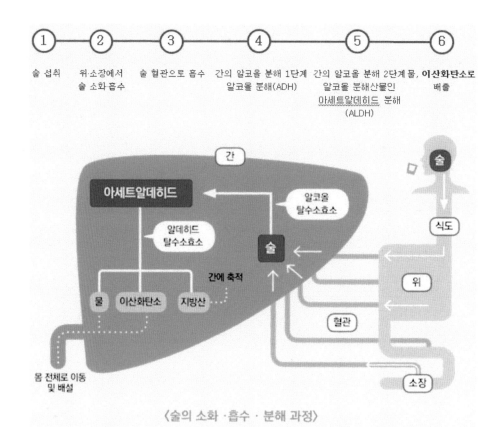

① 술 섭취 ② 위·소장에서 술 소화흡수 ③ 술 혈관으로 흡수 ④ 간의 알코올 분해 1단계 알코올 분해(ADH) ⑤ 간의 알코올 분해 2단계 물, **이산화탄소로** 알코올 분해산물인 아세트알데히드 분해 (ALDH) ⑥ **이산화탄소로** 배출

〈술의 소화·흡수·분해 과정〉

(출처: 보건복지부·한국건강증진개발원, 2017)

<그림 7-4> 술의 소화·흡수 분해과정

또한 여성은 남성에 비하여 알코올 탈수소 효소가 적게 합성되므로 30~35% 정도의 알코올이 대사되지 않고 위에서 흡수되어 혈액으로 직접 들어간다. 여성은 남성에 비해 몸 크기가 작고 체지방이 많은데, 수분을 따라 퍼지는 알코올의 특성상 수분을 많이 함유한 근육으로 이동되는 양이 적어서 알코올은 혈액으로 농축된다.

따라서 여성은 몸 크기가 비슷한 남성에 비하여 적은 양의 알코올에도 취하는 경향이 있다(https://blog.naver.com/kcool333/220903648395).

사람의 체질에 따라서 1단계 해독 효소인 ADH(알코올 분해효소)와 2단계 해독 효소인 ALDH(아세트알데히드분해효소)의 보유량이 일치하지 않으며, ADH와 ALDH의 양이 다 같이 많은 사람은 술을 다소 과음하더라도 분해가 빠르게 일어나 큰 숙취가 발생하지 않는 반면, 어떤 사람은 ADH의 양은 많으나 ALDH의 양이 타인에 비하여 현격하게 적은 사람은 숙취에 시달리게 된다(네이버 지식iN).

또한 3단계 분해과정은 ADH와 ALDH의 효소로 1단계 분해와 2단계 분해를 통해 서는 80% 정도밖에 처리하지 못하는데, 나머지 약 20%는 마이크좀 산화계(microsomal ethanol oxidizing system: MEOS)[19]의 작용을 받아 분해가 이루어진다(네이버 지식iN).

8) 혈중 알코올 농도(BAC: Blood alcohol content)와 신체의 반응

미국교통안정청(NHTSA)의 1999년 120편에 관한 메타분석을 실시한 결과에 의하면 추적 및 주의 분할 과제의 수행은 0.05% 이하의 혈중알코올 농도 수준에서도 저하가 일어나며 정보처리, 지각 및 심리기능은 0.10%에서도 영향을 받지만 일반적으로는 0.05% 이상에서 영향을 받는 것으로 나타났다(대한보건협회·파랑새포럼, 2012).

<표 7-4> 혈중알코올 농도(BAC: Blood alcohol content)와 신체의 반응 및 해독시간

혈중 알코올 농도(%)	음주량 (소주기준/잔)	심신상태	해독시간
0.03~0.06	2~3	근육이완, 기분이 좋은 상태, 안정감, 편안감	2~4
0.05~0.099 운전면허정지(※ 2019년 6월 25일부터 0.05→0.03% 하향 시행)			
0.06~0.1	4~7	말이 많아짐, 목소리가 커짐, 운동능력 저하	6~8
0.1이상 운전면허 취소(※ 2019년 6월 25일부터 0.1→0.08로 하향 시행)			
0.1~0.2	8~12	말이 둔해짐, 판단력, 집중력, 기억력이 둔해짐 (움직이기 위해 도움이 필요)	8~10
0.2~0.4	14~20	평형·언어장애, 구토, 의식이 없어짐, 혼수상태	14~20
0.5~	21	혼수상태 호흡정지 상태	

(자료: 대한보건협회·파랑새 포럼, 2012에서 재정리).

---

19) 마이크롬좀 산화계란 간에서 여러 가지 약물들을 해독하는 효소로써 체내에 남아있는 잔여 알코올은 MEOS (microsomal ethanol oxidizing system)의 작용에 의해 완전히 무독상태로 처리된다(네이버 지식iN).

음주를 한 후에는 판단력장애, 반응시간의 지연, 반응의 부적합 등에 의해서 차량사고 위험이 증가한다. 음주운전 시 교통사고 사망자는 남자 29%가 0.01% 이상, 여자는 15%가 0.01% 이상으로 나타났으며, 0.05~0.09%에서는 여성사고율이 더 높게 나타났다. 이는 여성운전자가 사고율이 더 높은 이유는 첫째, 상대적으로 남성보다 여성이 체내에 수분함량 및 분해효소가 적어 알코올 분해속도가 느리다. 둘째, 알코올이 운전에 미치는 영향에 더 예민함을 보이는 것으로 나타났다(김한오, 2004).

성인남성 체중 65kg의 경우 소주 10잔가량을 마시면 혈중 알코올 농도가 0.1~0.15% 상태가 되어 이성적 행동 조절 능력이 해제되고 이때부터 폭력성과 가학성[20]이 극대화 된다고 보았다(안상원 외 2014).

성인 남성이 1잔의 술을 마시고 알코올을 완전히 분해하려면 일반적으로 1시간 이상이 걸린다. 이미 혈액으로 흡수된 알코올을 분해하는 속도는 알코올의 양에 무관하게 일정하기 때문에 결국 술이 깨는 시간은 얼마나 많은 알코올을 섭취하였는가에 정비례하다. 두 잔을 마시게 되면 한 잔을 마실 때보다 두 배의 시간이 흘러야 술이 깨게 된다(서울대학교 의과대학 국민건강지식센터, 2015).

9) 음주량에 따른 질병 발생률

1일 평균 순수 알코올 소비량을 기준으로 저위험 음주자(남 1~40g, 여 1~20g), 중위험 음주자(남 41~60g, 여21~40g), 고위험 음주자(남 61g 이상, 여 41g 이상)로 술을 더 많이 마실 경우 신체에서 질병을 유발할 수 있는 확률이 증가하는 것으로 나타났다[21](한국건강증진개발원, 2018).

---

20) 가학성: 상대를 심하게 학대하는 데에서 쾌감을 얻는 병적인 성질, 사전적으로는 변태, 성욕을 뜻함.

21) 음주량을 측정하기 위한 단위로, 술에 함유된 순수 알코올량(g)으로 표기(소주/맥주 기준 1잔은 8g)

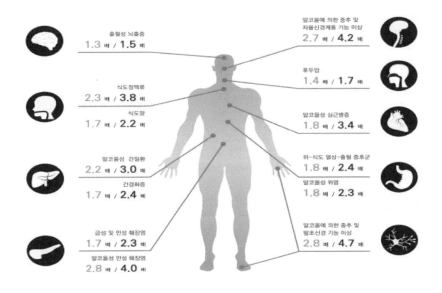

출혈성 뇌출중
1.3 배 / **1.5** 배

식도정맥류
2.3 배 / **3.8** 배

식도암
1.7 배 / **2.2** 배

알코올성 간질환
2.2 배 / **3.0** 배

간경화증
1.7 배 / **2.4** 배

급성 및 만성 췌장염
1.7 배 / **2.3** 배

알코올성 만성 췌장염
2.8 배 / **4.0** 배

알코올에 의한 중추 및
자율신경계통 기능 이상
2.7 배 / **4.2** 배

후두암
1.4 배 / **1.7** 배

알코올성 심근병증
1.8 배 / **3.4** 배

위-식도 열상-출혈 증후군
1.8 배 / **2.4** 배

알코올성 위염
1.8 배 / **2.3** 배

알코올에 의한 중추 및
말초신경 기능 이상
2.8 배 / **4.7** 배

보건복지부   한국건강증진개발원

출처:이선미 등(2012) 건강보장 재원확보를 위한 건강위험요인
부담금 부과 방안, 국민건강보험공단

주) 질병발생위험도(배)저위험 음주자에 비해 중위험, 고위험 음주자는 질병발생위험이 더 높다.

<그림 7-5> 음주량에 따른 질병 발생률(표기: 중위험 음주율 ●, 고위험 음주율 ●)

제8장

알코올이 삶에 미치는 영향

※ 본서의 질병유형은 저자의 임상적 결과에 의한 내용이 아닌 보건복지부 및 보건복지부 산하 관련기관, 알코올전문병원, 인터넷, 단행본, 논문 등의 문헌자료를 인용하였으며, 알코올중독의 폐해를 줄이기 위한 예방적·사회복지 학문적 차원에서 접근하여 기술하였다. 본서의 내용으로 알코올중독의 증상을 진단할 수 없음을 밝힌다. 따라서 환자의 증상과 질병에 대한 정확한 판단을 위해서는 반드시 의료기관의 전문의 진단이 요구된다.

1. 알코올은 암을 유발시킨다

세계보건기구(WHO: World Health Organization)산하 국제암연구기관(IARC, International Agency for Research on Cancer)에 따르면 술은 인체에 암을 유발하는 1급 발암물질[1]로 유방암, 구강암, 인두암, 후두암, 식도암, 대장암, 간암 등의 암을 유발한다고 밝혔다. 술을 분해하는 과정에서 발생되는 아세트알데히드는 인체에 암을 유발하는 가능성이 있는 2군 발암물질로 규정하였다(보건복지부·한국건강증진개발원, 2017).

---

1) 세계보건기구 WHO 산하의 국제암연구기관(IARC)은 가공육(햄, 베이컨, 살라미, 핫도그, 소시지 등)과 붉은 고기를 술, 담배와 같은 1급 발암물질로 규정하고 위험성에 대해 경고하고 있다(JTBC뉴스, 2015. 10. 26).
※ 붉은 고기란 조리되지 않은 소고기, 돼지고기, 양고기 등 고기를 말하며 섭취량 기준을 두었음.

알코올은 중독성이 강한 물질이기 때문에 오랫동안에 걸쳐 과도한 양을 마셨을 경우 신체적 변화를 갖게 된다. 알코올은 뇌와 척수의 활동을 감소시킬 뿐 아니라 식욕감퇴, 간기능 저하, 중추신경계의 손상 등을 포함한 전반적인 분야에 걸쳐, 신체에 심각한 타격을 입힌다. 중독의 상태가 심해지면 뇌의 지각 기능에 영향을 주며 환청, 환시 등의 정신병리적 현상이 나타날 수 있다(김종성, 2003; 정남운 외, 2002; 임혁·채인숙, 2015).

1) 알코올로 인한 질병의 의의

음주는 전 세계적으로 신체적, 정신적, 사회적 문제와 밀접하게 관련되어 있는 것으로 나타났다(질병관리본부, 2018).

영국의 왕립의학 연구소는 성인의 질병과 음주의 상관관계를 연구했다. 수십 년 동안 연구결과에 의하면 성인 질병의 약 40%가 음주의 영향을 받는 것으로 나타났다. 이는 많은 성인들이 음주로 인해 질병을 앓게 되거나 또는 기존의 질병을 악화시키고 있다고 하였다(한겨레 21, 1997. 4. 17).

우리나라는 암 예방 수칙을 통해 과도한 음주가 각종 암을 증가시키기 때문에 하루 두 잔 이내로만 마시라고 권고하였다. 일부 보도 자료는 알코올은 인간에게 유익한 콜레스테롤 수치를 높여주고, 당뇨병의 원인이 되는 인슐린 감성 지수를 낮추는 역할을 하므로 술의 종류에 관계없이 술을 적당량만 마신다면 심장병 및 허혈성 뇌졸중을 예방할 수 있다고 하였다(시사저널, 2003. 9. 2).

많은 문헌에도 어느 정도의 음주는 심근경색환자의 사망을 감소시키며(Muntwyler J et al., 1998) 내분비계 질환 예방에서 당뇨병의 발생을 감소시킨다고 하였다(Wannamethee SG et al., 2002; Wannamethee SG et al., 2002; 이상엽 외, 2013).

그러나 이시기의 적당한 음주는 하루에 1 표준잔 내외의 술을 의미한다. 그 이상의 술은 결코 심혈관계에 도움이 되지 않으며, 알코올은 심장 근육 자체에 병을 일으킨다고 한다. 이 경우 심장이 제대로 뛰지 않아 생기는 위급한 심장 질환이 발생할 수 있다. 알코올 의존자에 있어서 혈관 자체의 동맥경화 증상이 심한 경우가 많으며, 고혈압 등의 질환도 일반인에 비해 많이 발생한다고 보았다(질병관리본부·국가건강정보포털, 2016).

이와 관련해 2014년 보건복지부는 '과음에만 암 발생을 높이는 것이 아니라 하루 한 두 잔의 소량 음주도 간암은 물론 구강암, 식도암, 유방암, 대장암 등의 암 발생을 증가 시킨다'고 하면서 기존에 있던 내용을 수정 발표하였다(국가암정보센터, 2014).

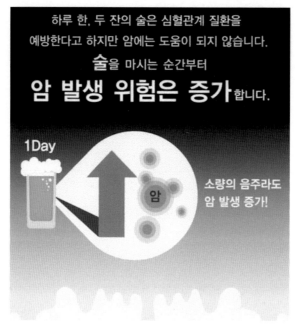

<그림 8-1> 소량의 음주도 암 발생

세계보건기구(WHO) 산하 국제암연구소(IARC)에서는 이미 1988년에 알코올이 소 화기 계통의 암과 간암을 유발할 수 있는 발암 물질로 규정하였다. 우리나라 국립암센 터의 '국립 암예방 수칙'(2016)에서도 '암 예방을 위하여 하루 한두 잔의 소량 음주도 피하기'로 변경하였다(보건복지부·질병관리본부, 2017).

술은 우리 몸 전신에 작용하고 있는 200여 종의 질병과 관련이 있으며, 우리 몸의 뇌, 신장, 간, 피부, 호흡기, 소화기 등 전신에 광범위하게 작용하여 세포와 신경에 영 향을 미친다. 특히 기억력을 감소시키고 감정조절을 어렵게 한다.

또한 습관적인 음주는 신경세포가 손상된다. 그 증상으로 흔히 음주 후 발생하는 두통, 혼미, 피로, 어지럼증, 졸림, 둔함, 권태, 식욕상실 등의 증상이 나타난다고 한다(보건복지부 · 한국건강증진개발원, 2017). 질병의 대표적인 관련 자료를 살펴보면 다음과 같다.

2) 신경학적 합병증

인간의 뇌는 고위중추, 감정중추, 생존중추로 나뉜다. 알코올중독과 관련이 있는 곳은 감정중추다. 감정중추의 주요 부분인 변연계에는 '보상회로'가 있다. 보상회로가 자극되면 쾌락과 기쁨 등이 유발되는 도파민이 분비된다. 알코올을 지속적으로 섭취하면 보상회로가 과도하게 자극을 받아 술을 더 많이 자주 마시게 된다. 뇌의 조절능력이 상실된 것이다(한국일보, 2019. 1. 26).

술은 뇌의 신경전달 활동을 방해하여 뇌의 기능을 늦추거나 방해한다. 단기적으로 몸이 둔해지고 기분이 좋거나 나쁜 증상들이 일시적으로 나타난다. 장기적으로는 알코올중독 증상, 우울, 동요, 학습장애, 기억상실 등 기분과 행동장애, 뇌 위축 등이 발생할 수 있다(보건복지부 · 한국건강증진개발원, 2017).

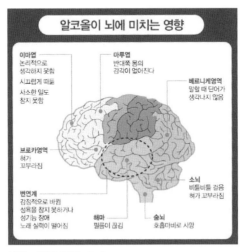

(출처: 대한보건협회, 2016)

<그림 8-2> 알코올이 뇌에 미치는 영향

3) 심혈관계 합병증(김경빈, 2000).

알코올이 혈관의 평활근육에 영향을 주어 혈압을 올리기도 하고, 혈중 Cortisol, catecholamine, renin 등에 영향을 주어 혈압을 올리기도 한다. 술을 끊었을 때 나타나는 첫 번째 금단증상이 혈압의 상승이기도 한다. 알코올중독자 환자가 술을 마시지 않으면 혈압이 내려가며, 다시 술을 마시면 혈압이 올라가기도 한다. 심근병증에서 남성 알코올중독자의 경우 좌심실이 비대해지고 늘어나서 결국에는 심장마비에 이르게 하는 심장비대증이 서서히 발생한다. 알코올성 심근병증의 경우에도 술을 끊으면 경과가 좋다. 또한 알코올의 경우 술의 직접적 효과나 금단 효과로 빈맥증을 일으킬 수 있다.

4) 식도 합병증(김경빈, 2000).

입안으로 들어간 알코올은 식도를 거쳐 위로 들어간다. 알코올은 특히 식도 하단부 괄약근의 힘과 연동운동을 저하시키고, 위내용물을 자주 역류시켜 역류성 식도염을 일으킨다. 역류성 식도염은 알코올중독 환자 위장관 출혈의 주요 원인으로 작용한다. 알코올은 식도암과 관련이 깊다(Tuyns, 1970). 대개 악성경과를 밟는다. 식도 출혈의 또 다른 주요 원인으로는 지속적 구토로 인한 식도근육파열, 간경화의 간성 고혈압으로 인한 식도 정맥류 등이 있다.

5) 간 합병증(김경빈, 2000).

알코올중독은 만성 간질환의 주요 원인이며, 간경화는 주요 사망원인에 속한다. 알코올의 직접적인 독성효과, 중간대사 산물인 아세트알데히드의 작용, 개인차, 섭취한 알코올의 총량, 알코올 남용의 기간 등이 간을 손상시키는 주요 요인이다. 성별차이가 있어 여성의 간손상 위험률이 더 높다. 알코올에 의한 간 손상의 진행순서는 지방의 침착, 알코올성 간염, 알코올성 간경화의 과정을 밟는다. 알코올성 간질환의 첫 단계인 알코올성 지방간은 간세포 안에 지방, 단백질 등이 축적되어서 생기는 현상으로 임상적으로는 별 증상이 없고 간이 커져 있다.

알코올성 간염의 원인은 에탄올과 아세트알데히드(acetaldehyde)가 간세포를 계속 자극하여 염증이 생긴 것이다. 증상이 잘 안 나타나며, 우상복부 통증, 열, 황달, 백혈구 증가증, 간기능의 현저한 증가현상 등이 나타난다. 알코올성 다음 단계로 간경화는 지방간이나 알코올성 간염으로 인해 간조직이 계속 손상되고, 간조직 내에 섬유조직이 끼어드는 과정 중에 알코올성 간경화가 초래된다. 알코올성 간경화 자체는 증상은 없으나 간경화의 합병증인 간성 고혈압으로 인해 식도 정맥류가 생겨 식도출혈에 의한 급사 가능성이 높아지며, 복강 내의 복수가 찬다. 기타 증상으로 간세포의 손상을 인해 혈액응고장애가 나타나며, 질소화합물 찌꺼기의 축척으로 인해 뇌세포의 파괴가 나타난다. 알코올성 간질환의 기타 질병으로는 드물기는 하지만 악성 간세포 암이 있으며, B형간염이 동반될 경우 간암의 가능성이 더 높아진다. 따라서 알코올은 소량일지라도 대량 음주 때와 비슷한 수준의 아세트알데히드와 에탄올이 간세포를 공격하게 된다(https//story.kakao.com/_0F7JM5/fPOq3fTVKV).

6) 췌장 합병증(김경빈, 2000).

췌장염 환자의 30~60%가 알코올리즘이다. 알코올이 췌장의 acinar 세포에 toxic 효과를 주고, 췌장의 작은 관속에 녹은 단백질을 침착시켜 결국 담즙과 소화액을 역류시켜 췌장염이 발생한다. 알코올로 인해 췌장계에서는 급성괴사, 급성 부종, 급성재발, 만성재발, 무통성, 췌장염 등의 질환이 발생한다. 임상적으로는 복통, 오심, 구토 등의 증상을 보여준다. 알코올성 급성췌장염의 경우 완치가 잘되기도 하지만, 만성 알코올성췌장염의 경우에는 췌장의 석회화, 당뇨병, 소화장애 등의 후유증을 남기기도 한다. 급성 췌장염의 예후는 양호하지만 알코올중독이 고쳐지지 않는 한 재발을 잘한다. 급성 괴사성 췌장염이나 급성 출혈성 췌장염의 경우에는 사망률이 아주 높아 40~85%에서 사망한다고 한다.

7) 호흡기능(김경빈, 2000).

알코올은 호흡기계에 3가지 방향에서 나쁜 영향을 준다. 첫 번째는 호흡의 기계적 방어기능을 약화시켜서 나쁜 영향을 준다. 기관지의 점액섬모운동, 목소리를 관장하는 성문의 닫힘 현상과 기침반응 등의 기계적 방어가 약화된다. 두 번째는 표면 활성제의 생산저하나 섬모운동의 감소로 인한 호흡기계 세균제거 능력에 장애를 받는다. 세 번째는 세포면역방어 장애로 백혈구가 세균과의 전쟁을 제대로 해내지 못한다.

8) 면역계통

우리 몸은 주변의 각종세균과 바이러스로부터 스스로를 지킬 수 있도록 면역체계를 갖추고 있다.

만성적인 과음은 면역 활동을 방해하고 망가뜨려 폐렴, 결핵과 같은 질환에 걸리기 쉽다(보건복지부·한국건강증진개발원, 2017). 특히 알코올로 인한 엽산(Folate) 결핍으로 대구성빈혈이 나타난다. 철분결핍 빈혈의 가장 큰 이유는 위장관계 출혈이다. 알코올중독환자는 영양결핍, 간질환, 백혈구에 대한 에탄올의 직접적 독성효과 등이 있다. 알코올은 골수에서 호중구 생성을 억제하며, 이의 화학주성을 억제한다. 여기에 알코올은 골수에서 혈소판 생성을 억제하여 혈소판 감소증을 초래한다. 혈소판 감소증과 혈소판의 응집력 저하는 출혈체질로 가게 되며, 금단의 반응으로 생기는 혈소판과다중과 혈소판의 과도한 응집력은 혈관에 무엇이 끼거나 막혀버리는 혈전색전성 질환의 위험성을 높여준다(김경빈, 2000).

9) 근육질환

급성과 만성 알코올성 근육변성 증상으로 볼 수 있다. 급성 증상으로는 폭음의 경우 에탄올이 근육조직에 급성 독성 영향을 주어 발생하는 근육변성으로 증상이 없는 근육변성으로부터 시작하여 심한 통증 및 부종을 동반하는 심한 변성까지 다양하며, 죽은 근육 세포가 소변으로 배출되는 미오글로불린 뇨증도 올 수 있고 근육세포괴사까지 가능하다. 심한 경우 근육조직이 녹아서 망가지는 횡문근융해증도 가능하며, 이로 인한 급성신부전증도 일으킨다. 만성 증상으로는 알코올중독 후기에 영양결핍까지 겹칠 경우 점진적인 진행성 근육변성이 나타난다. 근 위축과 그로 인한 엉덩이와 어깨관절 부위의 근 무력증이 가능하다(김경빈, 2000).

2. 음주가 임산부와 태아에게 미치는 영향

우리나라 성인여성 음주율은 45.7%, 월간 폭음율은 21.9%로 조사되었고, 더욱이 가임기 연령대의 음주율이 50대 이상 음주율보다 상대적으로 높게 나타났다(질병관리본부 통계, 2013). 특히 알코올중독(alcohol dependence, AD) 및 물질 중독(substance dependence, SD)의 유병율은 남성과 여성에서의 차이가 점차 감소하는 추세이고 청소년에서는 그 차이가 더욱 적다는 것이 국내·외 공통적으로 나타나는 현상으로, 이를 놓고 볼 때 여성의 음주율은 물론 알코올 오남용 문제가 증가하고 있음을 알 수 있다. 이렇게 가임기 여성들의 음주율이 증가함에 따라 임신부의 음주가 가장 큰 고려사항이 될 수 있는데, 해외 한 연구에 따르면 임신부의 9.4%가 음주를 하고, 2.6%는 폭음(binge drinking)을 하며, 0.4%는 과도 음주(heavy drinking)를 하는 것으로 추정되고 있다. 국내 임신부 대상 음주율에 대한 연구 결과를 살펴보면 연구 대상, 연구 상황, 연구 방법에 따라 차이가 있으나 약 16%~40% 정도로 추정되고 있다(질병관리본부 주간건강과 질병, 2016).

1) 임산부의 음주

임신 중 음주는 유산, 사산, 조산, 영아돌연사증후군, 태아알코올증후군(fetal alcohol syndrome)을 유발할 수 있다. 아기는 안면, 내장, 팔, 다리에 결함이 생기고, 지능이 낮거나 성격이 불완전하고 지나치게 민감해질 수 있다(전석균, 2017).

임신 중 술을 마시면 태반 혈관을 수축시켜 태아에게 전달되어야 할 영양분과 산소 공급을 감소시킨다. 또한 술을 마시면 임산부의 혈액을 타고 태아에게 전달되어 태아의 뇌에 손상을 줄 뿐만 아니라 다른 조직, 장기, 기관의 정상적인 성장을 방해한다고 밝혀졌다(보건복지부·한국건강증진개발원, 2017).

특히 임산부의 음주는 태아의 저체중 및 선천성 기형이나 신경학적 질환을 유발할 수 있는 것으로 잘 알려져 있다(국가암정보센터, 2017).

관련 연구 자료에 의하면 알코올중독 증상이 있는 여성들은 임신 중에서 91%의 태아가 임신기간이 부족하고 머리둘레가 정상적인 아이에 비해 적었다고 한다. 또한 44%는 태아알코올 증후군과 일치하는 기형적인 얼굴을 가졌으며 44%는 선천적인 심장기형과 생식기 및 신장의 기형이 있는 것으로 나타났다(Halliday, 1982; 신영주, 2008).

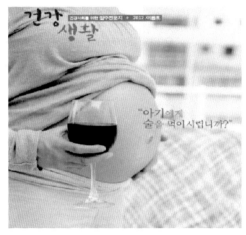

(출처: 한국건강증진개발원 홍보자료, 2017. 9. 29)

<그림 8-3> 태아에게 독이 될 수 있는 술

이뿐만 아니라 알코올은 임산부의 생식기 기능저하로 불임의 원인을 제공하고 과잉충동아이의 출산도 증가시킨다.

이는 알코올과 그 대사물인 아세트알데히드는 태반을 쉽게 통과하여 태아 조직에 전달된 후 직접적으로 기형을 유발한다. '태아조직에는 알코올을 분해시킬 수 있는 효소체계가 발달되어 있지 않다'(대한보건협회, 2015).

(출처: 보건복지부·대한보건협회, 2012)

<그림 8-4> 임산부 음주

2) 태아 알코올증후군이란?

태아알코올증후군(fetal alcohol syndrome)이란, 임신 중 여성의 음주로 인하여 아기에게 정신적, 신체적인 결함이 나타나는 질환이다. 이는 임신 상태의 여성이 술을 마실 때, 태반을 통해 태아에게 흡수된 알코올은 여러 가지 부정적인 영향을 미친다. 간혹한 잔, 한 모금 정도는 괜찮다고 생각하는 이들이 있지만 전문가들은 '*단 한 방울도 안된다*'고 강조한다. 술은 특성상 태반을 잘 지나가는 물질이기 때문으로 임산부가 소량의 알코올을 섭취했을 경우 태아가 입게 되는 신경계 손상과 영양결핍은 바로 감지가 어려운 주의력 산만, 기억력 저하, 학습장애로 나타날 수 있다(여성가족부, 2016).

2011년 1월 한국모자보건학회지에 실린 '임신 중 음주에 영향을 미치는 요인'을 살펴보면 조사대상자 중에서 임신 중 음주한 적이 있다고 답한 자가 163명으로 50%에 해당되었다. 이들 중 약 45% 정도는 임신인 줄 모르고 술을 마셨다고 답했으며 약 16%는 임신 사실을 알고도 술을 마셨다고 답했다(대한보건협회, 2015).

관련 연구 자료를 살펴보면 태아알코올 증후군의 가설로서 알코올과 그 대사물질인 아세트알데히드(acetaldehyde)가 태반을 통과하여 태아의 뇌를 포함한 모든 조직에서

핵산이나 단백합성의 장애를 일으켜 세포증식이 제한을 받아 그 세포수가 감소되므로 결국 태아의 뇌 발달 장애 및 성장지연으로 정신장애나 저체중아가 된다고 추정하였다 (Kennedy, 1984; 박경일, 2008).

알코올의 태아 알코올증후군 발생의 간접영향으로 알코올중독자 대부분이 영양불량을 동반하므로 이러한 영양장애 역시 원인이 된다고 한다. 특히 태아는 알코올이나 아세트알데히드가 양수 내에서 일정농도로 유지되기 때문에 태아는 양수에 의해서도 영향을 받는다(전선희, 1998).

(출처: 한국건강증진개발원 홍보자료, 2017. 9. 29)

<그림 8-5> 태아 알코올 증후군

3) 태아 알코올 발병수준

태아 알코올 증후군은 미국의 경우 약 1,000명당 1명꼴로 나타나며, 전 세계적으로는 1,000~10,000명의 신생아 중 한 명의 빈도로 추정 된다. 또한 영국에서는 매년 6,000명 이상의 아이가 모체의 음주 때문에 손상을 입고 태어나면서 사회문제가 되고 있다. 우리나라는 알코올 증후군으로 의심되는 아동은 0.18~0.51%로 추정되며 이 결과는 상당히 높은 수준으로 보고 있다(대한보건협회, 2015).

4) 태아 알코올 증후군의 증상

일반적으로 증상에는 정신지체, 소뇌증, 저체중, 안면기형, 등의 특징을 보인다. 얼굴 특징은 코밑 인중이 흐리고, 윗입술이 아래 입술에 비하여 가늘며 미간이 짧으면서 눈이 작다. 또한 섬세하게 움직이는 능력이 부족하고, 근력이 약하면서 떨림증이 나타난다. 여기에 과도하게 활동하거나 사회성이 떨어지고 판단력을 잃는 등의 행동장애를 수반한다(대한보건협회, 2015).

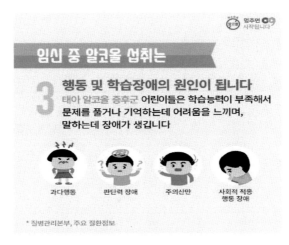

(출처: 한국건강증진개발원 홍보자료, 2017. 9. 29)

<그림 8-6> 태아알코올 증후군의 장애

특히 뇌기능 저하로 IQ가 70 정도이며, 암기 및 사고력의 저하 등으로 일생 동안 학습장애를 겪어 학습부진의 가장 중요한 원인으로 알려져 있으며, 주위가 산만하고 성격도 원만하지 못한 특징이 있다(임혁 외, 2015).

따라서 태아의 뇌 조직에 다량의 알코올이 이동되면 정신발달 장애를 일으킨다(대한보건협회, 2015). 또 다른 연구에서는 중추신경계 기형으로 소뇌의 형성부전, 대뇌의 형성이상 등이 있다고 한다. 특히 중추신경계의 손상은 신생아 시기에는 나타나지 않다가 생후 수년 후에 신경학적 장애, 발육의 지연 및 학습장애 등으로 나타난다고 한다 (Endres, Torso, Roberson, Park, Abebe, Poggi & Spong, 2005; 박경일, 2005).

이외에도 태아알코올증후군은 신체적, 정신적, 행동적 결함을 유발하여 태어날 아기가 평생 동안 일상생활의 삶을 어렵게 한다. 구체적인 내용은 다음과 같다(보건복지부·한국건강증진개발원, 2017).

가. 신체적 문제

① 또래에 비해 체중과 키가 작다.

② 심장, 신장 등 우리몸속 장기에 건강문제를 가지고 있다.

③ 뇌의 구조적, 기능적 손상을 가지고 있다.

나. 지적 및 행동적 문제

① 일반적으로 IQ가 낮고, 학습장애, 기억장애 등을 겪는다.

② 과잉행동 성향을 보이며, 주의가 산만하다.

③ 언어 발달이 또래에 비해 늦으며, 타인과 의사소통을 하는데 어려움을 겪는다.

④ 추리력과 판단력이 낮다.

다. 일상생활 문제

① 학교, 직장 등 사회생활을 하는데 어려움을 겪는다.

② 독립적으로 생활하는데 어려움을 겪는다.

③ 우울·사회적 고립 등의 정신건강 문제를 경험한다.

④ 추상적인 개념을 이해하는 능력이 부족하여 돈이나 시간을 관리하는 능력이 떨어진다.

5) 기타 주요 기형

알코올은 신체에 특이적으로 작용하는 기형발생인자이므로 모든 세포가 영향을 받으며, 기형발생 시기는 임신 10주경이 가장 예민하다. 태아 알코올증후군 대상자의 약 50%에서 심장과 요로생식계 기형 및 혈관종 등을 볼 수 있다 그 밖에 태아 알코올증후군과 동반되는 기형의 종류로는 신경관손상, 요천수막척수류, 고관절탈구, 토순 및 만곡족, 위벽파열, 염색체이상 등이 보고되고 있다(박경일, 2008).

6) 알코올 증후군 대상자 삶의 환경

평생 낮은 지능, 기형, 발육장애를 갖고 살아야 한다는 것은 매우 곤혹스런 삶이다. 이는 여러 장기의 기형을 동반한 증후군으로써 증상은 평생 지속되며 본인의 일생뿐만 아니라 가족, 사회, 국가에도 부정적인 영향을 미친다.

태아 알코올증후군 대상자를 중심으로 한 질적 연구는 1990년 후반부터 보고되기 시작하였는데, Massey(1997)는 18세~30세 사이 5명의 태아 알코올증후군을 동반한 여성들을 대상으로 삶을 탐구하였다. 이 연구에서 태아 알코올증후군을 동반한 여성들은 빈곤, 무직, 매춘, 술, 약물사용, 성적학대, 신체건강문제, 임신, 자살, 소외, 불평 등을 경험한다고 하였다. Tilley(2007)는 태아 알코올증후군 아동들을 가르치는 교사들과 부모들을 대상으로 실시한 '학교에서의 임상심리사 역할에 대한 연구'에는 임상심리사는 교사에게 태아 알코올증후군 아동을 효율적으로 돕기 위해서는 '태아 알코올증후군 대상자의 인지기능, 행동요소, 정서적 요인증상이 부모와 가족에게 미치는 영향, 교육 전략, 중재들을 포함한 태아 알코올증후군에 대한 전반적인 지식을 전달해야 한다고 하였다(박경일, 2008).

7) 예비 아빠들의 알코올증후군에 관한 학습

많은 사람들은 알코올 증후군은 여성들의 음주에서 비롯된다고 지적하고 있다. 그러나 임산부가 평소에 '술을 전혀 입에 대지 않았는데 태아가 알코올증후군을 증상이 나타났다'는 연구 결과가 있다. 다음은 관련 기사를 살펴본다.

<사례 8-1> 예비 아빠들의 알코올증후군

"임신 전 아빠의 과음, 태아 알코올 증후군 위험 높인다."

<YTN 사이언스 2016. 5. 25>

임신부의 임신 기간 중 음주는 태아의 건강에 심각한 악영향을 미친다.
대표적인 게 신생아에게 신체적 기형과 정신적 장애가 나타나는 '태아 알코올 증후군'이다.

반면 아빠는 엄마처럼 탯줄로 태아와 연결되지 않았다는 점에서, 아빠의 음주는 태아의 건강 문제에서 상대적으로 자유로웠다.

그런데 미 연구팀이 지난 10년 동안 관련 논문을 분석했더니, 아빠의 임신 전 음주 습관도 태아의 건강에 영향을 미칠 가능성이 큰 것으로 나타났다.

엄마가 전혀 술을 입에 대지 않았는데도 태어난 아기가 알코올 증후군을 앓는 경우가 있다는 것이다.

[한정환 / 성균관대 약대 교수 : (태아가) 아버지에서 받은 유전자는 실제 아버지가 (과음) 환경에 노출됐을 때 변화된 후성유전학적 유전자 변형을 지니고 있다. 그래서 태아도 똑같이 아버지가 경험했던 유전자 변화를 가지고 있어 아버지의 성질을 많이 가질 수 있다.]

쉽게 말해 "애를 갖기 전에 이뤄진 아버지의 지나친 과음이 정자 DNA의 변형을 가져와, 고스란히 자녀에게 전달된다"는 것이다.

연구팀은 이 같은 변화가 "자녀 세대뿐만 아니라 손자 세대까지 이어질 수 있다"고 덧붙였다.

이는 남성이 장기간 과도하게 술을 마시면 남성 호르몬인 테스토스테론(Testosterone)의 농도와 성호르몬을 자극하는 생식선 자극 호르몬(Gonadotropic homone)의 농도를 감소시킨다. 남성의 과도한 음주는 정자의 운동성을 저하시키고, 정자의 DNA 구조를 변화시켜 태어날 아기에게 선천성 결함을 일으킬 수 있다(보건복지부·한국건강증진개발원, 2017). 따라서 임신을 계획 중이라면 여성뿐만 아니라 남성도 함께 단 한 방울의 술도 마시지 않는 것이 보다 더 현명할 것이다.

8) 태아 알코올증후군을 알아차리거나 진단하는 것은 매우 어렵다

태아알코올증후군에서 나타나는 안면기형은 비교적 경미하게 나타날 수도 있고, 아예 나타나지 않을 수도 있다. 태아알코올증후군은 신체적, 정신적, 장애가 초등학생이 돼서야 나타나거나 혹은 나타난다고 해도 다른 선천성 결함 및 장애와 유사한 증상을 많이 가지고 있다고 한다(보건복지부·한국건강증진개발원, 2017). 그러므로 술은 자신의 건강뿐 아니라 자녀 세대에까지 악영향을 미칠 것으로 보아 각별한 주의가 요구된다.

3. 여성의 알코올 대사 및 모유 수유

여성의 월경전기(생리 전 약 1주)에 에스트로겐 분비가 왕성하게 되면 알코올을 무독화시키는 효소의 분비가 약화되어 알코올 대사 기능이 저하된다. 이시기의 소량의 음주에도 혈중 알코올 농도는 평소보다 높아져 간질환이나 심장질환에 더 쉽게 발생될 수 있다. 알코올은 여성을 귀찮게 하는 월경부조증을 발생시키며, 때로는 과다월경 또는 무월경과 나아가서는 불임증을 일으킬 수 있다. 알코올 의존 여성의 경우 60%가 생리주기 이상을 호소하며, 임신초기의 유산빈도도 증가하는 것으로 나타났다(신영주, 2008).

이와 관련된 기사를 살펴본다.

<사례 8-2> 여성과 알코올 대사

"여성, 취하는 '쾌감' 즐기다 알코올중독"

<경인매일, 2008. 8. 18>

남성은 취하지 않는 것을 즐기다 알코올중독에 빠지는 반면 여성들은 술에 취하는 쾌감을 즐기다 알코올중독에 빠지는 경우가 많다는 연구결과가 나왔다.

OO대병원 정신과 OOO 교수는 최근 미국 워싱턴 D.C.에서 열린 미국알코올리즘 연구학회(RSA)에서 발표한 '알코올중독 위험 유전자의 남녀 간 차이'라는 연구논문에서 이 같이 주장했다.
연구논문에 따르면 남성 알코올중독 환자의 경우 알코올 대사를 잘하는 유전자를 가진 사람이 58.9%였으나 일반 남성들은 31.6%에 그쳤다.

여성의 경우에는 반대로 알코올중독 환자들은 알코올 대사를 못하는 유전자를 가진 사람이 60.5%였으나 일반 여성이 알코올 대사를 못하는 유전자를 가진 비율은 8.5%에 그쳤다.

이는 남자는 술을 마셔도 잘 취하지 않는 사람이 알코올중독에 빠질 가능성이 높은 반면, 여성은 술에 잘 취하는 사람이 알코올중독에 빠지기 쉽다는 얘기다.

'여성 알코올중독 환자들은 술이 간에서 잘 대사되지 않고 조금만 마셔도 혈중 알코올 농도가 쉽게 올라갈 뿐만 아니라 대뇌에서도 술에 대해 쾌감을 더 많이 느끼는 유전자를 갖고 있는 것으로 나타났다'고 설명했다.

이 때문에 여성은 같은 양의 술을 마시더라도 남성에 비해 혈중 알코올 농도가 높아져 뇌와 같은 장기의 손상정도가 더 심하며 알코올중독도 더 빠르게 진행된다는 것이다.

'여성은 술을 처음 마신 날로부터 알코올중독으로 진행되거나 이로 인해 입원하는데 걸리는 기간이 남성보다 3~6년이나 짧았으며 상대적으로 술을 적게 마셨는데도 대뇌 손상이 더 큰 사실이 이런 결론을 뒷받침 한다'고 말했다.

1) 여성은 알코올중독에 취약하다

여성은 남성에 비교해 술을 소화할 수 있는 생리학적 능력이 떨어지기 때문에 똑같은 양을 마시더라도 폐해가 크다. 이는 여성은 신체에 체지방은 많지만 체액이나 수분이 적어 음주를 하게 되면 알코올이 혈액에 더 많이 남게 된다(신영주, 2008). 또한 여성은 위 점막에서 알코올을 초기에 분해해 흡수를 제어하는 위 점막 알코올 분해 효소는 남성의 4분의 1에 불과하기 때문에 위 점막에서 흡수되는 알코올의 양이 남성보다 훨씬 많다(https://blog.naver.com/dsr_central/100189884291).

한 연구에 의하면 알코올에 대한 생리적 반응치인 최고조의 혈중 알코올농도(BAC) 도달시간과 1ℓ의 혈액 내 시간당 알코올 농도 감소율 모두에서 여성은 남성보다 빠른 것으로 나타났다(Mumenthaler et al., 1999; 김인석, 2001).

그러므로 여성은 같은 양의 음주를 하더라도 남성에 비해 빨리 취하게 된다. 가급적 음주를 피하는 것이 건강에 유의하지만 음주를 하게 되면 남성에 마시는 양의 절반이하를 마시는 것이 현명할 것으로 판단된다.

따라서 여성은 알코올 의존으로 가는 기간이 짧게 걸리며, 음주의 양이 적어도 알코올 의존이 쉽게 될 수 있다. 관련 연구결과를 살펴보면 여성은 규칙적인 음주를 시작한 때부터 1년이 채 안 돼 음주와 관련된 문제가 시작되는 것으로 나타났으며 음주에 대한 통제력을 잃고 문제의 음주자에 도달하는 기간 역시 5년 정도로 7~8년 걸리는 남성보다 훨씬 빠르게 나타났다. 또한 알코올 전문병원에 입원하기까지 걸리는 기간도 남성 15년에 비교해 여성을 10년으로 짧게 나타났다. 이는 개인차에 따라 달라질 수 있으나 3년차에 알코올중독이 된 사례도 살펴볼 수 있다(SBS 뉴스추적, 2007. 2. 7).

2) 여성 알코올로 인한 증상

알코올은 여성의 불임과 조기폐경의 원인이 되며, 체내 칼슘과 비타민의 이용도를 떨어뜨려 골다공증으로 쉽게 진행될 수 있다. 약간의 음주(2∼3일에 1잔 정도)가 여성 호르몬분비를 촉진해 관상동맥질환을 예방한다는 일부 보고도 있지만, 유방암 발생에는 안전한 음주량은 없다(대한보건협회, 2015).

또한 여성은 호로몬(hormone)의 혈중 농도가 증가되기 때문에 여성형 유방, 거미모양 혈관증, 여성스러운 피하지방층 생성 현상 등이 나타난다. 알코올은 혈중 코티졸을 증가시켜 고티졸 과다생성에 의한 쿠싱병(Cushing's syndrome) 증후군을 일으키기도 한다(김경빈, 2000). 알코올을 장기적으로 섭취하게 되면 피부에 손실이 많아지고 피지분비가 증가하는 현상이 일어나며, 나이에 비해 피부노화가 빨리 촉진되는 현상이 일어날 수 있다(SBS 뉴스추적, 2007).

3) 모유 수유 중에는 술을 마시지 않는 것이 좋다

수유부가 마신 술은 혈액을 통해 모유 속으로 전달되어 아기의 수면을 방해할 수 있다.

모유 수유 중에 술을 많이 먹으면 모유의 사출이 원활하지 않아 모유의 양이 적게 나올 수 있다. 그러므로 수유부가 지속적으로 술을 마시면 아기에게 성장장애와 발달장애가 생길 수 있다.

만약 한 잔의 술은 마셨다면 2∼3시간이 흐른 후에 수유를 해야 한다. 하지만 술을 마신 양과 개인의 신체적인 차이에 따라 알코올을 분해하는 시간이 달라질 수 있기 때문에 더 오랜 시간이 흐른 후에 수유해야 한다(보건복지부·한국건강증진개발원, 2017).

이와 관련된 기사를 살펴본다.

<사례 8-3> 알코올과 모유수유

"헉! 술취한 엄마의 모유를 먹던 아기가···"

<서울신문나우뉴스, 2011. 6. 23>

모유가 신생아들에게 우유를 비롯한 그 어떤 대체재보다 안전하다는 것을 부인하는 전문가는 없을 것이다. 그러나 영국의 대중지 데일리메일은 22일 유아가 술에 취해 잠든 엄마의 젖을 먹다가 사망한 사건을 보도하면서 '음주 수유'의 위험성을 일깨웠다.

데일리메일의 보도에 따르면 영국 볼턴의 한 법정에서는 요즈음 음주 수유로 인한 유아 사망사건에 대한 심리가 진행되고 있다. 엠마 헤텍(30)라는 이 여성이 빈속에 백포도주 한병을 병째 마시고 젖을 물린 뒤 잠들었다가 자신의 7개월짜리 딸을 잃었다는 것이다.

볼턴 코러너 지방법원에서 열린 최근 심리에서 엠마의 남편 알렌은 "딸 나오미의 얼굴이 아내의 젖가슴으로 덮여 있었으며, 아기가 입속에 피를 머금고 있었다."고 사고 목격 순간을 진술했다. 아기 사망의 직접적 원인이 질식사인지를 규명할 증거가 아직 확보되지 않았지만, 엠마는 혈액 검사 결과 사고 당시 혈중 알코올 농도가 법적 음주운전 허용 기준치의 2.5배를 넘어선 것으로 추정됐다.

한편 영국에서 모유를 수유하는 엄마가 늘고 있는 것으로 나타났다. 영국 1차 진료기관인 NHS 정보센터가 22일 공개한 보고서에 따르면 아기를 낳은 엄마 10명중 8명 이상이 최소한 1번 이상 모유 수유를 시도하는 것으로 나타났다.

전문가들은 이는 모유 수유가 산모와 아기에게 최고라는 대중적 인식이 널리 확산된데 따른 것으로 풀이했다. 모유 수유는 영아를 각종 감염으로부터 막아주고 성인이 되었을 때 심장병과 당뇨병 가능성을 낮춘다는 연구 결과가 있다. 또한 아기의 지능발달에 도움을 주고 어린시절 행동 발달에도 영향을 미치는 것으로 알려져 있다.

그러나 볼턴 NHS 정보센터의 한 전문가는 "생후 6개월 정도까지는 아기에게 부모의 침대나 소파 등에 비해서 유아용 침대가 안전하다."며 음주 운전보다 더 치명적일 수 있는 '음주 수유'에 대한 경각심을 일깨웠다.

한편 모유가 아기, 산모 모두에게 좋다는 인식이 확산되면서 모유를 수유하는 여성이 증가하고 있다. 반면 여성음주자의 증가로 인해 음주수유를 하는 경우도 함께 증가하고 있는 것으로 나타났다. 음주 후 모유에는 소량의 술을 마신 경우라 할지라도 모유에 알코올이 섞이게 된다. 문제를 일으킬 양에 대해서는 합의된 바가 없지만 마신 양과 마신 시간은 영향을 받는다.

이러한 모유를 자주 섭취한 아기는 성장장애와 발달장애가 생길 수 있다. 심각한 경우에는 아기가 심장마비로 사망할 수 있다. 몸에 좋은 모유는 알코올이 함유된 것이 아닌, 양질의 영양분을 충분히 섭취한 모유를 말한다. 안전한 모유수유만이 아기와 산모 모두의 건강을 지켜 줄 것이다(http://blog.daum.net/2002chris1025/405).

따라서 술은 자신의 건강뿐 아니라 자녀 세대에까지 악영향을 미칠 것으로 보아 각별한 주의가 요구된다.

4. 알코올로 인한 뇌의 변화

1) 음주자의 뇌는 건강할까?

우리의 뇌는 외부의 정보를 입력해 두었다가 다시 끄집어내어 기억해내도록 하는데 알코올은 이 정보를 저장하고 재생하는 것을 방지해서 아무것도 기억할 수 없게 한다 (SBS 뉴스추적, 2007. 2. 7).

음주를 하면 알코올이 혈관을 타고 온몸에 퍼지는데 특히 뇌는 다른 장기들보다 피의 공급량이 많기 때문에 뇌세포가 손상을 입는다. 이러한 증상은 초기엔 뇌의 기능에만 문제가 생길 뿐 구조적 변화 없이 다시 원상회복이 되지만, 필름 끊기는 일이 계속 반복되면 탄성을 잃은 스프링처럼 뇌에도 영구적인 손상이 와서 알코올성 치매로 발전할 가능성이 있다고 한다.

알코올성 치매에 걸리면 뇌가 쪼그라들면서 가운데 텅 빈 공간인 뇌실이 넓어지게 된다. 3번 이상의 블랙아웃을 경험하는 사람들의 경우 53~58% 정도 유전적 경향이 있다는 연구결과도 있다(대한 보건협회·파랑새포럼). 알코올은 뇌를 억제하는 약물이다.

그 약물이 뇌에 들어가서 뇌를 계속 억제하다 보면 가역적인 억제만 되는 게 아니라 어느 기간 이상 노출이 되면 뇌세포가 파괴되기 시작한다(SBS 뉴스추적, 2007. 2. 7).

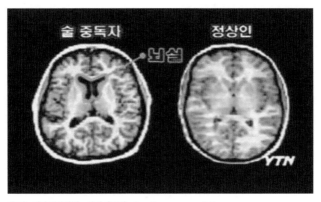

(출처: 대한보건협회·파랑새포럼·http://www.naam.or.kr/)

<그림 8-7> 알코올중독자의 뇌와 정상인의 뇌

중독질환은 뇌에 신경생물학적 이상에 의해서 발병하는 질환이라 한다. 이는 뇌에서 분비되는 도파민이라는 신경전달물질에 의해서 쾌락 중추가 자극되는데, 이 자극을 지속하기 위해서 행동을 반복하는 것이 바로 '중독의 행동'이다. 이렇게 중독이 진행되면 충동을 억제하는 뇌 기능이 마비되고 기능이 떨어진다. 또 대뇌피질의 부피가 감소하게 되는데, 이를 '뇌질환'이라는 이해가 필요하다. 이러한 변화는 장기간에 걸쳐서 일어나고 또 정상으로 돌아오기까지는 상당히 긴 시간이 소요된다. 그렇기 때문에 한번 중독에 빠지면 회복이 쉽지 않고 또 만성적으로 재발하게 된다. 하지만 치료가 불가능한 것은 아니다. 약물치료라든지 비약물치료 등 효과가 있다고 알려진 여러 가지 치료를 지속적으로 받으면 회복 가능성도 높아지게 된다(노성원·KBS뉴스, 2018. 12. 16).

최근에는 남성 음주자들에 비해 여성들의 음주자도 늘고 있다. 다음은 여성의 장기간의 음주로 인해 손상된 뇌의 모습을 살펴본다. 사진에서는 굵은 신경 다발만 남아있고 미세한 부분의 신경다발은 거의 손상된 모습이다. 아래 사진은 중학교 1학년 때부터 10여 년간 음주를 한 여성의 뇌신경 다발 MRI 사진의 모습이다.

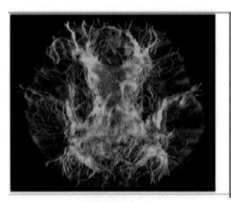 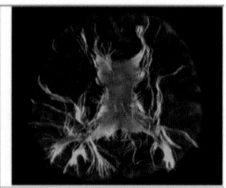

<여성 일반인의 뇌>　　　　　　　　<10여 년간 여성 음주자의 뇌>

(출처: 대한보건협회·파랑새포럼. http://www.naam.or.kr/)

<그림 8-8> 알코올에 의해 파괴된 뇌 신경다발 MRI사진

알코올이 뇌세포를 손상시키는 모습을 살펴볼 수 있다. 남녀를 불문하고 알코올이 뇌 조직을 손상시켜 인지기능과 기억력 감퇴를 가져온다는 점은 이미 알려진 사실이다. 그러나 중학교 1학년 때부터 10여 년간 음주를 한 여성과 비슷한 시기에 음주를 시작했고 술을 더 많이 마신 남성들의 뇌를 촬영한 결과, 그들의 뇌의 신경다발이 여성보다 덜 파괴되었다는 점을 발견할 수 있다.

알코올의 위험성이 내포하고 있는 뇌 세포의 손상에는 여성이 남성에 비해 동일량의 음주를 했음에도 불구하고 쉽게 취하게 된다. 여성은 체내 위에 있는 알코올 분해 효소의 양이 남성의 약 1/2 정도 떨어진다고 본다. 이는 여성이 남성에 비해 몸집이 작고 체내 수분의 양은 적은 반면, 체지방이 많기 때문에 나타난 결과이다. 그러므로 알코올에 의한 뇌 변화가 여성의 경우 더 독성이 강하게 나타나기 때문에 그 진행속도가 빠르다(SBS 뉴스추적, 2007. 2. 7).

여성은 남성이 마시는 술의 절반을 마셔도, 알코올로 인해 받는 해악(害惡)이 남성과 비슷하다. 같은 양을 마셨을 경우에는 큰 피해를 입는다. 이는 알코올 흡수가 빠르고 해독이 더디기 때문에 음주로 인해 뇌, 간 등 장기에 받는 손상이 더 크다'고 경고한다(한국일보, 2007. 2. 6).

2) 음주자의 심리적인 변화

일반인과 달리 알코올중독을 경험하고 있는 사람은 다음과 같은 심리적인 변화가 유발된다(행복한 복지연구회, 2006).

첫째 환자들은 거만한 행동을 한다. 자기중심적이고 자신감이 없으며 자기 증오심 때문에 고집스런 자만심을 보이며 모든 것을 다 알고 있다고 생각하고 뭔가를 배우려고 노력하는 것은 소용없는 것이라고 생각한다.

둘째, 예민하다. 매우 방어적이고 민감해서 다른 사람의 충고나 비판을 받아들이지 못하고 타인의 감정에 대해 배려하는 능력이 부족하다.

셋째, 자기연민을 가지고 있다. 자기 자신이 매우 불쌍하다고 생각하며, 자신이 가장 힘들다고 생각한다.

넷째, 좌절에 대한 극복의지가 취약하다. 기다리거나 참지 못하고 항상 즉각적으로
만족되기만을 원한다.

다섯째, 원한과 분노가 가득하다. 때때로 마음속에서 터지려는 분노를 경험하므로
웃다가 갑자기 화를 내기도 한다.

여섯째, 두려움이 많다. 강해 보이지만 나름대로 각자의 심한 공포와 두려움을 가지
고 있다.

일곱째, 거짓말을 잘 한다. 대체로 술을 마시기 위한 거짓말로 출발한다. 추후 자기
자신에게 조차도 정직하기 힘든 상황이 된다. 이런 모든 상황은 단주로 회복될
수 있다.

3) 음주자의 기억상실

① 음주와 필름 끊김

비교적 건강한 사람이 지난 밤 과도한 음주를 하고 취침 후 일어났을 때 어제 내가
무엇을 하였으며 집에 어떻게 들어 왔는지 가물거리면서 기억이 나지 않을 때가 있다.
그러다가 어지럼증과 속이쓰리고 메스꺼움증세가 보이면서 술자리를 기억해낸다. 그러
나 술자리에서 말실수와 추태라도 일으키지 않았는지는 기억하지 못한다. 만약 지인들
에게 실망을 줄 수 있는 행동을 일으켰다면 지인들의 기억에 좋지 않는 이미지가 오랫
동안 남게 될 것이다. 건강한 사람이라도 한번쯤 할 수 있는 실수로 대수롭지 않게 넘
기지만 이것이 습관적으로 반복된다면 자신도 모르는 사이에 범죄를 저지르거나 큰 사
고를 당할 수도 있으며, 장기적으로는 뇌가 손상돼 기억력에 심각한 문제를 일으킬 수
있다(대한보건협회·파랑새 포럼).

② 블랙아웃(Black-out)이란

술 마신 후 "필름이 끊긴다"라고 흔히 표현되는 단기기억상실은 의학용어로 '블랙아

웃'이라 한다. 블랙아웃은 의식 소실과는 달리 대개 깨어있는 상태에서 집을 찾아오고 사람을 알아보며 비교적 어려운 행위들까지도 수행할 수 있다. 단지 자신이 한 일을 기억을 하지 못할 뿐이다. 이것이 가능한 이유는 음주 직전 습득한 정보나 그 이전부터 가지고 있던 장기기억에는 큰 문제가 없어 이전 정보에 따라 행동하는 것은 문제가 없어 보인다(대한보건협회·파랑새포럼).

③ 블랙아웃이 언제 발생하나?

혈중 알코올 농도 0.15% 정도부터 기억력 장애가 나타난다. 대개 이 정도는 소주 5~6잔가량을 마신 후 다른 사람들과의 대화 내용을 종종 기억 못하는 수준이다. 블랙아웃에는 음주 이후의 일정 기간을 전혀 기억 못하는 총괄적 블랙아웃과 부분적으로 기억을 하는 부분적 블랙아웃이 있고 후자가 훨씬 흔하다. 블랙아웃은 음주량과 관련이 있으나 특히 급격한 혈중 알코올 농도 상승에 영향이 있다. 갑작스러운 알코올 증가가 뇌로 하여금 준비할 시간을 주지 않아 발생하는 것이다. 공복 시의 음주도 혈중 알코올 농도를 급히 올려 영향을 준다. 블랙아웃 대부분은 음주 후 수 시간 즉, 혈중 알코올 농도가 올라가고 있는 시기에 발생한다(대한보건협회·파랑새포럼).

④ 블랙아웃이 무엇이 문제인가?

2002년 미국 듀크 대학의 White 교수가 772명의 대학생을 상대로 블랙아웃 상태에서 경험한 것들을 조사한 결과(중복체크 가능), 타인을 공격하는 경우가 33%로 가장 많았고, 돈을 함부로 쓰거나(27.3%), 성적인 활동(24.8%), 다투거나 싸움(16.3%), 기물 파손(16.1%) 등이 그 뒤를 잇는 것으로 나타났다. 자칫 타인에게까지 치명적인 피해를 줄 수 있는 음주운전도 2.5%로 나타났다. 이러한 위험한 행동들은 알코올이 뇌에 영향을 끼치면서 감정조절에도 문제를 일으키기 때문인 것으로 보인다. 그러나 이보다 더 큰 문제는 블랙아웃이 해마의 신경세포 재생을 억제한다는 점이다(대한보건협회·파랑새포럼).

특히 '블랙아웃의 현상은 알코올성 치매의 초기 증상'으로 알려져 있다. 과음 자체가 뇌신경 세포에 독성 영향을 주게 되는데, 이러한 독성 영향이 많아지면, 신경세포가 손상되어 블랙아웃이 나타나고, 장기간 반복되면 알코올성 치매로 이어지게 되는 것이다(질병관리본부·국가건강정보포럼, 2016). 이와 같은 블랙아웃 현상이 장기간에 걸쳐 반복될 경우 뇌에 치명적인 영향을 끼칠 수 있다.

⑤ 블랙아웃 예방법

폭음 습관부터 고쳐야 한다. 필름이 계속 끊기는 이유는 폭음하는 음주 행태가 고쳐지지 않고 계속되기 때문이다. 블랙아웃은 술 마시는 양과 속도에 비례해 발생한다. 근본적인 해결을 위해서는 술 마시는 횟수와 양을 줄여야 한다. 알코올이 뇌에 영향을 미치기 전에 간에서 충분히 분해될 수 있는 범위 내에서 마셔야 하는 것이다.

간에서 알코올을 분해하는 데 걸리는 시간은 시간당 7~10g으로, 체중 60kg인 사람이 맥주 1병(500mL, 4%)을 마시는 경우 대사되는 데 걸리는 시간은 약 3시간 정도다.

소주 1병(360mL, 20%)을 마신 경우 모두 분해되는 데 약 10시간이 소비된다. 때문에 술은 천천히 마시는 것이 가장 중요하며 한번 술을 마신 후 다음 술자리를 갖기까지 2~3시간의 간격을 두는 것이 좋다. 음주 후 72시간이 지나야 간이 정상적으로 회복되기 때문이다.

음주를 할 때는 첫째, 채소, 과일류, 단백질이 풍부한 식품 등 적정한 안주와 함께 마시며 반드시 음주 전에 식사부터 하는 습관을 들여야 한다. 둘째, 독한 술은 되도록 냉수와 함께 희석해서 마시고, 다른 종류의 술끼리 섞어 마시지 않도록 한다. 셋째, 담배를 피우면서 마시지 않도록 하며, 극도로 불안할 때나 화를 풀기 위해서 마시지 않는 것도 중요하다. 넷째, 블랙아웃은 알코올 의존증의 초기에서 중기로 넘어가는 순간에 잘 나타나며, 이런 현상이 6개월에 2회 이상 나타나면 전문의를 찾아 반드시 진료를 받아야 한다(대한보건협회·파랑새포럼).

제9장

알코올중독 가족의 진단

1. 가족의 의의

　가족이란[1] 부부와 그들 자녀로 구성되는 기본적인 사회집단으로서 이들은 이익관계를 초월한 애정적인 혈연집단으로 가족이 동거동재(同居同財)하면서 생활을 영위하는 작은 집단의 장소이다. 또한 같은 장소에서 살아가는 집단이자 그 가족만의 고유한 것을 갖는 문화집단이며, 양육과 사회화를 통하여 인격형성이 이루어지는 인간발달의 근원적인 집단이다(이영호, 2017 ; 김정미 외, 2016).

　특히 집단과 공간의 의미를 넘어 가족의 감정과 의식, 가치와 규범, 행동이 형성되는 심리적 환경과 가족이 생활하는데 필요한 의식주의 물리적 환경을 모두 포함하는 개념으로 정리할 수 있다(이선형 외, 2017).

　그러나 가족에게 알코올중독 증세를 보이는 부모가 있다면 가족 전체에 부정적 악영향을 미칠 수 있는 특이한 가족병[2]이 될 수 있다. 가족이 건강해야 사회와 소통이 가

---

1) 『건강가정기본법』상의 가족: 제1장제3조(정의)
　　이 법에서 사용하는 용어의 정의는 다음과 같다. [개정 2018.1.16] [[시행일 2018.7.17]]
　　1. "가족"이라 함은 혼인·혈연·입양으로 이루어진 사회의 기본단위를 말한다.
　　2. "가정"이라 함은 가족구성원이 생계 또는 주거를 함께 하는 생활공동체로서 구성원의 일상적인 부양·양육·
　　　보호·교육 등이 이루어지는 생활단위를 말한다.
　　2의2. "1인가구"라 함은 1명이 단독으로 생계를 유지하고 있는 생활단위를 말한다.
　　3. "건강가정"이라 함은 가족구성원의 욕구가 충족되고 인간다운 삶이 보장되는 가정을 말한다.
　　4. "건강가정사업"이라 함은 건강가정을 저해하는 문제(이하 "가정문제"라 한다)의 발생을 예방하고 해결하기 위
　　　한 여러 가지 조치와 가족의 부양·양육·보호·교육 등의 가정기능을 강화하기 위한 사업을 말한다.
2) 가족병이란, 알코올중독은 당사자뿐만 아니라 주위 사람들, 특히 가족들에게 많은 상처와 고통을 준다. 그래서 알

능한데 주로 알코올중독 가정은 외부와 교류가 단절되어 있다.

이들 가족은 항상 불안과 두려움 속에서 생활하며, 당사자의 배우자는 감정적으로 상처를 가장 많이 받는다. 많은 연구에서는 이를 두고 "공동의존증" 또는 "동반의존증"[3] 이라고 한다.

이는 알코올중독 환자가 고통을 받지만 더 많은 고통의 희생자는 가족구성원이 될 것이다.

2. 알코올로 인한 가족 기능악화

음주로 인한 가정문제는 심각한 것으로 나타났다. 알코올중독 가족은 심리적, 정신적, 경제적으로 심각한 후유증에 시달리며 살아가기 때문에 일반 가족에 비해 가족관계 만족도가 매우 낮다. 이들 가족은 가족응집력, 가족적응력, 생활만족도 등이 현저히 부족하여 어떠한 어려운 일이 직면하게 되면 가족 기능이 제대로 수행되지 못하고 해체까지 될 수 있다. 또한 가족의 역할이나 의사소통, 대처방식 등에 역기능을 초래하고 두려움, 분노, 슬픔과 같은 부정적 감정을 억압하여 위축된 상태로 살아가게 된다(김진주, 2018).

한 연구에서 알코올중독자를 부모로 둔 대학생을 다른 집단과 비교했을 때 극복력, 사회적지지, 자존감이 낮았고, 부모의 음주문제로 전문가에게 상담을 받아본 경험이 없었으며, 약 40%가 부모의 음주 문제에 둔감하여 문제라고 인식조차 하지 못한다고 하였다(김희경 · 이미경, 2011).

따라서 가족 내에서 감당했던 가장의 역할이 소진되면 국가가 공공부조법[4]에 따라

코올중독은 '개인의 병'이 아닌 '가족의 병'이라 할 수 있다(naver 지식백과).

3) 동반의존(codependency): "동반의존"이라고 하기도 하고 "공동의존" 또는 "상호의존"이라고 하기도 한다. 번역에 따라 차이는 있으나 의미는 같다. 이는 중독자가 치료 되어도 동반의존적인 가족들이 치료되지 않으면 중독자는 재발 한다는 것으로 해석할 수 있다.

4) 공공부조법: 사회보장기본법 내에 포함되어 있다. '사회장기본법 제3조제3항에는 '공공부조'(公共扶助)란 국가와 지방자치단체의 책임 하에 생활 유지 능력이 없거나 생활이 어려운 국민의 최저생활을 보장하고 자립을 지원하는

그 책임을 떠맡게 된다. 알코올중독 가족의 문제에 대해 살펴본다.

1) 배우자 학대

알코올중독은 일차적으로 자신과 가장 가까운 배우자에게 폭언과 폭력으로 불안장애를 조성하는 신체적, 심리적 등의 학대를 유발시킨다. 이들의 배우자 상당수는 의처증이나 의부증으로 인해 고통을 호소하고 있다(임혁 외, 2015).

알코올중독자의 경우 아내에게 폭력을 취한다고 분석하였는데 음주는 아내에게 학대를 가한 남편이 자신의 행위의 책임을 술의 탓으로 전가시키기 위해 사용된다는 것이다(정서영, 1995).

배우자는 평소 알코올중독자의 무기력을 학습하거나 중독자에 대한 적대감을 가질 수 있어 중독치료에 대한 관심을 가지려 하지 않고 증오심을 불러일으킨다.

특히 남편의 실직과 오랜 병원생활 등으로 인한 가장의 역할을 수행해야 하기 때문에 많은 경제적 책임을 전적으로 맡아야 하는 어려움이 따른다. 그러나 배우자가 경제적 어려움 등을 타인과 비교하여 열등의식을 지적하고 강력히 비난하면, 알코올중독자는 여기에 빗대어 즉시 술을 마시면서 합리화시키려는 공동의존적인 습성을 가지고 있다.

이는 부부 서로의 비난과 화살을 불러일으킬 수 있는 동반의존으로 더욱 더 큰 시련과 곤경에 빠지게 된다. 공동의존성은 자신과 배우자의 관계를 손상시키고 있음에도 불구하고 대체로 그 사실의 책임을 서로에게 전가하고 부인하게 된다. 이는 또 다른 고통을 가져다주는 '스트레스성 질병'을 유발할 수 있으며, 더 나아가 배우자는 장차 무슨 일이 언제 터질지 모르는 무예측성, 사회적 고립 등의 심리적 학대로 탈진과 소진(burnout)을 동반하게 된다.

따라서 배우자 학대는 주로 아내에게만 집중되고 있지만, 부부의 상호 인간관계에 입각하여 역으로 아내가 남편한테 가하는 학대도 고려되어야 할 것으로 보고 있다.

제도를 말한다. 공공부조법에는 국민기초생활보장법, 의료급여법, 긴급복지지원법, 기초연금법, 장애인연금법이 포함되어 있다.

2) 자녀에게 학습되는 음주환경

부모의 잘못된 음주환경에서 가정폭력을 목격하거나 학대를 당한 자녀는 불안, 우울, 반사회적 장애 등 정상적인 발달단계를 거치지 못할 가능성이 높을 수밖에 없다(보건복지부 · 한국건강증진개발원, 2017).

가족관계에서 발생하는 폭력은 세대 간에 학습이 되며, 폭력에 더욱 수용적인 반응을 보인다고 하였다. 이를 설명하면 폭력적인 아버지 밑에서 자란 아들은 논쟁이나 좌절이 있을 때 폭력을 사용하는 행동을 배우며, 그러한 아버지 밑에서 자란 딸은 폭력을 더 잘 수용하여 결혼 후에 발생하는 배우자 폭력에 훨씬 더 수용적인 반응을 보인다고 하였다(Stewart & Robinson, 1995 ; 최옥채 외, 2017).

행동주의 이론에서 반두라(Albert Bandura)[5]는 인간행동은 외적 환경의 자극과 인간 내적 사건이 상호작용하여 결정된다고 하였다. 이는 아동의 발달에 환경이 행동에 영향을 미친다고 설명할 수 있다. 가족관계에서 이루어지는 부모의 행동이 자녀에게 학습되는 결과를 잘 설명해 주는 예이다.

3) 알코올중독 부모를 둔 자녀들의 비행

알코올중독자의 자녀들은 일반적인 가정의 자녀들보다 음주문제, 법적인 문제행동, 학교문제, 정서적인 행동, 낮은 자존감 그리고 반사회적이고 공격적인 행동 등의 문제를 더 많이 경험하는 것으로 알려져 있다.

이들은 술 마시는 아버지 또는 어머니의 계속적인 요구와 예측할 수 없는 행동, 모두 지켜지지 않는 약속들을 경험함으로서 자신의 감정을 솔직하게 표현하거나 다른 사람을 완전히 신뢰하기가 어렵게 된다.

또 자녀들은 기본적인 욕구를 충족시켜 주지 못하는 매우 혼동된 가정에서 자신의

---

5) 인간행동주의 이론에서 반두라(Albert Bandura)는 행동은 인간과 환경에 영향을 주고, 인간이나 환경 역시 행동에 영향을 준다고 설명한다. 이는 아동이 경험하는 상황이나 환경은 아동에게 영향을 주고 마찬가지로 아동의 행동도 환경에 영향을 주는 것으로 생각한다. 즉, 아동이 자신의 성장과 발달에 영향을 주는 환경을 만드는 데 능동적으로 개입한다는 것을 시사한다(손광훈, 2012).

정체감과 성(sexuality)에 대한 올바른 시각을 발달시키기 어렵게 된다고 하였다(http://cafe.daum.net/BanOulLim).

이들 청소년들은 성장기 동안의 무관심과 학대로 인해 낮은 자존감과 부정적인 자아개념을 갖게 되어 약 60%가 가출하거나 비행청소년이 된다고 하며, 억압된 심리적 문제를 해결하기 위해 알코올중독자 부모와 같이 중독 물질에 의존할 가능성이 높다고 한다(Armstrong & Costello, 2002).

실제 부모가 알코올중독 증세가 있는 자녀들의 절반 이상은 신체적 구타와 심한 언어적 학대를 포함한 가정폭력의 목격자이며, 음주 그 자체보다 정서적인 충격이 더 심한 문제가 있다고 하였다(Black, 1986).

이들 자녀들은 억압된 분노를 표출하기 위해 자학(自虐)하는 방법을 사용하기도 하고, 학교생활 부진으로 인한 학교폭력과 성폭력 등에 가담하며 약물남용과 행위중독[6] 등을 일으킬 수 있다. 이렇게 노출된 자녀들은 부모로부터 잦은 폭언과 부정적인 행동으로부터 벗어나고자 공상의 사회로 도피하며, 비행청소년으로 전락할 수밖에 없는 현실이다.

특히 어린 청소년들은 자녀로서 누려야 할 위로와 보호받고 싶은 욕구, 의존, 감정의 교류 등을 포기하고, 술이나 약물 등을 이용하여 두려움이나 분노의 스트레스를 해소한다. 반면, 부모의 경제적 역할을 조기에 담당해야 하고, 이혼 등이 겹치게 되면 또 다른 보육환경에서 이중고를 겪으면서 살아갈 수밖에 없다.

이들은 여기에서만 그치지 않고 커다란 사회적 파문을 일으킨다. 부모의 역할이 미흡하거나 가족이 해체 되면 청소년들은 길거리를 배회하거나 PC방 등에서 숙식을 해결하면서 검은 고리(성매매)와 연결될 수 있으며, 또 다른 사회문제를 일으킬 수 있다. 다음 관련 기사 사례를 살펴본다.

---

6) 약물남용(藥物濫用, drug abuse): 자신의 감성, 정서, 의식상태를 바꾸기 위해 신체기능의 이상과 관계없이 향정신성 약물을 습관적으로 자연스럽게 이용하는 것. 즉, 청소년들이 사용하는 담배, 술, 본드, 부탄가스 대마초, 카페인 등
 ※ 행위중독(behavioral addiction): 인터넷, 스마트폰, 도박 등의 이용 매체에 따른 새로운 중독을 말함.

<사례 9-1> 10대 가출 소녀 성매매

"'조건만남' 아저씨들은 제가 미성년자인거 알아요"

<한겨레 신문 2012. 9. 18>

지난해 2만여 명의 청소년이 가출했다. 경찰에 신고 접수된 인원만 그렇다. 줄잡아 20만 명의 청소년이 전국 곳곳의 거리를 떠돌고 있다. 가난과 폭력을 못 이겨 집을 나온 아이들 가운데 60% 이상이 소녀다. 그 가운데 절반 정도는 성매매를 경험한다.

아동·청소년 대상 성범죄에 경악하면서도 우리는 소외계층 10대 소녀들이 일상적으로 노출돼 있는 성착취에는 무심하다. 9월 초부터 2주일여에 걸쳐 거리의 소녀들과 함께 지냈다. 거리의 소녀들이 겪는 성폭력의 가해자는 전자발찌를 찬 사이코패스가 아니었다. 그 폭력에는 한국 사회 전체가 가담하고 있었다.

피시방에서 진석을 처음 만났다. '서울 가출 일행 구함/은평구/나이 14.' 서울 은평구의 한 피시방에 모여 앉은 소녀들은 인터넷 카페에 알림글을 띄웠다. 늘 하던 '싸돌아다니기'도 지치는 저녁이었다. 돈이 없으니 아침부터 먹은 것도 없었다. 소녀들과 쪽지를 주고받은 진석은 이내 피시방으로 찾아왔다.
여러 차례 가출 끝에 소녀들이 터득한 '거리의 법칙'이 있다. 돈을 벌려면 또래 남자의 '보호'가 필요하다. 또래 남자인 진석은 소녀들과 함께 '조건만남'을 벌이기로 했다. '스무살 여자랑 지금 만나서 조건만남 하실 분?' 카페에 글을 올리자 수십개의 쪽지가 날아들었다.

"제가 미성년자인 거, 그 사람들도 알아요. 그래도 (조건만남) 해요." 나중에 아영이 말했다. "그 사람들도 걱정은 하죠. 미성년자랑 하는 게 걱정이 아니라 '안 아프겠냐'는 식이에요."
남자가 씻는 사이 아영이 남자의 바지 주머니를 뒤졌다. 10만원을 챙겼다. 모텔 아래서 기다리던 친구들과 함께 앞뒤 없이 내달렸다. 조건만남을 내걸고 만난 뒤, 성관계 없이 돈만 챙겨 달아나는 것을 아이들은 '조사(조건만남 사기)'라고 부른다. 아영은 거리의 오빠들한테 '조사'를 배웠다. 주린 배를 채우려면 돈이 필요했지만, 조건만남은 어떻게든 피하고 싶었던 아영에게 '조사'는 중요한 밥벌이 수단이다. 그렇게 번 돈을 진석이 모두 챙겨 도망간 것이다.

집 나온 14살 소녀가 돈을 벌기 위해 할 수 있는 일은 많지 않았다. 아영은 "재워준다"는 언니·오빠들을 따라다녔다. 재워준다는 오빠에게 성폭행을 당한 것이 아영의 첫 성경험이 되었다.
너무 많은 일을 겪어서인지, 아영은 뭔가 기억해 내는 것을 힘들어했다. 바람난 엄마가 집 나간 게 몇 살 때 일인지, 전라도, 경상도, 서울을 오가며 전학을 다닌 것이 몇 학년 무렵의 일인지 머리를 쥐어짜도 생각이 안 난다고 아영은 말했다. 다만 중학교 1학년이었던 지난해 가을 처음 집을 나온 기억은 생생하다. 자꾸 때리는 아빠가 미웠다. 그 뒤론 가출과 귀가를 반복했다.

아영과 어울려 다니는 지민은 초등학교 3학년 때 처음 집을 나왔다. 엄마에게 맞는 일이 지겨웠다. 유치원 다닐 적부터 엄마는 지민을 손으로 때리고 발로 걷어찼다. 처음 가출한 그날도 대나무 회초리 다섯개가 부러져 없어질 때까지 맞았다. 나중에야 지민은 자신을 때리는 엄마가 새엄마인 것을 알게 됐다.

이번엔 지난 8월 집을 나왔다. 숱한 가출의 하나였지만, 이전과 조금 달랐다. 지난달 25일, 지민은 성폭행 당했다. "재워주겠다"는 남자를 인터넷 카페에서 만났는데, 불결하고 끔찍한 일을 겪었다. 아래가 따끔거려 뒤늦게 병원에 갔더니 성병에 걸렸다고 했다. 그래도 지민은 집으로 돌아가지 않았다. 경찰에 신고도 하지 못했다. "집에 있을 때보다 안 힘들면 되는 거예요." 소녀들은 입을 모아 말했다.

아영과 지민은 조건만남을 싫어한다. '조사'를 하거나 아주 급하면 '키알'(키스방 알바)을 한다. 불쾌한 손길을 30분만 참으면 5만원을 쉽게 손에 쥘 수 있다며 언니들이 소개해준 일이다.
헤리는 세 소녀 가운데 유일하게 조건만남으로 돈을 번다. 헤리는 지난 7월 동갑내기 남자 친구의 아기를 임신했다. 5개월째였다. 엄마의 손을 잡고 병원에 가 임신중절 수술을 받았다. 제일 친한 친구에게 고민을 털어놓았다. 학교 전체에 소문이 났다. 엄마와 아빠는 "이혼하자"며 목을 조르고 싸웠다. 헤리는 커터칼로 손목을 그었다. 자살에 실패한 뒤 집을 나왔다.
거리에서 만난 '가출팸'의 오빠들은 헤리를 을렀다. 함께 숙식하는 가출 청소년들의 모임을 '가출팸'이라 부른다. "밥값 해라. 안 그럼 우리 다 굶는다." 일단 일을 나서면 오빠들은 다정했다. "헤리야, 일 구해졌으니 다녀와. 한번에 15(만 원). 나가서 남자들이 해달라는 거 해주고, 서비스 많이 해주고, 알지?" 그 오빠들마저 없으면 헤리가 기댈 사람은 세상에 아무도 없었다. 헤리는 남자들이 해달라는 걸 해주었다.

위와 같은 사례에서만 그치지 않는다. 이를 통해 철없는 10대들은 미혼모로 전락할 수 있다. 이들은 사회적 권리가 합법적으로 인정되지 못해 정상적인 의료혜택도 보장받지 못하고, 비위생적인 공간(공공화장실과 공원 등)에서 아이를 출산하게 된다. 그러나 신생아는 미혼모가 양육할 환경여건이 조성되지 않고, 개정된 입양특례법(2012년 8월)에 의해 개별적인 입양이 어렵기 때문(친모는 출생신고를 해야하고, 양부모는 가정법원의 입양 자격 심사[7]를 거쳐야 함)에 많은 신생아(연간 300명 이상 추정)들이 베이비 박스[8]를 통해 입양기관으로 보내지고 있다.

(출처: 주사랑공동체교회)

<그림 9-1> 베이비 박스

---

7) 입양특례법 제10조(양친이 될 자격 등) 관련 판례
　① 이 법에 따라 양친이 될 사람은 다음 각 호의 요건을 모두 갖추어야 한다.
　　1. 양자를 부양하기에 충분한 재산이 있을 것
　　2. 양자에 대하여 종교의 자유를 인정하고 사회의 구성원으로서 그에 상응하는 양육과 교육을 할 수 있을 것
　　3. 양친이 될 사람이 아동학대·가정폭력·성폭력·마약 등의 범죄나 알코올 등 약물중독의 경력이 없을 것
　　4. 양친이 될 사람이 대한민국 국민이 아닌 경우 해당 국가의 법에 따라 양친이 될 수 있는 자격이 있을 것
　　5. 그 밖에 양자가 될 사람의 복지를 위하여 보건복지부령으로 정하는 필요한 요건을 갖출 것
　② 양친이 될 사람은 양자가 될 아동이 복리에 반하는 직업이나 그 밖에 인권침해의 우려가 있는 직업에 종사하지 아니하도록 하여야 한다.
　③ 양친이 되려는 사람은 입양의 성립 전에 입양기관 등으로부터 보건복지부령으로 정하는 소정의 교육을 마쳐야 한다.
8) 베이비박스(Baby box): 베이비 박스는 아이를 키울 수 없게 된 부모가 아기를 두고 갈 수 있도록 만들어진 상자를 뜻한다. 자칫하면 거리에 버려질 영유아들의 생명을 구하기 위해 만들어졌다. 한국을 비롯해 호주, 벨기에, 체코, 헝가리, 일본 등도 베이비 박스를 운영하고 있다(Daum 백과).

또한 이들은 어릴 때 공포스러운 기억을 떨치지 못하므로 낮은 자존감을 보이며 성인이 되어서도 불합리한 환경에 직면해 있을 때 회피나 부정 등의 태도로 일관하며 술을 입에 대기 시작한다. 성장기에 무엇보다도 부모와 행복한 삶의 모습이 모방⁹⁾되어야 하는데, 혼란스럽고 끔찍하며 위협적인 가정환경이 노출되었기 때문에 자녀는 '그 모든 것이 그대로 학습되어 진다'고 한다.

특히 여성 알코올중독자가 자녀의 욕구에 무관심하고 통제적이고 강압적인 부정적인 부모역할을 더 많이 수행하는 것을 보았을 때 알코올 대물림이 될 가능성이 크다고 한다(김한나, 2012). 따라서 부모의 역기능적인 가정환경을 경험하면서 성장한 자녀는 사회문제에 그대로 전이될 수밖에 없다.

다음은 청소년 범죄의 기사를 살펴본다.

<사례 9-2> 청소년 폭력

"물건 훔치고 본드 마신 '소년 3', 그의 절박한 꿈"

<오마이뉴스 2017. 10. 28>

-부산 여중생 사건 등 지난 9월 초에 발생한 10대들의 잔혹한 폭력사건-

서울소년분류심사원 상담실에 앉은 폭행 가해자 '소년3'은 고등학교 1학년이다. 비행명은 '특수절도'와 '환각물질흡입'. 친구들과 마트에서 담배를 훔치고 모텔에서 본드를 흡입했다. 어머니는 소년 3이 3살 때 병으로 세상을 떠났고, 아버지는 알코올중독으로 입원 중이다. 소년 3의 할머니는 건물 청소와 식당일을 하면서 소년 3을 홀로 키웠지만, 소년 3은 초등학교 6학년 때부터 동네 노는 형들과 어울리며 담배를 피우고 술을 마셨다. 가출해서 생활비가 떨어지면 절도를 일삼았다.

〈중략〉

소년원에 재원 중인 보호소년의 70%는 결손가정, 가정이 해체된 아이들, 무의탁자다. 유년시절의 가정폭력이나 학대로 인한 트라우마로 분노조절장애, 우울증, 품행장애 등의 정신질환으로 치료가 필요한 아이들이 상당수다.

학교는 이들을 문제학생으로 규정하고 폭탄돌리기를 통해 학교 밖 청소년으로 만드는 데 급급하다. 가정에서 탈출하고 학교에서 퇴출된 아이들은 거리를 전전하며 생계를 위해 일을 하지만, 최저임금과 주휴수당 등의 정당한 권리를 찾아주는 어른들은 그리 많지 않다. 아이들에게 술과 담배, 유흥업소를 제공하는 자들은 물론 어른들이다. 밤거리를 헤매는 소녀들과 조건만남을 통해 욕망을 채우는 자들도 대부분 사회적 지위와 경제적 능력이 있는 기성세대다.

---

9) 반두라(Albert Bandura, 1925~)는 행동주의 관점에서 아동은 타인의 행동을 관찰한 결과로써 도덕적 행동을 학습한다고 하였다. 이는 자신의 습관은 대부분 다른 사람을 관찰하고 모방함으로써 배우는 것이며, 학습의 경험이 곧 자신의 성격을 형성한다고 보았다. 즉, 아동은 어른이 수행하는 도덕적 가치와 행동을 보고 들으며 모든 것을 모방한다는 것이다.
관찰학습은 직접적인 강화가 주어지지 않는 상태에서 다른 사람을 관찰함으로써 행동에 대한 학습이 이루어진다(표갑수 외, 2016).

4) 자녀에 대한 사랑과 애착 결여

아동기의 성장과정은 무엇보다도 중요하다. 부모는 자아정체성을 탐색하면서 독립심이 커지는 아동·청소년 자녀와 원만하고 친밀한 관계를 유지를 해야 하며, 이들의 심리·사회·문화적 등의 성장과 진로지도에 최선을 다해야 한다. 그러나 술은 이러한 친밀관계를 차단하여 잃게 만들며, 오직 술에만 집착하게 만든다. 많은 연구에서는 부모의 사랑과 애착을 강조하고 있다.

심리학자 매슬로우(Maslow)[10]는 아동기의 자녀들은 사랑의 욕구가 강한 초기 지속적인 사랑을 받지 못하면 그 아이는 남을 이용하는 성향이 생기거나 죄책감이 없는 사회병질적인 사람이 될 수 있다고 하였다(최옥채 외, 2017).

이 세상에 태어난 아기는 근본적 신뢰감 대 불신감의 위기를 겪는다. 이 시기를 발달심리학에서는 애착 형성의 시기로 보고 있다. 스스로 할 수 있는 것이 아무것도 없고 전적으로 양육자에게 의존해야 하는 상황이다. 양육자가 아이의 요구에 적절한 반응을 하면 근본적 신뢰감을, 그렇지 못하면 자신과 세상에 대해 불신감을 가지게 된다. 근본적으로 신뢰감을 얻기 위해 아이는 부모의 돌봄과 사랑에 대한 소망을 가져야 하고, 부모 역시 양육을 잘하기 위해서는 아이에 대한 소망을 가져야 한다고 보고 있다[11](Daum백과).

아동욕구와 아동발달 이론에서 보울비(Bowlby)[12]는 아동과 주요 보호자 사이의 유대는 아동이 건전하게 발달하는 데 매우 중요함을 강조했다. 이는 유아와 엄마사이의 상호작용을 통해서 애착이 형성된다는 것이다. 그러나 민감한 시기에 유대화가 생기지 않거나 중단되면, 이런 유대화는 나중에 형성되지 못한다고 하였다. 이렇게 될 경우,

---

10) 매슬로우(Maslow 1908~1970)는 인간이 온화한 환경에서 성장할 때 자신의 본성을 실현시키기 위한 능동적인 노력을 함으로써 창조성은 뚜렷하게 발전한다고 하였다. 그러나 메타욕구(성장욕구)가 충족되지 않을 때에는 소외, 고민, 냉담, 냉소 등과 같은 병적인 상태가 될 수도 있다고 한다. 또한 인생 초기의 좌절감은 부적응적인 반응 유형을 발생시켜 인생 후기의 동기나 욕구를 왜곡시킨다고 한다(최옥채 외, 2017).

11) 심리사회적발달(psychosocial development)이론으로 에릭슨(Erik Erikson, 1902~1994)이 주장하였다. 이는 미국의 발달 심리학자이다.

12) 프로이드 정신분석 이론이 발표된 후에 등장한 이론들 중에서 유명한 이론의 하나가 보울비(Bowlby)의 애착 이론이다. 애착(attachment)은 아동이 세상에 태어나서 처음 몇 년 동안 아동과 보호자 사이에 형성된 깊고 지속적인 관계를 말한다. 애착은 인간과 관련된 모든 영역에 영향을 미치며, 이들 영역에는 마음, 신체, 감정, 관계, 가치 등이 있다(노병일, 2007).

아동에게는 애착을 갖는 주요한 인물은 없게 되며, 아동은 정상적으로 발달하지 못한 다고 하였다(노병일, 2017).

5) 가족에게 일어나는 병적요인

알코올중독은 가족에게 공통적으로 다음과 같은 문제가 야기된다.

① 실직, 신용도 하락, 경제적 파탄 등으로 인한 재정상의 어려움이 발생하여 생계에 막대한 지장을 초래 한다.

② 자녀의 건전한 정서발달과 자아성장에 건강한 환경을 제공하지 못한다.

③ 자녀의 성인모델에 대한 안정된 행동이 결여된다.

④ 가족과의 감정적 갈등과 오해, 고통, 폭행, 구타, 가출, 사고로 인한 죽음, 자살을 동반할 수 있다.

⑤ 정신적 장애의 우울증, 사회의 고립감, 죄의식, 자기연민 등이 유발되어 정상적인 가족구성이 어렵고 심할 때 가족이 해체될 수도 있다.

⑥ 부부간의 공포조성, 초조, 우울, 별거, 이혼, 등의 부부 갈등을 불러일으킬 수 있으며 가족 전체구성원에 고통을 줄 수 있다.

⑦ 음주운전, 방화, 폭력, 성폭력, 살인 등의 흉악한 범죄를 일으킬 수 있다.

⑧ 가족의 직장, 사회활동, 여가활동에 손상을 주고 스티그마(stigma)[13]가 따른다.

⑩ 가족구성원이 동반중독을 경험한다.

⑪ 의식이 상실(Blackouts)되어 무엇인가 하고자 하는 욕구가 없어진다.

⑫ 가족의 모든 관계의 붕괴된다.

---

13) 스티그마란, '낙인'으로 부정적인 측면을 말함. 낙인은 과거 서구에서 노예나 가축의 몸에 찍어 소유권을 나타내는 불에 달군 인장에서 유래되었다.

제10장

우리 사회를 위협하는 음주

최근 우리 사회는 다양한 사회문제로 많은 사람들이 어려움을 겪고 있다. 이중에서 공공의 안전에 심각한 불안과 위협이 되는 올바르지 못한 음주행위는 개인의 신체적 질병뿐만 아니라 사회 안전문제의 원인이 될 수 있다. 술에 취해서 음주행동을 일으켜 직장동료와 갈등, 가정폭력과 가족 간의 갈등 등을 불러올 수 있다. 더 나아가 음주운전으로 인한 사망이라든지 폭행이나 강도, 강간, 살인과 같은 강력범죄에서 최대 30% 이상이 음주 상태에서 일어난다고 한다. 결국 알코올중독은 개인과 가정을 넘어서 사회적인 문제까지 일으킬 수 있다. 따라서 중독이라는 질병은 사회적 관심은 물론, 공공정책과 같은 부분이 반드시 필요한 영역이라고 생각한다(KBS, 2018. 12. 16). 한편 2018년도 한해 음주로 사망한 사람은 4,809명으로 하루 약 13명이 음주질환으로 사망한 것으로 나타났다(머니투데이, 2019. 1. 1).

1. 직장생활의 음주문제

우리나라 직장인 중에는 술이 유일한 여가활동이라고 말하는 사람도 있다. 음주가 밀접한 사회적 관계를 유지할 수 있는 데는 물론, 비즈니스의 성공에 중요한 역할을 한다는 것은 부인할 수 없다. 그러나 장기적인 맥락에서 또는 다른 측면에서 직장 관련 음주가 직무 효과성에 긍정적인 역할을 할 수 있을 가능성은 여전히 존재한다.

음주가 다음 날 직무열의를 떨어뜨리고 직장에서의 대인갈등을 증가시킨다는 점을 고려할 때, 과연 업무 관련 음주가 어떤 긍정적 효과가 우리가 알고 있는 부정적 효과를 상쇄시킬 수 있을까 의문이다. 한 연구에 의하면 일 관련 음주, 즉, 직장 동료, 상사, 혹은 고객 등과 술을 마시는 양이 많을수록, 다음 날 아침 자아조절 에너지가 고갈되는 경험을 더 많이 하고, 아침에 자아 고갈이 될수록 그날의 직무열의가 낮은 것으로 나타났다(http://cafe.daum.net/innochog/m3tq/2243).

업무수행능력과 동료들과의 관계를 예를 들어 보았다. 첫째, 음주로 인한 알코올 성분은 인체에 주의력결핍 증세가 있어 생산성저하와 업무실적을 떨어뜨린다.

특히 근로환경의 정확성과 위험성이 높은 업무에서는 완전히 배제될 뿐 아니라 산업재해도 발생할 수 있다. 둘째, 잦은 지각과 결근으로 근무태만이 이어지며, 고객을 직접 대면하는 업무에서는 의사소통 등이 결여될 수 있다. 셋째, 알코올중독을 경험하고 있는 사람은 동료들과의 신뢰를 형성할 수 없다. 넷째, 동료에게 업무부담을 증가시키고, 친목을 다지기 위한 회식자리에서 과음, 잦은 고성과 인사불성 등으로 상대에게 불편과 고통을 줄 수 있다. 이로 인한 직장은 생산성 감소는 물론 경제성장에 악영향을 미칠 수 있다.

2. 음주와 가정폭력(대한보건협회 · 파랑새포럼, 2012)

가족 구성원 중의 한 사람이 다른 가족에게 계획적이고 반복적, 의도적으로 물리적인 힘을 사용하거나 정신적 학대를 통하여 심각한 신체적, 정신적 손상과 고통을 주는 행위를 말하는데 가정폭력은 신체적 폭력에 국한하여 생각하는 경우가 많지만 신체적 폭력(신체학대), 성폭력(성 학대), 정서적 학대, 그리고 유기(태만, 의무 불이행) 모두 이에 해당된다. 가정폭력은 가해자와 피해자뿐만 아니라 가족 구성원 모두가 피해자가 되는 것이다. 가정폭력 발생의 요인으로는 상대에 대한 열등의식, 어렸을 때의 심한 학대, 정서적 결핍, 장래에 대한 좌절감, 심한 욕구불만, 가부장적 요인 스트레스 등 개인적, 사회적 여러 요인이 있는데 그 중 음주도 가정폭력 발생 요인 중의 하나에 속한다. 음주로 인한 가정폭력 발생 시 일반적으로 '사람은 좋은데 술 때문에 그러니 조금만 참고 견뎌봐라', '평소엔 얌전하던 사람이 술만 마시면 저러니 술만 안마시면 잘 살 것 같아요.', '평소 아내에게 잘하려고 하는데 술만 마시면 나도 모르게 주먹이 나와요.' 등 가해자나 피해자 모두 폭력 자체를 문제 삼는 것이 아니라 일반적인 통념상 술 때문에 폭력을 가했다고 합리화시키는 경우가 있다.

술에 대해서 관대하고 수용적인 우리 사회의 술 문화에 편승해서 '폭력 문제를 음주 때문이라고 덮고 넘어가자'는 식이다.

하지만 음주로 인한 가정폭력의 경우 단순히 음주 때문에 가정폭력을 행한 것은 결코 아니다. '아내나 자식을 자신의 소유물처럼 생각하는 가부장적 의식이나 권위적이고 지배적인 성향'에서 비롯되기 때문이다. 따라서 가정폭력을 다른 시각에서 접근해야 할 필요성이 있다고 본다.

3. 음주로 인한 교통사고와 처벌 수위

1) 음주운전 교통사고

음주운전은 자신에게만 피해가 발생되는 것만은 아니다. 상대에게 신체장애와 사망 등 2차적인 물적, 정신적 충격, 가족의 생계기능 결여, 가족해체 등을 줄 수 있는 중대한 범죄행위로 볼 수 있다. 특히 가장 사랑하는 사람을 갑자기 잃었을 때 그 비통함, 충격, 슬픔은 이루 말할 수 없다. 그렇지만 이들은 음주운전의 심각성을 깊이 인식하지 못한다. 단지 습관이라고 쉽게 말하고 행동하면서 이를 사회 환경이 술을 권한다고 주장하며 그럴듯한 변병을 댄다.

2017년 경찰청 음주운전사고 통계는 총 19,517건 부상자는 33,364명, 사망은 439명에 달하는 것으로 집계되었다. 음주로 인한 사회·경제적비용은 계속 증가하고, 음주운전·주취범죄의 온상이 되어가고 있다. 문재인 대통령은 "음주운전은 실수가 아니라 살인행위"라며, 초범도 처벌을 강화할 대책을 마련하라고 하였다(남인순, 2018).

이와 같은 음주운전은 치명적인 또 다른 중대한 사회문제의 심각성을 야기하고 있다. 다음은 음주운전과 관련된 기사를 살펴본다.

<사례 10-1> 해운대 음주운전 교통사고

"해운대 음주운전 교통사고"

<세계일보 2018.10.05>

부산 해운대구에서 발생한 음주운전 사고로 "친구 인생이 박살났다"며 음주운전 처벌을 강화해달라는 청와대 국민청원(사진)이 지난 3일 게재 후 사흘 만인 5일 20만 명 이상의 동의를 받아 답변 요건을 충족했다.
청와대는 청원 게재 후 30일 동안 20만 명 이상이 동의하면 한 달 내 관련 수석비서관이나 정부 부처가 직접 답변토록 하고 있다.

지난 3일 청와대 국민청원 게시판에 따르면 '음주운전 교통사고로 친구 인생이 박살났습니다. 제발 도와주세요'라는 제목으로 한 청원인의 글이 올라왔다.
해당 청원 글에서 청원자는 "저는 사고 피해자 두 명의 친구입니다"며 "한명은 죽음의 문 앞에, 한명은 끔찍한 고통 속에 있습니다"고 말문을 열었다.
이어 "고려대 정경학부에 진학해 로스쿨을 준비하던 아들을 잃은 부모에게 가해자 측과 동승자 모두 사과는커녕 연락조차 하지 않았다"며 "한 가정을 무너뜨리고도 반성의 기미조차 없는 반인륜적인 태도에 경악을 금치 않을 수 없다"고 토로했다.

그러면서 "음주 사망사고 운전자에게 살인 혐의를 적용하지 않아 가벼운 처벌을 내리는 한국과 달리 미국 워싱턴주에서는 음주운전으로 사망사고를 내면 1급 살인 혐의가 적용돼 최대 무기징역까지 선고할 수 있다"며 "음주운전에 관한 솜방망이 처벌은 국민의 안전을 위협하고 있지만, 국가는 안일한 대처를 하고 있다"고 지적했다.

아울러 청원자는 "음주운전 초범은 벌금형에 그치는 확률이 높고, 피해자가 숨지는 사고는 징역 8개월에서 2년의 형량을 받고 있다"며 "하지만 이마저도 면허 취소와 집행유예 판결이 내려지는 경우가 72% 이상이어서 피해자를 보호해야 할 법이 가해자를 지켜주는 꼴"이라며 음주운전 처벌 수위가 적합하지 않다고 강조했다.

한편 해당 사건은 지난달 25일 새벽 부산 해운대구 중동 미포오거리에서 술에 취한 A 씨(26)가 몰던 BMW가 횡단보도를 건너기 위해 길에 서 있던 군인 B 씨(22 · 상병)와 민간인 친구 C 씨(21)를 친 뒤 인근 주유소 담벼락을 들이받고 멈춰서면서부터 시작됐다.
이 사고로 B 씨는 15m를 날아 담벼락 아래 콘크리트 바닥으로 머리부터 추락해 생명이 위독한 상태로 알려졌다. C 씨 역시 담벼락 아래로 떨어져 중상을 입은 상황이다.

운전자 A 씨와 동승자 D 씨(26)는 경상을 입고 병원에서 치료 중이다. 당시 A 씨의 혈중 알코올 농도는 면허 취소 수준인 0.134%였다.
한편 5일 경향신문 보도에 의하면 피해자 B 씨는 뇌사상태에 빠졌으며 의료진은 현대의학으로 윤 씨의 회생 가능성이 없는 것으로 확인됐다.

2) 음주운전 처벌 수위

최근에는 이른바 윤창호법(음주운전치사상죄 처벌 강화를 내용으로 하는 '특정범죄 가중처벌 등에 관한 법률1)'으로 불리는 개정안이 2018년 11월 29일 국회에서 의결되고, 12월 18일 공포되어 즉시 시행되었다.

개정안은 사망사고를 낸 음주운전 가해자의 경우 현행 '1년 이상의 유기징역'에서 '무기징역 또는 3년 이상의 징역'으로 처벌을 강화하고, 또는 다치게 할 경우에도 1년 이상 15년 이하의 징역 또는 천만 원 이상 3천만 원 이하의 벌금으로 법정형이 상향 개정되었다.

'윤창호법'중 하나인 도로교통법 개정 법률안은 2018년 12월 7일 국회에서 가결되어 2018년 12월 24일 공포되었다. 이후 6개월 뒤인 2019년 6월 25일 시행 예정이다.2) 음주운전 면허정지 기준 0.05 → 0.03%, 면허취소 0.1% → 0.08%으로 기준이 강화하는 내용이다. 앞으로 소주 3, 4잔이면 아예 면허가 취소될 수 있다.

도로교통법 벌칙도 강화되었다. 현행법은 음주운전 3회 이상 적발 시 1년 이상·3년 이하 징역이나 500만 원 이상·1천만 원 이하 벌금형에 처했으나 개정 도로교통법은 2회 이상 적발 시 2년 이상·5년 이하 징역 또는 1천만 원 이상·2천만 원 이하 벌금형에 처하도록 한다.

음주운전으로 교통사고를 내 면허가 취소된 경우 면허 취득 결격기간 3년이 적용되는 기준은 현행 3회 이상에서 2회 이상으로 바뀐다. 또한 음주 사망사고로 면허가 취소되면 결격기간이 5년으로 늘어난다(연합뉴스 2018. 12. 30).

---

1) 특정범죄 가중처벌 등에 관한 법률 제 5조의 11(위험운전 치사상): 음주 또는 약물의 영향으로 정상적인 운전이 곤란한 상태에서 자동차(원동기장치자전거를 포함한다)를 운전하여 사람을 상해에 이르게 한 사람은 1년 이상 15년 이하의 징역 또는 1천만 원 이상 3천만 원 이하의 벌금에 처하고, 사망에 이르게 한 사람은 무기 또는 3년 이상의 징역에 처한다. [개정 2018.12.18]

2) 도로교통법 제44조제1항, 제4항 : ① 누구든지 술에 취한 상태에서 자동차등(「건설기계관리법」제26조제1항 단서에 따른 건설기계 외의 건설기계를 포함한다. 이하 이 조, 제45조, 제47조, 제93조제1항제1호부터 제4호까지 및 제148조의2에서 같다), 노면전차 또는 자전거를 운전하여서는 아니 된다. [개정 2018.3.27] [[시행일 2018.9.28]] [[시행일 2019.3.28: 노면전차의 도입에 관한 사항]]
　④ 제1항에 따라 운전이 금지되는 술에 취한 상태의 기준은 운전자의 혈중알코올농도가 0.03퍼센트 이상인 경우로 한다. [개정 2018.12.24] [[시행일 2019.6.25]]

그렇지만 윤창호법으로 불리는 개정안이 통과되고 음주운전에 대한 경각심 또한 높아졌지만, 아직도 음주에 대한 지식과 교육 부족으로 범죄의식이 결여되었기에 여전히 반복되는 것으로 풀이된다.

관련 기사를 살펴본다.

<사례 10-2> 음주운전자 단속

"'윤창호법' 무색하게 음주운전 하루 360명 적발"

<한국일보, 2019. 1. 27>

"현직 검사, 경찰 등 공직자 잇따라 입건"

지난해 윤창호 씨 사건 이후 음주운전에 대한 경각심이 높아졌지만 음주운전으로 경찰에 단속되는 경우는 하루 평균 360명에 달하는 것으로 나타났다. 최근엔 현직 검찰과 경찰이 잇따라 음주운전을 하다 입건돼 음주 운전자의 처벌을 강화한 윤창호법의 취지를 무색하게 한다는 지적도 나오고 있다.

27일 경찰청에 따르면 지난해 11월부터 이달 20일까지 경찰 특별단속에 걸린 음주운전 건수는 총 2만 9,101건으로 집계됐다. 하루 평균 360명 꼴이다. 유형별로는 혈중 알코올 농도 0.1% 이상으로 면허취소 처분 대상이 전체의 절반 이상(53%)인 1만 5,452명에 달했다. 혈중 농도 0.05∼0.1%로 면허정지 처분 대상도 1만 2,777명(43%)이나 됐다. 지난해 9월 부산에서 음주운전 차량에 치여 숨진 윤창호 씨 사건을 계기로 지난해 11월부터 올해 1월 말까지 특별단속을 벌인 결과다.

최근 특별단속 기간의 음주운전 적발 건수는 1년 전 같은 기간(3만 8,158건)에 비해서는 20% 남짓 줄긴 했다. 하지만 음주운전 적발 건수가 줄었다고 해서 사정이 나아졌다고 보긴 어렵다. 특히 지난달 윤창호법 시행 이후 음주운전으로 적발된 공직자들이 잇따르고 있다. 이달 23일 서울고등검찰청 소속 현직 부장검사가 음주운전을 하다 출근길에 적발됐고, 같은 날 울산의 한 경찰관도 음주운전으로 주차된 버스를 들이받은 뒤 도주하다 사고 현장 인근에서 검거됐다.

윤창호 씨 사건과 비슷한 음주운전 사고도 최근 벌어졌다. 지난달 30일 새벽 30대 남성 A 씨는 만취 상태로 운전하다 서울 강북구 삼양동의 한 도로에서 90대 노인을 들이받고 달아났다. 새벽 기도에 나선 노인은 결국 사망했는데, 사고 당시 A 씨의 혈중 알코올 농도는 면허취소에 해당하는 0.14%였다.

따라서 반복되는 음주운전행위에 대해서는 범죄행위의 인식적 측면과 알코올중독 질병으로 접근하여 사례관리가 지속적으로 고려되어야 한다.

3) 음주운전 재범률

'마약보다 중독성이 강한 음주 운전'은 재범률이 45%로 나타났다. 상습 음주운전자 평균 5.97회 '음주 질주' 윤창호법 도입 이후 일주일 간 음주운전 사고 245건 재범률은 해마다 가파르게 치솟고 있다. 이는 2008년 36.5% → 2017년 44.7%로 나타났다(조선일보, 2018. 12. 30).

　관련 기사를 살펴본다.

<사례 10-3> 음주운전 재범률

"재범률 45%··· 마약보다 중독성 강한 음주운전"

<조선일보 2018. 12. 30>

30일 경찰청에 따르면 지난해 음주운전 재범(再犯)률은 44.7%로 나타났다. 같은 해 대검찰청이 밝힌 마약범죄 재범률은 36.3%. 경찰 관계자는 "마약보다 음주운전 중독성이 더 강하다"며 "마약은 누구나 '중(重)범죄'라고 인식하지만, 음주운전은 '그럴 수도 있지'라고 가볍게 생각하기 때문에 '범죄 유혹'의 문턱이 낮다"고 말했다.

〈중략〉

음주운전 재범률은 해마다 가파르게 치솟고 있다(2008년 36.5% → 2017년 44.7%). 재범률이 치솟는 이유는 역설적이게도 전체 음주운전의 감소에 있다. 전체적으로 음주 운전자가 감소하는 추세인데, 습관적으로 음주운전을 반복하는 이들은 그대로인 까닭이다.

실제 도로교통공단에 따르면 상습 운전자들의 평균 음주주행 횟수는 5.97회로 나타났다. 10번 이상 음주운전을 해봤다는 운전자도 29.6%나 됐다. '50회 이상 음주운전 해봤다'는 응답도 있었다.

그렇다면 상습 음주 운전자들은 어째서 줄지 않을까. 경찰청 교통안전과 관계자는 "음주운전에는 마약과 같은 '범죄의 쾌감'이 있다"면서 "음주운전으로 징역을 살아도 '빨간 줄이 그어져 봤지만 별거 아니다'면서 반복하는 사례도 봤다"고 말했다.

단속망이 허술한 것도 이유로 꼽힌다. 도로교통공단 '상습 교통법규 위반자 관리방안 연구'에 따르면 "음주운전 경험이 있지만, 여태껏 단 한 번도 적발된 적 없다"는 응답이 83.3%에 달했다.

도로교통공단은 "3년간 음주운전 경험이 있는 응답자가 16.5%인데, 음주운전 경험이 있는 사람 중 13.9%만이 음주운전으로 단속된다"며 "위반 횟수로 환산하면 전체 음주운전 중 3.8%만 단속되고 있다는 결론이 나온다"고 했다. 경찰 측은 "음주운전 단속 강도가 점차로 강해지고 있지만 여전히 단속 인력이 부족한 것이 현실"이라고 밝혔다.

○○○ 씨, 한국형사정책연구원 연구위원 얘기다. "운전자가 첫 음주운전에서 걸리지 않으면 '어 괜찮은데?'라고 생각하게 됩니다. 음주운전은 초범보다 재범이, 재범보다 삼범의 혈중 알코올농도가 높은 경향이 있어요. 반복적으로 더 강도 높은 음주운전을 하다가 결국 누군가 치어 죽이거나, 스스로 죽어야 끝나는 범죄입니다. 마약보다 더한 중독성을 지닌 것이 음주운전입니다."

◇음주운전에도 '전자발찌(시동잠금장치)' 도입 목소리
지난 18일부터 음주 운전으로 사람을 숨지게 하면 최소 3년 징역형, 최고 무기징역을 받도록 처벌을 강화한 '윤창호법'(특정 범죄 가중 처벌법 개정안)이 시행됐다. 또한 내년 6월 25일부터는 '제2의 윤창호법'으로 불리는 개정 도로교통법이 적용된다. 이 법은 면허취소 기준을 기존 혈중알코올농도 0.1%에서 0.08%로 강화했고, 면허 정지 기준도 0.03%로 낮췄다. 또 음주 운전 2회 이상 적발 시 가중처벌 하도록 했다.

그러나 "'음주운전 중독자'들은 크게 변하지 않았다"는 목소리가 벌써부터 나온다. 경찰청에 따르면 윤창호법 시행 첫날인 이달 18일부터 24일까지 전국에서 음주운전 사고 245건이 발생(2명 사망·369명 부상)했다. 이는 시행 전 일주일(12월 11~17일)에 일어난 음주운전 사고 285건보단 다소 줄어든 수치지만, 확연한 감소세는 아니라는 것이 경찰 안팎의 평가다.

승 연구위원은 "우리 사회에는 여전히 '음주단속에 걸리면 재수가 없는 것' '안 걸리면 된다'는 인식이 팽배하다"며 "정부가 나서 '음주운전은 살인·강도·방화 같은 중범죄'라는 경고음을 울려야 한다"고 말했다.

〈중략〉

음주운전 중독자들은 차량을 몰 수 없도록 하는 '제도적 안전벨트'를 마련하자는 지적도 있다. 도로교통공단의 '상습 교통법규 위반자 관리방안 연구'는 "성범죄자 재범방지를 위해 '전자발찌'를 채우는 것처럼, 교통법규위반자에 대해 음주 시동잠금장치 도입을 고려해야 한다"고 제언했다.
음주운전 중독자들조차 "나를 막아달라"면서 음주시동잠금장치 도입에 동의하고 있다. 도로교통공단이 반복적 음주운전자 107명을 대상으로 설문한 결과, 응답자의 70.1%가 "예방 효과가 있을 것"이라며 긍정 평가했다. 일단 취하면 스스로 통제할 수 없으니, 운전대를 잡을 수 없도록 국가가 강제해 달라는 요청이다.

4) 습관적인 음주운전 행위

음주를 습관적으로 즐기는 사람들은 일상생활을 하는 데에는 아무런 문제가 없다고 행동한다. 이러한 사람들은 음주운전만큼은 자신이 있다고 착각한다. 특히 이들은 평소 음주운전에 다음과 같은 사고(思考)를 가지려 한다. 첫째, 집이 코 앞 인데 괜찮다고 한다. 둘째, 이 방향으로 가면 단속을 피할 수 있어 안전하다고 한다. 셋째, 오늘은 특별한 시간과 요일로 단속이 없을 것이라고 한다. 넷째, '한잔은 괜찮아' 음주측정 수치가 나오지 않을 것이라고 말한다. 다섯째, 음주를 한 시간이 오래 되었으니 이제 술이 다 깨었다고 한다.
이는 음주 운전자들의 공통된 생각일 것으로 간주한다.
따라서 이들은 습관성 음주자의 표현으로서 단지, 일반적이기보다는 문제성 음주자로 접근하여 치료하는 준비가 필요하다고 본다.

5) 술 마시고 운전하면 안 되는 이유(http://blog.daum.net/2002chris1025/856)

술을 마시면 간에서 맥주 한 캔 정도의 술을 분해하는 시간이 한 시간 정도 걸린다고 한다. 술이 이와 같은 신진대사의 과정을 거쳐서 우리 몸에서 빠져나가기 전까지 우리 몸에서는 혈중 알코올농도가 상대적으로 올라간다. 술이 운전에 끼치는 영향을 구체적으로 지적하기 위해서는 혈중 알코올농도가 얼마나 되느냐에 달려 있다. 운전을 하는 데는 심리-운동 협응능력, 시각능력, 사물에 대한 지각능력, 추적능력, 정보처리능력과 주의 집중의 종합적인 능력이 필요하다.

많은 연구에서 혈중 알코올농도와 운전능력과의 관계를 실험한 결과, 술에 대한 자신의 심리적인 자신감이나 태도에 상관없이 술을 먹은 양만큼 운전기술에 부정적인 영향을 끼친다고 밝혀졌다. 술이 운전기능에 끼치는 부정적인 영향은 다음과 같다.

(1) 심리-운동 협응능력 저하

술은 우리가 걸을 때 균형을 유지해 주는 신경에 영향을 끼치기 때문에 술에 취한 사람은 걸음이 비틀거린다. 따라서 술을 많이 마시면 차의 균형을 유지하면서 운전하는데 영향을 준다.

(2) 시력의 지각능력 저하

우리가 안전운전을 하려면 자신의 시각을 통해서 앞을 잘 관찰하면서 순간순간 위험한 물체나 다른 차를 피하는 것이 절대적으로 중요하다. 술을 많이 마시면 우리의 두뇌가 첫째, 안구의 운동능력을 둔화시키고 둘째, 시야의 인식하는 영역이 줄어들어 앞을 보면서도 옆의 물체를 인식하거나 측면 거리를 판단할 수 있는 주변시의 판단능력이 감소하여 차선을 지키거나 옆에서 달려가는 차와의 간격을 유지하는 데 실패하고 셋째, 정확하게 사물을 지각하는 데 영향을 준다. 이러한 시각능력에 끼치는 부정적인 영향은 교통사고로 이어지기 마련이다.

(3) 판단능력 감소

우리가 운전을 할 때는 시각이나 청각 등에서 수집한 정보들을 순간순간 종합하고 판단해서 순간순간 정확한 결정을 내려야 한다. 우리나라와 같이 거리가 복잡하고 교통법규를 무시하고 운전하는 사람들이 많은 현실을 감안하면 더욱더 순간 판단능력이 필요한데, 술은 우리의 이러한 인지적인 판단능력을 흐리게 만든다.

(4) 차선을 지키는 능력 감소

위에서 지적했듯이 혈중 알코올농도가 높아지면 전방과 측면의 거리의 판단능력이 감소하기 때문에 차선을 제대로 지키기가 어렵다. 이런 능력은 술을 조금만 마셔도 영향을 받는 것으로 실험결과 밝혀졌다.

(5) 정보 처리능력 둔화

술은 우리의 두뇌가 정보를 처리하는 속도를 둔화시킨다. 따라서 위험한 상황에 갑자기 직면하게 되면 적절하게 대처할 수 있는 능력을 상실하게 되는 것이다. 마치 속도가 아주 느린 컴퓨터로 복잡한 통계나 계산을 해야 하는 상황에 처한 것이나 다름없다. 사고를 경험한 사람들은 사고는 순간적이라고 한다. 그 순간적인 판단을 할 수 있는 기회를 술이 상실하게 만드는 것이다.

(6) 주의 집중능력 감소

안전운전을 하기 위해서는 기본적으로 두 가지의 점을 유의해야 하는데, 첫째는 차선을 잘 지키는 것이고, 둘째는 운전하면서 운전신호, 앞의 자동차, 보행자, 가야 할 방향 등의 정보에 주의를 기울이면서 순간순간 주의 집중을 잘해야 한다. 그러나 술을 많이 마신 운전자에게 숫자를 두 자리로 나누는 간단한 셈을 시켜 보면 기능이 현저하게 떨어진다. 술을 마시고 운전하면 그 만큼 주의력이 감소하고 상대적으로 사고의 확률이 높아진다는 것을 명심해야 한다.

4. 외국의 음주운전 규제 및 처벌 정책

1) 음주운전 규제 기준 관점(김상구, 2008)

음주운전은 단순한 교통법규 위반이 아니라 인명을 살상할 수 있는 위험한 운전행위라는 점에 비추어 범죄로 인식하고, 이를 억제하기 위하여 각국에서는 예방대책으로 단속과 처벌, 강화를 중심으로 규제정책, 음주행위에 대한 사전예방을 목적으로 하는 교육정책, 그리고 상습적인 음주 운전자에 대한 지속적인 관리와 치료정책 등 다양한 예방정책을 활용하고 있다.

음주운전을 예방하기 위한 정책으로 제일 보편적으로 활용되는 것이 규제 및 처벌 정책이다. 1960년대 사법적인 대응책을 모색하려는 광범위한 노력이 시작되었다. 영국과 캐나다에서 음주운전을 규제하는 법을 도입한 것은 그 한 예라고 할 수 있다.

예방대책으로서 음주운전 규제는 그 대상에 따라 차이는 있을 수 있지만 기본적으로 개인이나 집단의 재산권 행사나 행동의 자유를 구속 또는 억제하여 공익의 목적을 실현하는 데 있다. 또한 규제의 효과가 제대로 발휘되기 위해서는 처벌의 엄격성, 확실성, 신속성 등이 확보되어야 한다(John, 1986).

음주운전 규제 및 처벌은 어느 정도의 음주상태에서 운전을 규제 대상으로 설정할 것인지는 각국의 사정에 따라 상이한 형태를 살펴볼 수 있다.

스칸디나비아 국가(스웨덴, 노르웨이, 핀란드, 덴마크)는 일정한 수준의 알코올농도를 초과한 상태로 운전행위를 음주운전으로 규정하고 있다.

그러나 미국과 프랑스의 음주운전은 안전운전을 위하여 요구되는 정신적 판단능력 및 신체적 대처능력이 저하된 상태에서 운전행위를 규제의 대상으로 하고 있다. 이는 구체적인 위험을 보여주는 취기상태의 운전행위를 음주운전으로 규정하고 있다.

독일과 일본은 음주정도에 따라 그 규제내용을 달리하고 있다. 주기운전[3]은 행정처분을 부과하고, 주취운전에 대해서는 형사처벌을 위주로 하는 제도이다.

2) 스칸디나비아 국가

스칸디나비아는 지리적으로 핀란드 및 덴마크, 노르웨이 그리고 스웨덴으로 규정되

---

3) 실무나 학계에서는 음주운전의 개념에 대하여 주취운전, 주기운전, 음주운전 등 특별한 기준이 없이 혼용되고 있다. 주취운전은 용어의 의미 그대로 술에 취한 상태에서 운전하는 것을 말하고, 주기운전은 취기와는 상관없이 일정한 혈중알코올농도 이상의 상태에서 운전하는 것을 말하며, 음주운전은 술을 마신 상태에서 운전하는 것을 말한다(Daum 백과사전).

어 있으며 이들 국가는 음주운전 규제를 다음과 같이 시행하고 있다(김상구, 2008). 첫째, 주기운전을 일정한 수준의 혈중알코올 농도를 초과한 상태의 운전행위로 규정하고 있다. 음주운전으로 인하여 정상적인 운전의 가능 여부라는 구체적인 혹은 개별적인 사정을 묻지 아니하고 혈중알코올농도의 획일적 기준에 따라 음주운전을 판단하는 것이다. 따라서 어떤 제한수준의 혈중알코올 농도를 초과하는 상태에서의 운전은 그 자체로 범죄가 된다.

둘째, 음주운전의 혐의가 있는 운전자들에 대해 호흡과 혈액측정을 광범위하게 이용하여 엄격한 법집행을 한다. 또한 도로변에서 무작위 음주측정을 이용하기도 한다.

셋째, 구금(imprisonment)과 일시적 또는 영구적 면허의 정지를 통한 엄한 처벌을 한다. 스칸디나비아의 여러 나라가 이러한 특징을 공유하고 있기 때문에 이것은 보통 스칸디나비아식 모델이라고 불리어지게 되었다.

(1) 핀란드 및 덴마크

핀란드는 음주운전에 대한 애매한 상태의 규정(혈중알코올농도를 규정하지 않음)을 상당히 지속한 나라이다. 음주운전에 대한 언급은 1926년 입법에서 보이지만 알코올 영향 하에서의 운전이라는 규정이었고, 1937년 법인에서도 볼 수 있지만 이것은 제 2차 세계대전 이후까지 계속 유지되었다. 1937년 법안에서 최대로 처벌할 수 있는 형량은 2년 이하의 구금이지만 1950년에는 최대 형량이 4년 이하로 배가 되었고, 음주운전으로 사람을 다친 경우에는 6년, 만약 사망하는 경우에는 8년으로 더욱 높아졌다. 그 이후에는 핀란드 법은 별로 변하지 않고 있다.

전통적으로 핀란드에서 음주운전에 대한 처벌이 매우 가혹했지만 근래의 처벌 강도를 낮추는 변화가 있었다. 1976년에는 혈중알코올농도 1.15%로 운전한 사람에게 벌금형뿐만 아니라, 심지어 재범자도 대부분 벌금형이 적용 되었다. 이것은 집행유예 없이 3개월에서 6개월을 복역했던 과거에 비해 매우 완화된 것이다. 혈중알코올 농도가 0.15%가 넘고 운전이 위험했다면 보통 초범에게는 1~3개월의 집행유예와 벌금이 부과된다(최인섭 외, 1996).

덴마크는 1927년에 알코올의 영향 하에서 운전하는 것을 금지하였으며, 보통 벌금형과 운전면허의 정지수준 이였다. 1932년에는 이 규정을 명확하게 하고 구금형도 도입하였다. 면허정지의 최소기간을 다른 감경요인이 없는 경우 6개월로 규정하였다. 그리고 1955년에는 관련법 개정으로 면허정지의 최소기간을 1년으로 상향 조정하였다.

(2) 노르웨이

노르웨이는 음주운전에 대한 입법을 오래 전부터 갖춘 나라이다. 법안이 통과된 해는 1912년이었고 당시 노르웨이 자동차 등록대수는 730대에 불과했다. 이에 대해 1926년 벌칙으로서 구금제도를 도입하였고, 1930년대 관련법은 의사가 음주운전 피의자를 검사하도록 하였다. 1935년에는 혈액검사가 도입되었으며, 오늘날 같은 처벌규정이 법률로 정해진 것은 1936년이다.

이 법률의 내용은 음주운전을 혈중알코올 농도에 의해서 규정하고, 여기에 대한 처벌로 구금을 선호하는 것이다. 노르웨이는 어떤 수준을 초과하는 혈중알코올 농도의 상태에서 운전하는 것을 범죄로 규정한 나라이다. 즉, 기존의 알코올 영향 하에서의 운전을 금지하는 조항에 '혈중알코올농도 0.05% 이상'에서라는 명확한 규정을 첨가하였다. 또한 술을 마신 직후는 아직 혈중알코올농도가 한계치를 초과하지 않을 수 있어 처벌을 면하는 경우가 있는데 노르웨이는 1959년 법 개정을 통하여 이것도 처벌이 가능하도록 하였다. 이에 일부 음주운전자들이 적발 후 술을 마시고 혈중알코올농도의 초과는 운전 후의 음주 때문이라고 무죄가 선고되는 경우가 가끔 있었다. 이것을 방지하기 위해 만약 운전자가 정차검문의 대상이 된다는 것을 알았다면 운전 후의 6시간 동안의 알코올 소비는 음주운전과 동일시하는 내용으로 법을 개정하였다(최인섭 외, 1996). 노르웨이에서 음주운전에 대한 처벌은 매우 엄격하게 적용되는 관행을 가지고 있다. 형을 선고하는 데 있어 법원은 넓은 자유재량을 부여안고 있으며, 중한범죄가 아니라면 보통 초범에게는 집행유예가 선거되지만, 형의 감경사유가 없는 경우 0.05% 이상의 혈중알코올 농도에서 운전한 경우는 징역형을 부과한다. 그리고 초범의 구금기간은 보통 21일에서 36일 사이이며, 재범의 형이 가중될 수 있다. 여기에 초범인 경우 적어도

1년 또는 2년의 면허 취소가 부과되고, 재범인 경우 영구적으로 면허가 취소된다. 그리고 노르웨이에서는 면허취소의 권한은 법원이 아닌 경찰에 있다(김상구, 2008).

(3) 스웨덴

스칸디나비아 국가 중 스웨덴의 음주운전 억제정책에 대해 살펴본다(김진형, 2010). 스웨덴의 경우 1990년부터 혈중알코올 농도 0.02% 이상의 상태에서 운전한 행위를 음주운전의 기준으로 정하며, 0.1% 이상으로 운전한 자는 실형에 처해진다.

혈중알코올농도 0.15% 이상의 상태에서 음주운전으로 처벌을 받은 이후 면허를 다시 신청하려는 운전자에 대한 자격요건 제도를 도입하여 실시하고 있다. 운전자는 알코올에 대한 의존성이 없다는 진단서를 면허 당국에 제출해야 하며, 이러한 진단서는 최소 3개월 이상의 관찰기관을 거친 의사를 통해야만 받을 수 있다. 이를 토대로 문제가 없다고 인정되면 필기 및 실기 시험 후에 조건부 면허를 받을 수 있다. 이 기간 중에 최소 3회 이상은 의사를 면접하여 재발이 없음을 입증하도록 하여야 하며 지속적으로 음주운전자의 음주형태 및 알코올 의존 여부를 감시한다.

음주운전은 알코올 소비행동 자체의 문제로 인식되어 사회적으로 강력한 영향력을 가진 금주단체의 금주운동의 영향을 받게 된다. 여기에 문제음주 뿐만 아니라 음주 자체를 중요한 사회문제로 인식하여 주류를 판매하는 시간과 장소를 엄격하게 규제하고 관리한다.

3) 영·미법계 국가

영국은 정기적인 음주행위가 10대부터 이미 정착되고 있으며 10대의 음주는 공공질서를 어지럽히는 행동과 다른 비행으로 연결되고 있어 큰 사회문제로 부각되고 있다. 매스컴에서도 음주청소년의 비행을 정기적으로 다루지만 그 수가 줄지 않고 있다. 결국 음주남용과 음주 문제(음주운전)에 대한 대책을 청소년기부터 적극적으로 대처하기 위하여 교육을 강화하고 있다(김상구, 2008).

미국은 상습적인 음주운전자나 음주 자체에 문제를 가진 위반자를 중심으로 음주감지장치, 음주치료·교육프로그램 등의 내용이 단지 교통안전의 분야에만 국한하지 않고 음주 자체의 문제에 접근하도록 되어 있다(정한중, 2012).

미국의 경우 상습음주운전자들을 대상으로 음주운전사고 피해자 가족 방문 프로그램을 진행하고 있다. 피해자 가족과 대화를 통해 자신의 잘못을 스스로 깨닫게 하는 프로그램으로 상당한 효과를 보고 있다고 한다(내일신문, 2004, 12. 29).

또한 미국 대부분의 주(州)들은 주취 상태에서 범죄를 저지르거나 음주운전으로 적발되면 알코올문제가 있는 것으로 간주하고 치료를 명령한다. 알코올 약물 관련 범죄를 전담해 다루는 약물법원(Drug Court)이나 DUI 법원으로 보내 전문가들이 개입한 상태에서 재판을 받게 한다. 보통 판사는 처벌 이전에 당사자에게 치료 및 교육을 받도록 해 알코올 문제를 치유하게 한다.

치료명령을 받으면 A.A(Alcoholics Anonymous·익명의 알코올중독자) 모임이나 MADD(Mothers Against Drunk Driving·음주운전에 반대하는 엄마들) 단체 등 정부의 인증을 받은 기관이나 프로그램을 통해 치료를 시작한다(http://cafe.daum.net/danjujoa).

이처럼 미국은 각 주(州)마다 다양한 치료적, 법률적 차이가 있지만 음주 운전자를 무기를 소지한 살인범과 동일하게 취급할 정도로 무거운 처벌을 내리고 있다. 캐나다는 1994년 앨버타 주 外 11개 주, 시동장금장치 의무화 했으며, 온타리오 주는 음주운전 횟수별 차등 설치 운영(1회 12개월, 2차 36개월, 3차 평생)하고 있다(https://blog.hi.co.kr/1836).

(1) 영국

영국은 초범 또는 재범의 구별에 따라 4~6개월 이하의 구금과 100~500£의 벌금에 처하고 운전자가 제출한 혈액 등 표본을 화학검사를 한 결과 법정기준치를 초과한 경우 처벌하고 있다. 운전면허 자격정지 또는 취소와 벌점은 법원의 재량으로 규정하고 있으며 최소 12개월 이상의 운전면허 자격을 박탈하고 있다(김상구, 2008).

혈중알코올농도는 0.08%를 음주운전의 단속기준으로 정하고 음주운전의 초범 또는 재범에 따라 구금과 벌금형을 받게 된다. 또한 2회의 음주운전 규제에 불응한 운전자가 10년 내에 음주운전을 다시 할 경우 3년 이상의 운전면허 자격을 박탈하고 있으며, 이들은 운전면허 재취득 조건으로 알코올 남용자가 아니라는 의사의 진단이 있어야 한다(김진형, 2010).

(2) 미국

미국은 1980년 이후 음주운전으로 인한 사망자 수가 3분의 1로 줄었는데 이는 음주 측정 없이 체포가 가능하고, 상습 음주 운전자는 중범죄로 처벌하고 있다. 자동차 보험료도 10년 동안 최소 1,300만 원 오르며, 기물파손 사고를 낸 음주운전자는 일정기간 수감 후 보석금을 내야 풀려난다고 한다(JTBC뉴스, 2019. 2. 5).

미국은 술에 취했다고 볼 수 있는 상태에서의 운전을 단속 및 처벌 기준으로 삼고 있으며, 각 주마다 처벌 기준이 차이가 있다. 캘리포니아의 경우 과거의 전력이 없을 경우도 형사처벌 6개월 이하의 징역이나 1천불 이하의 벌금, 3~5년의 보호관찰부 집행유예, 행정처분으로 3~6개월의 면허정지, 알코올 프로그램 참가 등의 처벌을 받는다. 음주운전 1차 적발 시에는 6개월의 운전면허 정지가 이루어지며, 그 후 직장과 교육을 위한 운전만 가능한 4개월짜리 제한 운전면허증을 발부한다.

이러한 음주운전자는 3개월간 일주일에 한번, 한번에 2시간씩 음주운전 교육을 받고 6시간 알코올중독자 모임에 참석해야 한다. 음주운전 2차 적발 시에는 중범에 해당하며, 집행유예 기간에 적발되면 구속되고, 법원은 48시간에서 1주일까지 징역형을 내릴 수 있으며 운전면허는 1년간 정지된다.

운전자는 음주운전 학교에 18개월 동안 다녀야 하고 집행유예는 3년에서 5년이다. 3회 적발 시에는 면허정지 기간 1~2년, 음주운전 교육은 36개월(500번 이상의 알코올 중독자 모임 참석), 그리고 120일에서 1년까지 징역형에 처해질 수 있다. 또한 상습적 음주운전자들에게 시동잠금장치(ignition interlock)를 합법화한 캘리포니아주 등이 있다(김진형, 2010).

버지니아에서 음주운전 기준은 혈중 알코올 농도(BAC, Blood Alcohol Content)

0.08%이지만 이보다 적은 혈중 알코올 농도라도 운전에 방해(impair)가 될 정도라면 음주운전으로 처벌이 가능하다.

음주운전은 1급 경범죄(Class 1 Misdemeanor)로 초범일 경우 최대 12개월 미만의 징역 혹은 최대 2,500불(최소 250불) 미만의 벌금이 부과될 수 있다. 또한 초범, 재범 여부와 상관없이 혈중 알코올 농도가 0.15~0.20%인 경우 무조건 최소 실형 5일, 0.20% 이상인 경우 최소 실형 10일이 부과된다. 그리고 면허는 1년 동안 정지된다.

재범인 경우 처벌은 점점 가혹해진다. 5년 내 재범의 경우 최소 30일에서 최대 1년 미만의 징역과 최소 500불의 벌금이 부과되고(그중 최소 20일은 실형을 살아야 함), 5~10년 내의 재범의 경우 나머지는 그대로인 대신 필수 실형(mandatory minimum confinement)이 10일로 줄어든다. 게다가 재범이면서 혈중 알코올 농도가 0.15~0.20%인 경우에는 최소 10일의 실형이, 0.20% 이상의 경우에는 최소 20일의 실형이 부과된다. 재범의 경우 최소 벌금 500불이 적용되며, 운전면허 정지 기간은 3년이다. 상습(세번째 이상) 음주운전의 경우에는 경범죄가 아닌 중범죄(felony)로 처벌된다. 이 경우 6급 중범죄로 최소 1년 이상 5년 미만의 징역이 부과될 수 있다. 이들에게 무조건 최소 90일의 실형이 부과된다. 만약 세 번의 음주운전이 5년 내에 벌어졌다면 최소 실형은 6개월로 길어진다. 여기에서 끝이 아니다. 세 번째 음주운전 이후에 음주운전을 저지를 경우 최소 실형은 1년이 된다. 세 번째부터는 최소 1000불의 벌금 적용되며 면허는 무기한 정지된다(5년 뒤 추후 판사의 결정에 따라 정지 해제 가능).

음주운전 중에 사람을 치여 숨지게 한 경우, 과실치사(involuntary manslaughter) 죄로 처벌되며 이 경우 5급 중범죄로 최소 1년 이상 최대 10년 미만의 징역이 부과될 수 있다. 이처럼 미국에서는 웬만한 경범죄를 저질러도 범죄 기록이 많지 않은 일반인은 집행유예로 끝나는 경우가 많은데, 음주운전만큼은 예외적으로 최소 실형 요건을 두어서 초범인 경우에도 자칫하면 긴 실형을 받을 수 있다(https://blog.naver.com/cj_rookie/221428839237).

특히 워싱턴주에서는 음주운전으로 교통사고 사망자가 발생하면 '1급 살인죄'를 적용하여 50년에서 종신형까지 처하기도 한다(https://www.driveind.com/384).

오하이오와 미네소타주 등에서는 음주운전 금지 위반자의 자동차 번호판 색과 디자인을 표준과 다르게 구별하는 제도도 운영 중이다(쿠키뉴스, 2018. 11. 16)

뉴욕시는 지난 2000년부터 음주운전자의 차량까지 압수하고 있다(내일신문, 2004, 12. 29). 이제 우리나라의 처벌 수준도 국민의 정서를 고려하여 더 높일 필요성이 있다고 보고 있다.

(3) 캐나다

캐나다에서는 음주운전 죄의 성립요건 및 벌칙을 도로교통법[4])이 아닌 일반 형법[5])에 규정하고 있다. 캐나다의 입법의 특징은 음주운전 죄의 성립과 관련하여 호흡 및 혈액 시료 채취절차와 영장의 발부절차 등을 실체법인 형법에 규정하고 있다.

캐나다의 음주운전 규제의 특징은 주취단속의 기준은 다른 국가와 비슷한 혈중알코올농도0.05%를 넘으면 단속된다. 0.08%의 위반자에 대한 강력한 처벌과 재범 방지를 위하여 상습음주 운전자에 대한 다양한 교통안전교육 및 치료프로그램을 운영하고 있다(김남현, 2006). 그러나 운전경력이 2년 미만이거나 20세 미만 운전자는 0.01%의 경우 술을 한 잔만 마셔도 운전을 할 수 없도록 하고 있다.

형사법에서 음주운전과 관련하여 법률에 근거를 두고 있는데 음주운전을 기소 범죄와 약식유죄평결에 의해서 처벌이 가능한 것으로 나누어져 있다. 알코올이나 약물에 의해서 운전능력이 손상된 상태에서 운전하거나 또는 차동차를 조작하는 사람은 누구든지 차동차가 움직이고 있거나 그렇지 않음에 상관없이 처벌이 가능하고, 운전석에 앉은 사람은 그가 자동차를 움직일 목적으로 자동차에 올라타지 않았다는 것을 입증하지 못하는 한, "자동차를 조작하는 것으로 간주한다"고 규정함으로써 운전자에게 사실상 어려운 입증책임을 부여하여 음주운전의 개연성을 미리 차단한다.

---

4) 도로교통법(道路交通法): 도로에서 일어나는 모든 교통상의 위험과 장애를 방지하여 원활하고 안전한 교통 환경을 확보하기 위해 제정된 법(Daum 백과)
5) 일반형법(一般刑法): 모든 사람, 사건, 장소에 대하여 두루 적용되는 형법(Daum 백과)

음주운전 관련 범죄의 처벌은 다음과 같다.

단순 음주운전죄의 경우는 1회 위반은 600달러 이상의 벌금, 2회 위반은 14일 이상의 구금, 3회 이상의 위반은 90일 이상의 구금에 처한다.

정식기소에 의한 범죄는 5년 이하의 구금에 처할 수 있고 약식기소에 의한 범죄는 6개월 이하의 구금에 처한다. 음주운전에 의한 인적교통사고의 경우에는 치상죄를 범한 경우 정식기소에 의한 범죄로 10년 이하의 구금형에 처할 수 있고, 치사죄를 범한 경우 정식기소에 의한 범죄로 종신형에 처할 수 있다(김상구, 2008).

이외에도 주취자에 대한 공권력이 보다 엄격하다. 경찰은 공공장소에서 술에 취한 취객을 체포할 수 있고, 술을 마시고 있을 경우에는 그 술도 함께 압수할 권한이 있다.

또한 경찰들은 금요일이나 토요일에 클럽이나 주점 주위를 자주 순찰하여 사전에 문제발생을 차단하고자 노력한다. 시민들은 경찰의 공권력 사용을 존중하고 취객들도 길거리에서 고성방가 등의 문제를 야기하면 그 결과가 어떻게 될지 알기 때문에 행동을 조심한다(https://brunch.co.kr/@cecillim1968/18).

4) 대륙법계 국가

독일에서는 음주운전자 재교육 프로그램(SCHALK: SCHulung fur ALKoholanfallige Fahrer)을 운영하고 있으며 면허를 재발급 받기 위해서는 이 샬크 과정을 이수했다는 증명과 함께 정상적으로 운전할 수 있는 신체적, 심리적 상태라는 의사의 진단서(MPU: Medizinisch-pschologische Untersuchung)가 있어야 한다(김상구, 2008).

프랑스는 음주운전 예방정책으로서 간이 알코올 검지기 판매를 허용하여 운전하기 전에 간단한 측정을 할 수 있도록 하며, 근본적으로 음주행위를 통제하기 위하여 작업장에서의 술소비는 저알코올 주류로만 제한되고, 최대 허용량은 회사 규정사항에 명시되도록 하고 있다(김진형, 2010).

일본은 1990년대에 들면서 교통사고가 다시 증가하여 교통안전과 관련한 사업들을 재정비하기 시작했다. 2001년 12월에는 형법에 '위험운전치사상죄'를 신설하여 일반 교통사고의 형사처벌 조항인 '업무상과실치사상죄'와 달리 특정 운전행위에 대해서는 강한 처벌규정을 두고 있다. 이는 우리나라의 경우 교통사고 시에도 일반 교통사고의 형사처벌 조항인 '업무상과실치사상죄'로 처벌하는 것과는 차이를 가지고 있다6)(김상구, 2008).

(1) 독일

독일은 혈중알코올 농도가 0.08% 이상의 상태에서 운전을 한 경우 음주운전으로 처벌이 되며, 혈중알코올농도가 0.05%인 경우에도 교통법규를 위반한 경우에는 음주운전으로 처벌이 가능하다. 혈중알코올농도가 0.8% 이상 0.11% 미만인 경우 3개월 이하의 운전면허 정지와 1,500유로 이하의 과태료를 부과하며, 혈중알코올농도가 0.11% 이상인 경우 징역 또는 벌금형, 운전면허 취소 처분을 받는다. 혈중알코올농도를 기준으로 면허가 정지 및 취소가 되며 교통안전교육을 이수하거나 심리치료에 응하면 벌점이 삭감된다.

음주운전자들에게는 음주운전자 재교육 프로그램을 운영하고 있으며, 운전면허를 재발급 받기 위해서는 이 과정을 이수했다는 증명서와 함께 의사의 신체적, 심리적 소견이 있는 진단서를 제출해야 한다(김상구, 2008; 김진형, 2010).

(2) 프랑스

프랑스는 술에 취한 상태이거나 알코올의 영향 하에서 차량을 운전하거나 하고자 하는 자는 2월 이상 2년 이하의 징역 또는 2,000프랑 이상 3,000프랑 이하의 벌금을 부과하거나 이를 병과 할 수 있고, 치사 또는 치상사고의 경우에는 위형의 2배를 가중하도록 규정하여 미국과 같은 취기상태에서의 운전을 처벌하고 있다(문성도, 1996).

---

6) 우리나라의 경우 교통사고 시 형사처벌의 요건을 규정하고 있는 교통사고처리특례법에서 '업무상과실치상죄'만을 명시하고 있고 형사처벌(민사상 배상 책임을 지지 않는 경우, 사망자 발생, 도주, 사고 시 중대 10개항 위반)에 해당되는 경우 모두 5년 이하의 금고나 2천만 원 이하의 벌금형으로 규정하고 있다. 결국 음주운전이나 현격한 과속 등으로 인한 교통사고의 경우에도 다른 중대 10개항과 같은 형량으로 규정하고 있다(김상구, 2008).

운전면허 정지는 재판을 거친 후 법원이 결정하거나(사법적 면허정지) 운전면허 정지위원회[7]의 의견에 따라 도지사(행정적 면허정지)가 결정한다.

행정적 면허정지는 운전면허 정지에 해당하는 위반이 있는 경우(예, 음주운전은 혈중알코올농도 0.08% 이상 호흡 1리터당 0.04mg 이상인 상태에서 운전한 경우를 말함) 현장에서 운전면허증을 회수하고 경찰서장은 72시간 이내 사건종결 또는 면허정지위원회에 사건회부를 결정한다.

행정적인 면허정지인 경우 일반적으로 운전면허 정지 또는 운전면허 발급 금지기간은 6개월을 초과할 수 없다. 그러나 술에 취한 상태 또는 음주상태 하에서의 운전을 한 경우에는 1년으로 연장된다. 사법적 면허정지인 경우 일반적으로 3년이나 음주운전을 했을 경우 두 배로 연장된다(도로교통공단, 2006).

또한 단속과 처벌이 불충분하여 교통안전을 저해한다는 인식하에 2003년 6월 교통안전정책을 강화하는 법률 및 관련 시행령을 개정하여 교통법규 위반에 대한 제재를 강화하고 있다(교통안전과학연구, 2006).

교통법규 위반은 경죄(delits)와 위경죄(Contravention)[8] 두 가지로 구분하여 처벌한다.

(3) 일본

일본은 2002년 음주운전 단속기준을 0.05%에서 0.03%로 강화한 이후 10년간 음주운전 사망자가 4분의 1 이하 수준으로 감소하였다.

혈중알코올농도 0.03% 이상의 음주 운전을 과속, 무면허와 함께 교통 3악(惡)으로 규정, 음주 후에는 운전을 할 수 없음은 물론 운전자에게 주류를 제공하거나 권한 사람도 벌금형에 처할 뿐만 아니라, 음주 운전자가 모는 차를 탄 사람에게도 위험 운전 방

---

7) 프랑스의 운전면허정지위원회는 경찰, 내무부 공무원, 군인 경찰을 필수위원으로 하고 보험회사 직원도 참여한다(유지인, 2008).

8) 경죄는 무면허운전, 음주운전, 과실치사상 등 중대한 위반을 말하고, 경죄재판소에서 판결되며, 위반자들은 징역과 벌금, 운전면허 정지처분을 받게 된다.
그리고 위경죄는 덜 중대한 위반행위를 한 경우에 적용되며 합의벌금을 내게 하고, 벌금을 납부하면 소송절차는 끝나게 된다. 합의벌금은 경찰이나 법정의 개입 없이 운전자에게 간단하고 신속하게 처벌을 내리는 방식이다(유지인, 2008).

조죄로 최대 10년의 징역을 선고받는다(네이버 지식백과).

또한 2007년 9월 19일 도로 교통법 개정 시행으로 음주 운전에 대한 처벌이 '3년 이하의 징역 또는 50만 엔(500만 원) 이하의 벌금'에서 '5년 이하의 징역 또는 100만 엔 이하의 벌금'이 부과된다. 그리고 음주 측정기를 거부한 경우에도 '3개월 이하의 징역 또는 50만 엔 이하의 벌금'으로 강화되었다.

음주운전을 하다가 교통사고를 일으키게 되면 음주 검문 시 적발 때보다 더 엄중한 처벌이 적용된다. 예를 들어 사망 사고를 일으킨 경우에 음주운전이라면 벌점 55점이 부과되고 도로 교통법 제88조제1항에 규정에 따라 운전면허 시험 응시 결격기간 7년이 주어지게 된다.

부상을 입힌 경우에는 '자동차 운전에 의해 사람을 사상시키는 행위 등 처벌에 관한 법률'에 따라 다음과 같은 처벌이 적용된다.

첫째, 알코올 또는 약물의 영향으로 정상적인 운전에 지장이 생길 우려가 있는 상태에서 자동차를 운전하고 사고를 일으켜 부상자가 발생하면 12년 이하의 징역, 사망자가 발생하면 15년 이하의 징역에 처한다. 또한 무면허의 경우에는 부상의 경우 15년 이하의 징역 치사의 경우 6개월 이상의 유기징역에 처한다.

둘째, 음주운전자가 사고를 일으킨 이후 그 자리를 떠나 알코올 또는 약물의 체내농도를 감소시키기 위해 약물을 섭취하는 등의 행위를 해 음주운전 사실을 감추려 한 경우 징역 12년 이하의 징역, 무면허의 경우엔 15년 이하의 징역에 처한다. 음주 운전에 의해 사고를 일으킨 경우 교통사고의 손해 배상 과실 비율에서 음주 운전자의 과실이 크게 인정된다.

자동차 보험에서는 음주운전을 한 운전자의 부상이나 차량 파손에 대해서는 보험금이 지급되지 않을 수 있다. 그리고 사고를 낸 운전자가 동승자[9]가 있는 경우 동승자가

---

9) 타인의 죄를 방조한 자는 종범으로 처벌한다.
   ※ 음주운전처리지침규정 제32조:
   1. 운전자가 몸을 가누지 못할 정도로 만취하여 차량을 운전하는 것이 어렵다는 것을 알면서도 동승한 자
   2. 3회 이상 상습 음주 운전자의 차량에 동승한 자로서 운전자의 음주 운전습벽을 알 수 있을 만한 관계가 있는 자
   3. 음주 측정을 거부하거나 공무집행을 방해하는 운전자의 행위에 가세하는 동승자
   ▶ 주취운전자의 음주운전행위를 방조한 것으로 판단.

연대하여 배상 책임을 지는 것이 통례이며, 자동차 운행 공용의 책임과는 별개이다 (https://flpan.tistory.com/455).

5) 음주운전자 이외의 처벌대상 및 행위

<표 10-1> 외국의 음주운전자 이외의 처벌대상 및 행위

국가	처벌대상 및 행위
핀란드	음주 운전자에게 자동차를 빌려준 사람
미국	- 21세 이하인 경우 술을 사거나 다른 사람에게 술을 구입하도록 하는 행위 - 21세 이하인 경우 보호자가 동승하지 않는 상태에서 술을 소지하거나 운반하는 행위 - 운전 중 자동차 내에 주류가 개봉된 상태로 있는 경우 운전할 수 없음
일본	- 음주운전을 할 우려가 있는 사람에게 차량을 제공한 사람 - 음주운전을 할 우려가 있는 사람에게 주류를 판매한 사람 - 음주운전 동승자

(자료: 대한보건협회·파랑새포럼, 2012)

최근 우리나라도 음주운전을 한 차량에 동승할 경우 음주운전방조죄로 처벌[10]하는 사례가 늘고 있다. 따라서 음주로 인한 인적·사회경제적 폐해를 예방하기 위해서는 전문가 참여를 통한 근거기반 음주폐해예방 정책 수립이 지속적으로 논의되어야 한다.

6) 상습 음주운전에 대한 시동 잠금장치 예방사례(https://blog.hi.co.kr/1836)

외국은 상습음주운전을 예방하기 위해 시동잠금장치를 설치하고 있다 프로세스를 살펴보면 혈중알코올농도(BAC)가 0인 경우는 차량의 엔진이 점화(Ignition)되며, 0.02 이하인 경우는 경고(Warn) 후 점화된다. 0.02를 넘어설 경우는 엔진이 잠기게 되는 흐름으로 진행된다. 최근에는 운전자의 신체 사이즈, 인증수단(지문, 홍채 등)을 활용하여 타인이 대신 측정하는 경우를 배제하는 기술도 적용되어 있다.

---

10) 형법 2장 3절 31조(교사죄), 32조(방조죄)를 근거로 처벌을 받을 수 있다.
   ▶ 음주운전 교사죄: 운전자가 음주운전을 거부하였는데 한두 잔의 음주로 괜찮 할 것이라고 하면서 운전하도록 강요하는 것. 즉, 교사란 교묘하고 간사하게 또는 남을 속이는 말이나 행동을 뜻한다.
   ▶ 음주운전 방조죄: 음주운전을 할 것을 미리 알면서도 자동차 열쇠를 제공하거나 단속을 피하는 길을 알려주는 것. 또는 고속도로 휴게소에서 주류를 판매한 업주 등이 해당된다.

미국, 캐나다를 중심으로 이 장치의 설치 의무화가 진행 중이며, 캐나다의 경우는 음주운전 횟수별로 시동잠금장치 적용 기준을 차별화하여 적용하고 있다.

유럽에서는 어린이통학버스와 상업용 차량을 중심으로 시동잠금장치를 우선 도입하였고, 혈중알코올농도 기준과 위반 횟수를 적용하여 시동잠금장치 설치를 차등화하고 있다.

유럽의회(EU)에서는 2011년 7월 신규 사업용 여객, 화물차량 운전자가 1회 이상 위반한 경우 의무 정착화 하였으며, 영국 Alcolock을 가장 우수한 제품으로 선정하기로 하였다.

(1) 미국

▸ 1970년 세계 최초로 도입, 알코올 방지 연동체계(Alcohol Safety Interlock System)

▸ 버지니아 주 外 25개 주, 시동잠금장치 의무화

▸ 캘리포니아 주 음주운전 적발자 모두 설치 의무화(※ 2017년 7월 1일부로 의무화하는 개정안 통과)

▸ 메릴랜드 주 혈중알코올농도 0.08% 이상으로 적발된 경우 적발횟수와 상관없이 의무 장착

(2) 캐나다

▸ 1994년 앨버타 주 外 11개 주, 시동장금장치 의무화

▸ 온타리오 주는 음주운전 횟수 별 차등 설치 운영(※ 1회 12개월, 2차 36개월, 3차 평생)

(3) 스웨덴

▸ 1999년 이후 도입 운영

▸ 택시는 약 60%, 버스 약 85%, 통학버스 전체 대상

(4) 프랑스

▸ 2010년 1월 이후 어린이 통학버스에 의무 장착

▸ 2015년 9월부터는 모든 버스에 의무 장착

(5) 네덜란드

▸혈중알코올농도 0.13% 이상의 1회 위반자

▸0.1% 이상의 초보운전 및 모든 상습 음주 운전자에 대해 시동잠금장치 장착을 의무화한다.

이 시동잠금장치 사용은 입김을 불어 혈중알코올농도를 측정하며 기준치 미달일 때, 시동을 걸 수 있는 장치로서 상습적인 음주운전 습관을 교정해주며 운전자의 생계 또한 영위할 수 있게 도와준다.

7) 우리나라 상습 음주운전에 대한 시동 잠금장치 법안 추진

<사례 10-4> 상습 음주자 음주 시동 방지장치 도입

"상습 음주 운전 안돼".. 음주 시동방지장치 도입되나?

(아시아 경제, 2019.02.24)

'자동차 시동 전 음주 측정 장치 음주연허취소 후 다시 운전하기 위해 의무 설치
캐나다의 경우 3회 이상 음주운전 적발 평생 시동방지장치'

음주운전으로 인해 면허취소 처분을 받은 사람이 다시 운전면허를 발급받아 운전할 때 음주시동방지장치가 설치된 자동차만 운전하도록 하는 법안이 추진된다.

24일 국회 국토교통위원회는 최근 이같은 내용을 골자로 한 교통안전법 개정안을 대표 발의했다. 음주시동방지장치는 술을 마신 운전자가 자동차의 시동을 걸 수 없도록 음주측정기와 시동시스템을 연결한 기계적 장치로, 운전자가 불어넣은 호흡을 분석해 혈중알코올농도가 미리 정해진 기준치를 초과하면 시동이 걸리지 않도록 설계됐다.

개정안은 운전면허 취소처분을 받은 사람이 다시 운전면허를 받아 자동차 등을 운전하는 때에는 운전면허증을 발급받은 날부터 일정 기간 동안 음주시동방지장치가 설치된 자동차만을 운전하도록 했다. 또 이를 위반해 음주시동방지장치가 설치되지 않거나 설치 기준에 적합하지 않게 설치된 자동차 등을 운전한 때에는 2년 이하의 징역 또는 2,000만 원 이하의 벌금에 처하도록 했다.
운전자의 자발적 음주시동방지장치 설치의 경우 음주시동방지장치의 구매 시 부가가치세를 면제하도록 한 내용의 조세특례제한법 개정안도 함께 국회에 제출했다.

최근 3회 이상 음주운전에 적발된 비율은 2012년 16%에서 2016년 19.1%로 오히려 증가하는 추세다. "만성적·상습적인 음주운전의 근절을 위해 이미 북미, 유럽 등 선진국에서는 음주운전 예방책으로 시동잠금장치를 운영하고 있다"면서 "우리나라 역시 시동잠금장치 도입이 필요하다"고 강조했다.

국회 입법조사처에 따르면 미국 캘리포니아 주는 2017년 7월 1일부터 주 전역의 음주 운전자들의 차량에 시동잠금장치 설치를 의무화하는 개정안을 통과시켰다. 현재 미국 버지니아 주 등 25개 주에서 모든 음주 운전자에 대해 시동잠금장치 설치를 의무화했고, 나머지 주는 일정 기준을 넘거나 판사의 재량에 따라 시동잠금장치를 설치하고 있다.

캐나다는 1990년 알버타 주에서 처음으로 시동잠금장치 프로그램을 시범적으로 실시한 후, 1994년 정식으로 도입했다. 현재 11개 주와 준주에서 시동잠금장치 프로그램을 시행하고 있으며, 온타리오주의 경우 모든 음주운전 위반자에 대해 1차 위반자는 12개월, 2차 위반자는 36개월, 3차 위반자는 평생 시동잠금장치를 장착하도록 하고 있다.

5. 음주와 범죄

음주는 사고, 폭력, 자살과 관련성이 매우 높으며, 교통사고 중 30%, 남자 살인자의 42%와 강간범죄자의 76%가 알코올 관련 장애와 연관된 것으로 조사되었다(권석만, 2014). 대검찰청 통계(2017)에는 살인과 강도, 강간 등 강력 흉악범죄의 30% 이상(1만 121명)이 음주상태에서 발생한다고 하였다(연합뉴스, 2018. 11. 13).

음주 방화를 저지른 경우도 2013년 47%, 2014년 47.0%, 2015년 45.4%로 매년 전체 방화사건 절반에 가까웠다(중앙일보, 2018. 1. 24).

성폭력에 관한 연구를 살펴보면 가해자의 50%, 피해자의 31%가 성폭력 사건 직전에 술을 마신 것으로 나타났다. 이는 여성이 술을 취하게 마시는 것은 성적인 욕구를 간접적으로 상징하는 것으로 오해하는 남성들이 많기 때문에 술을 마시면 성폭력이 일어날 가능성이 매우 높다는 것이다. 특히 술을 마신 상태에서 가해자는 성적인 충동에 대한 자제력이 약해질 뿐 아니라 공격적인 행동을 할 가능성이 높아지고, 피해자는 성폭력으로부터 자신을 방어할 수 있는 판단이나 운동 능력이 떨어지는 것으로 나타났다(박은숙, 2001).

한 보도 자료에 의하면 알코올중독으로 인해 성폭력의 희생자가 되는 경우가 5배 높은 것으로 나타났고, 취한 상태에서 남성으로부터 성적 공격을 당하는 경우가 전체의 60% 수준에 이르는 것으로 조사되었다(경남일보. 2005. 11. 11).

1) 주취범죄 처벌수위의 의의

과도한 음주로 인해 나타나는 강력범죄 이제 술에 대해 관대한 문화는 변화되어야 한다. 무고한 희생자를 양산하는 주취 운전이 사회문제화되고 있으며 술을 마셔 이성을 잃은 상태에서 저지른 범죄 또한 끔찍한 결과를 낳는다.

음주 상태에서 흉악범죄를 저지른 가해자들은 '취중이어서 기억이 나지 않는다.' 등의 변명으로 구속 수사나 형량감경을 받으려고 해 피해자와 유족들의 분노를 사는 경우도 적지 않다.

건강보험정책연구원은 음주로 인한 사회경제적 비용이 9조 4,524억 원(2013년 기준)에 이른다고 밝혔다. 흡연(7조 1,258억 원), 비만(6조 7,695억 원)보다 2조원 이상 많은 규모이며 매년 증가추세를 보이고 있다(무등일보. 2018. 11. 15).

음주에 빚어지는 범죄의 경우 살인, 강도, 강간 등 흉악범죄의 30% 이상(10,121명)이 음주상태에서 발생되고 있지만 성범죄를 제외한 다른 범죄는 주취상태가 감경 사유에 해당되고 있다(대검찰청, 2017; 보건복지부, 2018. 11).

2) 음주 성범죄

과거 성범죄자 조두순은 2008년 당시 8살 여자아이를 납치해 성폭행하고 신체를 훼손하여 영구 장애를 입혔다. 1심에서 조두순의 죄질이 무겁다고 무기징역을 구형하였으나 항소와 상고하여 12년으로 감행되었다. 감행 이유는 고령의 나이와 당시 술에 취한 상태 소위 '심신 미약[11]'상태였다는 점을 인정받았다.

그러나 최근에는 술에 취한 채 강력범죄 등을 저지른 사람이 단지 술에 취했다는 이유로 감형 받을 수 없도록 한 형법 일부 개정안이 2017년 12월 12일 발의되어 시행되었다. 그런데 성폭력범죄를 범한 때에는 「형법」 제10조제1항·제2항 및 제11조를 적용하지 아니할 수 있다[12]"라는 내용의 성폭력 범죄의 처벌 등에 관한 특례법 제20

---

11) 심신미약은 심신장애로 인하여 사물을 변별할 능력이나 의사를 결정할 능력이 미약한 상태를 말한다. 책임능력이 떨어진다고 보아 대한민국 형법 제10조제2항에 의해 처벌이 감경된다. 그러나 고의 또는 과실로 심신미약을 유발한 때에는 원인에 있어서 자유로운 행위 규정이 적용되어 감경되지 않는다(위키백과).

조[13]를 제정하여, 오로지 성범죄의 경우에만 심신미약 감경을 하지 않아도 될 근거를 마련했을 뿐이다.

하지만 성범죄에만 국한되는 예외 규정일 뿐, 그마저 심신미약 감경을 해서는 안 된다는 내용의 강제적 규정이 아니라, 법원이 심신미약 감경을 해도 되고, 안 해도 된다는 내용은 임의적 규정일 뿐이며, 심지어 위 조항자체도 위헌 소지가 강하게 일고 있다(http://blog.naver.com/brainpd/221185667093).

청와대는 주취 감경 폐지에 대해 신중한 입장을 밝혔다. 성범죄를 제외한 다른 범죄에 대해서도 일괄적으로 "주취감경[14]"을 적용하지 않는 문제는 입법부의 신중한 논의가 필요하다고 강조했다(중앙일보 2018. 1. 24). 그러나 국민들은 '주취자 범죄의 처벌이 약하다고 보고 있으며, 음주에 후한 또 다른 불씨'의 소재가 될 우려가 있다.

최근에 일어난 성범죄 사건이다. 이와 관련된 기사를 살펴본다.

---

12) 형법 제10조(심신장애인):
　① 심신장애로 인하여 사물을 변별할 능력이 없거나 의사를 결정할 능력이 없는 자의 행위는 벌하지 아니 한다.
　② 심신장애로 인하여 전항의 능력이 미약한 자의 행위는 형을 감경한다.
　③ 위험의 발생을 예견하고 자의로 심신장애를 야기한 자의 행위에는 전2항의 규정을 적용하지 아니 한다.
　※ 심신미약? 심신상실?
　우리나라 형법 제10조제1항에서는 사물을 변별할 능력이 없거나 의사 결정 능력이 없는 자의 행위는 벌하지 않는다고 하고 있다. 제10조제2항에서는 그 정도가 약한 자는 처벌 수준을 낮출 수 있다고 밝히고 있다. 제1항과 제2항 각각 심신상실과 심신미약 상태를 가리킨다. 심신상실과 심신미약은 간단히 얘기해 판단력과 결정 능력이 아예 없거나 흐려진 상태를 말한다. 이 단어는 법률상 용어로 의학적인 판단이 아닌 법률적 판단에 의해 결정된다. 즉, 의사가 "이 사람은 정신질환을 앓고 있으므로 심신미약입니다"라고 진단을 내려서 결정되는 것이 아니라 여러 정황과 증언, 그리고 의학적 감정과 소견을 통해 그 사람이 범죄 당시 판단력과 의사 결정능력이 없었는지를 판사가 결정한다(조선일보, 2018. 8. 7).
　제11조(농아자): 농아자의 행위는 형을 감경한다.

13) 성폭력 범죄의 처벌 등에 관한 특례법 제20조(「형법」상 감경규정에 관한 특례): 음주 또는 약물로 인한 심신장애 상태에서 성폭력범죄(제2조제1항제1호의 죄는 제외한다)를 범한 때에는 「형법」 제10조제1항·제2항 및 제11조를 적용하지 아니할 수 있다
　※ 제2조: ① 이 법에서 "성폭력범죄"란 다음 각 호의 어느 하나에 해당하는 죄를 말한다. [개정 2013.4.5 제11731호(형법), 2016.12.20]
　1. 「형법」 제2편제22장 성풍속에 관한 죄 중 제242조(음행매개), 제243조(음화반포등), 제244조(음화제조등) 및 제245조(공연음란)의 죄

14) 주취감경: 술에 취한 상태에서 범죄를 저질렀다는 이유로 가벼운 벌을 내리는 것. 즉, 형사재판을 받는 피고인이 자신이 범행 당시 술에 매우 취한 심신장애 상태에 있었기 때문에 형법 제10조제1항 또는 제2항이 적용되어야 한다고 주장하는 것이다. 실제로 학계와 판례는 주취의 정도가 심한 경우 형법 제10조가 적용될 수 있음을 인정한다. 그러나 원칙에서 볼 때, 주취감경 폐지는 형법의 책임주의 원칙과 충돌하는 것도 사실이다. 따라서 주취감경 폐지에 대한 좀 더 심도 깊은 논의가 요구된다.

<사례 10-5> 음주 성추행 사건

"OO대학교 여자기숙사 성폭행 시도 대학생 '만취해' 기억 안나"

<연합뉴스 2019. 1. 29>

OO대학교 여자기숙사에 침입해 여학생을 성폭행하려다 주먹을 휘둘러 다치게 한 혐의로 기소된 대학생이 첫 재판에서 혐의를 인정했지만 "범행 당시 만취해 기억이 나지 않는다"고 주장했다.

29일 부산지법 형사6부(김동현 부장판사) 심리로 열린 대학생 A(26) 씨 첫 공판에서 A 씨 측 변호인은 "검찰 공소사실을 인정하고 증거도 모두 동의한다"고 말했다.

A 씨 변호인은 "평소 A 씨 주량은 소주 1~2병인데 그날은 당시 4병 이상 마셔 만취한 상태"라며 "A 씨가 당시 상황을 기억하지 못하며 의사결정 능력이 떨어지는 상태였다"고 심신미약을 주장했다.

A 씨 변호인은 "A 씨가 범행 이전에도 술을 마신 뒤 필름이 끊기는 '블랙아웃' 증상을 몇 번 경험했다"며 재판부에 정신감정을 신청했다.

재판부는 "제출된 증거만으로 당시 A 씨 상태를 판단할 수 있을 것 같아 정신감정이 필요하냐는 생각이 든다"면서도 "일단 정신감정 신청서를 제출하면 검토하겠다"고 말했다.

〈중략〉

A 씨는 지난달 16일 오전 1시 30분께 술에 취해 OO대학교 여성 전용 기숙사인 '자유관'에 침입해 계단에서 만난 여학생을 입을 틀어막고 성폭행하려 한 혐의를 받고 있다.

위와 같이 주취자 범행은 앞으로도 계속해서 논쟁으로 이어질 것 같다.

3) 음주방화 및 주취 감경이 사회적으로 미치는 영향

다수의 프로파일러와 심리학자에 따르면 우리나라 방화범에게서 발견되는 공통점 중에 하나는 방화 전 음주를 한다는 것이다. 이는 정신분열적자의 주된 특징이기도 하다. 술의 힘을 빌려 범죄를 저지르는 것으로 한 심리학자는 방화를 두고 '성인 자폐증'으로 판단하기도 한다. 특히 방화 재범 확률이 적지 않다. 대검찰청에 따르면 1994년 이후 방화전과가 있는 이가 또다시 방화를 저지를 비율은 10%대를 넘나들고 있는 수준이라고 했다. 미궁에 빠진 사건까지 감안한다면 10% 이상이 방화 범죄 위험군에 속해있다고 한다(인천뉴스, 2018. 6. 18).

이와 관련된 기사를 살펴본다.

<사례 10-6> 음주 방화

"음주는 방화범 공통점 … 대구 연쇄 방화범, 불 보고 '희열' 느낀 사례도"

<인천일보 2018. 6. 18>

전북 군산 유흥주점에서 발생한 화재가 방화로 인한 사고임이 드러난 가운데 군산화재 용의자에 대한 의구심이 가득하다.

이 사고로 인해 3명이 사망하고 30여 명이 1도에서 3도까지 큰 화상을 입은 것으로 나타나 수사당국은 물론 대중의 시선이 쏠리고 있다.

경찰당국은 용의자가 평소 유흥주점 점주와 갈등관계를 가지고 있지는 않았는지 면밀히 살펴보는 중이다.
다수의 프로파일러와 심리학자에 따르면 우리나라 방화범에게서 발견되는 공통점 중에 하나는 방화 전 음주를 하는 것이다. 이는 정신분열적자의 주된 특징이기도 하다. 술의 힘을 빌려 범죄를 저지르는 것으로 한 심리학자는 방화를 두고 '성인 자폐증'으로 판단하기도 한다.

특히 방화 재범 확률이 적지 않다. 대검찰청에 따르면 1994년 이후 방화 전과가 있는 이가 또다시 방화를 저지를 비율은 10%대를 넘나들고 있는 수준이다. 미궁에 빠진 사건까지 감안한다면 10% 이상이 방화 범죄 위험군에 속해있다.

특히 방화가 치명적인 인명피해를 동반하고 있지만 재산침해 범죄로 인식된다는 것도 다수의 전문가들은 심각한 문제라 지적한다.

지난 2005년부터 2007년까지 대구에서 32차례 연쇄 차량방화 사건에 대해 용의자를 검거한 대구경찰청 과학수사계 프로파일러 팀은 용의자가 방화 전 항상 음주를 했고 방화를 통해 성욕을 해소했다는 사실을 밝혀내 충격을 줬다. 용의자는 습관적으로 자신이 불을 낸 현장에서 불구경을 했고 심지어 소방호스를 잡고 소방관을 도와 화재 진압까지 나섰다고 한다.

잘못된 음주습관이 자칫 범죄로 이어질 수 있다. 음주로 인한 범죄행위를 경감해 주면 알코올중독 회복을 방해할 수 있다는 이견이 있다.

이로 인해 판단과 충동조절이 안되어 술에 취하면 분화고 화내며 위험한 행동을 자행한다. 주취범죄는 전체 범죄의 4분의 1에 달하며, 이들은 반사회성 인격장애, 변태적인 성적욕구 등을 지니고 있다(정신의학신문, 2018. 12. 25).

이와 관련된 기사를 살펴본다.

<사례 10-7> 주취 감경이 사회적으로 미치는 영향

"술김에 범죄를 바라보는 따가운 시선… 종로 여관 방화 '주취 감경' 인정될까"

<중앙일보 2018. 1. 24>

"술 마셨다고 강력범죄 감형 용납 안 돼"
법조계 "형법상 대원칙에서 음주만 배제할 수 없어"
전문가들 "스스로 만취해 저지른 범행 감형사유 아냐"

지난 2018년 1월 20일 10명의 사상자를 낸 서울 종로 여관 화재 사건으로 음주 범죄에 대한 분노의 목소리가 커지고 있다. 불을 낸 중국집 배달원 유모(53) 씨가 음주 상태였다는 이유로 '주취 감경'(술을 마시면 형벌 감형)으로 낮은 형량을 선고할 수 있을 거란 우려에서다. 사건 이후 청와대 게시판 등 온라인 커뮤니티에서는 피의자를 아예 가중처벌 해야 한다는 내용의 게시글이 쏟아지고 있다.

유씨는 20일 오전 술에 취해 여관에서 성매매를 요구하다 거절당하자 불을 질렀다. 인근 주유소에서 휘발유 10L를 구입해 여관 1층 복도에 휘발유를 뿌린 후 불씨를 던진 것이다. 술김에 시작한 방화는 서울 여행을 왔던 세 모녀 등 투숙객 6명의 목숨을 앗아갔다.

〈중략〉

하지만 주취 감경 문제를 단순히 국민의 법 감정 측면으로만 따져서는 안 된다는 반론도 만만찮다. ○○○ H대 법학전문대학원 교수는 "형법 10조 3항에 따라 범죄 가능성을 미리 예견했을 경우 감경의 대상이 되지 않도록 하는 내용이 이미 존재한다. 무작정 형법상의 대원칙을 아예 없애버리는 건 또 다른 피해자들을 더 양산하는 결과가 될 수 있다"고 말했다. 지난해 ○○○ 신임 대법관 후보자도 국회 청문회서 "성범죄에 있어 음주감경을 배제하자는 주장의 취지를 잘 안다"면서도 "형법상 대원칙 중 하나인 심신미약 감경 중에 음주만 배제하는 건 신중히 해야 한다"고 말했다.

이와 같이 음주로 인한 사회문제는 범죄 등을 수반하여 불특정다수에게 예측 불가능한 상황을 야기 시킨다.

4) 주취 폭력

주취 상태에서 폭력을 저지르는 사람들은 대부분 충동조절이 안 되며 행동으로 옮기려는 특징이 있다. 이들은 추후 감당할 징벌에 대해서도 뇌의 기능은 정상적이지 못하고 오직 공격과 분노에 직면한다.

최근에는 주취 폭력으로 경찰관, 구급대원, 택시기사 등이 주요 피해자가 되고 있다. 구급대원 폭행자 92%가 주취상태, 구급대원 50%는 주 1회 이상 폭력 경험, 62%는 신체위협과 신체손상을 경험한 것으로 나타났다. 이들은 폭력 경험 후 분노와 적대감, 실망감, 무기력감 등이 교차하는 감정적 고통에 노출되어 있다(소방청, 2017).

관련 기사를 살펴본다.

<사례 10-8> 주취폭력

"의료진·경찰관에게 음주폭행"

<세계일보 사설 2018.08.02>

"의료진·경찰관 음주 폭행 솜방망이 처벌로는 막을 수 없다."

경북 구미의 한 병원 응급실에서 술에 취한 20대 남성이 갑자기 철제 트레이로 의사의 머리를 내리쳤다. 의사는 동맥 파열로 피범벅이 되고 응급실은 1시간 가까이 마비됐다. 한 달 전에는 전북 익산의 응급실에서 술 취한 40대 남성이 의사를 마구 폭행한 사건이 있었다. 지난해 응급실에서 벌어진 폭행과 폭언 같은 의료 방해 행위는 893건으로 한 해 전보다 55% 늘었다.

올해에는 6개월 새 이미 582건의 의료 방해가 있었고 이 중 68%는 주취자 소행이었다. 생명이 오가는 응급실에서 벌어지는 음주 폭행은 더욱 엄하게 가중처벌해야 마땅하다. 하지만 현실은 딴판이다. 구미경찰서는 그제께 응급실 폭행을 저지른 주취자에 대해 구속영장을 신청해도 발부되지 않을 것으로 보고 불구속 입건한 후 집으로 돌려보냈다. 현행법은 응급의료를 방해하면 5년 이하 징역이나 5,000만 원 이하 벌금형에 처하도록 하고 있지만 실제로는 대부분 가벼운 벌금형으로 끝나고 만다. 응급환자의 생명까지 위협하는 폭행에 대해서도 그 죄질에 비해 처벌은 늘 솜방망이 수준이다.

경찰이 취객에게 얻어맞는 일도 다반사다. 작년 공무집행방해 사범 1만 2,883명 중 9,048명이 술에 취해 경찰 등을 폭행했다. 취객을 돕던 구급대원이 심한 폭행을 당하는 경우도 잇따르고 있다. 참다못한 경찰관이 '경찰이 매를 맞으면 국민을 보호하기 어렵다'며 청와대 게시판에 청원 글을 올리기도 했다. 하지만 취객이 경찰서에서 난동을 부려도 공무집행방해죄가 아니라 경범죄 처벌법상 '관공서 주취 소란죄'로 입건하는 경우가 많다.

공권력을 행사하는 경찰이나 생명을 다루는 응급의료진과 구급대원을 폭행하는 음주자에 대해서는 처벌 수위를 최대한 높여 일벌백계해야 한다.

미국에서는 경찰의 공무집행을 방해한 주취자는 현장에서 즉각 체포한다. 뉴질랜드는 응급 상황에 가장 먼저 대응하는 공무 수행자를 폭행하면 최소 6개월 징역에 처하는 법을 만들었다. 피의자가 주취 상태였다는 이유로 되레 관대한 처벌을 하는 관행도 바꾸어야 한다. 지금처럼 솜방망이 처벌로 일관하면 취객이 시민의 안전과 생명을 위협하는 걸 막을 수 없다.

전문가들은 가해자의 인권이 아닌 '국민들의 공공안전을 우선 고려한 엄벌'이 이뤄져야 한다고 강조한다. 음주 폭행 사건이 끊이지 않는 이유는 관련법이 없어서가 아니다. 2018년 11월 12일 보건복지부·경찰청 합동으로 '응급실 폭행방지대책'을 발표하였다. 형법상 폭행은 2년 이하 징역 500만 원 이하 벌금인데, 응급의료법상 폭행에 의한 진료방해는 5년 이하 징역 또는 5,000만 원 이하 벌금에 처하도록 하자는 것이다. 참고로 '특정범죄 가중처벌 등에 관한 법률' 제5조의10, 운행 중인 자동차 운전자를 폭행·협박하여 상해에 이르면 3년 이상의 징역, 사망에 이르면 무기 또는 5년 이상의 징역에 처하도록 형량 하한제를 추진한다(보건복지부 보도자료, 2018. 11. 12).

이와 같이 범죄유형의 양형기준은 강화되어 있지만, '그 무엇보다 국민 개개인도 올바른 음주문화를 만들고 실천해야 할 건전한 의식전환이 중요하다'고 보고 있다.

5) 헌법을 중시하는 법치주의

술을 잘못 사용하면 파괴력은 폭탄의 위력만큼 크고 사회를 위협하며 폐해를 조장한다. 술은 각종 범죄와의 친근성을 증가시키고 사회적으로 인간의 삶을 망가뜨릴 수 있는 위험한 요소이다. 우리는 이러한 위험에서 벗어나 안전한 삶을 영위하도록 헌법이 존재하며 이를 중시하는 법치주의[15] 국가이다.

대한민국 헌법 제10조에는 행복을 추구할 권리와 제34조 모든 국민은 인간다운 생활을 할 권리[16] 등의 사회권적 기본권(생존권적 기본권)이 있다. 그런데도 술을 마시고 불특정다수에게 저지른 범죄에는 국가 공권력은 너무 관대하며 헌법취지와 부합되지 않아 보인다.

이는 '법치주의 성격이 무색할 정도'이다. 따라서 관련부처에서는 주취자[酒醉者]들의 처벌 수위가 국민의 법 감정이 충분히 반영될 수 있도록 양형기준이 실행되어야 할 것이다.

이를 통해 국가는 국민의 삶이 행복하고 안전하며 건강한 사회가 보장될 수 있도록 적극적인 자세로 합리적인 정책적·제도적 로드맵(road map)[17]이 보완·수립되어야 한다.

---

15) 법치주의(法治主義, 영어: rule of law, nomocracy)는 사람이나 폭력이 아닌 법이 지배하는 국가원리, 헌법원리이다. 공포되고 명확하게 규정된 법에 의해 국가권력을 제한·통제함으로써 자의적인 지배를 배격하는 것을 핵심으로 한다. 법치주의의 근원적 이상은 통치자의 자의에 의한 지배가 아닌 합리적이고 공공적인 규칙에 의한 지배를 통해 공정한 사회협동의 체계를 확보하려는 데에 있다(위키백과).

16) 헌법 제10조: 모든 국민은 인간으로서의 존엄과 가치를 가지며, 행복을 추구할 권리를 가진다. 국가는 개인이 가지는 불가침의 기본적 인권을 확인하고 이를 보장할 의무를 진다.
   제34조: ① 모든 국민은 인간다운 생활을 할 권리를 가진다.

17) 로드맵(road map): 어떤 일을 추진하기 위해 필요한 목표, 기준 등을 담아 만든 종합적인 계획으로 본래 도로 지도에서 유래되었다.

6. 음주와 우울증, 자살 및 사망

1) 음주와 우울증

알코올사용 장애는 우울증과 같은 정서장애와 흔하게 동반된다(대한보건협회, 2012). 한 연구를 살펴보면 우울은 알코올 소비, 폭음, 음주문제 등 음주행동 수준에 따라 영향력의 차이가 있는 것으로 나타났다(Gonzalez et al., 2009; 장수미, 2017).

알코올사용 장애 환자의 작게는 1/4 많게는 2/3에서 별도의 치료가 필요할 정도의 우울증을 앓고 있는 사람에서 그렇지 않는 사람에 비하여 알코올 의존에 이환(罹患)될 위험은 2~3배 이른다고 보고되고 있다(대한보건협회, 2012).

우울증 때문에 술을 많이 마시다가 알코올중독에 이르는 환자들도 있으며, 반대로 알코올중독 상태가 지속되다 보니 우울증을 유발할 수 있다고 한다.

술은 우울증을 단기간에는 호전시키는 듯 착각을 들게 만들지만, 술이 깨는 것과 함께 증상들은 더욱 악화되게 된다.

우울증이 유발되면 신체적 변화와 더불어 직장에서의 역할 상실과 가정에서의 경제적 부담, 자녀양육과 부모부양에 대한 부담감 등의 스트레스가 증가하고, 좌절감과 무망감을 일으키기도 한다. 대부분 중년기 우울증은 불안 초조, 고민 등의 형태로 나타나지만 자신은 우울증이 절대 아니라고 말한다. 주로 여성들은 기분이 우울하다는 표현 대신에 몸이 아프다거나 잠이 오지 않는다는 표현을 하는 경우가 많다. 반면 남성들은 자신의 감정상태를 표현하는 것으로 인식하여 음주로 우울을 감추기도 한다(이영호, 2017).

우울증과 알코올사용 장애가 함께 동반될 경우 예후와 치료반응이 좋지 않고 자살의 위험이 급격히 증가하기 때문에 더욱 심각한 결과를 초래할 수 있다.

특히 우울증환자에서 알코올사용 장애가 동반될 경우 그렇지 않는 우울증환자에 비하여 자살의 위험이 3.16배 증가한다고 한다(대한보건협회, 2012).

알코올중독을 경험하고 있는 우울증환자에서 그렇지 않는 사람에 비하여 자살시도 횟수, 자살시도 치명도, 자살에 대한 사고 등이 유의하게 더 높으며, 만성적 음주로 인하여 증가된 공격성, 충동성에 의하며 매개된다고 한다.

이는 우울증환자가 만성적으로 음주를 할 경우 신체내의 세로토닌[18]의 저하와 같은 충동을 조절하는 뇌기능의 저하가 발생되어 자살에 대한 사고를 행동으로 옮길 수 있는 위험률이 높다는 결과이다(대한보건협회, 2012).

이처럼 과거 연구에서도 중독적인 음주가 약물학적으로 정신과 신체의 여러 부분에 걸쳐 치명적인 손상을 입히는 과정에서 우울증으로 발전해 가며, 상황이 악화됨에 따라 감정적인 위축과 심리적인 소외감으로 이어지고, 우울증은 결국 자살의 원인이 되기도 한다고 밝혔다(William & Rushing, 1969: 이자영, 2018).

세계보건기구 WHO(World Health Organization)는 우울증을 미래에 가장 부담되는 질병이 될 것이라고 하였다. 따라서 과거에 비해 알코올로 인한 우울의 발생이 증가되고 있는 시점에서 뚜렷한 예방 지침이 보완 되어야 할 것이다.

2) 음주와 자살 및 사망

음주는 일시적으로 절망, 좌절감을 증폭하는 동시에 자살[19] 시도에 대한 심리적 자제력을 약화시킴으로써 자살의 위험을 높인다. 술을 마심으로써 자살을 시도할 수 있다는 자신감을 갖게 하며, 효과적인 다른 대체기법을 사용할 수 있는 유연성을 억제해 버린다고 한다(대한보건협회, 2016).

알코올은 뇌의 전두엽을 마비시켜 흥분과 공격적인 행동을 하게 하거나, 통합기능을

---

18) 세로토닌(serotonin)은 신경자극에 쓰이는 인돌아민계 전달 물질이며, 5-히드록시트립타민이라고도 한다. 세로 토닌은 뇌·내장조직·혈소판·비만세포에 들어 있으며, 말벌독과 버섯독을 포함하는 많은 독액의 구성성분이다. 세로토닌은 강력한 혈관수축 및 신경전달물질로 작용한다. 뇌의 특정 부위에서 분비되며, 이 물질의 농도 변화는 우울증 같은 정신상태와 관련이 있는 것으로 밝혀졌다. 세로토닌은 두통과 조울증을 유발한다. 생리학적 관점에서 보면 조울증은 대뇌에서 생성되는 아민류의 조절에 문제가 있는 것이다. 신경안정제로 사용되는 몇 가지 약물은 신경 말단에 있는 과립형 저장소로부터 세로토닌을 유리시키는 반면, 환각을 유발시키는 LSD는 세로토닌의 작용을 억제하는 약물이다(Daum 백과).

19) 독일의 사회학자 에밀 뒤르켐(Emile Durkheim, 1858~1917)은 '자살'이라는 행위를 최초로 사회현상으로 해석한 인물이다. 이전까지 자살은 개인의 문제, 특히 개인의 정신병적 행위로 치부되었던 것을 사회문화적 구조 속에서 이해하고자 했다(http://blog.daum.net/2002chris1025/856).
뒤르켐은 자살을 엄연히 사회현상이며 자살의 원인 역시 사회적이다. 자살은 산업사회에서 증가하는 현상을 보이며 경제적인 풍요와 정치적인 자유가 보장되는 나라에서 오히려 자살률이 높고, 산업화가 덜 된 나라에서 자살률이 낮은 편이라고 했다. 또한 집합의식을 강조하는 종교일수록 자살률이 낮으며, 외무 지상주의 사회일수록 물가 수준이 높고, 과시적 소비가 높은 사회일수록 자살률이 높다고 하였다(황보종우, 2008).

담당하는 중추가 마비되어 문제가 유발한다고 한다(최삼욱, 2010).

일반적으로 술의 작용은 중추신경의 기능을 억제한다. 음주초기 한두 잔의 술이 긴장과 불안을 누그러뜨리는 것은 바로 이러한 술의 억제작용 때문이다.

그 결과 평상시 다양한 스트레스나 환경적 문제로 순간적으로 약하게 나타났다 사라지는 자살에 대한 충동, 욕구가 음주상태에선 실제 행동으로 옮겨지게 된다고 한다(http://www.naam.or.kr/).

(1) 음주율과 자살률

알코올 사용장애 자살은 2~4% 다른 파괴적 행동과 같이 많이 일어나며 대부분은 만성 중독에 따른 우울증으로 수 주간의 과음 후 자살을 기도한다고 한다.

이들은 음주 중에 다른 사람(주로 가족)에게 분노나 공격심을 터뜨린 후 자살을 시도 하는 것으로 나타났다(http://m6819.blog.me/50003245320).

알코올사용장애 환자 중에는 40%에 가까운 높은 비율이 자살시도를 경험한 것으로 나타났다(Cherpitel, Borges, & Wilcox, 2004; 최지연 외, 2013).

알코올중독자들의 자살시도 횟수에서는 일반 성인의 자살 시도율과 비교해 약 13배 높았으며 자살을 생각한 사람은 평생 유병률보다 약 3배 높다고 한다(신종헌, 2011 ; 박아름 외, 2014).

대한보건협회 파랑새포럼 자료(http://www.naam.or.kr/).를 살펴보면 지난 수십 년간의 연구를 통하여 음주는 자살을 유발하는 주요 원인 중의 하나라는 것이 밝혀졌으며, 특히 청소년 등 일부 집단에서는 음주가 자살의 가장 중요한 요인이라고 제시되고 있다.

음주가 자살에 미치는 영향이 심각한 것은 단지 알코올중독과 같은 알코올 사용장애자나 심한 우울증환자 등 정신질환을 앓고 있는 사람에게만 특별하게 해당되는 것이 아니라, 일반적으로 인구대중 전체에 대하여 자살의 위험을 높이는 작용을 하기 때문이다.

우리나라의 자살사망자 추이를 보면, 1998년 IMF 당시 급격히 상승했다가 2000년, 2001년 감소된 이후 2004년, 2005년에 걸쳐 다시 상승하는 패턴을 보여주고 있다.

해당연도의 현재 음주율을 비교해보면, 1998년 52.1%로 상승한 이후 2001년 50.6%로 약간 감소하였다가, 2005년 59.2%로 다시 상승하여 음주가 일반적으로 자살의 위험을 높일 수 있다는 것으로 나타났다.

특히 음주율의 경우 20, 30, 40대에서 높은 경향을 나타내는데, 자살사망자수 또한 같은 나이층에서 사망원인 1, 2위로 유사한 패턴을 나타내고 있다.

음주가 자살을 유발하는 중요한 일반적 요인으로 시사되며, 국민 전체 수준의 음주율을 줄이는 것이 자살예방에 중요한 전략이 되어야 함을 밝혔다(대한보건협회, 2012).

최근 보건복지부 보도자료에는 음주는 자살 등 다양한 병적 행동을 유도하는데 자살·자해 손상환자의 42%는 음주와 관련이 있는 것으로 나타났다(보건복지, 음주폐해예방실행계획, 2018. 11).

<표 10-2> 음주관련 자해·자살 손상환자

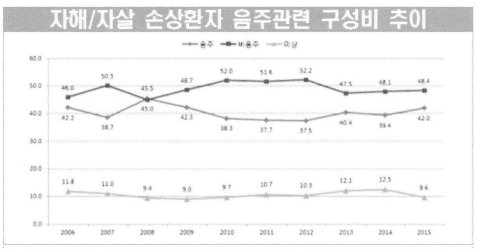

(출처: 질병관리본부(2016), 손상 유형 및 원인 통계: 응급실 손상환자 심층조사 ; 보건복지부, 음주폐해예방실행계획, 2018. 11).

그 밖에 알코올 소비량 1ℓ 증가 시 자살 가능성은 11~39%가 증가하는 것으로 나타 났다(보건복지부, 음주폐해예방실행계획, 케나다 Center for Addiction and Menter Health, 2018. 11).

자살 사망 유형으로는 음주 문제, 우울증 방치, 경제적 어려움이 있는 순으로 나타났 다(중앙심리부검센터, 2016).

미국의 사례를 살펴보면, 미국 보건성 질병관리본부(Centers for Disease Control and Prevention)가 질병 이환율, 사망율 주간보고서(MMWR, Morbidity and Mortality Weekly Report)를 통하여 보고한 바에 따르면, 2005년부터 2006년까지 미국 내 17개 주에서 자살로 사망한 18,994명 중 혈중알코올 검사 상 양성 반응을 나타낸 사람이 33.2%에 이르는 것으로 나타났다.

이는 자살 사망자중 1/3이 알코올과 연관될 수 있다는 것을 보여준다(http://www.naam. or.kr/).

(2) 음주가 자살 위험을 증가시키는 급성 매카니즘(http://www.naam.or.kr/)

주로 자살시도자 또는 사망자의 자살시도 직전 음주유무나 객관적인 혈중알코올농 도의 측정을 통하여 가늠할 수 있다. 2004년 미국 버클리 대학의 Cherpitel 교수팀의 연구결과는 자살시도자 중 평균 40%(10~73%), 자살사망자 중 평균 40%(10~69%)에서 자살 시도 전 음주가 있었다고 한다. 또한 자살시도 전 6시간 내 음주한 사람이 자살시 도의 위험이 13배에 이른다고 보고하였다.

음주는 일시적으로 절망, 좌절감을 증폭하며 자살시도에 대한 심리적 자제력을 약화 시킴으로써 자살의 위험을 부추긴다. 나아가 음주는 절망감 우울감, 외로움 등의 감정 을 순간적으로 증가시킨다. 여기에 자해를 포함한 충동성, 공격성을 동반하여 술을 마 심으로써 자살을 시도할 수 있다는 자신감을 갖게 하며, 효과적인 다른 대체기법을 사 용할 수 있는 유연성을 억제해 버린다.

그 결과 그 사람이 여타 자살위험을 높일 만한 극심한 스트레스나 정신질환을 앓고 있음의 여부와 관계없이 술은 순간적으로 자살의 위험을 높일 수 물질이다.

(3) 알코올과 충동성, 자살의 관계(http://www.naam.or.kr/)

충동성과 공격성은 자살의 위험을 직접적으로 증가시키는 주요 요인으로 알려져 있다. 알코올사용 장애가 동반된 우울증환자가 알코올사용 장애를 앓지 않은 우울증환자에 비하여 충동성과 공격성이 더 높고, 자살시도와 자살이 더 흔하다고 보고되고 있다. 이러한 충동성, 음주와 자살과의 관계에는 세로토닌이라는 물질이 작용한다고 알려져 있으며, 1990년대부터 최근 까지 충동성, 음주, 자살에 있어서 세로토닌의 역할에 대한 연구가 보고되고 있다. 즉, 충동성은 뇌에서의 세로토닌의 감소와 연관되는데 알코올사용 장애 환자의 뇌에서는 세로토닌의 농도가 감소되어 있다고 보고되었다.

알코올중독은 아니지만 일반적인 음주자에서 비음주자에 비하여 뇌 내 세로토닌의 활성이 감소되어 있다고 보고된다. 알코올사용 장애가 동반된 우울증환자의 뇌에서는 알코올사용 장애가 동반되지 않은 우울증환자에 비하여 세로토닌이 주된 작용을 하는 전두엽 부분의 활성이 현저히 감소되어 있다는 보고도 있으며, 알코올사용 장애가 동반된 치명적 자살시도자에서 상대적으로 덜 치명적인 자살시도자에 비하여 뇌내(腦內) 세로토닌 농도가 더 크게 감소되어 있다고 보고되고 있다.

이는 습관적 음주로 유발되는 알코올 사용 장애는 세로토닌의 저활성을 유발하고 이러한 뇌내 세로토닌[20] 농도저하, 또는 저활성은 공격성, 충동성의 상승으로 이어져 자살의 위험을 높이는 것으로 나타났다.

(4) 알코올 관련 사망

우리나라에서 음주폐해 알코올 관련 사망자 수는 총 4,809명으로 매일 13명 사망(17년)하는 것으로 나타났으며, 주취폭력, 자살 등의 주요 사건·사고가 우리 사회의 안전을 위협하고 있다. 또한 93.2%가 타인의 음주로 피해를 받았다고 한다(보건복지부 2018).

---

20) 세로토닌(Serotonin)의 분비량이 적절하면 상쾌하고 평온한 기분을 갖게 해주며 잡념이나 불안감 등을 줄여 집중력과 기억력을 향상시키기도 하기 때문에 '행복 호르몬'이라고 알려져 있다. 그렇지만 세로토닌의 대사에 이상이 유발한다면 행복과는 반대되는 현상들이 나타난다(김정미 외, 2016).

<표 10-3> 알코올 관련 질환 전체 사망자수(명)

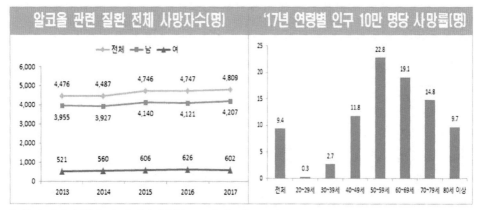

주) ① 알코올성 간질환 등 알코올 관련 사망자수는 '17년 기준 총 4,809명
    ② 알코올로 인한 사망은 한창 일할 나이인 30대부터 급증, 50대에 가장 많음
(출처: 통계청·보건복지부(2018), 사망원인 통계)

3) 청소년 음주와 자살

청소년의 음주를 촉발하는 요인에는 심리적 요인, 발달단계 상 취약성 등 여러 가지 요인이 있지만 청소년을 둘러싼 또래, 가정환경과 술을 쉽게 접하고 살 수 있는 환경의 영향력이 강력한 것으로 알려졌다(보건복지부·한국건강증진개발원, 2017). 청소년 음주가 성인에 비하여 횟수는 적으나 과음의 가능성이 크고, 청소년이 더욱 쉽게 취할 수 있다는 사실을 감안할 때 과폭음에 의한 충동억제능력 상실이 청소년 자살의 직접적 원인이 될 수 있음을 알 수 있다.

(1) 청소년 위험음주율

우리나라는 청소년보호법상 술을 유해약물[21])로 규정하고 있으나, 실제 청소년에 대한 음주판매 규제는 엄격히 이루어지지 않는 편이며 청소년 주류구매경험 35%로 나타

---

21) ▶ 청소년보호법 제2조제4항 관련: 청소년 유해약물이란, '술이나 담배, 마약류, 환각물질 그밖에 중추신경에 작용할 수 있는 약물'을 말한다.
    ※ 청소년보호법 제2조제1호에서의 청소년은 당해 연도 19세 미만의 자를 말한다.

낱다. 이들 청소년(중·고등학생)의 연간 음주 경험률도 47.6%로 높게 나타났다(대한보건협회, 2012).

<표 10-4> 청소년 현재 음주자의 위험 음주율

주: 현재 음주율: 최근 30일 동안 1회 이상 술 마신 적이 있는 사람 분율 위험음주율: 최근 30일 동안 1회 음주량이 소주 5잔(여자 3잔) 이상인 사람 분율
(출처: 질병관리본부 등(각 년도), 청소년건강행태온라인조사·보건복지부, 음주폐해예방 실행계획 2018. 11)

술을 마시지 말아야 할 청소년의 처음 음주연령은 평균 13.3세, 현재 음주자는 16.9%로 이 중 2명 중 1명(52.5%)은 위험음주자로 나타났다(보건복지부, 음주폐해예방 실행계획 2018. 11).

(2) 청소년의 음주와 자살

우리나라 청소년들의 사망원인 중 자살이 급격히 증가하여 현재 2위인 상황을 감안하면, 청소년 음주는 청소년 자살에 직접적 영향을 줄 수 있다는 면에서 중요한 사회문제로 지적할 수 있다.

청소년 행동위험요인 연구결과를 살펴보면 청소년 중 남자의 19.1%, 여자의 27.9%가 자살충동을 경험한 적이 있다고 답하였으며, 자살시도 경험도 각각 4.6%, 6.1%에 이르고 있다. 지난 한 달간 5회 이상 과음을 한 경우, 그렇지 않은 청소년에 비해 자살시도 위험이 남자 4.5배, 여자 2.68배 증가하여 음주와 자살이 직접적으로 연관됨을 시사하고 있다.

청소년 사망원인 2위 _ 자살

성인에 비해 과음 가능성이 크고 더 쉽게 취해 충동억제능력 상실
반복적 음주하는 경우 우울증 동반 등으로 자살 위험성 17배 증가

우리나라 청소년 자살충동 경험 (2008)

- 남자 19.10%
- 여자 27.90%

청소년 자살시도 경험 (2008)

- 남자 4.60%
- 여자 6.10%

(출처: 대한보건협회·파랑새포럼, 2012)

<그림 10-1> 청소년 사망원인

외국 핀란드의 사례를 살펴보면 자살과 사망 청소년의 50%에서 혈중 알코올 검사결과가 양성으로 나타났으며, 자살시도 청소년 남자 중 39~53%, 여자 중 20~40% 에서 자살시도 전 음주를 한 것으로 나타났다.

청소년에서 반복적 음주는 우울증, 행동장애와 같은 정신과적 문제와 동반되는 경우가 흔한데 이 경우 자살사고와 중독의 증상이 심해져, 여타 질환이 동반되지 않은 경우에 비하여 자살의 위험이 17대 정도 증가한다는 보고가 있다(대한보건협회, 2012).

4) 여성의 음주와 자살

우리나라 여성의 경우 1995년 15.3%에서 2005년 41.1%로 두 배 이상 고위험 음주율이 증가되었으며, 같은 시기 여성의 자살률은 인구 10만 명당 8.1명에서 15.8명으로 사망순위 9위에서 5위로 두 배 가까이 급격하게 증가되었다. 여성의 경우 남성에 비하여 우울증의 유병률이 더욱 높은데, 우울증이 있을 경우 음주로 인한 자살의 위험이 더욱 크게 증가한다는 사실을 감안한 다면, 남성에 비해 더욱 높은 자살 사망률이 발생될 것으로 예상된다. 특히 여성의 경우 알코올분해효소 활성이 낮아 알코올에 대한 민감성이 높은바 급성 중독에 의한 탈억제가 더 쉽게 일어나 충동적으로 자살을 시도할 위험성이 있다(대한보건협회, 2012).

5) 노인의 우울과 자살

사망의 내부 요인 즉, 질병에 의한 사망을 제외한 외부원인에 의한 사망을 살펴보면, 노인인구가 차지하는 비중이 매우 높다는 것을 알 수 있다. 노인의 경우, 전반적으로 음주량이 줄고, 기타 질병에 의한 사망이 높아 자살에 대한 사망이 두드러지지 않으나, 우리나라는 서양과 달리, 남성의 경우 55세 중년 이후 노년층이 되어도 음주율이 크게 감소하지 않고 있다(고위험음주율 60대 27.6%, 70대 20.5%).

남성 노인인구의 경우 사회적 고립과 신체질환 등으로 인한 스트레스와 함께 음주가 복합적으로 자살의 위험을 증가시킬 수 있음을 보여주고 있다.

외국의 연구에서도 음주 또는 습관적으로 과음을 하는 노인에게서 자살의 위험이 높은 것으로 나타났다. 노인의 경우 생리적 노화와 연관되어 중추신경의 알코올에 대한 감수성이 커지기 때문에 소량의 알코올로도 쉽게 급성 중독 상태 및 우발적 자살을 일으킬 수 있다고 한다(대한보건협회·파랑새포럼, 2012).

이처럼 자살은 단순히 한명의 죽음으로 끝나는 것이 아니라 평균적으로 최소 6명에게 영향력을 미치게 된다. 만약 학교와 직장에서 자살이 발생할 경우 이에 영향을 미칠수 있는 사람은 수 백 명에 이를 것으로서 그 또한 파급력이 클 수밖에 없다(신종헌, 2011 ; 박아름 외, 2014). 이와 관련하여 자살의 동기를 한 원인으로 설명하기에는 한계가 있을 것으로 보고 있다. 그렇지만 알코올 관련 질환 등으로 인한 전체 사망자수는 해마다 증가하고 있는 것은 현실이다. 이제는 우리 사회가 음주와 자살에 깊은 관심을 가지고 사전 예방적 접근을 가져야 한다.

7. 음주로 인한 사회 및 경제적 손실

음주로 인한 폐해는 사회전반에 심각한 영향을 미치고 있다. 우리나라 4대 중독(알코올, 마약, 도박, 인터넷)의 중독자는 국민의 8명 중 1명이 중독자인 중독사회(5,000만 명 중 618만 명)이며, 이중 알코올중독자 수는 155만 명으로 추정된다. 4대 중독 연간 사회경제적비용은 109조 5천 억 원에 이른다(이해국 외, 2013).

이중에서 음주로 인한 전체 사회경제적 비용은 연간 20조 990억 원(2005년도 기준)으로 GDP 대비 2.9% 수준(일본 1.9%, 캐나다 1.09%, 프랑스 1.42%, 스코틀랜드 1.19%)이며. 여기에 과도한 음주로 인한 생산성 저하 38.83%, 조기사망으로 인한 미래소득 손실액 26.92%, 주류소비 지출분 22.24%, 직접 의료비 5.34%, 질병 및 상해로 인한 병가시의 생산성 손실 2.29%, 교통비 및 간병비, 숙취해소 비용 1.87%, 행정처리 비용 1.54%. 재산피해 0.97%의 순으로 나타났다(이선미 외, 2008; 정영호 외 2012; 이해국 외, 2013; 원성두, 2015).

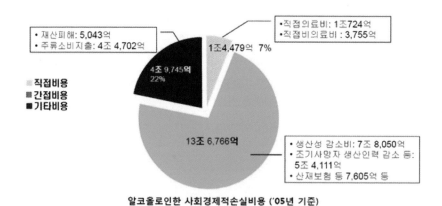

□GDP 약 2.8%인 20조 990억 원

알코올로인한 사회경제적손실비용 ('05년 기준)
(복지부, 연세대 보건대학원)

(출처: 보건복지부 보도자료, 2014. 8. 13)

<그림 10-2> 알코올로 인한 사회경제적 손실비용

또한 음주기인 질병부담 비용은 연 7조 3,698억 원으로 이는 한해 정부가 집행하는 건강보험 예산(6조 5,131억 원)보다도 많은 액수이다. 보고서에서는 우리 사회 음주에 의한 질병은 연간(6조 1200억 원)과 사고는(1조 2,498억 원)의 사회경제적 손실을 초래하고 있다(대한보건협회, 2014).

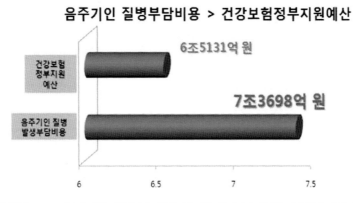

음주기인 질병부담비용 > 건강보험정부지원예산

6조5131억 원

7조3698억 원

주) 음주율은 1~2% 감소에 따른 사회경제적 비용절감은 매우 클 것이며, 국민의 조세비용을 줄일 수 있음
(출처: 문화일보 2013. 3. 27; 한국사회보건연구원; 보건복지부, 2014)

<그림 10-3> 음주기인 질병부담비용과 건강보험 정부지원예산 추이

우리나라 음주 패턴을 살펴보면 적당량의 음주 행태가 이루어지기보다는 폭음에 가까운 음주 성향을 지니고 있다. 적당한 음주는 당뇨병, 심혈관질환 유발을 예방할 수 있다는 잘못된 인식과 주장들로 인해 음주의 위험성에 대한 의식이 확산되지 못하고 있는 실정이다. 이에 따라 음주 위험성에 대한 과학적 근거 생산을 통한 대국민 홍보 및 교육이 절실히 요구되고 있다(보건복지부·보도자료 2014).

제3부

알코올 사용 장애와
진단

제11장

알코올 사용 장애의 의의

알코올 사용 장애(Alcohol use disorder)[1]란 많은 문헌에서 "알코올중독"이라고 불러지나 정확한 정의가 없는 용어이다. 미국정신의학협회(American Psychiatric Association)의 정신장애 진단 통계편람(DSM-5)에서는 알코올중독이라는 용어를 사용하지 않는다. 알코올 사용 장애는 음주량과 음주 횟수의 조절력을 잃고 만성적으로 음주를 함으로써 인지적 기능의 손상과 더불어 일상생활 전반에 기능장애를 초래하는 심각한 질병이다. 또한 알코올 사용 장애는 다른 정신 질환과 마찬가지로 한 가지 원인으로만 설명할 수 없으며 심리사회적, 유전적 그리고 행동적 요소가 복합적으로 작용하여 유발 된다.

1. 알코올 사용 장애의 진단 기준

알코올 사용 장애 기준의 인정여부는 미국정신의학협회(American Psychiatric Association)가 주관하여 출판하는 의료편람, 정신질환에 대해 가능한 모든 사례를 수록하고, 객관화한 데이터를 바탕으로 진단 기준을 제시하고 있다. 이는 정신질환의 진단과 처방 및 관련 산업과 행정 분야에서 절대적인 기준으로 활용되고 있다(Daum 백과사전).

---

[1] 알코올중독을 정신장애진단 통계편람(DSM-IV-TR)에서는 '알코올중독이라는 용어를 사용하지 않는다.' 알코올 남용(alcohol abuse)과 알코올의존(alcohol dependence)이라는 용어로 표현하고 있다. 그러나 DSM-5에서는 알코올 의존과 알코올 남용의 상관관계가 매우 높게 나타나 알코올 사용 장애(alcohol use disorder)로 통합하였다.

미국정신의학회(DSM-IV-TR)에서는 알코올중독 관련장애(Alcohol Related Disorder)를 알코올 의존(Alcohol dependence)과 알코올 남용(Alcohol abuse)으로 구분하고 있다(이솔지, 2013; 이명운, 2014). 그러나 미국 정신의학 진단기준 2013년도에 출간된 제5판 정신장애 진단 및 통계 편람(Diagnostic and Statistical Manual of Mental Disorders, 5th Edition [DSM-5])에서는 아래 진단기준 11개 중 2~3개 이상에 해당되면 경도(mild), 4~5개에 해당되면 중증도(moderate), 6개 이상이면 고도(severe) 구분하여 진단하도록 하였다(유수현 외, 2015)

간편한 진단으로 현재 음주 습관이나 남용, 의존 등 문제적 상황으로 진행여부를 판단해 볼 수 있다.

1) DSM-5의 알코올 사용 장애에 대한 진단기준

다음은 알코올 사용으로 인해 임상적 기능손상이나 고통이 12개월 기간 이내에 2개 이상 부적응적 패턴(pattern)이 나타나는 증상들이다(권준수, 2015).

<표 11-1> DSM-5진단표

알코올 사용 장애의 진단
① 알코올을 종종 의도했던 것보다 많은 양, 혹은 오랜 기간 동안 마신다.
② 알코올 사용을 줄이거나 통제하려는 지속적인 노력을 기울이지만 매번 실패한다.
③ 알코올을 구하거나, 마시거나, 그 효과로부터 회복하는 데 많은 시간을 소비한다.
④ 알코올에 관한 갈망 또는 알코올을 마시고 싶은 강한 욕구를 지닌다.
⑤ 반복적인 알코올 사용으로 인해서 직장, 학교나 가정에서의 주된 역할의무를 수행하지 못한다.
⑥ 알코올의 영향에 의해서 초래되거나 악화되는 사회적 또는 대인 관계적 문제가 반복됨에도 불구하고 지속적으로 알코올을 사용한다.
⑦ 알코올 사용 때문에 중요한 사회적·직업적 또는 여가 활동이 포기되거나 감소된다.
⑧ 신체적으로 위험한 상황에서도 반복적으로 알코올을 사용한다.
⑨ 알코올 사용으로 인해 지속적으로, 혹은 반복적으로 신체적 또는 심리적 문제가 있음을 알면 서도 알코올 사용을 계속한다.
⑩ 다음 중 하나의 방식으로 내성이 나타난다.
a. 중독이나 원하는 효과를 얻기 위해 알코올 사용량의 뚜렷한 증거가 필요하다.
b. 같은 양의 알코올을 계속 사용할 경우 효과가 현저히 감소한다.
⑪ 다음 중 하나의 방식으로 금단이 나타난다.
a. 알코올의 특징적인 금단 증후군이 나타난다.[2)
b. 금단 증상을 완화하거나 피하기 위해 알코올(또는 벤조디아제핀 같은 비슷한 관련 물질)을 사용한다.
※오든 문항을 포기해야 정확한 결과를 얻을 수 있음.　　　(총 11문항, 점수 ＿＿＿)

진단결과점수	해석
2~3개	경도 증상이 있다.
4~5개	중등도 증상이 있다.
6개 혹은 그 이상	고도 증상이 있다.

주) 정확한 진단을 위해서는 알코올치료전문 의료기관을 방문하여 전문의 진단을 받아야 함.

2) 자가진단

(1) 세계보건기구(World Health Organization: WHO)는 조절능력 상실과 부정적 결과에도 불구하고 계속적으로 알코올을 섭취하는 현상을 '알코올 의존증(알코올중독)'이라고 정의하고 있다. 알코올 의존성은 다음과 같은 알코올 의존도 자가 진단표를 통해 평가해볼 수 있다(질병관리본부・국가건강정보포털, 2017).

<표 11-2> 세계보건기구(WHO)알코올중독 자가진단표

검사항목
1. 술을 얼마나 자주 마십니까? ○전혀 안 마심(0점) ○월 1회 미만(1점) ○월 2~4회(2점) ○주 2~3회(3점) ○주 4회 이상(4점)
2.술을 마시면 한 번에 몇 잔을 마십니까? ○전혀 안 마심(0점) ○소주 1~2잔(1점) ○소주 3~4잔(2점) ○소주 5~6잔(3점) ○소주 7~9잔(4점) ○소주 10잔 이상(5점)
3.한 번에 술좌석에서 소주 7잔(또는 맥주 5캔 정도) 마시는 횟수는 어느 정도입니까? ○전혀 없음(0점) ○월 1회 미만(1점) ○월 1회(2점) ○주 1회(3점) ○거의매일(4점)
4.지난 1년간 술을 마시기 시작하여 자제가 안 된 적이 있습니까? ○전혀 없음(0점) ○월 1회 미만(1점) ○월 1회(2점) ○주 1회(3점) ○거의매일(4점)
5.지난 1년간 음주 때문에 일상생활에 지장을 받은 적이 있습니까? ○전혀 없음(0점) ○월 1회 미만(1점) ○월 1회(2점) ○주 1회(3점) ○거의매일(4점)

2) 알코올 금단(Alcohol Withdrawal)증후군의 진단기준(권준수, 2015).
   A. 과도하게 장기적으로 사용되다가 중단(혹은 감량)한다.
   B. 진단기준 A에서 기술된 것처럼 알코올을 사용하다가 중단(혹은 감량)한 지 수시간 혹은 수일 이내에 다음 항목 중 2가지(혹은 그 이상)가 나타난다.
      ① 자율신경계 항진(예, 발한, 또는 분당 100회 이상의 빈맥) ② 손 떨림 증가 ③ 불면 ④ 오심 또는 구토
      ⑤ 일시적인 시각적, 촉각적, 청각적 환각이나 착각 ⑥ 정신운동 초조 ⑦ 불안 ⑧ 대발작
   C. 진단기준 B의 징후 및 증상이 사회적, 직업적, 또는 다른 중요한 기능 영역에서 임상적으로 현저히 고통이나 손상을 초래한다.
   D. 징후 및 증상은 다른 의학적 상태로 인한 것이 아니며, 다른 물질 중독 및 금단을 포함한 다른 정신질환으로 더 잘 설명되지 않는다.

6.지난 1년간 술을 마신 다음날 아침 정신을 차리기 위해 해장술을 마신적은 있습니까?
○전혀 없음(0점) ○월 1회 미만(1점) ○월 1회(2점) ○주 1회(3점) ○거의매일(4점)

7.지난 1년간 술이 깬 후에 술 마신 것에 대해 후회하거나 가책을 느낀 적이 있습니까?
○전혀 없음(0점) ○월 1회 미만(1점) ○월 1회(2점) ○주 1회(3점) ○거의매일(4점)

8.지난 1년간 술이 깬 후에 취중의 일을 기억할 수 없었던 적이 얼마나 자주 있습니까?
 ○전혀 없음(0점) ○월 1회 미만(1점) ○월 1회(2점) ○주 1회(3점) ○거의매일(4점)

9. 본인의 음주로 인해 본인 혹은 타인이 다친 적이 있습니까?
○없음(0점) ○있었지만, 지난 1년 동안에는 없었음(2점) ○지난 1년 동안에 그런 적이 있었음(4점)

10.가족이나 의사가 당신의 음주에 대해 걱정을 하거나 술을 줄이라고 권고한 적이 있습니까?
○없음(0점) ○있었지만, 지난 1년 동안에는 없었음(2점) ○지난 1년 동안에 그런 적이 있었음(4점)

※ 모든 문항을 표기해야 정확한 결과를 얻을 수 있음. (총 10문항, 점수 _____)

진단결과점수	해석
적정음주(정상음주)	남자 0~9점, 여자 0~5점(비교적 안전하고 건강한 음주 습관을 지니고 있음)
위험음주	남자 10~19점, 여자 6~9점(음주량과 음주횟수가 너무 많다)
유해음주(알코올남용이나 의존단계)	남자 20점 이상, 여자 10점 이상(음주량과 음주횟수 조절이 어려운 상태)

주)
- 전혀 안마심(지난 1년간 술을 마신 적이 없음)
- 질문에 나오는 1잔이란 술의 종류와 관계없이 1잔의 양을 의미함.
※ 유해 음주와 알코올 사용장애의 구분은 전문가 상담필요
※ 음주폐해 유무의 기준
- 음주로 안한 문제가 1개월 이상 지속되거나, 지난 1년간 반복적으로 나타난 상태
(출처: 보건복지부·파랑새포럼, 2016)

◈ 알코올 사용장애 기준

① 알코올 남용

<표 11-3> 알코올 남용

순번	검사항목
1	음주로 인해 사회적 혹은 직업적 의무를 못 지킨다.
2	신체적 문제가 발생하는 상황에서 사용한다.
3	반복적인 법적인 문제가 유발한다.
4	사회적 및 대인관계 문제에도 불구하고 계속 사용한다.

※ 모든 문항을 표기해야 정확한 결과를 얻을 수 있음. (총 4문항, 점수 _____)

진단결과점수	해석
1개 이상	알코올 남용에 해당됨

② 알코올 의존

<표 11-4> 알코올 의존

순번	검사항목
1	점점 양이 늘거나, 같은 양으로는 만족감이 줄어든다.
2	금단증상(손떨림, 불면, 불안, 헛것이 보임)이 나타난다.
3	술을 구하거나, 마시는 일, 깨어나는데 시간이 많이 걸린다.
4	술 때문에 중요한 일을 포기한다.
5	술을 끊으려 시도했지만 반복적으로 실패한다.
6	처음 생각보다 더 많이, 더 오랫동안 음주한다.
7	술로 인해 심리적·신체적 문제가 있음을 알면서도 음주한다.

※ 모든 문항을 표기해야 정확한 결과를 얻을 수 있음.   (총 7문항, 점수 _____)

진단결과점수	해석
3개 이상	알코올 의존에 해당됨

(자료: 보건복지부·파랑새포럼)

(2) 슈미트 박사에 의해 개발된 알코올중독 자가진단 항목이다.

<표 11-5> 슈미트박사 알코올중독 자가진단표

순번	검사항목	아니오	예
1	최근 술이 깬 상태에서 손이 떨린 적이 있는가?		
2	술을 마신 후 구토를 하거나 목이 아픈 적이 있다.		
3	술을 마시면 구토 증상이나 손 떨림이 없어진다.		
4	최근 들어 신경질이 늘었다.		
5	술을 마시면 식욕이 없어진다.		
6	호흡 곤란이나 악몽에 시달린 적이 있다.		
7	술을 마시지 않으면 긴장하게 되고 초조해진다.		
8	한잔을 마시면 계속해 마시고 싶다.		
9	취하면 기억을 못한다.		
10	술을 조금만 마셔도 기분이 좋아진다.		
11	돈이 없어도 술을 마신다.		
12	술을 끊으려고 시도한 적이 있다.		
13	직업상 술을 마셔야 한다.		
14	술로 인해 직장 상사로부터 주의를 받은 적이 있다.		
15	술로 인해 일을 못했거나 하지 않은 적이 있다.		
16	혼자서라도 술을 마신다.		
17	사람들을 만나기만 하면 술을 마신다.		
18	술을 마시면 마음이 편안해지고 의식이 또렷해진다.		
19	집이나 직장에 항상 술을 준비해 두고 있다.		

20	스트레스나 괴로운 일이 있으면 술을 마신다.		
21	술로 인해 재정적인 어려움을 겪은 적이 있다.		
22	음주를 하다가 적발된 적이 있다.		

※ 모든 문항을 표기해야 정확한 결과를 얻을 수 있음.　（총 22문항, 점수 _____）

진단결과점수	해석
6점 이상	6개 이상 "예"의 경우 알코올중독일 가능성이 높다.

(자료: 투마이러브넷)

(3) 존스흡킨스 의과대학에서 개발한 알코올중독 자가진단 항목이다.

<표 11-6> 존스흡킨스 알코올중독 자가진단

순번	검사항목	아니오	예
1	술 때문에 업무가 태만해진다.		
2	술 때문에 가정불화가 잦다.		
3	술 때문에 다른 사람들로부터 불평을 받는다.		
4	술 마시고 난 뒤 몹시 후회한다.		
5	매일 같은 시간에 술을 마신다.		
6	술을 마시지 않고는 잠을 이룰 수 없다.		
7	아침부터 술 생각이 난다.		
8	밖에서 혼자 술을 마신다.		
9	술 때문에 가정생활에 무관심해진다.		
10	술 때문에 경제적 곤란을 겪은 적이 있다.		
11	공포심을 덜기 위해 술을 마신다.		
12	자신감을 갖기 위해 술을 마신다.		
13	불안감을 덜기 위해 술을 마신다.		
14	술자리에서 동료들을 깔보게 된다.		
15	술 때문에 업무의 능률이 크게 떨어진다.		
16	술 때문에 창의성이 떨어진다.		
17	술 마시고 완전히 기억을 잃은 적이 있다.		
18	술 때문에 일을 그르친 적이 있다.		
19	술 때문에 의사의 진찰을 받은 적이 있다.		
20	술 때문에 병원에 입원한 적이 있다.		

※ 모든 문항을 표기해야 정확한 결과를 얻을 수 있음.　（총 20문항, 점수 _____）

진단결과점수	해석
3점 이상	3개 이상 "예"의 경우 알코올중독의 위험이 높다.
5점 이상	5개 이상 "예"의 경우 알코올중독자로 판정한다.

(자료: 투마이러브넷)

(4) 다음은 일본 구리하마식 알코올중독 자가진단 항목이다.

〈표 11-7〉 일본 구리하마식 알코올중독 자가진단표

검사항목
1.술로 인해 대인관계에 문제가 생겼다 ○그렇다(3.7점) ○그렇지 않다(-1.1점)
2.오늘은 마시지 않기로 결심하고는 마셔 버렸다. ○그렇다(3.2점) ○그렇지 않다(-1.1점)
3.주위 사람들(가족, 친구, 상사 등)로부터 술꾼이라는 소리를 들었다. ○그렇다(2.3점) ○그렇지 않다(-0.8점)
4.몸을 가누지 못할 정도로 만취한 경험이 있다. ○그렇다(2.2점) ○그렇지 않다(-0.7점)
5.쉬는 날에는 아침부터 술을 마신다. ○그렇다(1.5점) ○그렇지 않다(-0.5점)
6.최근 6개월 동안 2번 이상 취중의 일을 기억하지 못한다. ○그렇다(2.1점) ○그렇지 않다(-0.7점)
7.술로 인해 일을 거르거나 약속을 어긴 일이 없다. ○그렇다(1.5점) ○그렇지 않다(-0.5점)
8.당뇨병, 간장병, 심장병, 따위의 진단을 받은 일이 있다. ○그렇다(1.2점) ○그렇지 않다(-0.2점)
9.술이 깰 때 땀이 나거나 손이 떨린다. ○그렇다(0.8점) ○그렇지 않다(-0.2점)
10.직업상(사업상)의 필요로 술을 자주 마신다. ○그렇다(0.7점) ○그렇지 않다(-0.1점)
11.술을 마시지 않으면 잠을 자지 못하는 때가 많다. ○그렇다(0.7점) ○그렇지 않다(-0.1점)
12. 거의 날마다 (위스키 1/4병. 맥주 3병 이상)반주를 한다. ○그렇다(0.6점) ○그렇지 않다(-0.1점)
13.술에 취해 사고를 일으켜 경찰 신세를 진적이 있다. ○그렇다(0.5점) ○그렇지 않다(-0점)
14. 술에 취하면 화를 잘 낸다. ○그렇다(0.1점) ○그렇지 않다(-0점)

※ 모든 문항을 표기해야 정확한 결과를 얻을 수 있음.　(총 14 문항, 점수 _____)

진단결과점수	해 석
2.0이상	심각한 상태로 전문의의 진단이 필요하다.
0.0이상	문제성 음주자로 절제가 필요하다.
-0.5이상	술꾼이 될 가능성이 있으므로 조심해야 한다.
-0.5미만	완전한 정상이다.

주) 참고: 최근 6개월 동안의 측정결과, 그렇다. 그렇지 않다.
(자료: 투마이러브넷)

(5) 국립서울정신병원 알코올중독 선별검사(Alcoholism Screening Test of National Seoul Mental Hospital: NAST)지 자가진단 항목이다.

알코올중독 환자의 선별을 위한 검사가 아니라, 정신병원에 입원 및 상담을 위해 찾아온 환자들의 알코올 문제의 심각성 및 중독의 단계를 평가하기 위한 도구로 활용하였다. 국립 서울정신병원이 개발한 한국형 알코올중독 선별검사표이다.

<표 11-8> 국립 서울정신병원 알코올중독 선별검사표

순번	검사항목	예	아니오	가중치
1	자기연민에 잘 빠져 이것을 술이나 약으로 해결하려 한다.	1	0	1.5
2	혼자 마시는 것을 좋아한다.	1	0	2.4
3	해장술을 마신다.	1	0	3.3
4	취기가 오르면 계속 마시고 싶은 생각이 지배적이다.	1	0	3.6
5	술을 마시고 싶은 충동이 일어나면 거의 참을 수 없다.	1	0	3.3
6	최근 6개월 동안 2번 이상 취중의 일을 기억하지 못한다.	1	0	2.4
7	대인관계나 사회생활에 술이 해로다고 느낀다.	1	0	1.0
8	술로 인해 직업기능에 상당한 손상이 있다	1	0	2.8
9	술로 인해 배우자(보호자)가 나를 떠났거나 떠나겠다고 위협한다.	1	0	2.8
10	술이 깨면 진땀, 손 떨림, 불안이나 좌절 혹은 불면을 경험한다.	1	0	5.0
11	술이 깨면 공포, 몸 떨림, 헛소리 환청, 환시를 경험한 일이 있다.	1	0	5.0
12	술로 인해 생긴 문제(골절, 창상)로 치료 받은 적이 있다.	1	0	2.1

※ 모든 문항을 표기해야 정확한 결과를 얻을 수 있음. (총 12문항, 점수 _____)

※ 체크하기
1) '예' 항목을 합산하여 총점란에 기입한다.
2) '예'에 체크한 항목의 가중치 값을 합산하여 총점란에 기입한다.

진단결과점수	해석
3점 이상	알코올중독 가능성이 높다.
4개 이상, 또는 가중치 적용점수 11점 이상	알코올중독 상태로 인정할 수 있다.
11번 예, 12번 예	다른 문항의 결과와 관계없이 알코올중독으로 진단하는 것이 좋다.

(자료: 김정미 외(2016); 투마이러브넷)

2. 알코올사용 주요 특징

1) 알코올사용 의의

알코올은 음주량이 증가하면 말이 많아지고, 편안함, 명랑, 과대적인 기분이 나올 수 있지만 음주량이 적어지면 우울해지고 사회적으로 철수, 인지기능 장애 등을 동반할 수 있다. 내성이 없는 음주자는 수면에 빠지기 쉽고, 심하면 과다호흡과 맥박이 억제되어 사망에 이를 수도 있다(http://cafe.daum.net/haksaok4u/Dgh3/242).

한 연구에서 알코올중독 표현을 "의학적으로는 응급 상태"라고 한다. 이는 목숨은 붙어 있으나 사회적으로는 이미 사망한 상태이며, 자신은 물론이거니와 가족구성원을 해체시켜 망가뜨리고, 결국 신체적으로도 조기에 사망하는 질환이라고 한다. 통계적으로 볼 때 중독의 예후는 나쁘다. 목숨 걸고 치료해야 목숨을 건질 수 있음을 명심해야 한다고 하였다(http://cafe.daum.net/karftc).

2) 알코올 사용 금단증상 의심

알코올 사용중독은 자신이 절대 알아차릴 수 없다. 전문가적 진단이 필요하나 음주로 인한 사회생활을 접하고 있는 모든 사람들은 자신의 음주 경험에 대해서 의심해 보아야 한다.

다음은 관련 기사를 살펴본다.

<사례 11-1> 알코올 사용 금단증상 의심사례

"금단 증상 보일 경우 의심해야"
<시사저널 2017. 11. 24>
-불안, 초조, 손 떨림 등 보여… 자해나 타해 가능성 있으면 입원 필수
최근 발생한 A 씨 사건으로 인해 알코올중독에 관한 국민들의 관심이 높아지고 있다. 전문가들은 술을 먹지 않았을 때 금단 증상을 보일 경우 질환 여부를 의심해 보아야 한다고 강조한다. 00그룹 000회장의 아들인 A 씨는 지난 9월 말 서울시내 한 술집에서 열린 대형로펌 변호사들 친목모임에 참석해 폭언과 폭행을 한 것으로 알려졌다. A 씨는 이 모임에 참석하기 직전에도 음주 상태인 것으로 전해졌다.

A 씨가 흔히 일컫는 알코올중독인지 여부는 확인되지 않았다. 단, A 씨는 폭행 사건이 알려진 최근 "제가 왜 주체하지 못할 정도로 술을 마시는지 또 취해서 남에게 상처를 주는 행동을 하는지에 대해 반성하겠다"며 "상담과 치료를 받겠다"는 입장을 밝힌 바 있다.

알코올중독은 술을 통제하는 능력이 떨어져 술에 지나치게 의존하는 정신질환을 지칭한다. 정확한 의학용어는 '알코올 사용 장애'로 표현하는 것이 맞다. 전문가들은 국내에서 300만 명에서 350만 명 정도를 환자군으로 추산하고 있다. 의학적으로는 술에 대한 금단 증상 유무와 내성으로 알코올사용 장애 여부를 판단하는 경우가 많다.
금단 증상은 심리적 증상과 신체적 증상으로 구분된다. 심리적 증상은 불안과 초조, 예민 불면, 우울감 등으로 표현된다. 신체적 증상은 손 떨림, 식은땀, 환시나 환촉, 심할 경우 경기 등이다.

〈중략〉

"우리가 흔히 필름이 끊긴다고 말하는 기억 장애는 알코올사용 장애의 진단 기준은 아니다"면서도 "기억 장애가 자주 반복된다면 일단 의심해 보고 진단을 받는 것이 좋다"라고 조언했다.

이처럼 알코올중독시작의 첫 삽화는 10대 중반에 발생하기 쉽고, 알코올 의존 연령은 20대, 30대, 중반부터 높은 수준에 이른다. 알코올 장애 발생 시기는 30대 후반부터 유발되며 금단의 첫 징후는 여러 가지 알코올 사용 장애의 다른 면이 발생할 때까지 나타나지 않는 경향이 있다. 알코올 사용 장애가 빨리 발병하는 것은 청소년기에 품행 문제가 있었거나 중독을 일찍 경험한 경우에 관찰된다.

3) 몸이 반응하는 위험신호

알코올중독이 되지 않기 위해서는 알코올중독이 진행되고 있는 위험신호를 인지하고 이를 개선하기 위해 노력해야 한다. 가족, 지인들로부터 술을 그만 마시는 것이 좋겠다는 경고를 들었다면 알코올중독을 의심해야 한다.

술을 마시고 필름이 끊기는 것도 마찬가지다. 우리 몸은 술에 취하면 쾌락중추[3]를 통해 더 이상 술을 마시지 않게 하는데 이 기능이 손상되면 자신이 얼마나 술을 마시는지 조차 가늠하지 못하고 계속해서 술을 마셔 결국 필름이 끊기게 되는 것이다.

---

3) 미국의 행동주의 심리학자 스키너(B. F. Skinner 1904~1990) 박사는 자신이 고안한 상자에 생쥐를 집어넣었다. 그 상자에는 두 개의 스위치가 있었다. 하나는 눌렀을 때 먹이가 나오는 스위치였고, 다른 하나는 쾌락중추에 전기가 흘러 쾌락을 느끼는 스위치였다. 상자에 들어간 생쥐는 쾌락중추를 자극하는 스위치를 누르다가 결국 굶어죽었다고 한다. 그렇다! 쾌락을 위해 죽음도 불사하는 것이 중독이다(http://blog.daum.net/2002chris1025/405).

이른바 술시(음주하는 시간의 속어)만 되면 술 약속을 만들고 있다면 알코올중독에 가까워졌다고 봐야 한다. 즉, 전날 과음을 해도 술꾼들은 오후 6시만 되면 자신도 모르게 카카오톡으로 술 상대를 찾아 술 약속을 잡는다. 술시 때 몸이 자동으로 반응한다면 사람을 만나기 위해서가 아니라 술을 마시기 위해 사람을 만나는 것으로 이 정도가 되면 애주가에서 알코올중독으로 가는 강을 건넜다고 봐야 한다(한국일보, 2019. 1. 26).

3. 알코올중독의 공통적 증상(질병관리본부 · 국가건강정보포럼, 2016).

알코올사용자들이 중독 상태에 이르게 되면 다음과 같은 증상을 공통적으로 나타내게 된다.

1) 내성

내성은 금단과 함께 중독성 질환의 신체적 의존을 대표하는 두 가지 증상 중 하나이다. 흔히 '술을 자주 마시면 술이 는다'라는 말을 듣기도 한다. 내성이란 물질에 대하여 신체가 적응한 결과로, 술에 취하기 위한 알코올 용량이 반복된 음주를 통하여 늘어나는 경우 혹은 같은 용량의 술을 마셔도 이제는 취하지 않는 경우 등으로 이해할 수 있다.

2) 금단

금단은 물질을 지속적으로 사용하다가 갑자기 중단하는 경우 나타나는 복합적이고 다양한 증상군[4]을 일컫는 용어이다. 이는 담배를 갑자기 끊은 사람이 예민해지고 날카로워 지거나 몹시 불안해하고, 담배에 대한 갈망이 증가하고, 결국 남이 태우고 버린

---

4) 금단 증상이 유발되면, 음주의 후유증이나 실제 중독 때문에 학교나 직장에 잦은 결근을 초래할 수 있으며, 신체적으로 위험한 상황(예, 운전, 수영, 기계조작)에서도 알코올 사용은 지속된다. 또한 알코올 사용 장애를 가진 사람은 반복되는 음주로 인해 신체적(예, 일시적 기억상실, 간 질환), 정신적(예, 우울증), 사회적 또는 대인 관계적 문제들(예, 취한 상태에서 배우자와 과격한 언쟁, 아동학대)을 야기할 수 있음을 알면서도 음주는 반복된다(American Psychiatric Association, 2013; 이순민, 2015).

담배꽁초를 구하려고 휴지통을 뒤지는 모습을 볼 수 있다. 술에서도 마찬가지이며, 인터넷과 같은 행위 중독에 있어서도 유사한 증상이 관찰된다.

알코올 금단은 알코올에 대한 특징적인 금단증후군이 나타나거나 금단증상들을 완화시키거나 회피하기 위해 알코올이 사용되는 경우라고 할 수 있다. 금단증후군은 알코올 섭취를 중단하거나 줄인 후 5~10시간 이내에 발생하며 3~5일째에 가장 악화되고 5~7일째에 호전되지만 한 달 이상 지속되는 경우도 있다. 특히 2~5%에서는 경련, 진전성 섬망(금주 후 48시간 이내 진전, 심한 초조와 자율신경계의 과활동 즉, 맥박, 혈압, 호흡의 증가)이 동반되며, 심각한 경우에는 호흡마비 등으로 사망에 이를 수도 있다.

3) 집착

술을 계속 마시기 위해 중요한 사회적 및 직업적인 기능이 줄어들고, 취미 생활도 포기하며 술을 구하는데 많은 시간을 할애하고, 술을 마시기 위해서라면 자신이 해야 할 일을 뒤로 미루며 책임을 다하지 않는 상태를 말한다.

4) 강박적 사용

알코올중독자들은 습관적 행위로 인하여 문제가 발생하고 후유증이 발생됨에도 불구하고 의지로 음주를 중단하지 못하며 지속적으로 물질을 사용하거나 행위를 반복한다. 술에 취한 상태가 지속되어 직장에 출근하지 못한다거나 음주 때문에 가족 간의 불화가 악화되는데도 계속 술을 마시는 상태를 말한다.

제4부

알코올중독의 치료적 접근 구성요소

제12장

알코올중독 치료 접근
(질병관리본부 · 국가건강정보포럼, 2016)

알코올중독자에 대한 치료는 아직까지 상담 치료이든 약물 치료이든 한 가지 방식으로 완벽한 성과를 내고 있는 것은 없다. 어떠한 치료를 통해서도 결과적으로는 도움을 받고 회복되는 알코올중독자도 있는 반면, 또 한편으로는 재발과 악화를 반복하는 알코올중독자도 있다.

그러므로 대부분의 임상 현장에서는 여러 치료 방법 중에 동원할 수 있는 모든 치료 방법을 복합적으로 동원하고 있다.

1. 알코올중독자에 대한 심리적 치료(상담치료)

1) 동기강화 치료

알코올중독자에 대한 치료에서 가장 먼저 부딪히는 어려움은 환자 스스로 병에 대한 인식이 부족하다는 것이다. 대부분의 환자는 자신이 알코올중독자임을 부정하고, 술을 조절해서 마실 수 있는 능력이 본인에게 있다고 주장한다.

그렇지만 알코올중독자들은 사실 어느 정도는 자신의 문제를 인식하고 있고, 문제를 해결해야 한다는 생각도 품고 있다. 즉, 겉으로는 자신의 문제를 부인하지만 속으로는 감추어져 있는 변화의 의지가 있다는 것이며, 이러한 자발적인 변화의 의지를 끌어내어 실제 삶을 변화시키고자 하는 것이 동기 강화 치료이다.

동기 강화 치료를 설명하는데 있어 빼놓을 수 없는 것이 프로체스카(Prochaska)의 변화 단계 모델이다. 이 모델에 의하면 사람이 자신의 행동을 수정하고 변화하는 과정이 여러 개의 단계로 이루어진 연속선상에 있으며, 그러한 단계별 변화를 거쳐 보다 연속적으로 유지되는 상태로 발전된다는 것이다.

행동 변화의 상이한 지향들에 대한 분석에서 Prochaska는 변화의 다양한 보편적인 단계, 수준 및 과정을 분리하였다. 그의 이론은 변화의 다섯 단계 (사전 예상, 예상 준비, 실행 및 유지), 변화의 다섯 수준(증상, 부적응적 인지, 현재의 대인관계 갈등, 가족/체계 갈등, 대인관계 갈등) 및 10가지 변화과정(의식 고양, 정화/극적인 구제, 자기 평가, 환경 재평가, 자기 해방, 사회적 해방, 역조건 형성, 자극 통제, 유관관리 및 도움 관계)을 포함한다(손정란, 2012).

2) 인지행동 치료

알코올중독자에 대한 인지행동 치료의 기본적인 배경은 인간의 행동은 학습된 것이며, 학습된 행동을 변화시키기 위해서는 새로운 학습이 필요하다는 것이다.

외로울 때 술을 마신 사람은 외로울 때마다 술을 먹고 싶은 생각이 날 것이며, 슬플 때 술을 마신 사람은 슬픔을 느낄 때마다 술을 마시고 싶을 것이고, 즐거울 때 술을 마신 사람 또한 즐거움을 느낄 때마다 술을 마실 것이다.

즉, 환자에서 중독적 증상으로 학습된 이러한 행동을 학습 이전의 상황으로 다시 돌려놓고자 하는 것이 인지행동 치료의 목표이자 치료 방법이다.

3) 개인상담 치료

알코올중독자의 특성에 따라 개인 정신 치료(개인 상담치료)를 우선적으로 시행할 수도 있다.

개인 정신 치료에서 알코올중독은 그 사람이 태어날 때부터 가지고 있던 기질과 더 붙어 자라난 환경에 따른 심리적 변화가 결국, 지속적인 음주라는 현상으로 이어진 결과라는 것이다. 즉, 알코올중독증에 까지 이르게 된 심리적인 취약성이 각각 환자들에게 존재하며, 이러한 심리적 취약성을 깨닫게 하고, 변화하도록 이끌어나감으로써 알코올중독으로부터 벗어나게 할 수 있다는 것이다.

4) 가족상담 치료

알코올중독자 못지않게 가족에 대한 상담도 무척 중요하다. 알코올중독자가 있는 대부분의 가족들은 부부갈등, 가정폭력, 자녀갈등 등의 문제가 있다. 특히 알코올중독자의 부인들은 남편의 음주와 관련하여 불안과 사회적 고립감, 죄의식, 자기 연민, 우울 등의 증상에 시달리는 '공동의존' 상태에 있다.

알코올중독자들을 회복으로 이끄는 다양한 상담 치료의 과정 중에는 알코올중독자의 가족들을 위한 다양한 개입도 필요하다.

5) 12단계 치료(단주친목모임)

12단계 치료를 언급하는 데 있어서 익명의 알코올중독자들 모임(Alcoholics Anonymous, AA)을 빠뜨릴 수 없다. 익명의 알코올중독자들 모임은 1935년 미국의 빌이라는 알코올중독자가 특별한 경험을 하며 치료에 대한 원리를 깨달은 후 단주에 성공하였고, 본인이 깨달은 원리를 다른 많은 중독자들에게 가르쳐 주어 그들을 단주에 이르게 한 것에서부터 시작되었다. 이후 빌은 단주 성공자들과 힘을 모아 하나의 단체를 만든 것이 AA이다. 자신들의 단주성공원리를 체계화시켜 한 권의 책으로 출간 된 것이 익명의 알코올중독자들이라는 책이며 핵심이 바로 '12단계'이다. 12단계 치료의 핵심은 알코올중독으로부터 벗어나는 과정이 어느 한 순간 완벽하게 이루어지는 것이 아니며, 차근차근 단계를 밟아 가면서 실천해 나아가야지만 온전한 회복으로 이루어진다고 하였다.

12단계 치료법은 알코올의 과량 섭취만이 아니라 삶에 임하는 태도 및 살아가는 방식 등에 대한 보다 근본적인 의문을 제시하기 때문에 많은 치료자들에 있어 의미 있는 치료 방법으로 인식되고 있다. 최근에는 AA 모임에서만이 아니라 알코올 전문 병원이나 알코올 상담 센터의 각종 프로그램에서도 12단계의 일부, 혹은 전부를 활용하고 있다(질병관리본부·국가건강정보포럼, 2016).

따라서 AA의 회복과정에서 사용하는 12단계는 근본적으로 영적(spiritual)개념을 바탕으로 만들어져 있다. 이것은 치료가 아니라 삶과 존재의 방법이다. 12단계는 AA프로그램의 핵심이며, 알코올중독자의 음주는 영적인 삶과 성장에 대한 잘못된 인간 욕구의 반영으로 본다.

12단계의 실천은 정직, 겸손, 인내 같은 특성의 성장으로 특징지어지는 영적성장을 가져온다고 하였다(유수현 외, 2015).

1단계: 우리는 알코올에 무력했으며, 스스로 생활을 처리할 수 없게 되었다는 것을 깨닫고 시인했다.

2단계: 우리보다 위대하신 힘이 우리를 건전한 본 정신으로 돌아오게 해 주실 수 있다는 것을 믿게 되었다.

3단계: 우리가 이해하게 된 대로, 그 신의 보살피심에 우리의 의지와 생명을 완전히 맡기기로 결정했다.

4단계: 철저하고 대담하게 우리의 도덕적 생활을 검토했다.

5단계: 솔직하고 정확하게 우리가 잘못했던 점을 신과 자신에게 또 어느 한 사람에게 시인했다.

6단계: 신께서 우리의 이러한 모든 성격상 약점을 제거해 주시도록 우리는 준비를 완전히 했다.

7단계: 겸손한 마음으로 신께서 우리의 약점을 없애주시기를 간청했다.

8단계: 우리가 해를 끼친 모든 사람의 명단을 만들어서 그들에게 기꺼이 보상할 용의를 갖게 되었다.

9단계: 어느 누구에게도 해가 되지 않는 한 할 수 있는 데까지 어디서나 그들에게 직접 보상했다.

10단계: 계속해서 자신을 반성하여 잘못이 있을 때마다 즉시 시인했다.

11단계: 기도와 명상을 통해서 우리가 이해하게 된 대로의 신과 의식적 접촉을 증진하려고 노력했다. 그리고 우리를 위한 그의 뜻만 알도록 해 주시며, 그것을 이행할 수 있는 힘을 주시도록 간청했다.

12단계: 이러한 단계로써 생활해본 결과 우리는 영적으로 각성되었고, 알코올중독자들에게 메시지를 전하려고 노력했으며, 우리 생활은 모든 면에서도 이러한 원칙을 실현하려고 했다.

6) 집단치료(최송식 외, 2018).

집단치료란 1~2명의 치료자와 같은 문제를 가진 여러 사람(보통은 4~12명 정도)이 함께 참석하여 상담을 하는 과정이다. 알코올중독자의 집단치료에서 다루어지는 문제의 핵심은 간단하다. 자신과 아주 비슷한 문제로 어려움을 겪고 있는 다른 사람이 그 문제와 싸워 나가는 과정을 듣고, 자신의 문제와 문제 해결을 위한 앞으로의 계획을 다른 중독자와 치료자에게 털어놓고 의견을 교환하는 것이다.

2. 알코올중독자에 대한 약물 치료

1) 급성 금단증상의 치료

과도한 술에 대한 비정상적인 적응 과정이 가장 두드러지는 것이 알코올에 대한 금단 증상이다. 알코올은 기본적으로 우리 신경계의 활성을 저하시키는 작용을 하게 되는데 알코올중독자의 뇌는 술의 작용에 맞서 뇌의 활성을 비정상적으로 높여 균형을 맞추고 있다.

이러한 비정상적인 균형 상태가 유지되는 상태에서 갑자기 술을 중단하면, 과도하게 활성화된 신경계 작용에 의한 불균형으로 알코올 의존자는 맥박이 빨라지고, 불안감이 증가하고, 환각을 경험하며, 난폭해지기도 하는 금단 증상이 발생한다. 이때 술을 대신하는 약물로써 뇌 활성의 균형을 되찾고, 점차적으로 정상적인 뇌의 활성으로 돌아오도록 하는 약물 치료를 해야 하므로 '반드시 병원을 방문해서 진단과 치료'가 이루어져야 한다(질병관리본부·국가건강정보포럼, 2016).

2) 영양결핍의 치료

알코올 의존자들의 대부분은 균형 잡힌 식단에 맞추어 식사를 하지 않는데다가, 에탄올 자체가 비타민 B_1의 흡수를 억제하므로, 많은 알코올 의존자들은 비타민 B_1 Thiamine)[1] 결핍증을 겪게 된다. 비타민 B_1 결핍증은 기억력 저하, 걸음걸이 이상, 뇌 손상 등을 유발할 수 있으므로, 만성 알코올 의존자의 경우 비타민 B_1의 보충은 필수적이다

또한 비타민 B_1은 신경 전달 물질의 외피 형성에 필요한 탄수화물 대사에 관여한다. 비타민 B_1이 결핍되면 중추신경계에서 세포 손상을 일으키기 때문에 비타민 B_1의 충분한 공급은 알코올중독자의 해독치료에 필수적이다(이분희·박영민, 2016; 김진주, 2018).

경우에 따라서는 치매와 유사한 인지 기능의 저하나 뇌 기능 이상으로 인한 합병증이 발생하기도 하므로 이에 대한 약물 치료를 시행하는 경우도 있다(질병관리본부·국가건강정보포럼, 2016).

3) 항갈망제의 투여

알코올 의존 환자의 술에 대한 집착을 약물로써 해소시키려는 연구의 결과로 개발된 치료제로 날트렉손과 아캄프로세이트라는 약물이 있다. 두 약물 모두 뇌에서 술을 강

---

1) 티아민(thiamine, vitamin: B_1)은 뇌를 포함한 모든 조직에서 필요로 하는 필수 영양소이다. 인체는 자체적으로 티아민을 만들지 못하기 때문에 음식 섭취를 통해서 티아민은 공급될 수 있다. 인체는 탄수화물 대사과정 중에 티아민을 사용하는데, 탄수화물의 대사로 1.000kcal의 에너지를 생성할 때마다 최소한 0.33mg의 티아민이 필요하다(Hoyumpa, 1980; 이분희·박영민, 2016).
인체는 단지 30~50mg의 티아민을 저장하는데, 티아민 결핍이 4~6주 정도 지속되면 이 보유양은 소진된다(이분희·박영민, 2016).

박적으로 섭취하도록 작용하는 신경 부위에 직접 작용하여 술에 대한 갈망을 감소시킨 다고 알려져 있다.

날트렉손과 아캄프로세이트는 음주자를 대상으로 시행한 연구의 결과 '과도한 음주를 줄이고, 알코올 의존자에서 술 마시는 기간을 감소시키는 등의 효과가 있다'고 입증된 바 있다. 또한 알코올로 손상된 뇌신경 세포의 회복에도 도움을 준다고 한다. 그리고 날트렉손과 아캄프로세이트의 투여는 재발 가능성을 줄이고 재발의 기간도 줄인다고 알려져 있다. 다만 약물치료 단독으로 치료를 시행하는 것보다는 약물 치료와 함께 알코올 의존에 대한 사회심리적 치료를 동반하는 경우 그 효과가 증대된다고 알려져 있다.

날트렉손과 아캄프로세이트 모두 연구 결과 신체에 대한 부작용은 거의 없는 것으로 여겨지고 있다(질병관리본부 · 국가건강정보포럼, 2016).

3. 알코올중독 재발

알코올중독에서 재발이라 함은 알코올중독자가 치료 후 단주 생활을 지속하고 있다가 다시 이전의 문제 행동으로 되돌아가는 것을 말한다(Marlatt & Donovan, 2005). 알코올중독은 다른 정신장애에 비해 재발률이 상대적으로 높다. 이는 단주를 하고 있는 상태가 알코올중독의 완치가 아니며, 삶의 기능이 완전히 회복된 것이 아니므로 인간관계 갈등과 같은 고위험 음주상황에 대처할 수 있는 방안이 필요하다(양정운, 2017).

1) 알코올중독 재발률

알코올중독으로 치료 받은 환자의 50% 정도가 퇴원 후 1개월 이내에 재발하며, 3~4개월 이내에 80% 이상 재발한다는 연구 결과가 있다(손동균, 2014).

외국의 알코올중독 재발 경우에도 병원 퇴원 후 3개월 이내 재발률은 40~60%, 1년 안에는 65~90%가 재발하는 것으로 보고되고 있다(Witkiewitz & Marlatt, 2004; Moos &

Moos, 2006).

재발은 위기에 따라 며칠, 몇 주 금주기간 후 다시 음주를 시작하면 음주량이 급격히 증가한다. 반면 개인의 65% 이상은 1년간 금주가 가능하며, 알코올 의존자의 약 20% 이상은 장기간 금주에 성공하기도 한다(http://cafe.daum.net/haksaok4u/Dgh3/242).

재발의 시기가 주로 퇴원 후 초기에 집중 되므로 입원치료기간 동안 재발 예방을 위한 중재를 제공할 필요성이 있다. 반면 알코올 사용 장애와 관련된 주된 치료 방향은 입원 치료이지만 알코올중독자가 자발적 치료 의지를 갖는 경우가 많지 않으며 입원기관의 장기화, 입·퇴원의 반복 및 높은 재발률 때문에 치료 효과나 정책의 실효성에 의문이 제기되고 있다(윤명숙, 2010). 특히 치료과정 중에 발생하는 재발 현상은 정신과 치료 영역에서 직면한 가장 심각한 문제로 지적되었다(김귀랑, 2013; 손동균, 2014; 김진주, 2018).

2) 재발 원인

알코올중독은 만성적으로 진행되고 재발과 단주의 상태가 반복 된다(이준석 외, 2011). 재발을 일으키는 주요 요인들로 성격적 특성(의존성, 회피성 성격), 사회적 안정성(가족 및 지인의 지지, 직업 유무, 경제력 등)이 낮은 경우, 잦은 부정적 정서의 경험(분노, 불안, 좌절감 등)이 있으며, 이 들 중에 부정적 정서는 인간관계 갈등에서 비롯되는 경우가 있다(Carney, Armeli, Tennen, Affleck, & O'Neil, 2000). 알코올 의존자는 외로움, 대인관계 압박감, 금전적 압박감 등 스트레스로 알코올 사용량을 늘리며 스트레스에 대한 대처능력 부재는 다시 술을 마시게 하는 재발요인으로 악순환이 되는 것으로 나타났다(용후란, 1995).

또한 단주생활을 잘 유지하던 알코올중독자가 직장과 가정의 다양한 인간관계 갈등 상황에서 비롯되는 부정적 정서를 대화로 해결하지 못하고, 그들에게 익숙한 대처방식인 음주로 해결한다는 것이다. 이처럼 단주 실패는 자신의 의지에 대한 무력함으로 새로운 죄의식을 더하며, 강박적 욕망과 생각을 조절하기 위한 심리적 갈등이 재음주로 이끄는 위험요인으로 이어지고 있다(현혜형, 2010). 특히 알코올중독자들은 자신의 감정을 표현하는데 어려움을 느끼고 타인의 입장에서 공감하는 능력이 저하되어 있기 때문에 인간관계 갈등 상황에서 '회피 전략으로 술을 사용'하게 된다(정나례 외, 2014; 양정운, 2017).

인간관계 갈등은 언어적·비언어적 의사소통과 밀접한 관련이 있음을 감안할 때 알코올중독자의 재발을 예방하기 위해서는 의사소통기술 증진을 돕는 중재가 중요하다(양정운, 2017).

따라서 실무적인 시설 운영 경험에 의하면 무엇보다 가정과 사회 환경이 중요하다고 보고 있다.

즉, 가정과 사회 환경에서 알코올중독을 경험한 자에게 불쾌한 언어표현과 낙인을 찍어서는 절대 안 되며, 일반인과 똑같이 '편견이 없는 인격체'로 대할 때 정상인으로 되돌아가 재발을 방지할 것이다.

3) 알코올중독 치료 및 재활 인프라

2016년 정신질환 실태 조사에는 평생 알코올로 인한 의존과 남용 증상이 있는 알코올 사용장애 추정환자 수는 139만 명(평생 유병률 12.2%)에 달하는 것으로 나타났다. 이는 성인 10명 중 1명 이상이 치료가 필요한 알코올중독자 셈이다. 증상으로는 기분장애, 불안장애, 조현병, 스펙트럼장애 등 다른 정신질환보다 알코올 사용장애의 유병률이 높지만 지역사회의 알코올중독자를 위한 치료·재활 인프라 부족으로 정신건강서비스 이용비율은 12.1%에 그칠 정도로 낮다. 중독관리통합지원센터는 전국 50곳(약 9천 명 이용)에 불과해 전체 알코올중독자 139만 명의 0.7% 미만만 상담·재활서비스를 받는 수준이다(보건복지부 복지뉴스·연합뉴스 2018. 11. 13). 이들 원인에는 자신과 가족들이 알코올중독을 질병으로 받아들여지고 있지 않은 측면에서도 비롯될 수도 있으며, 또는 가족들이 오랫동안 뒷바라지에 지쳐서 포기할 수도 있다. 국가와 가족이 관심을 가지지 않으면 사회적 문제로 이어진다.

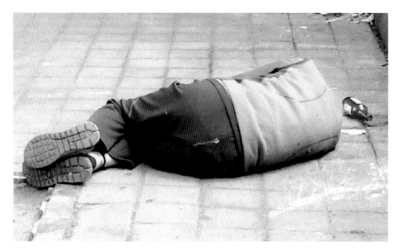

<그림 12-1> 알코올중독

전 세계에서 가장 선진화된 알코올중독 치료시스템을 갖춘 미국의 경우 약물남용 및 정신건강청(SAMHSA)이라는 중앙정부 차원의 독립된 기구에서 알코올중독문제를 관리한다.

SAMHSA는 예방, 치료, 재활 서비스들을 체계적으로 관리하며 서비스의 질적 향상을 꾀하고 있다. 동시에 주정부는 정신보건국과 알코올·약물중독국을 별도로 운영하며 알코올중독문제해결에 나서고 있다. 이로 인해 미국은 예방이나 치료, 재활 시스템이 효율적으로 연계된다. 병원에서 해독과정을 거쳐 거주시설에 입소하고, 외래나 사후관리를 한 뒤 AA모임으로 유지하는 과정이 마치 하나의 시스템처럼 움직이는 것이다. 이러한 과정은 해독치료 후 재활시설로 옮겨지는 기간은 보통 2주를 넘기지 않는다(http://cafe.daum.net/danjujoa).

4) 알코올중독자에게 치료 및 예방교육 운영기관

우리나라에서 알코올중독자에게 치료, 상담, 교육 등이 시행되고 있다. 운영 기관별 분야 내용은 다음과 같다.

<표 12-1> 알코올중독 치료 및 예방교육 운영기관

구분		내용
의료 기관	개별치료	개인면담, 정신약물요법, 개별상담, 개인정신치료, 동기화면접
	집단치료	집단치료, 집단상담, 집단활동, 외래집단치료, 의미치료, 대그룹회의, 환경치료, 음악치료, 미술치료, 사이코드라마, 표현요법, 현실치료, 경험담 나누기, 공동체 모임
	교육	알코올교육, 알코올회복교육, 물질교육, 중독강의, 건강교육, 치매·건망증 예방교실
	인지행동치료	인지행동치료, 자아존중감 향상프로그램, 여성알코올중독자 자아성장프로그램, 문제해결, 잠재력개발훈련, 나를 찾아서, 자아 발견교육
	사회기술훈련	대인관계훈련, 사회기술훈련, 사회적응훈련, 생활기술훈련, 알코올극복기술훈련
	자살예방	재발예방교육, 스트레스 대처훈련, 자기주장 훈련, 음주거절훈련
	재활훈련	작업요법, 재활원 자원봉사, 봉사활동, 재활교육, 직업재활, 정신과적 재활요법
	자조모임	AA, Al-anon, 단주 메시지, 인지행동치료 추후모임
	단주교본	강독, 자서전, 12단계, 알코올교본 교육, 심층분석자료
	명성·요가	명상, 요가, 이완요법, 자아성찰, 마음수련
	추미·여가	차 모임, 노래방, 운동요법, 산책, 음악감상, 영화감상, 예배, 오락, 종이접기, 꽃꽂이, 활동요법, 취미클럽
	가족교육	가족교육, 가정의 역할
	가족치료	가족치료, 가족상담, 가족관계 강화프로그램, 가족사례관리, 보호자 상담
	가족모임	가족모임, 가족친목모임, 가족야유회, 집단가족모임
	가족예방 교육	물질남용 예방교육, 약물의 폐해, 음주예방교육, 지역사회 예방교육, 청소년 알코올예방교육, 시민 강연
지역 사회 기관	예방	기본교육, 순회(출장)교육, 학교 약물남용 예방교육, 지역사회 초·중·고교생·지역주민·대상자 예방교육, 전문가·실무자를 위한 워크숍, 목회자·일반인을 위한 약물교육, 음주문제 예방교육, 준법운전교육, 직장인 음주교육, 또래상담자 훈련
	캠페인	지역사회 주민·대상자 홍보, 음주예방을 위한 청소년 참여 이벤트, 성·약물 책자배포, 자원봉사 홍보단, 가두 캠페인, 포스터 공모전, 알코올 인식주간 프로그램, 유해환경 감시단, 지역사회 알코올 문제 대처 도움위원 구성 및 포럼
	상담	집단상담, 전화상담, 인터넷상담, 면접상담, 전문의 상담, 음주운전 및 수강명령 프로그램
	치료	12단계 프로그램, 명상, 생활선, 최면 심리치료, 의존자 치유교육, 영화 치료 프로그램, 영적 생활 프로그램, 단주교실, 음악치료
	재활	농장, 컴퓨터, 이미용, 노숙·부랑인 대상 자기사랑 프로그램, 회복의집, 부적응학생 프로그램, 노숙자 재활 프로그램, 재활작업장
	사례관리	사례관리

주): 지역기관의 가족교화·모임·상담치료 및 자조집단은 병원과 동일
(출처: 김기태 외, 2005; 최송식 외, 2018에서 재인용)

4. 알코올중독자 가족치료

알코올사용 장애는 타 정신질환에 비해 유병률과 재발률이 상당히 높은 반면, 치료율은 가장 낮다. 알코올중독자와 함께 생활하고 있는 가족들이 심각한 고통의 시간을 오랜 기간 동안 반복하여 경험하고 있음을 유추해 볼 수 있다. 알코올중독자는 자기 자신의 방어력이 저하되어 있기 때문에 가족이 치료에 관심을 가져주지 않는다면 건강을 완전히 잃을 수밖에 없다. 즉, 이들 뇌리에 깊게 자리 잡은 상처를 치유하는 데 한계가 있다고 보고 있다. 그러므로 가족 구성원이 알코올중독을 질병으로 함께 인식하는 이해와 책임의식을 가져야 한다. 이를 위해서는 알코올중독이 가족과 자녀에게 미치는 영향이 무엇인지 알아내는 과정을 통하여 가족 내 문제점을 파악하고, 가족구성원 모두가 변화를 가져오도록 돕는 것을 알코올중독의 가족치료라 할 수 있겠다(유수현 외, 2018).

따라서 알코올중독은 환자 자신을 포함한 가족의 공동의존을 유발하기 때문에 가족 모두가 치료과정에 참여하여야 한다.

1) 알코올중독이 가족의 병이라는 것

알코올중독은 진행적, 만성적, 재발률이 높은 치명적인 질병으로 중독자만큼이나 다른 가족구성원들의 기능이나 역할에 영향을 미치는 '가족병'이다(http://cafe.daum.net/BanOulLim).

알코올중독자 가족이 인식하는 고통의 기간은 평균 13.3년이며, 중독자의 최초 치료시기는 6～10년, 재발횟수는 평균 5.2회로 나타났다(이창원, 2014). 알코올중독자 가족은 불안정한 정서적 상태와 갈등, 부모-자녀 간의 관계의 어려움과 정서적 유대감의 감소, 고립 등의 문제를 일으키기도 한다(Polak, 2012). 가족들은 위와 같은 환경에도 불구하고 치료·재활서비스를 거부하거나, 심한 경우 가족들 간의 정서적 방임, 학대 등이 일어나 오랫동안 역기능적인 문제를 지닌 가족으로 유지되기도 한다(이창원, 2014).

알코올중독자가 보이는 방어체계에서 가장 핵심적이며 가족 구성원들이 가장 받아들이기 힘든 부분은 음주양상을 모호하게 만들기 위해 만들어진 부정용어 사용의 행위이다.

즉, 알코올중독자가 자신의 정신적인 문제를 외부 탓으로 돌리는 방어기제[2]인 투사[3]자 주 사용한다는 것이다 중독자는 음주에 대한 책임을 종종 다른 사람에게 전가하며 자기의 음주를 정당화 한다(최송식, 2018).

이러한 상황이 발생하는 이유는 가족들이 알코올중독 치료에 대한 인식이 부족하거나 중독자의 치료를 권유하지 못하기 때문에서 비롯될 수도 있다. 또한 반복적인 음주 행동과 음주와 관련된 사건을 가족들 스스로 통제할 수 없는 생활사건이나 스트레스로 받아들여 모든 일상적 행동을 음주자와 음주문제와 관련된 활동에만 의존하기 때문에 발생하는 것이다.

결국 알코올중독자 가족의 삶은 알코올중독자의 음주가 가족생활의 중심이 되고, 가족기능에 음주가 통합되어 평행을 유지하게 되는 향상성과 역기능적인 변화를 경험하게 되는 것이다(김규수, 2006; 이창원, 2014).

2) 가족이 알아두어야 할 알코올중독의 치료 이해
(http://cafe.daum.net/BanOulLim)

알코올중독은 마시는 술의 종류와는 관계가 없으며 술을 마신 기간이나 마신 양으로 진단하는 정신 장애가 아니다. 진단에 가장 중요한 초점은 술에 대한 자기 조절 능력이 있느냐, 술에 대해 무기력하지 않느냐, 또한 심리사회적 기능(가족 관계, 대인관계, 직업 수행 능력 등)이 얼마나 유지되고 있느냐이며, 술에 대한 생리적인 반응(내성, 금단 증상)이 생겼는지도 매우 중요하다.

가족이 알아두어야 할 알코올중독의 이해는 다음과 같다.

---

[2] 안나 프로이트(Anna Freud)의 방어기재(defense mechanism)란, 개인이 불안 혹은 불쾌한 감정을 완화·소멸시키기 위해 현실을 왜곡시키는 과정으로 압도되는 불안으로부터 개인을 보호하기 위해 이러한 방어기재를 사용한다(손광훈, 2012).

[3] 투사(Projection)는 자신이 수용하기 싫은 소망이나 충동, 실패, 자신의 문제나 결점을 남의 탓이나 환경 탓으로 돌리면서 자기의 불안을 해소하고 자신을 방어하려고 한다(표갑수 외, 2016).
또한 투사는 만족스럽게 작용하지 않을 때 그 모습이 명백히 드러나며, 특히 편집증적 개인에게서 두드러지게 나타난다. 이런 이유로 인해 투사는 종종 부정적인 의미를 지닌 원시 방어로만 생각되기도 한다.
프로이트는 아동들이 다른 사람들이 자신들이 느끼는 것과 똑같이 느낄 거라고 생각한다는 사실에 주목했다. 이후의 분석가들은 투사가 초기 유아기에 겪었던 공생 경험을 나타내는 것일 수 있음을 보여 주었다(Daum 백과).

① 알코올중독은 진행되는 병이며 치료하지 않으면 치명적이다.

② 알코올중독은 생물학적, 심리학적, 사회학적 측면의 문제를 모두 내포한다.

③ 술을 끊은 생활에 익숙하려면 적어도 9개월 내지 15개월 정도의 기간이 필요하며, 단주 생활 첫 15개월 이내에 대개 재발한다.

④ 지속적으로 술을 끊으려면 적어도 2년 내지 3년 동안 재발 방지를 위한 치료 프로그램에 참석해야 한다.

3) 알코올중독자 가족을 위한 지침(http://cafe.daum.net/BanOulLim)

① 문제를 더 이상 부정하지 말자.

② 알코올중독에 대해 배우자.

③ 환자의 감정에 휩싸이지 말자.

④ 자녀들에게 관심을 기울이자.

⑤ 집안에서 일어나는 일들을 숨기지 말자.

⑥ 환자에게 그들이 저지른 실수나 행동에 책임감을 갖게 하자.

⑦ 알코올중독은 치료될 수 있는 병임을 알려주자.

⑧ 환자의 음주로 인하여 일어난 일에 대하여 환자에게 알려주자.

⑨ 가족의 고통에 대해 알려주자.

⑩ 냉정한 사랑을 실천하자.

⑪ 자기 자신을 비난하지 말자.

⑫ 환자가 스스로 선택하게 하자.

⑬ 지나친 관심을 갖지 말자.

5. 위험음주 예방관리(질병관리본부 · 국가건강정보포털, 2017)

과도한 음주는 각종 질병 등을 유발하고 사회적, 경제적 손실을 초래할 수 있으므로 건강한 음주관리 이해가 학습되어야 한다.

1) 술은 두 잔 이내로 할 것

(1) 술을 줄이기 위한 자신만의 동기를 만들고 주변에 알린다.

① 과음하지 않겠다는 결심을 주변에 알리고, 결심을 지키려고 노력한다.

② 본인의 건강 챙기기, 가족에게 미안한 일 만들지 않기, 자녀에게 좋은 부모 되기 등 자신이 적정 음주 권고를 잘 지킬 수 있도록 동기를 부여해 본다.

③ 가족, 친구, 동료와 같은 주변 사람들에게 '앞으로 폭음을 하지 않겠다'고 공표를 하여 지속적인 도움을 받을 수 있도록 한다.

④ 적정 음주를 위한 결심과 공표의 시기는 기념일, 이삿날, 새해 등으로 선택하여 자신감을 가질 수 있도록 한다.

(2) 음주를 권하는 환경에 대비해 방안을 마련해 둔다.

① 자신의 음주 습관을 돌이켜 본다. 언제, 누구와 함께 하는 술자리에서 폭음을 하게 되는지 파악해 본다.

② 오늘까지만 마시자, 혹은 딱 한 잔만 더 하자와 같은 생각이 계속적인 음주로 이어져 결국 폭음을 하게 된다는 점을 인식한다.

③ 휴대폰, 지갑, 컴퓨터 바탕 화면 등 자주 눈에 띄는 곳에 결심을 적어 두는 것도 좋은 방법이 된다.

※ 필요한 경우, 지역 보건소나 알코올 상담 전문가의 도움을 받도록 한다.

2) 계획하기

(1) 음주의 목표를 세워 본다.

① 적정 음주가 어느 정도인지 숙지하고, 얼마나 마실 것인지 목표를 정해 본다.

② 필요한 경우 의사와 본인의 적정 음주량을 의논해 본다.

③ 다음과 같은 음주 목표를 작성해 본다.

※ [나의 음주량 조절 목표]

▸ 절주 / 금주 시작 일자: 년   월   일

▸ 1일 최고 목표 음주량: (   ) 잔

▸ 1주일 중 음주일: (   ) 일

(2) 스스로 계획 수립이 어려운 경우, 도움을 요청한다.

① 음주 자가진단에서 고도 음주자나 알코올 의존성이 있는 것으로 결과가 나온 경우, 알코올 전문가의 도움을 받도록 한다.

(3) 절주 환경을 조성한다.

① 집안에 술을 놓아두지 않는 것이 좋다.

② 술 대신 음료, 과일 등의 간식을 준비하여 술 생각이 날 때 먹을 수 있도록 한다.

(4) 스트레스는 피하도록 한다.

① 스트레스로 인한 음주의 경우 과음으로 이어질 우려가 있으므로, 스트레스를 많이 받는 자리를 가급적 피하도록 한다.

② 운동, 여가활동 등 술을 대신하여 스트레스를 해소할 수 있는 방법을 찾아본다.

(5) 술자리에서의 대처 방안을 마련하고 실천한다.

① 술자리에 참석하게 될 경우 첫 잔을 한 번에 다 마시는 일은 피하고, 되도록 여러 번 나누어 천천히 마신다.

② 빈속에 술을 마시지 않는다. 음식을 먹고 술을 마시면, 알코올의 흡수가 늦어지기 때문에 덜 취하게 된다.

③ 안주로는 지방질이 많은 음식을 삼가하고, 동물성 단백질과 식물성 단백질이 적절히 혼합된 찌개나 채소를 선택하는 것이 좋다.

④ 마시고 있는 술의 알코올 함량 표시를 주의 깊게 보고, 표준량을 지킬 수 있도록 한다.

⑤ 목표량 이상의 음주를 권유받는 경우 자신이 이제 폭음을 하지 않음을 단호히 밝힌다.

⑥ 사탕, 귤 등을 미리 먹어두는 것이 폭음을 하지 않는데 도움이 된다.

(6) 음주 대신할 수 있는 일을 생각해 본다.

① 술 마시기에 사용하던 시간과 돈을 가족과 재미있게 보내는 일에 투자할 수 있다고 생각한다.

② 맛있는 것 먹기, 영화 관람, 스포츠, 여행 등 다른 취미생활을 즐긴다.

(7) 음주일지를 작성해 본다.

① 목표를 달성할 때까지 1주일간의 음주 일지를 기록해 본다.

② 3~4주 동안 계속해서 기록하여 언제, 얼마나 마셨는지를 알아본다.

③ 처음에 정한 목표와 실제로 마신 양을 비교해 본다.

<표 12-2> 음주일지

❖ 음주일지 ❖						
(년 월 일~(년 월 일						
	월	화	수	목	금	토	일
음주 장소						
술의 종류						
음주량						

(출처: 질병관리본부·국가건강정보포털, 2017 재정리)

3) 음주 목표 계획을 못했다면?

(1) 포기하지 않는 것이 가장 중요하다.

① 한 번에 모든 것을 다 이루기란 어렵다. 올바른 음주 습관 정착을 위해서 지속적인 실천 의지와 노력이 필요하다.

② 포기하지 않는 의지가 가장 중요하다. 실패 사실에 좌절하기보다는 경험을 살려 다시 한 번 도전해 본다.

(2) 올바른 음주 습관을 위해 이전에 세웠던 계획을 다시 한 번 검토해 본다.

① 언제, 누구와, 어떤 술자리에서 술을 많이 마시게 되었는지 되짚어 본다.

② 일상생활이나 술자리에서 술을 많이 마시게 하는 원인을 찾아본다.

(3) 이전의 실패에서 얻은 교훈을 바탕으로 새로운 계획을 세워 본다.

① 술을 많이 마시게 한 원인을 찾아내면 그 원인에 대한 해결 방안을 고민해 본 후 다시 계획을 수립한다.

② 스트레스로 인한 폭음의 경우 스트레스를 줄이거나 운동이나 취미 생활 등 다른 해결책을 찾아본다. 한편, 주변 사람들의 권유에 의한 폭음의 경우 다시 본인의 계획을 공표 하거나 친구와 함께 절주를 선언하는 등 계획 실천에 도움이 될 수 있는 구체적인 사항 들을 계획에 포함시킨다.

※ 스스로 새로운 계획 수립이 어려운 경우 알코올 상담 전문가에게 도움을 요청한다.

제13장

건강관리를 위한 음주상식

1. 술과 관련해 잘못 전해지는 상식

잘못된 음주상식은 건강을 해칠 수 있다. 정확한 음주에 대한 건강정보는 다음과 같다.

(1) 음주는 건강에 도움이 되는지?

하루 한두 잔의 술은 혈액 순환을 촉진시켜 심혈관계질환을 예방한다고 많이 알려져 있다. 이로 인해 '한두 잔은 괜찮아~' 하며 술을 권하기도 하였다. 과거 우리나라의 많은 전문가들은 음주 시 하루 두 잔을 넘기지 않는 것을 권고해 왔다. 그러나 최근에 절주보다는 금주를 적극 권장해야 한다. 국제암연구소(WHO IARC)에 의하면 "술은 1군 발암요인"이라는 연구결과가 나왔다. 이 연구에서는 하루 1-2잔의 소량의 음주로도 구강암, 식도암, 유방암, 간암 등의 발생 위험이 증가하는 것으로 나타났다(국립암정보센터, 2014).

암 발생에는 적정 음주량이란 없으며, 한 잔의 술도 암 발생 위험을 높이는 것으로 보고 있다(질병관리본부, 2018). 특히 음주와 흡연을 할 경우 암 발생 위험이 더욱더 높아지는 것으로 나타났다(보건복지부·한국건강증진개발원, 2017).

(2) 마시는 술의 종류에 따라 암 발생이 달라지나?

우리가 마시는 술의 종류에는 맥주, 소주, 막걸리, 양주, 포도주 등 다양하다. 술의 종류에 따라 알코올 함유량이 다를 뿐만 아니라 술에 들어있는 성분 역시 다르기 때문에 술의 종류에 따라 건강에 미치는 영향이 다를 것이라는 견해가 있다. 마시는 술의 종류에 따라 차이가 있을 수 있으나 일반적으로 암 발생 위험은 술의 종류보다는 음주량에 의해 더 큰 영향을 받는다. 아무리 좋은 술도 많이 마시면 몸에 해롭다는 것이다. 즉, 붉은 포도주의 경우 탄닌을 비롯한 항산화물질이 풍부하여 적당량 마시면 건강에 좋다고 널리 알려져 있으나 암에 있어서는 적정한 수준의 음주란 없다. 최근 막걸리의 웰빙 바람이 불고 막걸리에서 항암물질이 발견되었다고 언론에 보도되면서 막걸리가 건강에 좋은 술로 비춰지고 있는데 이 역시 많이 마시면 득보다 실이 크며 암을 예방할 만큼의 적정 음주량은 없다(국가건강정보포털, 2017).

(3) 적정음주란 무엇인가?

적정 음주에는 음주량과 음주패턴의 개념이 모두 들어 있는데, 일반적으로 자신과 타인에 해가되지 않는 정도의 음주를 말한다.

하지만 적정음주를 명확히 정의하기란 쉽지 않고, 건강음주(healthy drinking), 안전음주(safe drinking), 저위험 음주(low risk drinking), 조절음주(controlled drinking) 등의 개념으로 비슷하게 쓰이고 있다. 적정 음주의 개념은 나라마다 다르며, 선호하는 술의 종류와 양이 다르기 때문에 명확한 기준을 만들기는 어렵다. 세계보건기구(WHO)에서는 저위험 음주를 순수 알코올 섭취량으로 보았을 때 남자는 하루 40g(약 소주 3잔) 미만, 여자는 하루 20g(약 소주 2잔) 미만으로 권장하고 있다. 우리나라에서는 적정 음주에 대한 명확한 기준이 제시되어 있지는 않지만, 일반적으로 하루 두잔 이내로 마시도록 제안하고 있다(국가건강정보포털, 2017).

(4) 폭음이란 무엇인가?

폭음(binge drinking)은 과도 음주와는 구분되는데 한 번 마실 때 취할 정도로 술을 몰아서 마시는 것을 의미한다. 미국 국립알코올중독연구소에서는 폭음을 혈중알코올 농도 0.08% 이상인 경우로 규정하고 있다. 이에 따르면 성인 남자는 연거푸 5잔 이상을 마시거나 여자는 한 번에 연거푸 4잔 이상을 마시는 경우를 말한다. 그러나 체내 알코올 분해 효소의 유무와 분해 속도 등을 포함한 개인적 차이에 따라 한 번에 취할 정도가 되는 술의 양이 다르듯이 폭음의 정의도 개인적 차이에 따라 달라질 수 있다.

예를 들면 노약자나 약물을 복용하는 사람의 경우에는 더 적은 양의 술을 마시더라도 폭음이 될 수 있다. 폭음과 과음은 다른 개념이지만 매일 소주 반병씩 과음하는 경우와 일주일에 한번 소주 3~4병을 마시는 폭음의 경우 섭취하는 알코올 양은 같으며, 역시 둘 다 건강에 해롭다. 폭음은 체온, 혈압, 심장 박동에 변화를 가져오며, 뇌졸중, 자살충동과 연관성이 있다. 또한 음주자의 기분, 기억상태, 학습능력, 수행능력 등의 뇌 기능에 영향을 주어 정신건강에 문제를 일으키기도 한다. 뿐만 아니라 폭음은 사회 반항적인 성격과 폭력적인 성향에도 영향을 미칠 수 있다(국가건강정보포털, 2017).

(5) 알코올 분해 효소는 남성과 여성에게 동일한가?

일반적으로 남녀가 같은 양의 술을 마셨을 경우 남성보다 여성에게 알코올로 인한 신체 손상이 더 심하게 나타난다. 이는 알코올이 물에 잘 녹는 성질을 가지고 있는데 여성은 남성보다 몸속에 수분을 적게 가지고 있어 남성에 비해 혈중알코올농도(Blood Alcohol Concentration, BAC)가 높게 올라간다. 따라서 여성은 남성에 비해 알코올 분해효소를 적게 가지고 있어 알코올을 빨리 분해하지 못한다(보건복지부·한국건강증진개발원, 2017).

(6) 음주를 하면 기분이 좋아지거나 난폭해지는 이유는?

간은 흡수된 알코올의 90%를 처리하게 되는데 간에서 처리할 수 있는 것보다 많은 알코올이 몸 안에 들어온 경우 나머지 알코올은 뇌에 도달하여 여러 가지 약리학적 작용을 일으킨다. 혈중 알코올농도 0.05%에서 뇌의 고위기능에 영향을 미쳐 사고, 논리, 지각 판단력을 둔화시키고 충동을 억제하지 못하고 자제력을 잃게 한다. 0.1%가 되면 감정흥분, 몸의 균형유지 곤란, 운동부조화, 언어구사에 약간의 지장이 온다. 알코올은 본래 중추신경계의 기능을 억제하지만 뇌가 기본적으로 유지하고 있는 의식억제조절을 풀어버리므로 오히려 흥분되고 과각성 상태가 된다. 따라서 술을 소량으로 마셔 의식 억제조절을 적절한 수준에 맞출 수 있으면 중추신경계 각성 효과를 기대할 수도 있지만, 이러한 효과는 술 마시는 조건과 심리적 상태에 따라 달라지며 이 상태를 넘어갈 정도로 섭취하게 되면 오히려 사고력이 저하된다(삼성병원·하이닥 TV, 2009. 12. 2).

(7) 음주 후에 갈증이 심해지는 이유는?

알코올이 신장에서 수분의 재흡수를 일으키는 항이뇨호르몬(ADH: antidiuretic hormone)의 분비를 저하시킨다. 항이뇨호르몬이 저하되면 신장에서의 수분 재흡수가 억제되어 체내 수분이 그대로 소변으로 배설된다. 따라서 음주 후에는 자주 소변을 보게 되고 수분 부족으로 인하여 갈증이 생긴다(https://blog.naver.com/ccmwithj/30026201121).

(8) 음주 후에 머리가 아픈 이유는?

음주 후의 두통은 인체 내 아세트알데히드(acetaldehyde)라는 알코올을 분해하는 독성분뿐 아니라 술의 향과 맛을 결정하는 자연혼합물 혹은 인공첨가물에 의한 성문을 혼합할 때 발생되는 화학반응에서 비롯된다. 그러므로 여러 종류의 술을 섞어 마시는 경우 각각의 술에 섞여 있는 다양한 혼합물이 상호 화학 반응을 일으켜 두통을 더욱 심화시킬 수 있다(삼성병원·하이닥 TV, 2009. 12. 2).

(9) 과음을 하면 구토가 나는 이유는?

신체에서 몸을 보호하기 위한 일종의 방어 작용이다. 과음을 하게 되면 위장과 소장으로 들어오는 알코올의 흡수를 줄이기 위해서 식도와 위장이 연결되는 문이 열리기 때문에 오심이나 구토가 나는 것이다. 구토를 하는 경우 일시적으로는 알코올의 흡수가 줄어들어 편안함을 느낄 수는 있지만 반복되는 경우 위에서 넘어온 위산 때문에 식도 점막이 손상되어 식도염을 일으키게 된다(https://greenpio.com:446/).

(10) 음주 후 눈이 건조해지는 이유는?

술 마신 후 눈이 건조해지는 이유는 몸이 알코올을 분해할 때 많은 양의 체내 수분을 사용하기 때문이다. 안구 건조가 반복되면 각막이나 결막이 미세하게 손상될 수 있고, 이 상황에서 눈을 손으로 만졌다가 세균 감염이 일어나면 결막염 등의 안질환으로 악화될 수 있다. 따라서 음주 전후에는 물과 음료를 충분히 마시는 게 중요하고, 손으로 눈을 비비는 일은 금물이다. 특히 소주, 맥주 등을 원샷하는 것도 눈 손상을 초래한다. 안압이 갑자기 높아지면서 눈 속 신경이 압박을 받기 때문이다. 한두 번은 큰 문제가 없지만 반복되면 녹내장(안압이 높아져 시신경이 손상되는 질환)으로 이어질 수도 있다(헬스조선 2018. 11. 25).

(11) 음주 후 얼굴이 빨개지는 사람은 건강에 좋은 것인가?

간은 술의 주성분인 에탄올을 분해하기 위해 알코올 분해효소(Alcohol DeHydrogenase: ADH)라는 효소를 내보내고, ADH효소 작용으로 술의 주성분 에탄올은 아세트알데히드(acetaldehyde)라는 물질로 변한다. 그런데 이 아세트알데히드는 사람에게 해로운 1급 발암물질 독성이다. 독성이 강한 아세트알데히드가 만들어지면 간은 주인의 몸을 보호하기 위해 아세트알데히드 분해효소(AcetaLdehyde DeHydrogenase: ALDH)라는 또 다른 효소를 만들어 독성물질 아세트알데히드를 파괴한다. 그런데 문제는 아세트알데히드가 파괴되지 않고 몸에 남아 있게 될 때 분해되지 못한 아세트알데히드는 혈관을 타고 온몸으로 퍼져 나가고, 이때 이 독성물질에 의해서 혈관이 확장되며, 얼굴이 홍시처럼 붉어지는 홍조증을 나타낸다. 즉, 독성물질인 아세트알데히드를 분해하는 효소 ALDH가 제대로 작용하지 못하는 사람은 얼굴이 붉어진다. 한국인을 포함한 일부 동양인들 중 20~40%는 ALDH효소가 결핍되어 있어 술을 마실 때 홍조증을 나타낸다(김경빈, 2000).

특히 '알데히드분해요소(ALDH)'의 활성이 유전적으로 낮은 경우 이들에게 소주나 맥주 한잔을 억지로 마시라고 하는 것은 1급 발암물질을 마시라고 강요하는 것과 같은 만큼, 절대 강권하지 말아야 한다. 현재는 덜 벌겋게 되지만 10대 후반 혹은 20대 초반 무렵 처음 술을 접할 때 벌겋게 됐던 사람들도 이 범주에 들어간다(국민일보.2019. 2. 12).

또한 '알데히드분해요소(ALDH)'가 적은 사람은 술 한 잔만 마셔도 얼굴이 빨개지고 가슴이 뛰고 진땀이 나며 구역과 구토, 두통, 현기증, 저혈압을 나타내며, 견뎌낼 수 없는 불쾌감을 느낀다. 심하면 뇌 손상과 사망에 이를 수 있다. 이 같은 체질은 선천적으로 이루어지며 후천적으로 효소가 저절로 생성되지 않기 때문에 술을 많이 마시면 안 된다(삼성병원·하이닥 TV, 2009. 12. 2).

(12) 술을 마시면 살이 찌는 이유는 무엇인가?

술의 주성분은 알코올로 알코올 1g이 7.1kcal의 열량을 내는데 비해 그 외 영양소는 거의 가지고 있지 않다.[1] 흔히 마시는 소주 1잔(50cc), 맥주 1컵(200cc)이 약 70kcal의 열량을 가지고 있어 2~3잔만으로도 밥 1/2~2/3공기를 먹은 것과 비슷하다. 이렇게 알코올은 거의 지방과 맞먹는 고열량식품이긴 하지만 체내에서 지방으로 전환되는 비율은 낮다. 그럼에도 불구하고 음주는 전반적으로 자제력을 약화시켜 안주를 비롯한 음식 섭취를 늘리고 비만 위험을 높인다. 반대로 안주 없이 술만 마시는 경우에는 술 자체가 영양가가 거의 없으면서 다른 식품의 섭취기회를 감소시키기 때문에 영양불량의 위험도 있다(국민건강지식센터, 2015).

알코올에는 지방이 분해되는 걸 방해하는 성질이 있다. 특히 더위에 갈증 해소를 위해 즐겨 찾는 맥주는 식욕을 증가시킨다. 맥주의 원료인 호프에 포함된 이소알파산이 미각을 자극하기 때문이다.

---

1) 칼로리 자체는 말 그대로 열량이다. 영양이나 다른 어떤 것도 의미하지 않는다.

술은 체내에 저장되지 않고 체외로 모두 배출 된다는 이야기는 검증되지 않은 속설일 뿐이다. 술을 마셔서 몸무게가 줄어드는 건 단기적 이뇨작용에 의한 소변량 증가, 수분 감소, 열 생산 촉진에 의한 에너지 소비 증가에 의한 것으로 일시적인 현상에 지나지 않는다.

그렇다면 복부 비만 걱정을 덜면서 맥주를 즐기는 방법은 무엇일까? 가장 좋은 건 저칼로리 맥주를 마시는 것이다. 대부분의 저칼로리 맥주는 한 캔 당 약 90~100kcal로 일반 맥주보다 부담이 덜 하다. 갈증이 나서 맥주를 마신다면, 생수나 녹차, 보리차 등으로 갈증을 먼저 해소하는 게 좋다. 과일이나 채소 등으로 갈증을 해소하는 동시에 포만감을 얻는 것도 방법이다(국민일보, 2018. 8. 30).

또한 술과 안주를 함께 먹으면 술로 인한 열량이 먼저 소비되고, 음식은 체내의 잉여 열량으로 축적되어 체중이 증가하게 된다(한국건강증진개발원, 2018).

(13) 사람마다 술에 취하는 정도가 다른 이유는 무엇인가?

사람마다 알코올에 대한 반응이 다르며 여기에 영향을 주는 요인으로는 나이, 성별, 인종, 체중, 운동량, 음주 전 음식 섭취량, 알코올 분해 속도, 약의 복용, 가족력 등이 있다. 이중 알코올 대사 속도의 차이에 영향을 주는 요인은 효소와 같은 유전적 요인, 성별, 환경적·신체적·생리적 요인이 있다. 대표적인 알코올 분해 효소인 ADH(Alcohol dehydrogenase) 및 ALDH(Acetaldehyde dehydrogenase)는 유전적으로 간에서 그 함량이 조절되며, ADH, ALDH 효소의 다형성(polymorphism)이 알코올 대사 속도에 영향을 줄 수 있다. 이 외에 ADH-NADH 복합체, NAD 재생성 효소의 차이도 속도에 영향을 줄 수 있다. 즉, 태어날 때부터 알코올 분해효소가 적은 사람은 많은 사람에 비해 같은 양과 도수의 술을 마시더라도 얼굴이 쉽게 빨개지고, 일찍 취하고, 늦게 깨는 경향을 보이게 된다. 남녀에 있어서 알코올 대사 차이는 주로 성호르몬에 의한 차이 때문이며, 여성의 경우 월경주기에 따라 알코올의 제거 시간에 차이가 나기도 하고, 음주로 인한 불안·우울 증가 정도가 다를 수도 있다. 음주습관이나 음식섭취 등과 같은 요인도 알코올 흡수 속도에 영향을 미친다. 빈속에 안주 없이 급하게 술을 마시면 빨리 취하는 반면, 식사를 충분히 한 후에 안주와 함께 천천히 술을 마시면 쉽게 취하지 않는다. 간에서 대사되는 약물을 복용하는 중에 술을 마시게 되면 해독작용을 담당하는 간의 부담이 증가하여 알코올 대사가 떨어지게 된다. 자주 술을 마시게 되면 간이 충분히 회복되는 시간이 부족하여 간의 피로가 쌓이게 되고, 알코올 분해 능력이 떨어지며 전신의 피로감이 생기게 된다(질병관리본부·국가건강정보포털, 2017).

(14) 미국인과 한국인의 과음 음주량 기준이 다른 이유는?

음주가 건강에 미치는 영향은 인종, 성별, 체질, 체형에 따라 다르다. 특히 한국인의 평균 몸무게는 미국인보다 약 10kg 정도 적게 보고되고 있다. 한국인은 더 적은 양의 음주량에서도 건강에 좋지 않은 영향을 나타나고 있다. 그렇기 때문에 한국인의 과음 음주량 기준이 더 낮게 설정된 것이다(질병관리본부·국가건강정보포털, 2017).

(15) 술을 계속 마시면 마시는 양이 느는가?

술자리에서 마시면 는다며 술을 권하는 경우가 있다. 또 "자주 마시다 보니 늘었다"라고 하는 이도 있다. 그러나 선천적으로 알코올 분해 효소가 부족한 체질이 많이 마신다고 해서 주량이 늘지 않는다. 술이 늘었다는 느낌은 뇌의 일부분이 알코올에 적응해 각성 활동이 증가한 결과다. 아세트알데히드가 분해되지 않고 체내 축적되고 있으며 뇌에서는 '술을 마실 수 있다'고 착각하는 것이다(파이낸셜 뉴스, 2019. 1. 19).

(16) 술을 먹어야 생각이 명료해지는가?

간은 흡수된 알코올의 90%를 처리하게 되는데 간에서 처리할 수 있는 것보다 많은 알코올이 몸 안에 들어온 경우 나머지 알코올은 뇌에 도달하여 여러 가지 약리학적 작용을 일으킨다. 혈중 알코올농도 0.05%에서 뇌의 고위기능에 영향을 미쳐 사고, 논리, 지각 판단력을 둔화시키고 충동을 억제하지 못하고 자제력을 잃게 한다. 0.1%가 되면 감정흥분, 몸의 균형유지 곤란, 운동부조화, 언어구사에 약간의 지장이 온다. 알코올은 본래 중추신경계의 기능을 억제하지만 뇌가 기본적으로 유지하고 있는 의식억제조절을 풀어버리므로 오히려 흥분되고 과각성 상태가 된다. 따라서 술을 소량 마셔 의식억제조절을 적절한 수준에 맞출 수 있으면 중추신경계 각성 효과를 기대할 수도 있지만, 이러한 효과는 술 마시는 조건과 심리적 상태에 따라 달라지며, 이 상태를 넘어갈 정도로 섭취하게 되면 오히려 사고력이 저하된다(삼성병원·하이닥 TV, 2009. 12. 2).

(17) 술은 단지 음료수일 뿐인가?

술은 일반 음료와 명백히 다르다. 이는 술에 포함된 알코올에 의한 것으로 일반 음료수가 뇌기능에 큰 영향을 미치지 못하는데 반해, 술은 알코올의 약리학적 작용으로 취하게 됨에 따라 뇌 기능에 변화를 일으키기 때문이다. 술의 소화기전을 보면 위장에 알코올이 들어오면 알코올이 흡수되기 전에 위벽의 일차통과 대사로서 분해가 시작된다. 혈중 알코올농도는 위장 벽에서 흡수되기 이전에 일부가 알코올분해효소에 의해 분해되는 것과 위에 들어간 알코올이 얼마나 빨리 소장으로 내려가느냐에 달려 있다. 또한 빈속에 술을 마시면 알코올이 위에서 소장으로 빨리 내려가므로 흡수가 훨씬 빠르다. 그러나 지방질이나 단백질이 많은 음식을 섭취한 후 술을 마시면 위장 배출시간이 길어지므로 최고 혈중농도에 이르는 시간은 길어진다. 술에 포함된 알코올의 농도가 20%로 희석된 경우 최대로 흡수된다. 또 샴페인과 같이 탄산화 시킨 술의 흡수가 빠르다. 폭탄주, 콜라나 사이다를 섞은 가스주는 흡수가 빨라 혈액 내 알코올농도를 급격히 증가하고 빨리 취하게 되며 뇌에 독성을 나타낸다. 일반적으로 소주 반병을 공복 시에 마셨을 때 알코올량은 32mL이고 혈중농도는 0.06%에 이르며 증상은 30~60분 안에 나타난다. 그리고 이를 제거하기 위해서는 3~4시간이 걸린다(삼성병원·하이닥 TV, 2009. 12. 2).

(18) 술을 마시면 담배를 많이 피우게 되는 이유는?

술을 마시면 인체, 특히 간의 산소요구량이 증가한다. 산소를 몸 전체의 세포장기로 운반하는 것은 적혈구의 혈색소인데 이 혈색소는 산소보다는 일산화탄소와 결합하는 능력이 약 300배나 높다. 따라서 400pp의 높은 농도의 일산화탄소를 흡입하게 되는 음주 시 흡연은 인체의 산소결핍증을 유발하기도 한다. 술을 마시면서 동시에 담배를 피우면 암 발생률이 급속히 증가한다.

(출처: 국가암정보센터, 2013)

\<그림 13-1\> 구강암 발생 위험

이는 알코올과 니코틴 등 독성물질이 체내에서 복합작용을 일으켜 신체에 더 큰 부작용과 합병증을 주기 때문으로 파악되고 있다.

일본에서 조사해본 결과 식도암 발생확률이 일반인보다 30배 높은 것으로 나왔으며, 유럽, 남미 조사결과에는 107배 높다는 보도도 있다. 또 후두암, 구강암도 적어도 10배 이상의 발생 위험이 증가하는 것으로 보고되고 있다(삼성병원·하이닥 TV, 2009. 12. 2).

(19) 술을 자주 많이 마시는 사람이 알코올중독자인가?

술을 자주 마시는 것은 더 위험할 수 있고, 알코올중독으로 발전할 가능성이 높다. 그렇지만 알코올중독을 진단함에 있어서 술의 양과 음주 빈도를 기준으로 하지는 않는다. 술을 많이 마시는 사람이라고 해서 꼭 알코올중독자는 아니며, 술을 적게 마신다고 해서 알코올중독자로 볼 수 없다는 것은 아니다. 알코올중독을 진단함에 있어서 음주에 대한 강박적인 집착, 사회적인 문제의 유발과 내성 및 금단 증상이 기준이 된다. 술을 적게 마시는 사람이라도 동반된 문제가 있다면 알코올중독으로 진단하게 된다(질병관리본부·국가건강정보포털, 2016).

(20) 해장술은 숙취해소에 도움이 되지 않는다.

술을 좋아하는 사람들은 과음하고 다음날 해장국물에 해장술을 마시는 경우가 많다. 그러나 해장술은 전날의 과음과 폭음으로 간과 뇌기 제 기능을 회복하지도 못한 상태에서 또 술을 마시는 것이므로 다량의 알코올 대사로 이미 지쳐 있는 간이나 뇌에 또 부담을 줄 수 있다. 만약 해장술을 마신 후 술이 깬다고 느낀다면(숙취해소) 그것은 단지 알코올의 과잉섭취 후 급작스런 금단 현상을 막아 주는 일시적인 방편일 뿐이다. 그러므로 술을 마신 다음날은 해장술을 마시기보다다는 따뜻한 음식이나 꿀물 또는 과일을 섭취하는 것이 좋다(김사라, 2002).

2. 숙취 관련 일반상식

음주로 인한 폐해를 줄이기 위해서 숙취에 대한 일반상식을 숙지하는 것이 중요하다.

(1) 올바른 숙취 해소법

결론적으로 맹물, 커피, 토하는 것은 큰 도움이 안 된다. 대신 다량의 전해질 성분이 있는 얼큰한 국물이나 과일, 주스, 스포츠이온 음료를 마시는 것이 훨씬 낫다. 실제 술을 마시면 전체 알코올 흡수량이 숙취정도를 결정하게 되므로 술에서 가장 빨리 깨어나게 하는 것은 얼마나 빨리 전해질을 보충하느냐에 달려있다. 왜냐하면 알코올대사 산물이 신장에서 소변으로 빠져나갈 때 다량의 전해질을 함께 탈취해가므로 숙취현상을 강화시키기 때문이다.

찬물을 마실 경우 혈중 알코올 농도를 일부 떨어뜨릴 수 있으나 다량의 전해질 성분이 없어 그 효과가 그리 크지 않다.

커피도 카페인 작용으로 일시적인 기분 상승효과는 있으나 알코올의 작용을 낮추지 않으며, 또 이뇨기능이 강화돼 오히려 체내 수분을 더 방출하는 결과가 된다. 건강한 음주법은 매일 음주를 하는 것을 피하고 1주일에 최소한 2, 3일은 금주하는 것이 간의 피로를 덜어주는 것임을 명심해야 한다. 그리고 음주 시에는 안주를 충분히 먹는 것이 음주자에 흔히 오는 영양장애를 피하고 간독성을 덜어 주는 길이다.

음주 전 식사량이 많고 천천히 마실수록 알코올 혈중농도는 서서히 증가한다. 한편 똑같은 분량의 술을 마신다면 체중이 적은 사람의 혈중농도가 빨리 올라가고 최대음주량도 적다. 간세포의 알코올을 산화시키는 능력이 알코올해독 능력이다. 평균적으로 한 잔의 위스키나 한 컵의 맥주는 체내에 들어가 1시간이 지나야 분해된다.

우리나라의 경우 전체인구의 30%는 분해효소가 결핍되어 있다. 질병과 영양실조가 있으면 분해 능력은 급격히 떨어진다(삼성병원·하이닥 TV, 2009. 12. 2).

(2) 술을 마시지 않는 것이 가장 좋지만, 술을 마셔야 할 경우는?

과음과 과식을 피하기 위해 공복 상태에서의 음주를 피해야 한다. 즉, 숙취를 예방하려면 술을 마시 전에 미리 식사를 하는 것이 좋다. 또한 물은 포만감을 느끼게 하고 알코올 분해를 돕기 때문에 음주 중 물을 자주 마시는 것이 숙취 해소에 도움이 된다(한국건강증진개발원, 2018).

(3) 숙취해소에 음식물은 효과가 있는가?

해장국으로 많이 먹는 콩나물국, 북엇국, 선짓국, 조갯국, 미나리, 녹차, 칡차 등은 숙취에 도움이 된다고 흔히 알려져 있다. 그러나 숙취를 일으키는 아세트알데히드를 분해시키는 효과가 있을 수 있지만, 이러한 효과에 있어 이들 음식이 '특별히 우월하다는 근거는 부족'하다. 알코올 분해 과정에서 반드시 필요한 것은 수분이므로, 물을 많이 마시고 충분히 수면을 취하고 휴식하는 것이 숙취 해소에 가장 확실한 방법이다(서울대학교 의과대학 국민건강지식센터, 2015).

(4) 숙취해소 음료는 효과가 있는가?

숙취는 알코올이 분해될 때 생기는 아세트알데히드라는 독성 물질에 의해 발생하는 것으로, 아세트알데히드는 자율신경계통에 영향을 주어 구토, 과호흡, 기면, 혈관확장, 빈맥, 저혈압 등을 일으킨다. 시중에 판매되는 술 깨는 약이나 숙취해소 음료는 아세트알데히드를 분해하는 효소의 활성을 도와주는 성분을 함유하고 있으나 그 효과가 소비자들이 기대하는 것만큼 큰 것은 아니다. 이들 제품들은 알코올의 효과를 없애는 것이 아니라 숙취로 인해 생기는 증상을 완화시켜주는 대증치료에 가깝다고 보는 것이 적절하다(서울대학교 의과대학 국민건강지식센터, 2015).

(5) 술과 커피를 섞어 마시면 과음을 할 수 있다

커피나 에너지 음료에 들어있는 카페인의 각성효과로 인해 술에 취하지 않았다고 착각하게 될 뿐 실제 혈중 알코올 농도를 낮추지는 않는다. 오히려 과음할 수 있다(식품의약품안전처, 2017).

(6) 위장약 먹고 술을 마시는 것은 좋지 않다

위장약 먹고 술을 마시는 음주 습관은 오히려 간에 무리가 될 수 있다. 술과 약을 간에서 분해되기 때문에 특히 제산제 계통의 위장약은 혈중 알코올 농도를 높일 수 있다(식품의약품안전처, 2017).

(7) 음주 후 사우나에서 땀을 빼는 것에 좋지 않다

음주 후 사우나 혹은 찜질방에 가는 것은 위험하다. 혈관이 확장되어 심장으로 급작스럽게 피가 몰리기 때문이다. 수분을 충분히 섭취하고 휴식을 취하는 것이 가장 중요하다(식품의약품안전처, 2017).

3. 세계 각국의 독특한 숙취해소법(blog.naver.com/vinglass/140155498668)

(1) 독일

독일인의 숙취 해소법에 대해 해장이나 숙취제거라는 단어자체가 독일 사람들에게는 생소한 개념이라고 말했다. 현대 생활을 하고 있는 독일인들은 과음을 하는 생활을 거의 하지 않기 때문에 숙취문제는 매우 낯선 것 같다. 다만 다음 날까지 술기운이 남아 있을 때 오히려 운동으로 이를 해소하는 것이 가장 일반적인 방법이다.

이밖에 숙취제거의 한 방법으로 행해지고 있는 것은 다음 날 아침 미네랄워터나 토마토 주스를 마시는데, 이는 몸속의 미네랄이나 비타민 함량을 정상으로 돌려놓기 위한 방법이다. 그러나 두통이 있을 경우에는 진통제를 복용할 것을 추천하고 있고, 아주 심할 경우에는 생강이나 서양말냉이 농축액을 먹는다. 그러나 해장을 위해 다시 알코올을 섭취하는 것은 절대로 삼가하고 있다.

(2) 영국

가장 대표적인 방법으로는 닭으로 만든 수프(soup)로 몸속을 보전해주거나 레드 아이(Red Eye) 예를 들어 술 먹은 다음 날 눈이 빨개진 것을 해소하기 위해서 아침에 토마토 주스에 맥주를 타서 마신다.

이와 함께 토마토주스에 보드카를 넣은 블러드 메리(Bloody Mary)로 해장을 하는 법도 있는 것으로 전해지고 있다. 특히 달걀프라이에 토마토와 소시지, 버섯 등을 함께 먹는 얼스터 프라이(Ulster Fry)가 해장 음식으로 유명한 것으로 알려져 있다.

또 영국의 일부 주당들은 레몬을 반으로 잘라서 겨드랑이에 문지르는 것을 확실한 숙취해소법으로 알고 이를 행하고 있는 것으로 알려지고 있다. 이 숙취해소법은 문지르는 방향도 정해져 있는데, 실제로 북반구 사람들은 시계 방향으로 문지르고 남반구 사람들은 시계 반대방향으로 문지른다는 것이다.

(3) 미국

미국인들의 숙취 해소법은 캔으로 된 치킨 수프를 끓여서 먹는 것이 일반적이다. 사람 입맛에 따라서는 생달걀 노른자위에 소금, 후추, 브랜디 등으로 맛을 낸 음료를 마시는 경우도 있다고 한다(http://cafe.daum.net/Naturalhealthjigi/35ye/911).

(4) 러시아

러시아인들은 따뜻한 고깃국을 먹고 뜨거운 물로 샤워를 한 뒤 30분 이상 수면을 하거나 양배추와 오이즙에 소금을 넣어 만든 '라솔'이란 음료를 마신다는 것이다.

또 전날 마시다 남은 술이나 맥주를 소량 마시거나, 식초에 절인 오이나 동치미처럼 생긴 새콤한 양배추 절임 국물을 들이켜 마신다고 한다.

특이한 숙취 해소방법도 전해지고 있는데 사우나에서 자작나무 이파리로 몸을 때리면서 숙취를 해소하는 고전적인 방법도 있고, 현대적인 방법으로는 아스피린 두 알을 많은 물과 함께 삼킨 뒤 진한 커피를 마신 후 뜨거운 물에 샤워를 하기도 한다.

(5) 이탈리아

과음으로 숙취를 해소하기 위해서는 설탕을 넣지 않는 에스프레소 1잔을 진하게 마셔, 위의 알코올 기운을 없애는 방법을 주로 하고 있다. 이탈리아인들은 음식으로도 숙취 해소를 하는데, 하얀 쌀로 리조토를 만들어 팔미자노 치즈를 끼얹은 음식을 먹기도 한다. 이탈리아인들 역시 과음을 하게 되면 잠을 우선 푹 자는 것으로 숙취를 해소하기도 하는데 술에다 음식을 먹는 것이 아니라 음식에 와인을 곁들여 마시는 것이 보통 선진국들의 음주문화로 우리나라와 같은 숙취해소 문화는 존재하지 않는다.

(6) 멕시코

멕시코인들은 부엘 바 알라 비다(Vuelva ala vida)라는 해장 음식을 먹는데, 이는 '무사귀한'이란 뜻이다. 이 음식은 새우와 해산물을 매운 고추에 양념한 샐러드다.

(7) 폴란드

피클즙을 짜서 마신다. 신맛을 더 내기 위해 식초를 곁들이기도 한다.

(8) 가나

음주 후 식사할 때 모든 음식에 후추를 뿌려서 먹는다고 하는데 이는 몸을 따뜻하게 해주는 성질과 오장육부를 편안하게 해주기 때문이라고 한다.

(9) 루마니아

소 내장에 뿌리달린 채소와 함께 식초, 마늘, 크림, 소금을 넣어 푹 끓인 후 이를 마신다.

(10) 중국

중국인들은 과음을 한 다음날 숙취해소를 위해 보통 진하게 다려낸 녹차에 레몬이나 식초를 넣어 마신다. 또한 인삼, 귤껍질, 칡뿌리 등 6가지 천연재료를 섞어 만든 전통차 '싱주링'을 마시기도 한다.

(11) 몽골

간이나 니코틴 해독에 좋다는 토마토에다 소금에 삭힌 양의 눈알을 넣어서 먹는다.

(12) 태국

기름에 튀긴 삶은 달걀에 매콤한 소스를 듬뿍 얹은 '까이 룩 꿰이'를 먹는다. 장모가 사위에게 만들어 준다고 해서 '사위달걀'이라고도 한다.

(13) 일본

매실을 소금에 절인 다음 차조기 잎을 넣어 만든 매실 장아찌를 그냥 먹거나 녹차에 넣어 마신다. 또 조개를 넣어 끓인 된장국을 먹거나, 홍시나 감, 곶감 등을 먹기도 한다.

4. 금주와 올바른 음주 방법

(1) 반드시 금주가 필수적이다

지나친 음주는 간경화나 간암을 일으키며, 특히 임신 중의 음주는 기형아 출생률을 높인다. 임신 중이거나 임신 예정인 여성, 이전에 뇌출혈이 있었던 사람, 알코올중독으로 진단받은 사람, 간질환이 있는 사람, 췌장질환이 있는 사람, 심부전이 있는 사람은 반드시 금주를 해야 한다(국민건강지식센터, 2015).

(2) 술잔 돌리기는 바이러스가 전염될 수 있다

술을 마시면서 친목과 화합의 표현으로 자신의 잔으로 상대에게 술을 권할 때가 있다. 문제는 이때 잔을 통해 수인성 바이러스가 전염될 수 있다는 사실이다. 수인성 전염병은 물을 매개로 전파되며 A형 간염, 장티푸스, 이질, 콜레라 등이 있다. 따라서 간단히 물에 헹구는 것으로 술잔이 깨끗해 질 것으로 생각하지 말고, 자신의 잔만 사용해야 하며, 상대에게 권할 시 새 잔을 이용하는 것이 옳다(삼성병원·하이닥 TV, 2009. 12. 2).

(3) 약과 함께 술을 절대로 마시지 마라

약을 복용하면서 술을 마시면 간은 약과 알코올 두 가지를 동시에 대사하지 않으면 안 된다. 알코올이 간에 들어오면 알코올을 우선적으로 분해한다. 자연히 약의 분해가 늦어져서 혈중에 오래 정체하기 때문에 약의 작용이 과다하게 나타난다. 간장과 위장 등에 과중한 부담을 주고 심각한 부작용이 생길 수 있는 음주시의 약물 복용은 절대 피해야 한다(박은숙, 2001).

(4) 첫 잔은 오래, 그리고 천천히 마셔라

농도가 높은 술을 첫 잔부터 단숨에 마시면 위염이나 위점막에 가벼운 출혈을 일으킬 수 있고, 몸 전반에 무리를 주게 된다. 원샷처럼 급히 마시는 술은 알코올의 혈중 농도를 급속히 높여 중추 신경과 호흡 중추를 급속히 마비시켜 급성 알코올중독이 될 수 있다. 또한 그렇게 계속 마시게 되면 뇌의 마비가 진척되어 혼수상태로 사망에까지 이를 수도 있다. 편안한마음으로 첫잔부터 천천히 마셔야 한다(박은숙, 2001).

(5) 무리하게 술을 권하지 마라

술자리에서는 다른 사람의 의견을 존중하고 술을 억지로 강요하지 말아야 한다. 사람마다 그날 컨디션과 상황, 주량 등이 다 같을 수 없기 때문이다. 지나친 강요는 결국 상대방의 생활 리듬과 건강을 훼손시키고 가정생활에 문제를 야기시키는 등 해만 끼칠 따름이다(박은숙, 2001).

(6) 간을 쉬게 하라

간이 분해할 수 없을 정도로 많은 양의 알코올을 섭취하면 아세트알데히드가 분해되지 않고 간장에 남아, 간조직을 자극하거나 지방분을 쌓이게 하여 간장 질환을 야기 시킨다. 과음하였으면 2~3일 정도는 절대로 술을 마시지 않아야 간장에 쌓인 지방분이 해독되어진다. 만일 쉬지 않고 계속 마시면 지방간에서 알코올성간염, 간경변, 간암으로 이르게 된다(박은숙, 2001).

(7) 주량 바로 알기(http://blog.daum.net/2002chris1025/856)

당신의 주량은 얼마입니까? 라고 물었을 때 한 병이요, 세잔이요, 두병이요, 한잔도 못 마셔요. 과연 개인의 주량을 판단하는 기준은 무엇일까?

주량의 사전적 의미를 살펴보면 마시고 견딜 정도의 술의 분량이라고 정의한다. 흔히 사람들이 말하는 주량은 이러한 양적인 척도를 대입시켜 주량이라고 말하는데 술을 마신 후 정상적인 행동을 할 수 없을 만큼인 즉, 쓰러지기 전 수준이나 집에 찾아갈 수 있는 수준, 그리고 술자리에서의 기억을 떠올릴 수 있을 수준까지 등을 말한다. 하지만 쓰러지기 전이나 기억을 떠올릴 수 없을 정도를 '견딜 정도'라고 보기는 어렵다. 위의 상황은 이미 신체적으로 정상의 범위를 넘었기 때문이다.

주량은 사람마다 다르다. 알코올 함량이 같은 술을 마셔도 어떤 사람은 5잔, 어떤 사람은 한잔이 주량인 경우가 있는데 이것은 사람마다 가지고 있는 신체 조건인 키와 몸무게, 성별, 체내 지방량, 체내 수분량 등 의 신체조건이 각기 다르기 때문이다.

또한 술을 전혀 마실 수 없는 사람도 있는데 우리나라는 전체 인구의 25% 정도가 술을 마시지 못한다. 일반적으로 주량이 센 사람들을 살펴보면 체중이 많이 나가거나 간이 큰 사람들이다. 체중이 많이 나가게 되면 체내 수분량이 많아 알코올을 분해하는 데 도움이 되고 간이 크면 알코올 분해 역할을 하는 간에 부담을 덜 주기 때문이다. 하지만 건장한 사람의 경우에도 알코올을 분해하는 효소의 돌연변이로 인해 술 한 잔 마시기 힘든 사람도 있다.

"부전자전"이라고 했던가? 아버지가 술을 잘 마실 경우 자녀도 술을 잘 마시는 것이 일반적인 현상이다. 알코올 의존증의 경우에도 아버지가 알코올 의존증이면 자녀도 의존증일 확률이 높아지는 것처럼 유전적인 요소도 주량과 깊은 관련이 있다. 하지만 여기에도 예외가 있다. 부모가 모두 잘 마셔도 자녀 중에 잘 마시지 못하는 사람이 있기 때문이다.

여성이 남성보다 주량이 약한 이유는 무엇일까? 여성은 남성에 비해 체지방률이 높고 체내 수분 함유량이 낮아 알코올이 혈액 속에 오래 남아 있으며 알코올 분해효소의 분해 정도도 낮아 같은 양의 알코올이라도 남성보다 여성이 더 빨리 취한다. 그러나 일반 남성보다 술이 더 센 여성도 있다.

이처럼 간이 크니까, 부모님이 술을 잘 마시니까, 남자니까 라는 이유로 술이 셀 수 있으나 본인이 가진 신체 특성으로 인해 술에 약할 수도 있다.

그러나 인간은 매일 같은 상태의 신체적, 정신적 상태를 유지하지 않기 때문에 자신의 주량을 미리 예측하고 단정 지어서는 안 된다.

그렇다면 올바른 주량은 신체에 무리를 주어 정상적인 행동이 발생하기 전까지가 아니라 몸에 해를 주지 않고, 기분 좋게 마실 수 있을 때까지가 바로 주량이다. 항상 부족한 듯 음식을 먹으면 살이 찌지 않는 것처럼 술도 조금 부족한 듯 마시면 술로 인한 사건, 사고를 사전에 예방할 수 있다.

(8) 술을 이기는 방법(http://blog.daum.net/2002chris1025/826)

① 공복에 마시지 말자

공복에 술을 마시면 알코올이 빠르게 흡수되어 혈중 알코올 농도가 급격히 상승하게 되고 취기가 빨리 오르게 된다. 술을 많이 마시게 되는 자리라면 든든하게 위를 채우는 게 술에 덜 취하는 방법의 시작이다. 밥을 먹고서 술을 마시면 위장에서 알코올을 흡수하는 속도가 늦어지게 되는데 그래서 천천히 취하게 된다. 만약에 식사를 할 시간이 없어 공복으로 술을 마셔야 하는 경우 편의점에 들러서 삼각김밥이라도 먹는 것이 좋다. 술자리에 앞서 준비를 철저히 하고 술자리를 갖게 된다면 공복이었을 때보다 더욱 편한 술자리가 될 것이다.

② 안주를 많이 먹자

술안주는 수분이 많아야 하며 비타민과 무기질이 풍부하고 고단백인 안주가 좋다. 술을 마시면 비타민의 파괴가 심해지기 때문에 비타민이 풍부한 과일을 먹는 것이 몸 건강에도 좋다. 그리고 간의 대사 기능을 원활하게 하는 고단백 안주, 알코올 흡수를 더디게 하는 우유와 치즈가 좋다. 또한 칼륨과 인산 같은 무기질과 비타민 A, C가 풍부하게 들어있는 오이도 좋다. 오이를 안주로 함께 먹게 될 경우 알코올이 우리 몸에 흡수되기도 전에 밖으로 배출 될 수 있도록 이뇨제 역할을 해주기 때문이다

③ 탄산음료 말고 물을 마시자

탄산음료는 좋지 않다. 많은 사람들이 술자리에서 탄산음료를 함께 마시기도 하는데 술을 잘 마시지 못하는 이유로 탄산을 섞어 마신다. 이 방법은 빠르게 술이 취하는 방법이므로 주의해야 한다. 또한 이온음료를 먹는 경우도 흔히 볼 수 있는데 이온음료는 알코올 흡수를 빠르게 도우므로 탄산음료와 마찬가지로 꼭 피해야 한다. 탄산음료 대신 권장하는 것이 바로 물이다.

체중이 적게 나가는 대부분의 사람들이 술에 약한 이유는 체내 수분량이 상대적으로

적기 때문이다. 물은 술을 중화시키는 역할을 하기 때문에 체내 수분량이 적은 사람들은 그렇지 않은 사람들에 비해 보다 빠르게 취한다. 그러므로 술 한 잔에 물 한 잔을 함께 마시는 것이 제일 좋다. 또한 물을 자주 마시게 되면 이뇨작용이 일어나서 알코올이 체내로 배출되기도 한다.

④ 술자리에서는 말을 많이 하자

술자리에서 말을 많이 하면 술을 천천히 마실 수 있다. 말하는 것 자체가 알코올의 체외 배출을 돕는다. 체내에 흡수된 알코올의 약 10%가 호흡을 통하여 배출이 되기 때문에 말을 많이 하게 되면 호흡이 많아져 많은 알코올이 호흡으로 배출된다. 그러므로 실언(失言)을 하지 않는 범위 내에서 많은 대화를 하는 것이 도움이 된다.

⑤ 폭탄주와 흡연은 금물!

술을 마실 때에는 한 가지의 술만 마시는 것이 제일 좋다. 그렇지 않고 두 종류의 술을 마실 때에는 약한 것부터 마셔야 한다. 예를 들면 맥주-소주-양주 순으로 마시는 것이 좋다. 신체가 약한 술부터 천천히 적응해 가야 하기 때문이다. 한 가지 술이 아니라 두 가지 술을 섞어 마시는 폭탄주는 한 가지 주종을 마실 때와는 다르게 빠르게 취한다. 한 가지 술을 마실 때보다 폭탄주를 마시게 되면, 신체는 폭탄주를 더 빠르게 흡수하기 때문에 폭탄주를 마시게 될 경우 빠르게 취하게 된다.

흡연 또한 빠르게 술 취하는 데에 한 몫을 한다. 알코올과 니코틴은 서로 촉매 작용을 하기 때문에 담배를 피우면서 술을 마시면, 담배를 피우지 않고 술을 마실 때보다 더 빨리 취하게 된다. 술자리에서 담배가 더 피우고 싶은 이유도 알코올이 니코틴을 빠르게 용해시키기 때문이다. 그러므로 술자리에서는 담배를 피우지 않는 것이 좋다. 그 외에도 여러 가지 방법이 있다. 술 많이 마시는 사람 옆에 앉지 않기, 천천히 술 마시기, 컨디션 조절하기 등 이러한 방법을 숙지하고 술자리 팁으로 활용한다면 술에 지지 않고 웃으면서 술자리를 가질 수 있다.

(9) 음주 후 하지 말아야 할 것들(http://eknews.net/xe/399997에서 재정리)

① 음주운전!

당연히 음주운전, 이는 범죄행위이므로 절대 해서는 안 된다.

② 샤워는 위험하다

음주 후 샤워나 사우나를 하게 되면 알코올 성분 때문에 몸 안에 쌓인 열기가 외부로 나가지 못해 심한 구토를 일으키거나 의식을 잃고 쓰러질 수도 있다. 특히 혼자 사는 사람들은 누구의 도움을 받을 수가 없으므로 주의해야 한다.

③ 해열소염제 복용을 해서는 안 된다

알코올은 여러 종류의 약품과 화학반응을 일으켜서 독성물질을 만들 수 있기에 음주후 해열소염제를 복용하면 간에 치료하기 어려운 염증을 일으킬 수 있다.

④ 전기담요 사용은 위험하다

술 마신 뒤 전기담요 위에서 자는 일도 자제해야 한다. 혈압이 높은 사람이나 뇌혈관 관련 질병이 있는 사람은 혈압이 더 높아져 증세가 악화될 수 있다.

⑤ 술 마시고 바로 자는 것보다는 잠깐 휴식을 가진다

술 마시고 바로 잠들며 인체의 신진대사가 느려져 알코올이 간에 머무는 시간을 늘려 간에 더 큰 부담을 주게 되므로 술 마신 후에는 찬물로 세수 한번 하고, 잠시 앉아 휴식을 취하는 것이 좋다. 혹시 술 마신 뒤에 잠들면 2시간에 한 번씩 깨워서 따뜻한 물이나 꿀물을 마시게 하면 더 좋다.

참고문헌

[국내문헌]

1. 단행본

권석만(2014). "이상심리학의 기초", 서울: 학지사.

권준수(2015). "정신질환의 진단 및 통계편람", 서울: 학지사.

김기태·안영실·최송식·김주영(2004). "알코올 중독자의 회복훈련", 경기: 양서원.

김기태·안영실·최송식·이은희(2005). "알코올 중독의 이해", 경기: 양서원.

김용해(2011). "현대사회와 자살", 파주: 내일을 여는 지식.

김정미·박희숙(2016). "정신건강론", 경기: 공동체.

김종성(2003). "알콜중독성 질환의 진단과 치료", 서울: 한국의학.

나동석·서혜석·이대식·곽의향·김미혜(2008). "정신건강론", 경기: 양서원.

나동석·서혜석·이대식·강희양·곽의향·김미혜·신경애(2015). "정신건강론", 경기: 양서원.

남태우(2005). "음주의 유혹 금주의 미혹", 주당국가들의 음주형태, 대구: 태일사.

노병일(2017). "아동복지론", 경기: 공동체.

노안영·강영신(2003). "성격심리학", 서울: 학지사.

민성길(1993). "최신정신의학", 서울: 일조각.

사회복지연구센터(2016). "인간행동과 사회환경", 1급 사회복지사 기본서, 서울: 나눔의 집.

사회복지연구센터(2016). "사회복지정책론", 1급 사회복지사 기본서, 서울: 나눔의 집.

손광훈(2012). "인간행동과 사회환경", 경기: 공동체.

손정란(2012). "현대임상심리학", 서울: 시그마프레스.

원사덕·이현경(2005). "약물과 보건", 서울: 계축문화사.

오혜경(2008). "중독의 심리학"(숨겨진 욕망을 자극하는 치명적인 유혹 크레이그 네켄 지음).

오창순·신선인·장수미·김수정(2015). "인간행동과 사회환경", 서울: 학지사.

유수현·천덕희·이효순·성준모·이종하·박귀서(2015). "정신건강론", 경기: 양서원.

유수현·천덕희·이효순·성준모·이종하(2018). "정신건강론", 경기: 양서원.

이상희(2009). "술" 한국의 술문화, 서울: 선.

이선형·임춘희·강성옥. "건강가정론", 서울: 학지사.

이순민(2015). "정신건강론", 서울: 학지사.

이영호(2017). "정신건강론", 경기: 공동체.

이해국·정슬기·조근호·최삼욱·김현수·이인혜. 윤홍균 외(2013). "중독에 대한 101가지 오해와 진실", 서울: 중독포럼.

이희종·제갈정(2002). "직장인 음주문제 프로그램 개발을 위한 조사연구", 경기: 한국음주 문화연구센터.

임혁·채인숙(2015). "정신건강의 이해", 경기: 공동체.

장수환·김현주·임혁(2013). "인간행동과 사회환경", 경기: 공동체.

전석균(2017). "정신건강론", 경기: 공동체.

정남운·박현주(2002). "알코올 중독", 서울: 학지사.

제갈정(2001). "한국인의 음주실태", 경기: 한국음주문화연구센터.

조성기·장승옥·이혜경·최현숙·제갈정·윤혜미(2001). "대학생의 음주실태", 경기: 한국 음주문화연구센터, 2001-3.

조성희 외 역. Urschel, H. C. III(2012). "중독된 뇌 살릴 수 있다", 서울: 학지사.

천덕희·김은경·서현희·김성현·윤명숙·남궁기(2002). "알코올 중독", 서울: 나눔의집.

최송식·최말옥·김경미·이미경·박은주·최윤정(2018). "정신건강론", 서울: 학지사.

최옥채·박미은·서미경·전석균(2017). "인간행동과 사회환경", 경기: 양서원.

천주의 성 요한 알코올 상담치료센터(1993). "회복에 이르는 길", 서울: 하나의학사.

최일섭·류진석(1996). "지역사회복지론", 서울대학교 출판부.

표갑수·김혜정·유옥현·박영·김현진(2016). "인간행동과 사회환경", 서울: 신정.

한국음주문화센터(2002). "올바른 음주문화를 위한 알코올정보", 알코올 백과, 경기: 한국음주 문화센터.

한국음주문화연구센터(2010). "전국 대학생 음주실태", 경기: 한국음주문화연구센터.

한인영·홍순혜·김혜란·김기환(1999). "학교와 사회복지", 경기: 학문사.

현정환(2007). "상담이론 실제 연습의 상담심리학", 경기: 양서원.

황보종우(2008). "자살론", 에밀뒤르켐, 경기: 청아출판사.

2. 학위논문

강경화(2016). "문제음주자를 위한 맞춤형 동기증진 프로그램의 개발 및 평가", 서울대학교 대학원, 박사학위논문.

김귀랑(2013). "동기강화 인지행동치료가 알코올 의존 환자의 단주자기효능감과 변화 동기에 미치는 효과", 대구대학교 대학원, 석사학위논문.

김남현(2006). "음주운전에 관한 형사법적 연구", 연세대학교 대학원 박사학위논문.

김대수(2013). "직장인 음주행위의 선행변수와 업무성과에 미치는 영향에 관한 연구", 영남대학교 대학원, 박사학위논문.

김사라(2002). "청소년 음주예방 프로그램의 효과성에 관한 연구", 이화여자대학교 대학원, 석사학위논문.

김상구(2008). "음주운전 예방정책에 관한 연구", 중앙대학교 대학원, 박사학위논문.

김수진(2003). "대학생의 문제음주와 독서치료", 부산대학교 대학원, 석사학위논문.

김승수(2015). "학교현장에 기반한 청소년 음주문제 예방연구", 중앙대학교 대학원, 박사학위논문.

김인석(2001). "음주 및 음주문제의 위험요인과 취약성 요인에 관한 구조방정식 모델링", 중앙대학교 대학원, 박사학위논문.

김진주(2018). "알코올 중독자의 재발 유형", 아주대학교 대학원, 박사학위논문.

김진형(2010). "음주형태 및 운전행동과 음주운전과의 관계", 충남대학교 대학원, 석사학위 논문.

김희주(2016). "위험음주자 구분에 따른 주류광고의 유형별 효과에 관한 연구", 서강대학교 대학원 석사학위논문.

박경일(2008). "태아 알코올증후군 대상자의 삶의 체험", 이화여자대학교 대학원, 박사학위논문.

신영주(2008). "여성 알코올 의존자의 중독 과정", 서울여자대학교 대학원, 박사학위논문.

신종헌(2011). "일부지역사회주민의 자살행동 유병률과 관련 요인", 충남대학교 대학원, 박사학위논문.

양정운(2017). "알코올 중독자를 위한 비폭력대화 기반 의사소통 훈련 프로그램의 효과", 서울대학교 대학원, 박사학위논문.

원성두(2015). "알코올 사용장애 환자를 위한 목표중심 자기조절 프로그램의 효과", 아주대학교 대학원, 박사학위논문.

유지인(2008). "음주운전 감소를 위한 교육홍보정책의 효과성에 관한 연구", 연세대학교 대학원, 석사학위논문.

윤명숙(1997). "알코올 중독 남편의 단주가 부부관계에 미치는 영향에 관한 연구", 이화여자대학교 대학원, 박사학위논문.

용후란(1995). "알코올 중독자의 재발요인으로서의 스트레스 상황, 지각 및 대처방법", 이화여자대학교 대학원, 석사학위논문.

이기일(2010). "대학교 조직·환경적 특성이 대학생의 음주행동과 음주문제에 미치는 영향", 인제대학교 대학원, 박사학위논문.

이동주(2002). "음주문화에 대한 인식이 음주형태에 미치는 영향", 연세대학교 대학원 석사학위논문.

이명윤(2014). "알코올중독자의 장기간 단주과정", 단국대학교 대학원, 박사학위논문.

이솔지(2013). "알코올중독자의 삶에 대한 현상학적 연구", 부산대학교 대학원, 박사학위논문.

이자영(2018). "알코올의존증 환자의 변화동기, 금주자기효능감 및 스트레스 대처 증진과 우울감소를 위한 인지행동치료 프로그램 개발 및 효과 평가", 강원대학교 대학원, 박사학위논문.

이재경(2014). "알코올소비와 음주문제에 영향을 미치는 지역사회 요인에 대한 공간분석", 중앙대학교 대학원, 박사학위논문.

이창원(2014). "알코올 중독자 가족의 영속적 위기 요인에 관한 연구", 대구대학교 대학원, 박사학위 논문.

이현정(2016). "알코올 중독자의 음주에 미치는 영향요인", 이화여자대학교 대학원, 석사학위논문.

임영란(2000). "알코올 의존 환자를 위한 인지행동치료의 효과 검증 및 심리적 위험인자에 대한구조 모형분석", 고려대학교 대학원, 박사학위논문.

정상연(2016). "대물림 알코올 중독자의 회복과정에 대한 질적 사례연구", 경상대학교 대학원, 석사학위논문.

정서영(1995). "부부간의 심리적 신체적 학대, 대처양식과 개인의 적응감", 숙명여자대학교 대학원, 석사학위논문.

천덕희(2010). "A.A를 통해 회복중인 알코올 중독자들의 경험에 관한 연구", 숭실대학교 대학원, 박사학위논문.

최진경(2003). "여성문제 음주자에 대한 사정요인 탐색을 위한 연구", 서울여자대학교 대학원, 석사학위논문.

한혜형(2010). "알코올 의존자의 단주 경험", 중앙대학교 대학원, 박사학위논문.

홍선영(2019). "중년기 남성의 문제음주에 영향을 미치는 생태학적 요인 분석", 이화여자 대학교 대학원, 석사학위논문.

3. 학술논문

권리아·신상수·신영진(2017). "알코올 가용성과 음주형태 관련성에 관한 체계적 문헌고찰", 보건사회연구, 37(1), 543-567.

권리아·신상수·신영진(2018). "알코올 가용성이 음주행태에 미치는 영향", 한국사회정책, 25(2) 125-163.

김광기(2002). "중년남성의 음주와 건강증진사업", 대한임상건강증진학회지, 2(2).

김광기(2008). "이제는 절수시대: 공공장소 주류광고 청소년 음주 조장", 대한보건협회 건강생활, 60, 22-23.

김광기·장승옥·제갈정(2006). "대학교의 환경적 특성이 음주폐해에 미친 영향", 한국보건교육·건강증진학회지, 23(3), 65-83.

김경빈(2000). "알코올에 대한 임상의학적 문제", 한국알코올과학회지, 1(1), 29-50.

김규수(2006). "알코올중독자의 가족기능과 대처행동이 알코올중독자의 병력에 미친 영향", 사회복지개발연구, 12(1), 1-25.

김기경·이재우·유형정·민성호(2010). "국민건강증진을 위한 음주규제의 법정책과 입법방안", 한국의료법학회지, 18(2), 178-200.

김선진(2009). "단주중인 알코올중독자와 가족들이 경험한 가족기능 회복과정", 한국사회 복지질적연구, 3(1), 63-100.

김영복(2016). "대학 신입생의 음주문제와 정신건강, 건강생활실천 간의 관련성", 한국알코올과학회 후기학술대회, 12, 117-119.

김종선(2014). "알코올중독자의 성격이론과 성격유형화의 영향력에 대한 연구", 교회사회 사업, 25, 99-132.

김재윤·정우진·이선미·박종연(2010). "우리나라 청소년 음주의 사회경제적 비용 추계", 예방의학회지, 43(4), 341-351.

김한나(2012). "여성 ACOAs(Adult Childern of Alcoholics: 알코올중독자 성인자녀)의 부모역할", 한국알코올과학학지, 13(1), 1-15.

김현숙(1999). "대학생의 성경험에 영향을 미치는 요인 분석", 한국학교보건학회지, 12(2), 339-356.

김혜자·정혜숙(2016). "여성 알코올중독자의 음주와 회복 경험의 총체적 형상화", 사회과학연구논총, 32(1), 191-234.

김희경·이미형(2011). "알코올중독자 성인 자녀인 대학생의 극복력에 영향을 미치는 요인", 대한간호학회지, 41(5), 642-651.

문성도(1996). "음주측정 불응죄 규정의 진술거부권 침해여부", 경찰대 논문집 16.

박아름·전종설(2014). "알코올중독자의 대인관계와 자살생각 간의 관계", 보건사회연구, 34(1), 379-407.

박용주(1999). "우리나라 음주문화와 개선을 위한 정책방향", 보건학종합학술대회, 3-8.

박은숙(2001). "음주가 건강과 사회에 미치는 영향과 한국인의 음주실태", 최고여성지도자 과정 강의논집, 99-127.

박현선(2003). "문제성 음주자 가정에서 성장한 성인자녀의 아동기 역할 유형이 성인자녀 ACOA에 미치는 영향", 사회복지연구, 22, 57-80.

배성일(1993). "입원한 여성 알코올중독 환자에 대한 임상적 고찰", 신경정신의학, 32(3), 407-414.

손동균(2014). "알코올중독의 재발요인과 재발빈도의 관계", 정신보건과 사회사업, 42(1), 61-90.

손애리(2002). "청소년의 건강위험행동별 음주 및 성경험 위험정도", 알코올과학학회지, 3(1), 5-14.

손애리·김성곤·천성수(2002). "청소년 음주와 성행동", 알코올과 건강행동연구, 3(2), 175-187.

안상원·이재홍·박성수(2014). "문제음주로 인한 범죄행위의 실태와 대책에 관한 연구", 중독범죄학회, 4(1), 80-101.

우선옥(2015). "알코올 중독의 문제와 그 극복의 방안", 신학과 실천 46, 313-334.

윤명숙(2010). "우리나라 중독문제 현황과 통합적 중독 서비스전달체계 구축을 위한 정책과제", 정신보건과 사회사업, 35, 234-266.

이만홍·유상우·이호영·남궁기·조은영(1997). "한국인의 알코올 중독증의 개념에 대한 민속지학적 연구(Ⅱ)", 신경정신의학, 36, 1022-1032.

이분희·박영민(2016). "알코올사용장애 환자에서 베르니케 뇌병증과 티아민 치료", 중독정신의학회지, 20(1), 10-15.

이상엽·조영혜·최은정·남경지(2013). "대학생 문제음주예방과 건전한 절주문화형성 교육프로그램 개발과 시행", 부산대학교 산학협력단·한국건강증진재단(보건복지부 건강증진연구사업, 일반 13-10).

이선미·신의철·김한중·조우현·정우진·김일순·안상훈·한광협·명재일(2008). "음주로 인한 사회·경제적 비용", 가정의학지, 29(3), 201-212.

이승준·장재용·한동일·권오륜(2013). "스포츠스타 마케팅의 윤리적 고찰, 한국체육과학회, 22(6), 33-45.

이준석·윤명숙·이분희(2011). "알코올중독자의 재발에 미치는 가족지지의 조절효과", 한국알코올과학지, 12(2), 93-107.

이해국(2006). "알코올 및 약물 사용 장애", 대한산업보건협회, 32-34.

이해국(2010). "알코올 당신의 뇌를 위협한다", 대한보건협회(건강생활), 69, 6-8.

이혜진·최윤희(2016). "남성알코올 의존환자의 특성", 한국저널 임상심리학, 35(4), 723-733.

장수미(2017). "대학생의 우울, 대처동기, 음주문제의 관계", 보건사회연구, 37(1), 5-33.

정나례·이민규(2014). "수용 전념치료(ACT)가 알코올의존 환자들의 정신건강에 미치는 효과", 한국심리학회, 19(4), 909-930.

정슬기(2011). "음주시작연령 및 문제음주가 청소년의 자살생각과 시도에 미치는 영향", 한국알코올과학회지, 12(1), 15-27.

정슬기·이재경·박재은(2014). "한국 주류광고 내용분석: 소주광고와 맥주광고의 비교", 알코올과학회, 15(2), 19-34.

정지영·표시영(2016). "멀티플랫폼 시대의 VOD광고 내용규제에 대한 고찰", 한국정보법학회, 20(2), 147-179.

정한중(2012). "미국의 상습적 음주운전 방지대책과 시사점", 동아법학, 56(8), 191-226.

주정(2009). "한국의 음주실태와 알코올 관련정책 방향", 복지행정논총, 19(1), 73-115.

천성수·송창호·이주열·이용표·정재훈·박종순·김선경·윤은숙(2002). "대학생 문제음주예방을 위한 홍보·교육프로그램의 운용과 평가", 알코올과 건강행동연구, 3(1), 53-86.

최삼욱(2010). "알코올, 당신의 뇌를 위협한다", 대한보건협회(건강생활), 69, 8-10.

최송식(2013). "한국사회에서 알코올 중독자의 재발예방 전략에 관한 연구", 한국민족문화. 48(8), 307-348.

최지연·고효정·김채옥·김보라(2013). "남자 알코올 의존 환자의 자살시도에 대한 위험요인", 신경정신의학, 52, 205-214.

한태선(1998). "음주의 사회문화적 의미- 공동체 문화를 중심으로-", 한국보건사회연구원.

황영훈(2004). "알코올 중독 가족의 치료", 한국기독상담학회지, 8, 55-94.

4. 기타자료

경남매일신문. "여성, 취하는 '쾌감' 즐기다 알코올 중독"(2008. 8. 18).

경남일보. "여성 알코올 중독 위험수위"(2005. 11. 11).

경북신문. "폭음 잦은 대구 대학생들 심각"… 음주 인한 사망사고 지속 발생(2018. 1. 25).

경찰청. "음주운전사고 통계자료"(2017).

경인매일. "여성, 취하는 '쾌감' 즐기다 알코올 중독"(2008. 8. 18).

경향신문. "사설노트"(2011. 3. 20).

고경희. "프랑스의 음주문화", 연속기획(2003. 2. 4).

교육부·보건복지부·질병관리본부(2017). "제 13차 청소년건강형태온라인조사".

교통안전과학연구원. "위법운전자 제재수단의 효율성 확보방안 연구", 도로교통공단(2006).

국가암정보센터. "술 한 잔은 약…?", 일러스트(2013. 6. 28).

국가암정보센터. "알코올이 신체에 미치는 영향", 과도한 음주는 건강을 위협하는 습관이다(2017. 2. 15).

국가암정보센터. "암예방 실천수칙 살펴보기", 1급 발암물질, 술! 하루 한두 잔의 소량 음주도 피하기(2014. 4. 9).

국가건강정보포털. "위험음주 알려 드리겠습니다!"(2017. 5. 10).

국가건강정보포털. "알코올 중독"(2016. 12. 27).

국립암센터. "국립암예방 수칙"(2016).

국민건강지식센터. "술과의 한판 승부, 숙취를 극복하려면"-서울대학교 의과대학(2015. 1. 27).

국민건강통계. "우리나라 성인 월간 음주율"(2017).

국민일보. "한잔에도 얼굴 빨개지는 사람에겐 술 권하지 말아야"(2019. 2. 12).

국민일보. "[헬스파일] 남성 동배의 3惡, '맥·카·스'"(2018. 8. 30).

김진숙·최은영. "청소년 약물남용예방프로그램 개발연구", 청소년 대화의 광장(1997).

김한오. "음주운전과 알코올중독", 개호병원알코올센터(2004. 12. 23).

나무위키. "국가별 음주연령 및 적법 여부".

나무위키. "태아알코올 증후군".

남인순(2018), "음주폐해 예방 및 절주정책 강화해야"(국정감사자료, 2018. 10. 16).

내일신문. "교통사고 사망자 15%는 음주운전 사고사"(2004. 12. 29).

네이버오픈백과. "캐나다의 음주문화"(2003. 11. 26).

네이버지식백과. "감마아미노부틸산".

네이버지식백과. "누룩".

네이버지식백과. "알코올 사용 장애", 서울대학교 의학정보.

네이버 지식 iN. "알코올이 몸안에서 분해되는 매커니즘".

네이버지식백과. "약물남용".

네이버지식백과. "음주운전".

네이버지식백과. "향정신성약물".

노성원. "한양대학교병원 정신의학과"(건강365, KBS 3라디오 방송 2018. 12. 16).

대검찰청. "범죄통계자료"(2017).

대전일보. "술, 담배에 노출되는 청소년들…", 위반 업소 매년 수백 곳(2018. 12. 25).

대한가정법률복지상담원. "두 잔부터 술은 모든 악(惡)의 근원"(2016. 12. 28).

대한보건협회. "교육자료 대학생용 리플렛"(2016).

대한보건협회. "알코올이 뇌에 미치는 영향"(2016. 6. 2).

대한보건협회. "알코올 중독에 따른 음주형태"(2012. 8. 13).

대한보건협회. "여성음주 더욱 부추기는 주류업체"(2015. 7. 24)

대한보건협회. "우울증과 음주 그리고 자살의 관계", 음주와 건강(2012. 8. 30).

대한보건협회. "음주로 인한 대한민국의 사회경제적 질병부담"(2014. 11. 18).

대한보건협회·파랑새포럼 "음주폐해예방"(2012).

대한보건협회. "음주폐해 심각성 음주와 자살", 공식 블로그(2012. 6. 12).

대한보건협회. "태아 알콜 증후군(FAS)"(2015. 9. 13).

도로교통공단. "교통사고 통계분석"(2006).

도로교통안전관리공단. "혈중알코올 농도에 따른 행동적 변화"(2017).

매일경제. "신동빈 회장 여성인재관 '구설수'…임신부 전지현 맥주광고 노출 비판"(2015. 7. 24).

무등일보. "사설(하) 음주로 인한 사회·경제적 비용, 만만치 않다"(2018. 11. 15).

문옥륜. "음주폐해 예방과 감소를 위한 국제 심포지엄"(2013. 10. 7).

문철수(2011). "광고심의 간담회 개최: 광고심의 시스템을 종합적으로 관리할 수 있는 민간주도 통합 광고자율심의협의체가 필요", 「광고계 동향」 7월호, 14-17.

문화일보. "음주기인 질병부담비용과 건강보험정부지원예산"(2013. 2. 27).

문화일보. "폭음이 알코올 중독 부른다."(2002. 9. 30).

병원신문. "알코올 중독 요인, 男은 유전, 女는 환경"(2006. 1. 26).

보건복지부. "과음에 의한 당뇨병 발생을 촉진하는 새로운 유전자(ATF3) 발견, 보도자료(2014. 8. 13).

보건복지부·국가암정보센터, "건강한 이야기"(2014. 4. 9).

보건복지부. "대학 음주문화 개선" 『젊음, 절주를 응원하다』 보도자료(2017. 4. 12).

보건복지부·대한보건협회. "아기에게 술을 먹이시렵니까?, 건강사회를 위한 절주 전문지, 건강생
        활 여름호(2012).

보건복지부·대한보건협회. "TV드라마·연예오락 음주장면 모니터링 보고서"(2016).

보건복지부 보건칼럼. "청소년의 음주폐해감소를 위한 건강증진 정책방향"(2008. 7. 3).

보건복지부. "복지뉴스·이슈", 술이 넘어가는 술이 암을 유발한다(2014. 12. 15).

보건복지부. "아동·청소년시설 금주구역으로 지정한다.", 보도자료(2018. 11. 13).

보건복지부. "음주폐해예방 실행계획"(2018. 11).

보건복지부, "응급실 폭행범 형량 하한제 추진한다.", 보도자료(2018. 11 12).

보건복지부. "절주수칙과 함께 슬기로운 대학생활", 보도자료(2018. 3. 12).

보건복지부. "정신질환실태 역학조사자료"(2016).

보건복지부·한국건강증진개발원. "음주폐해예방가이드", 대학생 음주(2017. 12).

보건복지부·한국건강증진개발원. "음주폐해예방가이드", 음주와 건강(2017. 12).

보건복지부·한국건강증진개발원. "음주폐해예방가이드", 청소년 음주(2017. 12).

보건복지부·한국건강증진개발원. "절주온, 절주서포터즈란?"(2018).

산업통상자원부 경제뉴스. "내몸이 바로 ID와 패스워드!"(2018. 5. 17).

삼성경제연구소. "직장인 음주형태와 기업의 대책"(제 469호, 2004. 9. 22).

삼성병원·하이닥 TV. "연말 음주와 건강"(2009. 12. 2).

삶과 술. "각국의 음주문화백태…영국의 음주문화"(조성기, 2014. 5. 26).

서울경제. "음주에 관대한 한국 사회…하루 13명 술로 사망"(2018. 11. 13).

서울대학교. "술과의 한판 승부, 숙취를 극복하려면"(의과대학 국민건강지식센터 건강정보, 2015.
        1. 27).

서울신문 나우뉴스. "헉! 술취한 엄마의 모유를 먹던 아기가…"(2011. 6. 23).

서울신문. "외국인이 바라보는 한국의 음주문화"(2002. 1. 1).

세계보건기구(WHO). "술과 건강에 대한 세계 현황 보고서"(2014).

세계일보. "나한테 술팔았지? 신고하면 영업정지야", 청소년에 협박당하는 술집들(2018. 2. 15).

소방청(2017). "구급대원폭행자 주취자 자료".

스포츠조선. "건전음주 캠페인", 10주년 맞아 '쿨 드링커 홍보대사' 10기 모집(2018. 11. 5).

시사저널. "금단 증상 보일 경우 의심해야"(2017. 11. 24).

시사저널. "불안, 초조, 손 떨림 등보여 자해나 타해 가능성 있으면 입원 필수"(2017. 11. 24).

시대일보. "하루 13명 술로 사망… 음주의 사회경제적 비용 10조 육박"(2018. 11 14).

시사저널. "적당한 음주는 심장 보약"(2003. 9. 2).

식품의학품안전처. "새롭게 등장한 음주 문화 혼술"(2016).

식품의약품안전처. "올바른 음주문화 만들기"(2017. 11. 20).

아시아경제. "격랑의 방송시장 3大 이슈는 OTT · M&A · 5G+8K"(2019. 1. 6).

아시아경제. "상습 음주 운전 안 돼..", 음주시동방지장치 도입되나?(2019. 2. 24).

연합뉴스. "부산대 여자기숙사 성폭행 시도 대학생 만취해 기억 안나"(2019. 1. 29).

연합뉴스. "음주단속 기준 0.03%로 강화"(2018. 12. 27).

연합뉴스. "제2의 윤창호 비극 막는다.", 주류광고서 음주장면 금지(2018. 11. 13).

연합뉴스. "청소년 알코올중독 작년 2천명 육박…7년간 2.1배 높다"(2018. 12. 12).

연합뉴스. "하루 13명 술로 사망…음주의 사회경제적 비용 10조 육박"(2018. 11. 13).

영등포구 보건소. "건강정보".

오마이뉴스. "물건 훔치고 본드 마신 소년 3, 그의 절박한 꿈"(2017. 10. 28).

위키백과. "법치주의".

위키백과. "심신미약".

위키백과. "전두엽".

위키트리 인터넷신문. "근로자의 중독 예방을 위한 복지 프로그램"(2013. 11. 28).

이데일리 뉴스. "군대문화 · 음주강요 옛말"…확 바뀐 대학 신입생 맞이 풍속도(2019. 1. 10).

이목희(2004). "근로자의 음주가 산업재해에 미치는 영향과 정책 대안".

이지현(2010). "음주실태 및 음주문제에 대한 국민인식 조사연구", 연구보고서, 경기: 한국음주문화
        센터.

인천뉴스. "군산화재, 음주는 방화범 공통점 … 대구 연쇄 방화범, 불보고 '희열' 느낀 사례도"(2018.
        6. 18).

일요서울. "간 건강 위해 습관성 음주 자제해야"(2017. 1. 23).

중앙일보. "술김에 범죄'를 바라보는 따가운 시선…종로 여관 방화 '주취 감경' 인정될까"(2018. 1. 24).

중앙일보. "유성운의 역사정치 인간의 욕구를 통제한다고? 금주령 실패한 영조의 탄식"(2019. 3. 10).

정영호 · 최은진 · 고숙자 · 김은주 · 최명길. "음주로 인한 사회경제적 비용 및 음주폐해 예방사업의
        비용효과성 분석", 서울: 한국건강증진재단(2012).

전선희. "태아의 알코올 증후군", 임상약학, 8(10), 월간 임상약학사(1988).

정의화. "음주폐해 예방과 감소를 위한 국제 심포지엄"(2010. 12. 10).

제갈정. "한국인의 음주실태", 한국음주문화센터(2001).

제주매일신문. "법과 술의 힘겨루기"(2004. 12. 30).

조선일보. "심신미약이 뭐길래, 김양은 집착하나"(2018. 8. 7).

조선일보. "옛날에는 술로 월급을 줬다고?"(2017. 12. 7).

조선일보. "재범률 45%…마약보다 중독성 강한 음주운전"(2018. 12. 30).

조성기. "독일의 음주문화와 음주문제 대책"(KODCAR 연구개발본부장, 2003. 9. 24).

중앙일보. "술김에 범죄'를 바라보는 따가운 시선…종로 여관 방화 '주취 감경' 인정될까"(2018. 1. 24).

중앙일보. "[유성운의 역사정치]인간의 욕구를 통제한다고? 금주령 실패한 영조의 탄식"(중앙일보, 2019. 3. 10).

정영호·최은진·고숙자·김은주·최명길. "음주로 인한 사회경제적 비용 및 음주폐해 예방사업의 비용효과성 분석", 서울: 한국건강증진재단(2012).

정의화(2010). "음주폐해 예방과 감소를 위한 국제 심포지엄"(2010. 12. 10).

질병관리본부·국가건강정보포털(2016). "알코올중독" 건강/질병정보.

질병관리본부·국가건강정보포털(2017). "알코올중독" 건강/질병정보.

질병관리본부. "국민건강통계"(2013).

질병관리본부. "국민건강통계"(2018).

질병관리본부. "손상 유형 및 원인 통계", 응급실 손상환자 심층조사(2016).

질병관리본부. "이달의 건강소식"(2018. 7. 30).

질병관리본부. "주간건강과 질병", 임신부 음주 예방을 위한 국가별 가이드라인 현황(2016. 9. 8).

질병관리본부. "청소년건강형태 온라인조사 통계" 각 년도(2005~2016).

최인섭·박철현(1996). "음주운전의 규제에 관한 연구(한국형사정책연구원).

쿨드링커 8기. "대학생음주문화 실태 설문조사"(2017. 3. 10).

통계청(2016). "맨날 술이야~성인 음주 소비량 늘어" 블로그 소식편지(2016. 5. 18).

통계청(2016). "주류출고량현황".

통계청·보건복지부(2018). "사망원인 통계".

투마이러브넷. "알코올 중독 자가진단 테스트".

파랑새포롬. "음주와 자살".

파랑새포럼. "음주폐해란?".

파랑새포럼. "음주와 필림끊김".

파이낸셜뉴스. "술 계속 마시면 는다고"(2019. 1. 19).

카프. "스웨덴의 음주문화", 한국중독연구재단(2012. 7. 17).

캐나다 Center for Addiction and Menter Health(2018. 11).

쿠키뉴스. "술에 관대한 나라 한국, 외국은 주류광고부터 규제한다."(2018. 11. 14).

쿠키뉴스. "음주운전 처벌 수위 선진국 대비 솜방망이"(2018. 11. 16).

쿠키뉴스. "음주운전, 한 모금도 안돼요", 금주 권하는 주류업계(2019. 1. 1).

쿠키뉴스. "청소년 알코올 중독, 술 권한 어른책임"(2019. 1. 9).

한겨레신문. "술광고, 마시는 장면 못 넣는다."(2018. 11. 13).

한국건강증진개발원. "건강증진 리서치 브리프" 2017 제 12호(통권 16호).

한국건강증진개발원. "미디어 음주장면 모니터링 결과"(2017. 11. 30).

한국건강증진개발원. "음주폐해예방 교육 및 홍보캠페인 활용자료"(2018. 1. 21).

한국건강증진개발원. "음주폐해예방카드 뉴스 5", 임산부 금주 포스터(2017. 9. 29).

한국건강증진개발원. "음주폐해예방카드 뉴스 5", 절주문화 확산을 위한 미디어 음주장면 가이드라
        인 홍보자료(2017. 11. 30).

한국건강증진개발원. "음주폐해예방카드 뉴스 6", 폭탄주 마시지 않기(2017. 10. 24).

한국건강증진개발원. "음주폐해예방카드 뉴스 9", 원샷하지 않기(2017. 12. 1).

한국건강증진개발원. "청소년 음주예방을 위한 주류 판매 가이드라인"(2014. 10).

한국일보. "알코올 중독 女로 확대… 술 푸게 하는 이유는?"(2014. 7. 11).

한국일보. "윤창호법 무색하게 음주운전 하루 360명 적발"(2019. 1. 27).

한국일보. "음주 여성, 남성보다 뇌 손상 크다"(2007. 2. 6).

한국일보. "파키스탄 금주령 42년, '가짜 술'과의 전쟁"(2019. 2. 12).

한국일보. "해지고'술시'에 몸이 반응하면'알코올중독 신호"(2019. 1. 26)

한국주류산업협회. "건전음주문화사업" 소개.

한국주류산업협회. "술관련정보"-술의기원.

한국주류산업협회. "술 관련 정보", 주류 제조 및 유통과정(2018. 8. 24).

한국주류산업협회. "우리나라 술의 역사"(2018. 8. 23).

한국중독정신의학회(2005). "알코올 중독, 건강한 음주문화 가이드".

A.A.연합단체(1996). "12단계와 12전통", 한국지부.

CNB뉴스. "청소년 술 제공 처벌 '양벌규정으로 법개정' 추진"(2018. 5. 18).

Daum. "국어사전".

Daum. "백과사전".

Daum. "백과사전(주령구)".

Daum. "어학사전".

EBS. "다큐프라임, 술의경고"(2013. 5. 3).

http://apps.who.int/gho/data/node.main.A1190?lang=en&showonly=GISAH(Global Information System
        on Alcohol and Health. Alcohol Policy Report, 2018).

https://blissinottawa.tistory.com/203(한국과 다른 캐나다 주류 판매법과 음주문화, 2016. 1. 5).

http://blog.daum.net/2002chris1025/856(스웨덴의 음주문화, 2012. 7. 17).

http://blog.daum.net/2002chris1025/856(포스코 광양제철소 '건전한 음주문화 확산' 캠페인 실시 -

절주, 금주카드 소개, 2012. 10. 31).

http://blog.daum.net/2002chris1025/405(일상과 일탈의 경계에 선 술, 2011. 8. 16).

http://blog.daum.net/2002chris1025/405(자신을 물리치는 세 가지 방법, 2010. 9. 14).

http://blog.daum.net/2002chris1025/425(아이들, 술 주지마세요…신경세포 이상 위험, 2011. 9. 5).

http://blog.daum.net/2002chris1025/856(국민 피해주는 '중독산업' 떼돈 벌어, 2011. 8. 18).

http://blog.daum.net/2002chris1025/856(바른 음주에 대하여, 2011, 10, 19).

http://blog.daum.net/2002chris1025/856(알코올과 모유수유, 2011. 8. 23).

http://blog.daum.net/2002chris1025/856(우리나라의 전통 음주예절, 향음 주례, 2011. 7. 19)

http://blog.daum.net/2002chris1025/856(음주 그리고 누군가의 속임수, 2011, 10. 5).

http://blog.daum.net/2002chris1025/856(술 마시고 운전하면 안 되는 이유, 2013. 5. 30).

http://blog.daum.net/2002chris1025/826(술을 이기는 방법/술에 안취하는 방법, 2012. 6. 8).

http://blog.daum.net/2002chris1025/856(주량 바로 알기 - 술 앞에 장사 없다. 2012. 10. 26).

http://blog.daum.net/zhy5532/15972836(조선시대 금주령).

https://blog.hi.co.kr/1836(상습음주운전 처벌강화로 음주사고 줄었을까?, 2017. 9. 22).

http://blog.naver.com/brainpd/221185667093(주취 범죄자 심신미약 감경은 포기할 수 없는 절대적인 원칙인가?)

https://blog.naver.com/ccmwithj/30026201121(알코올 중독의 원인 - 알코올 대사).

https://blog.naver.com/cj_rookie/221428839237(미국의 음주운전 처벌법, 2018. 12. 28).

https://blog.naver.com/dsr_central/100189884291(알코올에 있어서의 여성과 남성이 차이, 2013. 6. 14)

https://blog.naver.com/gounep/220218552008(쿨드링커(Cool Drinker), 2014. 12. 23).

https://blog.naver.com/kcool333/220903648395(숙취의 원인, 2017. 1. 5).

http://blog.naver.com/PostView.nhn?blogId=aourin&logNo=80025952535(독일의 음주문화와 주문제 대책, 2006. 7. 3).

http://blog.naver.com/PostView.nhn?blogId=gmlakdskan11&logNo=220386028273(생각보다 위험한 여성음주, 대한보건협회 방형애, 2015. 6. 10).

http://blog.naver.com/PostView.nhn?blogId=jck81&logNo=220630069787(구강기고착으로 보는 알코올 중독에 대하여).

http://blog.naver.com/PostView.nhn?blogId=rnswkclsrn&logNo=221135481854(청소년 알코올 중독 심각!! 예방법은?).

https://blog.naver.com/PostView.nhn?blogId=vegan_life&logNo=221153973133&widgetTypeCall=true(옛날에는 월급을 술로 줬다).

http://blog.naver.com/stoneyard/40194653438(ALDH 2 효소이야기).

http://blog.naver.com/vinglass/140155498668(세계 각국의 음주문화와 숙취 해소방법, 2012. 3. 25).

https://blog.naver.com/wlsdud0603/120190161600(음주운전 공익광고, 2013. 5. 18).

https://brunch.co.kr/@eastbound/4(음주는 만취하기 위한 것이 아니다. 2019. 2. 27).

https://brunch.co.kr/@cecillim1968/18(캐나다의 음주규정, 2019. 2. 28).

http://cafe.daum.net/BanOulLim(알코올 중독, 2005. 12. 1).

http://cafe.daum.net/citywine/9TYU/18(일제강점기의 술, 2004. 6. 19).

http://cafe.daum.net/CN9wine/BD8a/27?q(프랑스의 음주문화, 2003. 2. 4).

http://cafe.daum.net/danjujoa(보이지 않는 창살 알코올 중독, 외국서 음주운전하면 벌금에 중독 치료까지, 2015. 3. 19).

http://cafe.daum.net/haksaok4u/Dgh3/242(알코올 중독- 경과의 치료, 2010. 8. 12).

http://cafe.daum.net/innochog/m3tq/2243(직장인 음주의 숨겨진 비용, 2018. 12. 10).

http://cafe.daum.net/kidoung/9UjZ/2q=%BE%CB%C4%DD%C1'%B6%B0%FA%20%C1%A4%BD Űj%AD(알콜중독과 정신건강).

http://cafe.daum.net/moise506/(한국 음주문화에 대해).

http://cafe.daum.net/Naturalhealthjigi/35ye/911(세계 각국의 음주문화와 숙취해소법, 2010. 6. 16).

http://cafe.daum.net/sbcp/5x5g/440(알코올 중독가족의 치료).

https://cafe.naver.com/manmanmandaegu/349273(대학생 59%, 초중고 때 음주 54%, 주도 못배워, 2016. 3. 2).

http://eknews.net/xe/399997(술 마신 후 건강을 위해 이런 것은 피하자, 2012. 7. 31).

http://encykorea.aks.ac.kr/Contents/Item/E0032021(술의 생리).

https://flpan.tistory.com/455(10년 전부터 동승자를 처벌한 일본의 음주운전 처벌 기준, 2017. 3. 9).

http://goham20.tistory.com/2972(진주녀 특집, 20대에 대한 타자화는 그만, 2013. 5. 14).

http://if-blog.tistory.com/1091(한국과는 정반대, 캐나다 음주문화, 교육부 공식 블로그, 2011. 4. 20).

http://namu.wiki/w/%EC%88%A0livenjoy.tistory.com/225(술문화도 각양각색~음주문화 세계나별 탐방).

http://namu.wiki/w/%EC%88%A0m6819.blog.me/50003245320(술, 사회가 비틀거린다).

http://namu.wiki/w/%EC%88%A0namu.wiki/w/%EA%B8%88%EC%A3%BC%EB%B2%95(금주법).

http://namu.wiki/w/%EC%88%A0(술).

https://neweducation2.tistory.com/1979(술 구매 청소년 처벌 법안발의, 주류구입 미성년자도 같이 처벌, 2018. 5. 24).

http://news1.kr/articles/?3555057(많이 마시면 주량 는다?…새내기 잡는 '급성 알코올중독', 2019. 2. 25).

http://pavvblog.tistory.com/74 (PAVVBLOG 파브 블로그 IP-TV란).

http://soollife.kr/detail.php?number=1240&thread=22r07r01(각국의 음주문화 백태…영국의 음주문화,

조성기, 2014. 5. 26).

https//story.kakao.com/_0F7JM5/fPOq3fTVKV9(여성 음주자).

http://torang1000.tistory.com/14(라면인건가).

https://www.canlii.org, TheCanadianLegalInformationInstitute(AccessedApr. 7. 2017)

http://www.claimcare.co.kr(약주문화민족, 2011. 12. 2).

https://www.driveind.com/384(세계 각국의 음주운전 처벌 규정, 2014. 1. 21).

https://www.greenpio.com:446//secret.asp(술과 건강, 알코올 대사).

http://www.legislation.gov.uk/ukpga/2001/16/contents, UKCriminalJusticeandPoliceAct(AccessedApr.
    7. 2017).

http://www.ksdb.co.kr/main.asp, "우리 술의 역사".

http://www.naam.or.kr/(파랑새포럼, 음주폐해란).

http://www.whanin.com/jsp/kor/index.jsp(건강한 음주문화를 위한 가이드 1, 문제성 음주.

http://www.wikitree.co.kr/main/news_view.php?id=148926(근로자의 '중독 예방'을 위한 복지 프로
    그램, 2013. 11. 28).

http://www.who.int/gho/alcohol/en/ (AccessedDec.07.2017).

JTBC 뉴스. "붉은고기·가공육 먹으면 장암 걸린다?"(2015. 10. 26).

JTBC 뉴스. "음주측정 없이' 체포 가능…10년간 보험료 폭탄"(2019. 2. 5).

KBS. "뉴스"(2018. 12. 26).

KBS 3라디오. "알코올·게임'중독'치료시작은 중독인정하기"(건강 365 2018. 12. 16).

SBS뉴스. "눈앞에 술병이 아른거려"..술독에 빠진 10대가 위험하다(2019. 1. 12).

SBS 뉴스추적 412회 "실태점검 여성음주 경고-당신의 뇌가 죽어간다", 가천의대 뇌 과학연구소
    (2007. 2. 7).

LA중앙일보. "한국식 술 문화 바꿔어야 한다."(2014. 9. 29, 미주판 19면).

MBC뉴스. "[바로간다] 내리면 운전해야 하는데… 곳곳에 선상 술판"(2019. 2. 7).

YTN뉴스. "대학생 60% 입학 전 술"(2016. 3. 12).

YTN 사이언스. "임신 전 아빠의 과음, 태아 알코올 증후군 위험 높인다."(2016. 5. 25).

[외국문헌]

American Psychiatric Association. (2013). *Diagnostic and statistical manual of mental disorders* (5th ed). Arlington, VA: American Psychiatric Publishing.

Armstrong, T. D., & Costello, E. J. (2002). Community studies on adolescent substance use, abuse, or dependence and psychiatric comorbidity. Journal of Consulting and Clinical Psychology, 70(6), 1224-1239.

Babor, T., Caetano. R., Casswell. S., Edwards. G., Giesbrecht. N., Graham. k., Grube. J., Room. Hill. L., Holder. H., Homel. R., Ostrberg. E., Rehm J., Room. R., & Rossow. I. (2010). Alcohol: no ordinary commodity: research and public policy. Oxford Universitypress.

Bandura, A. (1969). Principles of Behavior Modification, New Your: Holt, Rinehart, & Winston.

Bandura, A. (1997). Social Learning Theory. Englewood Cliffs, Nj: Prentice-Hall.

Bensley, L. S., Eenwyk, I.V., & Simmons, K. W. (2000). Self-reported childhood sexual and physical abuse and adult HIV-risk behavioes and heavy drinking *American Journal of Prevenyive Medicine,* 18, 151-158.

Bertholet, N., Daeppen, J. B., Wietlisbach, V., Fleming, M., & Burnand, B. (2005). Reduction of alcohol consumption by brief alcohol intervention in primary care: systematic review and meta-analysis. *Archives oF internal medicine,* 165(9), 986-995.

Beckman, L. J. (1978). Women alcoholics: A review of social and psychological studies. *Journal of Studies dn Alcohol,* 36, 797-824.

Black, M., & Raucy, J. (1986). Acetaminophen, alcohol, and cytochrome P-450. A*nnals of Internal Medicine,* 104(3), 427-429.

Brook, J. S., Brook, D. W., Gordon, A. S., Whiteman, M., & Cohen, P. (1990). The Psychosocial etiology of adolescent drug use: A family interactional approach genetic, Social and General Mpnographs, 116.

Brown, S. A., Vik, P. W., Patterson, T. L., Grant I., Schuckit, M. A. (1995). *Stress, vulunerability and adult alcohor Relapse.* J Stud Alcohol, 56, 538-545.

Carney, M. A., Armeli, S., Tennen, H., Affleck, G., & O'Neil, T. P(2000). Positive and negative daily events, perceived Stress, and slcohol use: a diart study, *Journal of consulting and clinical Psychology,* 68(5), 788.

Chermack, S. T., Stoltenberg, S. F., Fuller, B. E., & Blow, F. c. (2000). Gender differences in the development of substance-related problem: The lmpact of Family History of Alcoholism, family History of Violence and childhood conduct problems. *Journal of Studies on*

Alcohol, 61(6), 845-852.

Cherpitel, C. J., Borges, G. L., & Wilcox, H. C. (2004). Acute alcohol use and suicidal behavior: a review of the literature. *Alcoholism: clinical and experimental research,* 28(s1), 18s-28s.

Cloninger, C. R., Bohman. M.,Sigvardsson. S. (1981). Inheritance of alcohol abuse: Cross fosterimg analysis of adopted Men, Archives of General Psychiatry, 38, 861-868.

Cohen, F. Rogers. D., Effects of alcohol Policy change. J. *Alcohol Drug Educ.* (1997). 42(2), 69-82.

Cooper, M. L, Russell, M, Skinner, J. B, Frone, M. R. & Muder, P. (1992). Coping, expectancies and alcohor abuse: A test of social Learning formulations. *Journal of Abnormal Psychology,* 101, 139-152.

Cumsille, P. E., Sayer, A. G., & Graham, J. W. (2000). Perceived exposure to Peer and adult drinking as predictors of growth in positive alcohol expectancies during adolescence. *Journal of Consulting and Clinical Psychology,* 68, 531-536.

Dawson, D. A., Smith, S. M., Saha, T. D., ubinsky, A. d. and Grant, B. F. (2012). Comparative performance of the AUDIT-C in screening for DSM-IV and DSM-5 alcohol use disorders. Drug and alcohol dependence, 126(3), 384-388.

Dejong, W. Langford LM. A typology for campus-based alcohol prevention: moving toward environmental management strategies. Journal of Studies on Alcohol. (2002). supplement, 14, 140-147.

Donovan, D. M., & Chaney, E. F. (1985). *Alcoholic relapse Prevention and intervenyion: Models and methods.* Relapse Prevention: Maintenance strategies in the treatment of addictive behaviors, 351-416.

Dubois, B., and Miler, K. k. (1996). Social Work An Empowering Profession(2nd ed). Boston: Allyn and Bacon.

Endres, M., Torso, L., Roberson, Park, J., Abebe, D., Poggi S., Spong, C. Y. (2005). Prevention of alcohol-induced developmental delays and learning abnormalities in a model of fetal alcohol syndrome, *American Journal of Obstetrics and Gynecology*, 193, 1028-34.

Gebhardt, TL, Kaphingst K, Dejong W. A campus-community coaliton to control alcohol-relayed Problems off campus: An environmental management case study. *J. Amer. coll. Hlth(*2000). 48, 211-215.

Gonzalez. V. M., Bradizza, C. M., & Collins, L. (2009). Drinking to cope as a statistical mediator in the relationship between suicidal ideation and alcohol outcomes among underage college drinkers. *Psychology of addictive Behaviors,* 23(3), 443-451.

Goodstadt, M. S. (1986). School-based drug education in North America: What Can be done; Journal of School Health, 56, 278-281.

Hallidy. H. L., Reid. M. & McClure. G. (1982). Result of heavy drinking in pregnancy. British J. of Obstetric & Gynecology, 89, 892-985.

Hils, K. G., Chung, I. J., Hawkins D., & Catalano, R. F. (2000). Early adult outcomes of adolescent binge drinking: Person and variable-centered analysis of binge drinking trajectories Alcohol Clinical Experimental Research, 24(6), 892-901.

Homila and Raitasalo, K. (2005). Gender differences in drinking: Who do they still exist?. Addiction, 100, 1763-1769.

Hoyumpa A, M, Jr. (1980). Mechanisms of thiamin deficiency in chronic alcoholism. Am J Clin Nutr, 33, 2750-2761.

Johannessen K, Glider P, Collins C et al. Prevention alcohol-relatd Problems at the University of Arizona's homecoming: An environmental managemment case study Amer. J. Drug Alcohol Abuse. (2001). 27, 587-597.

Jokn E. Conklin, Criminology,(Macmilan Publishing Co. (1986). 388.

Kandel, D. B., Kessler, K. S., & Margulies, R. Z. (1978). Antecedents of adolescent initiation into stages of drig use: A developmental analysis, Journal of youth and Adolescence, 7, 13-40.

Kennedy, L., A. (1984). The pathogenesis of brain abnormalities in the fetal alcohol syndrome an integrating hypothesis, Teratology, 29, 269.

Kinney, J., and Leaton, G. (1998). Loosening the grip: A Handbook of Alcohol Information. MO: Times Mirror and Mosby. WHO. Alcohol and Alcoholism, Report of an Expert Committee, W.H.O., Teck. Report, 94, 1955.

Knight JR, Harris SK, Sherritt L et al. Heavy drinking and alcohol policy enforcement in al statewide public college system. J. stud, alcohol. (2003). 64, 696-703.

Kushner, M. G., Sher, K. J., & Beitman, B. D. (1990). The relation between alcohol problems and the anxiety disorders, American Journal of Psychiatry, 147, 685-695.

Lindstorm, L. (1992). Managing Alcoholim: Matching Clients to Treatment. Oxford: Oxford University Press.

Leeds & Morgenstern, J. (1995). Psychoanalytic theories of sustance abuse. In F. Rotgers, D. S. Keller, & J. Morgenstern (Eds.), Treating substance abuse: Theory and technique, New York: Guilford Press, 68-83.

Marlatt, G. A. & Donovan D. M. (2005). Relapse Preventopn (2nd ed). NY: Guilford Press.

Massey, V. (1997). *Listening to the voiceless ones: Women with fetal alcohol syndrome and fetal alcohol effect.* University of Alberta.

Merikangas, K. R. (1990). The genetic epidemiology of alcoholism. Psychological Medicine, 20, 11-22.

Miller, B. A., Downs, W. R. & Testa. M. (1993). Interrelayionships between Victimization Experiences and Women's alcohol Use. *Journal of studies on Alcohol,* Nov, 109-117.

Mulder, Roger T. (2002). Alcoholism and personality. Australian and New Zealand *Journal of Psychiatry,* 36(1), 44-52.

Mumenthaler, M.S., Taylor, J. L., O'Hara, R., & Yesavage, J. A. (1999). Gender Differences in Moderate drinking effects. *Alcohol Research and Health,* 23(1), 55-64.

Moos RH, Moos BS. (2006). Rates and Predictors of relapse after natural and treated remission from alcohol use disorders. Addiction, 101(2), 212-220.

Muntwyler J, Hennekens CH, Buring JE, Gaziano JM. Mortality and Light to moderate alcohol consumption after myocardial infarction. Lancet.(1998). 352, 1882-5.

New South Wales. Sydney Alcohol-freeZones, Lindesmith, Alfred R. (1997). Opiate addiction, Bloomingtob: Principia Press.

Polak, K. A., & Puttler, L. I., & Ilgen. M. A. (2012). The Relationship between Structural Aspect of Self-Concept and Psychosocial Adjustment in Adolescents from Alcoholic Families *Substance Use & Misuse,* 47, 827-836.

Russia. (2001), Code Of Administrative Off ences Of The Russian Federation, 20, 1.

Sacks, J. Y.(2004). Woman with co-occurring substance use and mental disorders(Cod) in the criminal justice system: *A research review, Behavioral sciences & the law,* 22(4). 449-466.

Schwabe, L., Dickinson, A., & Wolf, O, T. (2011). Stress, habits and drug additions: Apsychoneurological perspective, Experimental and Clinical Psychopharmacology, 19, 53-56.

Singapore. (2015). Liquor Control(Supply and Consumption)Bill.

South Australia. (1997). Liquor Licensing Act.

Stewart, D. E. and Robinson, G. E. (1995). Violence against women. In *Review of Psychiaty* edited by John M Old ham, Michelle B. Riba. Washington D. C: APA.

Thailand. (2008), Alcoholism beverage control act, B. E. 2551.

Tilley, A. L. (2007). *The role of a clinical psychoiogist in a multidisciplinary school setting: Working with children offected by fetal alcohol syndrome.* A qualitativ analysis. the chicago School of Professional Psychology.

Twerski, A. J. (2009). Addictive thinking: Understanding self-deception: Simpn and Schuster,

13-45.

Wannamethee SG, Camargo CA Jr, Manson JE, Willett WC, Rimm EB. Alcohol drinking patterns and risk of type 2 diabetes mellitus among younger women. Arch Intern Med. (2003). 163, 1329-36.

Wannamethee SG, Shaper AG, Perry IJ, Alberti KG. Alcohol consumption and the incidence of type II diabetes. J Epidemiol Community Health. (2002). 56, 542-558.

Weitzman ER, Folkman A, Folkman MP et al. The relationship of alcohol outlet density to heavy and frequent drinking and drinking-related problems among college students at eight universities, *Hlth Place.* (2003). 9, 1-6.

WHO. (1955). Alcohol and Alcoholism, Report of an Expert Committee, W.H.O., *Tech. Report,* 94.

William A. Rushing. (1996). Deviance, Interpersonal Relations and Suicide, SAGE *Social Science Collections,* 22(1), 61-76.

Williams J, Liccardo PR, Chalourpka FJ et al. Alcohol and marijuana use among college students: economic complements or substitutes? *Hlth Econ.* (2004). 13, 825-843.

Wills, T. A., Vaccaro, D., & McNamara, G. (1992). The role of life events, family support and competence in adolescent substance use: A test of vulnerability and protective factors. *American Journal of Community Psychology,* 20(3), 349-374.

Wilsnack, S. C. (1982). Alcokol abuse and alcoholism in *Women* In E. M. Pattison & E.

Witkiewitz, K. & Marlatt, G. A. (2004). Relapse Prevention for Alcohol and Drug Problems. American Psychologist, 59(40), 224-235.

Wurmser, L. (1972). Drug Abuse: Nemesis of Psychiaty, Am Scholar, 41, 393-395.

〈부록〉 주류광고 자율규제 협약(한국주류산업협회)

제 1 장 총 칙

주류산업은 책임있는 음주와 알코올의 오남용을 줄이기 위해 최선의 노력을 다한다. 이 광고 자율 규제 규약에 동의한 주류사업자는 책임감을 가지고, 규약을 완전히 숙지하며, 그 원활한 운용을 위해 만전을 기한다.

제 1 조 (목적)
이 규정은 주류광고의 자율규제를 통해 주류사업자가 사회적 책임을 증진하기 위한 역할을 제고 할 것을 목적으로 한다.
주류사업자는 회원사의 합의에 따라 주류광고의 신뢰도를 진작시키기 위해 필요한 기준과 사항 들을 제정한다.

제 2 조 (정의)
이 규정에서 사용하는 용어의 정의는 다음과 같다.
1. '광고물'이라 함은 커뮤니케이션 미디어(TV, Radio, 출판물, 판매장소, 인터넷, 모바일 등)를 통하여 수요자에게 전달되는 일체의 광고를 말한다.
2. '청소년'이라 함은 청소년보호법에 의한 기준에 따라 만 19세 미만의 자를 말한다.

제 3 조 (적용범위)
이 규정은 주류사업자들이 주류와 음주를 대상으로 제작한 모든 광고물을 심의대상으로 한다.

제 2 장 주류광고 일반지침

제 1 조 (건강, 임신 관련)
1. 과도한 음주나 폭음에 관한 표현을 하지 아니한다.
2. 과학적으로 증명되지 않은 건강관련 내용을 주장해서는 아니 된다.
3. 임신한 여성의 음주를 묘사하거나 대상으로 해서는 아니 된다.

제 2 조 (청소년 관련)
1. 광고는 청소년의 품성과 정서, 가치관을 해치는 표현을 하여서는 아니 된다.
2. 광고는 청소년의 비행 또는 범죄에 관한 긍정적 묘사를 하여서는 아니 된다.
3. 광고는 청소년의 음주를 묘사하거나 대상으로 해서는 아니 된다.

제 3 조 (선정성 등 관련)
1. 광고는 사회통념상 용납될 수 없는 저속하고 선정적인 표현을 하여서는 아니 된다.
2. 음주가 성적 충동을 유발하거나 성적 능력을 증가 시킬 수 있다는 표현을 하여서는 아니 된다.

제 4 조 (위험한 행동과 음주운전 관련)

1. 위험한 작업과 관련이 있는 광고를 하여서는 아니 된다.
2. 광고 소재가 도로교통에 관한 법류 위배, 음주운전을 묘사, 권장 또는 용인해서는 아니 된다.

제 5 조 (사회적 성공, 성취 관련)

음주의 결과로 사회적, 전문가적, 교육적 또는 운동적 성공을 성취 할 수 있다는 주장이나 표현을 해서는 아니 된다.

제 6 조 (언어 및 표현 관련)

1. 광고는 우리말에 대한 존엄성을 해치지 않도록 하여야 한다.
2. 광고는 다음에 표현을 하여서는 아니 된다.
   ① 과도한 비속어, 은어, 기타 광고에 부적당한 언어 등의 사용
   ② 무책임한 행동, 주류 다량 구입에 대한 언급 등의 표현
   ③ 공격적이고 폭력적이거나 반사회적인 표현 등
   ④ 경쟁사 및 경쟁사 제품을 비방하는 표현

제 3 장 주류광고 유형별 세부사항

제 1 조 (광고 방송)

1. 다음의 시간에는 주류광고를 하여서는 아니 된다.
   ① 텔레비전(종합유선방송을 포함한다) : 07시부터 22시까지의 광고방송
   ② 라디오 : 17시부터 다음날 08시까지의 광고방송과 08시부터 17시까지의 미성년자를 대상으로 하는 프로그램 전후의 광고방송
2. 알코올분 17도 이상 주류의 광고방송을 해서는 아니 된다.

제 2 조 (광고 모델)

광고에 나오는 사람들이 법적 구매연령 이상이고, 모델과 배우는 최소 20세 이상이어야 한다.

제 3 조 (캠퍼스 및 공공부문 규정)

1. 후원, 행사참여, 홍보소재의 유포를 포함한 캠퍼스 내 광고활동은 관련사항에 대한 학교의 규칙과 일치하는 활동으로 제한한다.
2. 정부와 공공기관 등 공공부문의 매체를 통한 광고는 하지 아니 한다.

제 4 조 (온라인 광고)

1. 위의 지침들은 인터넷 및 기타 가상공간 매체를 포함하는 모든 주류광고물 및 마케팅 소재에 동일하게 적용된다.
2. 주류제조업체의 제품 홈페이지, 회사 홈페이지내 제품 소개 사이트 접속시 이용자의 생년월일을 입력토록 하여 만19세 이상만 접속토록 조치한다.

제 5 조 (교육 시설과의 거리)

1. 초·중·고등학교 출입문으로부터 직선거리로 50미터 이내의 고정된 장소에 옥외 대형광고판

을 설치하지 아니한다.

2. 초·중·고등학교 출입문으로부터 직선거리로 50미터 이내에서 길거리 주류 가두판촉행사를 하지 아니한다. 단, 실내 판촉행사는 제외한다.

제 4 장 주류용기 표기지침 및 표기

제 1 조 (표기지침)
주세법, 국민건강증진법, 청소년보호법, 원산지표시법, 식품안전기본법 등 관련 법의 표기지침을 준한다.

제 2 조 (경고문구 표기)
모든 인쇄물 광고에는 법령에 따른 경고문구를 표기한다. 경고문구의 크기 기준은 아래와 같다.
(잡지 및 신문) 9포인트 이상
(포스터) 14포인트 이상

제 5 장 자율규제추진위원회 구성 및 운영

제 1 조 (위원회 구성)
1. 한국주류산업협회 내에 자율규제위원회(이하 '위원회'라 한다)를 구성한다.
2. 위원장은 한국주류산업협회 임원중에 선임하며, 위원은 주류제조업체 8인, 외부에서 2인(이하 '외부 위원')을 선임한다.
3. 위원의 임기는 2년으로 하며, 위원회 결정에 따라 연임할 수 있다.

제 2 조 (위원회 개최 및 심의)
1. 위원장은 분기별 정기 위원회의를 개최하고, 중요한 사안 발생시 수시로 위원회를 소집할 수 있다.
2. 위원회는 규약 준수여부 확인 및 광고물을 심의한다.
3. 한국주류산업협회는 위원회에 참가한 외부 위원에게 회의참가비를 지급한다. 참가비는 위원회에서 정한다.

제 3 조 (시정조치)
위원회는 규약내용을 위반시 해당 사업자에게 이를 통보하고 시정조치를 명한다.

제 4 조 (협약수정)
위원회는 주류광고 자율규제협약 내용의 세부지침 및 개선사항을 논의한다.

이 규정은 2010년 11월 15일부터 시행한다.
이 규정은 2013년 10월 1일부터 개정 시행한다.

(출처: 보건복지부 음주폐해예방 실행계획, 2018).

강길현

조선대학교 대학원 사회복지학과 박사

前 (주)한국경제경영연구원 사회복지평가위원
　　호원대학교 겸임교수
　　전남대학교·초당대학교·광주대학교 외래교수
　　조선대학교 초빙객원교수

現 서린은빛마을(http://www.seolinsv.com, 노인양로시설) 원장
　　협성대학교 겸임교수

■ **저서 및 논문**
· 시설과 인물(은평천사원)
· 노인복지시설립과 운영(광주대학교 출판부)
· 중소규모 노인복지시설 설립과 자립운영(인간과 복지), 외 다수
· 전주지역 경로당 운영실태 및 활성화 방안
· 직무 및 조직특성이 사회복지사의 이직의도에 미치는 영향
· 사회복지사의 이직의도 형성과정에서 감성지능의 조절효과에 관한 연구
· 고등학생 학습탄력성 요인이 자기효능감과 학업성취감에 미치는 영향
· 사회복지사의 이직의도 결정요인에 관한 실증적 연구
· 다문화가정 아동의 학교생활 적응과정에서 교사지지의 조절효과에 관한 연구
· 대학생의 스트레스와 대인관계가 스마트폰 중독에 미치는 영향에 관한 연구
· 지방대학 사회복지학과 학생의 전공선택동기가 직업선택에 미치는 영향
· 노인복지시설 종사자 직무스트레스 요인이 이직의도에 미치는 영향
· 노인복지시설 종사자의 임금수준 적절성이 이직의도에 미치는 영향
· 사회복지 전공학생들의 공직동기 요인에 관한 연구
· 사회복지전공 대학생의 전문직 정체성 영향요인 분석, 외 다수

음주문화와
알코올중독의
이해

초판인쇄 2019년 5월 24일
초판발행 2019년 5월 24일

지은이 강길현
펴낸이 채종준
펴낸곳 한국학술정보㈜
주소 경기도 파주시 회동길 230(문발동)
전화 031) 908-3181(대표)
팩스 031) 908-3189
홈페이지 http://ebook.kstudy.com
전자우편 출판사업부 publish@kstudy.com
등록 제일산-115호(2000. 6. 19)

ISBN 978-89-268-8818-6 93330